TESTUNIVERSITARI

Logica

edizioni
Alpha Test

Via Mercalli, 14 – 20122 – Milano (Italy)
Tel. 02 5845981 – fax 02 58459896
servizi@alphatest.it
www.alphatest.it

ISBN: 978-88-483-2143-3

Quinta edizione: gennaio 2019
Prima edizione: maggio 2004

Grafica della copertina di Andrea Morando
Copertina e illustrazioni interne a cura dell'Ufficio Grafico Alpha Test

Stampato da L.E.G.O. S.p.a. Lavis (TN)
per conto di Alpha Test S.r.l.
nel gennaio 2019

INDICE

Introduzione

Per molti giovani l'iscrizione all'università è, da diversi anni, subordinata al superamento di un esame che ha lo scopo di valutare la potenzialità dei singoli studenti nel frequentare con profitto il corso di laurea prescelto.

Per molti giovani di tutto il mondo l'iscrizione all'università è da diversi anni subordinata al superamento di una selezione preliminare che ha lo scopo di valutare le potenzialità dei singoli studenti di frequentare con profitto il corso di laurea prescelto.

Attualmente in Italia, molti corsi di alcune importanti università private, alcuni corsi di laurea magistrale a ciclo unico a livello nazionale (Medicina e Chirurgia, Odontoiatria e Protesi dentaria, Medicina Veterinaria, Scienze della Formazione primaria e Architettura) e molti corsi di laurea triennali sono caratterizzati dalla presenza del **numero programmato**: il numero di matricole di questi corsi non può superare il numero di posti programmati annualmente in ogni ateneo.

In generale, la selezione dei candidati che desiderano accedere a un corso universitario a numero programmato viene effettuata sulla base di una prova a test, composta da domande a risposta multipla che valuta il possesso di determinate attitudini e conoscenze. Il risultato di tale prova – predisposta in alcuni casi a cura del ministero dell'Università e della Ricerca (come, per esempio, le prove di accesso ai corsi di Medicina/Odontoiatria e Veterinaria) e in altri casi dalle singole università – determina un **punteggio** in base al quale viene stabilita la **graduatoria dei candidati.** In alcuni casi, alla formazione della graduatoria finale contribuiscono anche i risultati conseguiti dai singoli candidati negli ultimi anni della scuola superiore; il risultato del test è comunque in generale il fattore di gran lunga più importante ai fini dell'ammissione.

Oltre alle prove selettive, sono ormai in uso in molte sedi universitarie le **prove valutative** per i corsi ad accesso libero il cui scopo è misurare il possesso di conoscenze e attitudini necessarie per frequentare con profitto il corso prescelto; tali prove attribuiscono – in caso di valutazione negativa – un "debito" formativo che lo studente dovrà "saldare" entro il primo anno di corso dimostrando di aver colmato le lacune rilevate. Anche chi sceglie di frequentare un corso universitario ad accesso libero deve quindi spesso affrontare una prova a test.

La presenza dei test di pre-immatricolazione, selettivi o "orientativi", impone quindi agli studenti seriamente motivati di prepararsi in modo mirato al test che dovranno sostenere.

Alpha Test è la prima e la più importante organizzazione in Italia che da 30 anni offre agli studenti tutti gli strumenti necessari per affrontare con successo i test selettivi. Opera a livello nazionale con sedi nelle principali città universitarie e si avvale della collaborazione di decine di esperti. Per le diverse prove di ammissione, Alpha Test organizza in tutta Italia dei corsi specifici di preparazione (www.alphatest.it/Corsi) e pubblica la collana *TestUniversitari* composta da oltre settanta tra manuali ed eserciziari, specifici per ogni facoltà o area di studi (www.alphatest.it/Libri-Alpha-Test).

Il presente volume, partendo dall'analisi di decine di prove ufficiali di diverse facoltà svolte negli ultimi anni e tenendo conto dei programmi ufficiali comunicati dal ministero dell'Università o dai singoli Atenei, prende in esame **tutti gli argomenti di logica** che possono essere oggetto delle prove di ammissione.

In particolare, con riferimento ai corsi a numero programmato a livello nazionale definiti per legge, tra cui Medicina-Odontoiatria, Veterinaria, le lauree triennali dell'area sanitaria e Architettura-Ingegneria Edile, il programma dettagliato degli argomenti su cui vertono le domande del test viene ogni anno reso noto dal ministero dell'Istruzione e dell'Università attraverso un apposito Decreto (in allegato il Decreto relativo all'anno accademico 2018/2019). In altri casi, tra cui Ingegneria, valgono le indicazioni riportate nei bandi di concorso che tutti gli Atenei per legge devono comunque predisporre con 60 giorni di anticipo rispetto alla data del test.

Sulla base di quanto sopra esposto, appare evidente l'utilità del presente volume, che affronta tutti i principali concetti della logica, accompagnati da un gran numero di esercizi svolti e commentati: è un testo chiaro, completo ed esauriente per il ripasso e lo studio mirato.
La parte teorica di ogni capitolo è arricchita da numerosi esempi di esercizi risolti e commentati e da esercizi proposti, anch'essi accompagnati dal relativo commento.

Il parere dei lettori è importante

Per continuare a migliorare la qualità delle proprie pubblicazioni, Alpha Test considera estremamente prezioso il parere dei propri lettori ai quali chiede la cortesia di esprimere un giudizio su questo libro nell'apposita sezione "Valuta un libro" del sito alphatest.it. Per ogni valutazione ricevuta Alpha Test devolverà 2 euro alla **Fondazione Francesca Rava–NPH Italia Onlus** che aiuta i bambini orfani, abbandonati, ammalati in Italia e nei paesi più poveri del mondo (www.nphitalia.org).
Per informazioni aggiornate sui libri di Alpha Test i lettori possono visitare il sito internet alphatest.it o richiedere il catalogo gratuito a:

Alpha Test S.p.A.
via Mercalli, 14 – 20122 Milano
tel. 02 58 45 981 – fax 02 58 45 98 96
servizi@alphatest.it

Suggerimenti per prepararsi al test

La **prima cosa** da fare è procurarsi le informazioni sul test che si dovrà affrontare: le fonti più autorevoli e aggiornate sono il sito del ministero dell'Istruzione, dell'Università e della Ricerca (MIUR), i siti delle singole università e alphatest.it. Nel primo è riportata la normativa di interesse per gli studenti mentre negli altri vengono pubblicati i bandi di concorso che integrano le indicazioni del ministero con le specifiche proprie di ciascuna sede universitaria. Su **alphatest.it/Test-di-ammissione** sono pubblicate le date dei test, tutte le principali leggi e normative sulle prove di ammissione, i test ufficiali degli ultimi anni risolti e commentati e gli aggiornamenti e approfondimenti per i diversi corsi di studio.

Il metodo Alpha Test: libri, Alpha Test Academy e corsi

Il primo passo per il conseguimento di una preparazione completa è costituito dallo studio individuale da compiere sui libri. Per un lavoro di preparazione completo e mirato al superamento delle prove di ammissione, si ricordano, nella collana *TestUniversitari*, gli altri volumi monotematici (*Chimitest*, *Fisitest*, *Matetest*, *Scienzetest*, *Omnitest* ed *Englishtest*), i volumi specifici per le singole facoltà (*Manuale di preparazione*, *Esercizi commentati* e *Prove di verifica*).

L'acquisto di ogni libro della collana *TestUniversitari* dà anche diritto a svolgere gratuitamente numerose simulazioni del test ufficiale sul sito **testonline.it** Per questo si rimanda alle istruzioni riportate nell'apposita pagina in fondo al volume.

Alpha Test Academy

Alpha Test Academy è il nuovo sistema di assistenza on line personalizzata che guida e aiuta lo studente nella preparazione ai test per Medicina/Odontoiatria e Veterinaria. Per ciascuna delle materie e degli argomenti previsti al test, il programma valuta il livello di preparazione dello studente, propone in modo adattivo numerose batterie di domande con difficoltà differenziata e offre migliaia di spiegazioni e commenti multimediali (link, video, tutorial e rimandi a specifici richiami di teoria). Il materiale e l'assistenza offerti da Alpha Test Academy consentono di chiarire via via ogni quesito e dubbio individuale anche attraverso un canale diretto con i docenti Alpha Test e di migliorare progressivamente le proprie conoscenze e capacità in vista del test ufficiale. Alpha Test Academy assiste in ogni momento lo studente in un lavoro di preparazione mirato e specifico e rappresenta quindi un'utile integrazione al manuale di preparazione o a un corso Alpha Test in aula. Alpha Test Academy è un ambiente interattivo, con gruppi di studio virtuali e forum di discussione per un confronto diretto. Inoltre, fornisce un costante aggiornamento sulle novità normative e sui test ufficiali.

Per l'acquisto di Alpha Test Academy è previsto uno sconto importante per chi già possiede questo volume.

Per maggiori informazioni o per provare la demo gratuita: **alphatest.it**

Corsi

Per la preparazione alle prove di ammissione, oltre ai volumi della collana *TestUniversitari* e ad Alpha Test Academy, Alpha Test organizza per gli studenti più motivati numerosi **corsi** di durata differenziata (da pochi giorni di corso ad alcuni mesi). Frequentare un corso Alpha Test consente di completare, perfezionare e consolidare la propria preparazione grazie ai seguenti punti di forza:

1. **la didattica interattiva.** Ciascun corso prevede cicli di lezioni e di esercitazioni dedicate al ripasso di tutti gli argomenti oggetto d'esame. Gli studenti possono beneficiare della professionalità di docenti con un'esperienza d'insegnamento unica in Italia, maturata in 30 anni di attività di Alpha Test nel campo specifico della preparazione ai test universitari;
2. **il materiale supplementare consegnato ai corsi.** Durante le lezioni, a ciascun partecipante viene fornito materiale di studio e di esercitazione aggiuntivo rispetto ai volumi consegnati al momento dell'iscrizione. Si tratta di materiale estremamente aggiornato e specifico per la struttura e i contenuti del test che si deve affrontare;

3. **l'esperienza "sul campo".** In ciascun corso vengono svolte più simulazioni d'esame per mettersi alla prova e per confrontare la propria preparazione con quella di altri candidati. I docenti Alpha Test sono in grado inoltre di indicare a ogni candidato il punteggio orientativo che occorre conseguire per accedere al corso universitario prescelto.

Infine, chi desidera prepararsi al test di ammissione senza rinunciare a divertimento e nuove amicizie può partecipare a una delle **vacanze-studio Alpha Test** (per informazioni: **alphatest.it/Corsi**).

Test di autovalutazione online

Su **alphatest.it/Test-di-ammissione** è possibile misurare il proprio livello di preparazione; il test gratuito prevede 20 domande tratte dai test ufficiali degli ultimi anni da risolvere in 20 minuti ed è finalizzato ad aiutare il candidato a impostare al meglio il proprio percorso di studio.

Test ufficiali commentati e ultimi aggiornamenti disponibili su alphatest.it

Sul sito **alphatest.it** si possono scaricare gratuitamente i test ufficiali degli ultimi anni con tutte le soluzioni e i **commenti esplicativi dei singoli quesiti**.

Sulla stessa pagina vengono costantemente pubblicati gli aggiornamenti normativi sui test con le eventuali integrazioni agli argomenti e ai programmi d'esame.

App per iOS e Android

Per coloro che possiedono i dispositivi mobili iOS e Android sono disponibili le App di esercitazione del test d'ammissione per tutti i corsi a numero programmato. Ciascuna App contiene centinaia di quesiti tratti dalle prove ufficiali, con soluzioni commentate dagli esperti Alpha Test. È possibile comporre un numero illimitato di prove simulate e analizzare i risultati anche in forma grafica.

Segui Alpha Test anche sui social network

Diventare fan della pagina Alpha Test su Facebook o seguire l'account @alpha_test su Twitter significa essere informati in tempo reale su tutto quello che riguarda i test, confrontarsi con migliaia di fan e ricevere aggiornamenti e consigli dai docenti. Alpha Test è anche su Instagram, Google+, LinkedIn, Youtube.

Mailing list

Ti segnaliamo infine che, registrandoti su alphatest.it, puoi entrare a far parte della nostra mailing list: potrai così ricevere aggiornamenti in tempo reale sui test, suggerimenti su come prepararti al meglio e approfittare di sconti e promozioni esclusive.

Indicazioni per i partecipanti ai corsi Alpha Test

Alpha Test:

- è **la prima** società in Italia specializzata nel preparare gli studenti ai test di ammissione all'università;
- è **l'unica** organizzazione che può vantare un'esperienza di 30 anni e migliaia di corsi già organizzati su tutto il **territorio nazionale**;
- i risultati di chi sceglie Alpha Test sono gli unici attestati da una primaria società di indagini di mercato da cui risulta che l'**84%** degli ammessi a medicina si è preparato con Alpha Test;
- dal 1987 a oggi ha **preparato con successo** ai test universitari **decine di migliaia di studenti** che si sono trovati in vantaggio rispetto alle altre aspiranti matricole;
- propone **corsi** con durata, programmi e costi differenziati a seconda della prova di selezione e delle esigenze dei singoli studenti, comprese **vacanze-studio** e **corsi residenziali**;
- vanta un corpo docente composto da oltre 160 esperti rigorosamente selezionati e costantemente formati: docenti e ricercatori universitari, professionisti e insegnanti con un'**esperienza didattica unica** e **specifica** nel campo della preparazione ai test universitari;
- ha sviluppato, per prima in Italia, una **metodologia didattica innovativa** e specifica per affrontare le prove a test;
- effettua l'analisi e la discussione in aula delle **prove ufficiali** utilizzate dalle università negli anni passati;
- sottopone ai partecipanti ai corsi numerose **prove simulate** che vengono corrette individualmente mediante l'uso di **lettori ottici** simili a quelli per le correzioni dei test ufficiali; ciò consente ai partecipanti di verificare in tempo reale il proprio livello di preparazione e di apprendimento;
- ha sviluppato una collana di volumi specifici per i diversi test di ammissione, già scelti da oltre due milioni di studenti e **forniti ai partecipanti ai corsi** all'atto dell'iscrizione;
- mette a disposizione degli studenti un servizio di esercitazione *on line* – all'indirizzo **testonline.it** – dove è possibile simulare i test di ammissione ai singoli corsi di studio.

Quanto premesso, unitamente ai risultati conseguiti dai partecipanti alle passate edizioni, ci consente di affermare che prepararsi a un test di ammissione frequentando lo specifico corso Alpha Test rappresenta la scelta migliore per chi è veramente motivato ad accedere al corso universitario desiderato e aumenta fino a sette volte la probabilità di ammissione rispetto a quella degli altri candidati.

Alpha Test e il suo corpo docente mettono a disposizione l'esperienza maturata e forniscono tutto l'aiuto necessario affinché i propri studenti possano prepararsi nel modo più rapido, completo ed efficace alla prova di selezione. Per accrescere ulteriormente la probabilità di successo **è essenziale anche l'impegno** degli studenti sotto forma di studio e di esercitazione **prima** e **durante** lo svolgimento del corso. Per facilitare la preparazione preliminare, Alpha Test consegna, già all'atto dell'iscrizione, i volumi MANUALE DI PREPARAZIONE, ESERCIZI COMMENTATI e PROVE DI VERIFICA. Consigliamo di leggere questi libri (o almeno il manuale) prima dell'inizio del corso con l'obiettivo di acquisire almeno una conoscenza di base degli argomenti trattati. Questa raccomandazione vale in particolar modo per chi sceglie di frequentare uno dei corsi Alpha Test di durata minore.

Sempre al momento dell'"iscrizione al corso, Alpha Test fornisce una guida operativa con istruzioni e consigli utili per avviare la preparazione anche prima dell'inizio delle lezioni e con importanti informazioni sul test di ammissione di interesse dello studente.

Durante il corso l'attenzione viene focalizzata in modo specifico sulle tipologie di quesiti previsti nella prova di ammissione di interesse. Viene inoltre esaminato e discusso con i docenti un consistente numero di esercizi diversi da quelli presenti nei libri e contenuti in apposite dispense aggiornate ogni anno e distribuite durante il corso esclusivamente ai partecipanti.

Informazioni e modalità di iscrizione ai corsi Alpha Test

Le iscrizioni ai corsi Alpha Test per la preparazione ai test di ammissione universitari sono sempre aperte sino all'esaurimento dei posti disponibili (i corsi sono riservati a un numero limitato di partecipanti per garantire le migliori condizioni di apprendimento); le informazioni aggiornate relative al calendario e alla quota di partecipazione di ciascun corso sono disponibili su alphatest.it o chiamando il numero verde 800 017 326.

Per chi ha già acquistato **presso un centro Alpha Test** l'ultima edizione dei libri in dotazione al corso, è prevista una riduzione della quota di iscrizione al corso pari al 100% del prezzo di copertina dei libri; se i libri sono stati acquistati **in libreria** tale riduzione è invece pari al 50% del prezzo di copertina.

L'iscrizione ai corsi e l'acquisto dei libri Alpha Test possono essere effettuati:

- **su Internet** all'indirizzo **alphatest.it/Corsi**;
- **telefonicamente**, chiamando il numero verde 800 017 326;
- presso uno dei **centri Alpha Test** (per conoscere il più vicino visitare il sito **alphatest.it/Corsi** o chiamare il numero verde 800 017 326);
- **compilando l'apposito modulo** di iscrizione scaricabile da alphatest.it, o richiedendolo al numero verde 800 017 326 o scrivendo a servizi@alphatest.it.

I libri Alpha Test si possono acquistare anche presso le **migliori librerie** di tutta Italia.

Chi desidera ricevere, gratuitamente e senza impegno, materiale informativo relativo ai corsi e/o ai libri Alpha Test, può visitare il sito internet **alphatest.it** o richiedere il catalogo gratuito a:

Alpha Test S.r.l.
via Mercalli, 14 – 20122 Milano
tel. 02 58 45 981 – fax 02 58 45 98 96
servizi@alphatest.it

Suggerimenti per affrontare la prova a test

Per affrontare al meglio un test a risposta multipla è importante conoscere preventivamente le modalità di svolgimento e la natura delle diverse tipologie di esercizi, nonché le opportune "strategie" per valorizzare al massimo le proprie conoscenze e potenzialità.

I criteri adottati dalle università italiane per selezionare i candidati ai corsi universitari sono di tipo **comparativo**. Cioè per superare la selezione, **lo studente deve figurare tra i migliori** nella graduatoria dei candidati. In altre parole, per superare la selezione occorre svolgere il test di ammissione meglio di un certo numero di altri candidati. Dal 2011 i test di ammissione a base nazionale prevedono anche una soglia minima qualificante di 20 punti.

Prima di addentrarsi nell'analisi dei contenuti dei test e degli esercizi che li compongono, è opportuno considerare alcuni suggerimenti apparentemente banali, ma utili al fine di ottimizzare il risultato nella prova di ammissione.

Bando di concorso e informazioni sulla selezione

Il primo suggerimento di carattere generale è quello di **prestare grande attenzione a tutte le informazioni fornite dall'università e contenute nel bando di concorso**: esse sono infatti, insieme alle disposizioni del Ministero, le uniche informazioni **ufficiali** relative alle norme, alle modalità di selezione, alla struttura e ai contenuti della prova che regola l'ammissione al corso di studi scelto.

Regolamento e istruzioni

In sede d'esame, prima ancora dell'inizio della prova, vengono consegnate ai candidati le **norme alle quali attenersi durante l'intero svolgimento del test**. Tali norme riguardano, per esempio, il tempo a disposizione per lo svolgimento della prova, le modalità con cui indicare le risposte sull'apposita scheda e altre indicazioni su come comportarsi in sede d'esame e al termine del test. È necessario attenersi a tali informazioni per evitare di commettere errori banali (quale, per esempio, la compilazione errata della scheda per le risposte), che potrebbero compromettere l'esito della prova e quindi l'ammissione all'università.

In alcuni casi, all'interno del test gli esercizi sono preceduti da **istruzioni circa le modalità di risoluzione** dei quesiti e a volte anche da un esempio risolto. È importante in questi casi non aver fretta di cominciare a risolvere i quesiti, ma dedicare la massima attenzione alla lettura di queste istruzioni, indispensabili per capire la logica degli esercizi e per rispondere correttamente alle domande.

Domande a risposta multipla

I test che vengono utilizzati per l'ammissione all'università sono costituiti da domande **chiuse**, le cui risposte sono cioè predefinite: il candidato deve individuare la sola risposta esatta tra le alternative proposte. Per rispondere a una domanda *aperta* (non corredata da risposte prefissate) come per esempio "Qual è la capitale della Colombia?", occorre conoscere le informazioni necessarie alla formulazione della risposta. Nel caso di *domande a scelta multipla* è invece possibile procedere anche in maniera diversa.

Si ipotizzi, per esempio, di dover rispondere al medesimo quesito, però a risposta multipla.

---

1 Qual è la capitale della Colombia?

- A Delhi
- B Buenos Aires
- C Bogotá
- D Brasilia
- E Santiago

In questo caso è possibile determinare la risposta corretta procedendo in due modi distinti:

1. ragionando come se si trattasse di una domanda aperta: sapendo che la capitale della Colombia è Bogotá, si individua direttamente la risposta corretta (C) senza valutare le altre risposte proposte;
2. se, al contrario, non si conosce la risposta alla domanda, ma si ricordano gli altri accoppiamenti Paese/capitale, è possibile individuare la risposta corretta eliminando le alternative: sapendo che Delhi è la capitale dell'India, Buenos Aires dell'Argentina, Santiago del Cile e Brasilia del Brasile, per esclusione si può concludere che la risposta esatta è la C.

In altre parole, per rispondere correttamente a una domanda a scelta multipla non è sempre strettamente necessario conoscere la risposta esatta: a volte la soluzione può essere individuata indirettamente, escludendo le alternative errate.

Nel caso in cui, procedendo per esclusione, il candidato non riesca a eliminare tutte le alternative errate, il metodo di risposta per eliminazione permette comunque di aumentare le probabilità di individuare la risposta corretta: l'esclusione di una o più risposte riduce il numero delle alternative tra cui si rimane incerti e quindi incrementa la probabilità di individuare l'alternativa corretta anche rispondendo in modo casuale.

Un altro aspetto che caratterizza le prove a test è il fatto che l'assegnazione dei punteggi si basa solo ed esclusivamente sulle risposte indicate sull'apposita scheda: non hanno quindi alcuna rilevanza eventuali spiegazioni o giustificazioni alle risposte date e questo rappresenta un'ulteriore differenza importante rispetto ad altri tipi di valutazione.

Nei test di ammissione il tempo a disposizione risulta spesso appena sufficiente per rispondere a tutti i quesiti. È dunque molto importante gestirlo nel modo più conveniente.

Valore dei quesiti e gestione del tempo

Nei test di ammissione ai quali questo libro si rivolge **tutti gli esercizi hanno lo stesso valore**: è dunque necessario evitare di dedicare eccessivi sforzi e tempo per risolvere un quesito particolarmente complesso.

Poiché ogni risposta giusta fa "guadagnare" lo stesso punteggio, a parità di tempo impiegato conviene risolvere due esercizi semplici piuttosto che uno complesso.

Come i partecipanti ai corsi Alpha Test hanno modo di sperimentare durante lo svolgimento delle prove simulate, il tempo rappresenta uno dei fattori critici per affrontare con successo un test di ammissione. Infatti, le prove sono spesso progettate e formulate in modo tale da permettere solo ai più preparati e ai più veloci di terminare nel tempo concesso la totalità dei quesiti.

È dunque fondamentale impiegarlo razionalmente, calcolando, prima di iniziare la prova, il tempo medio a disposizione per ogni quesito (dato ovviamente dal tempo complessivo diviso per il numero di esercizi), ed evitando di dedicare ai singoli quesiti un tempo eccessivamente superiore a quello medio. Il suggerimento generale è di non superare il tempo medio nello svolgimento di un singolo esercizio, per più del 20%. Questa dilazione per i quesiti complessi viene infatti facilmente compensata dalla presenza di numerosi quesiti di natura nozionistica di veloce risoluzione.

Se dunque il tempo complessivo per il test è di 100 minuti e il numero di esercizi da risolvere è pari a 60, il tempo medio per quesito è pari a 1 minuto e 40 secondi (100 secondi). Bisogna quindi cercare di non dedicare più di due minuti allo svolgimento del singolo quesito. Avvicinandosi a tale tempo limite, se non si è prossimi alla soluzione, è opportuno passare alla domanda successiva.

L'obiettivo da raggiungere è rispondere correttamente al maggior numero possibile di esercizi; si consiglia quindi, compatibilmente con i vincoli imposti dalle modalità di svolgimento della prova, di affrontare prima gli esercizi che si ritiene di saper risolvere più facilmente e velocemente, per passare poi a quelli più complessi che richiedono un dispendio di tempo maggiore.

> Il consiglio, ove possibile, è di evidenziare con un opportuno segno di riconoscimento tali quesiti sul fascicolo contenente il test: sarà così possibile ritrovarli velocemente in un secondo momento. Lo stesso consiglio vale per le domande a cui si è data una risposta che, compatibilmente con il tempo a disposizione, si vorrebbe verificare prima del termine della prova.

Scelta casuale della risposta?

La valutazione dei test avviene mediante l'attribuzione di un punteggio positivo per le risposte corrette (generalmente un punto per ogni risposta esatta) e, in molti casi, l'attribuzione di un punteggio negativo per ogni risposta errata (generalmente quantificato in una frazione di punto). Ai quesiti omessi, a cui cioè non si è risposto, viene di solito attribuito un punteggio nullo. L'edizione 2015 dei test ai quali questo volume si rivolge prevede quesiti con 5 alternative e la seguente attribuzione di punteggi:

- risposta esatta: +1,5
- risposta errata: −0,4
- risposta omessa: 0

La penalità sulle risposte errate ha lo scopo di annullare il punteggio positivo che, statisticamente, il candidato potrebbe conseguire rispondendo a caso in assenza di tale penalità. Ma è allora conveniente o no rispondere a caso ai quesiti che non si sanno risolvere?

Si supponga di non conoscere le risposte di 60 quesiti (con 5 risposte alternative ciascuno) della prova. Scegliendo a caso (e ragionando statisticamente) si risponderebbe in modo corretto a un esercizio ogni 5, ossia in totale a 12 esercizi (60/5 ossia 60 diviso 5) e si sbaglierebbero i restanti 48 quesiti. Il punteggio totalizzato sarebbe dunque:

- Risposte esatte: $12 \times (+1{,}5) = +18$
- Risposte errate: $48 \times (-0{,}4) = -19{,}2$
- Risposte nulle: $0 \times 0 = 0$
- Punteggio totale: $18 - 19{,}2 = -1{,}2$

Si otterrebbe quindi un punteggio negativo: è quindi **sconsigliato rispondere a caso quando si è indecisi tra cinque alternative**.

È evidente però che il punteggio totalizzato rispondendo casualmente potrà essere tanto maggiore quanto minore sarà il numero di alternative tra cui si è indecisi e quanto minore è la penalità attribuita alle risposte errate. Il numero delle alternative tra cui si è indecisi non coincide necessariamente con quello delle alternative esistenti. Se, per esempio, le alternative proposte sono 5, ma si riesce a sempre a scartarne una perché si sa che è errata, il numero da considerare per il confronto con la penalizzazione è 4 (cioè 5 – 1). In questo circostanza rispondendo a caso si si risponderebbe in modo corretto a 15 esercizi (60/4) e si sbaglierebbero i restanti 45 quesiti:

- Risposte esatte: $15 \times (+1{,}5) = +22{,}5$
- Risposte errate: $45 \times (-0{,}4) = -18$
- Risposte nulle: $0 \times 0 = 0$
- Punteggio totale: $22{,}5 - 18 = +4{,}5$

Quindi, con le regole in uso nel 2015, è sufficiente scartare almeno una alternativa per rendere statisticamente conveniente rispondere a caso al quesito.

Scheda per le risposte e correzioni

Una volta individuata la risposta corretta a un quesito, il candidato deve segnarla su un'apposita *scheda per le risposte* (si veda l'esempio riportato nella pagina seguente), distinta dal fascicolo contenente gli esercizi. Si tratta cioè di segnare la risposta esatta in corrispondenza del numero dell'esercizio appena risolto.

Per la correzione delle schede vengono utilizzati *elaboratori elettronici* dotati di *lettori ottici*, il candidato deve quindi rispondere contrassegnando in modo opportuno lo spazio (un "cerchietto" o "quadratino") corrispondente all'alternativa ritenuta esatta.

Nelle prove per l'accesso a Medicina, Odontoiatria e Veterinaria degli ultimi anni era consentito effettuare correzioni sulla scheda delle risposte. È comunque consigliabile **limitare al minimo le correzioni**.

Sia la scheda sia il metodo di correzione potrebbero cambiare in futuro ed è quindi importante leggere e seguire attentamente le istruzioni e le procedure di svolgimento della prova. Sulle schede per le risposte sono solitamente presenti aree (con cerchi neri, codici a barre o altro) indispensabili al corretto funzionamento del sistema ottico di lettura e correzione. All'interno di tali aree è importante non apporre alcun segno di scrittura che potrebbe pregiudicare il corretto funzionamento del lettore.

Si raccomanda quindi di non apporre alcun segno al di fuori delle caselle previste e di non sgualcire o piegare la scheda.

M.I.U.R. — Ministero dell'Istruzione, dell'Università e della Ricerca

0 0 0 0 0 2 5 8 1 B

Modulo risposte

ATTENZIONE: NON piegare o sgualcire questa scheda

Nº domanda	Cultura generale e ragionamento logico A	B	C	D	E	Nº domanda	Biologia A	B	C	D	E	Nº domanda	Chimica A	B	C	D	E	Nº domanda	Fisica e Matematica A	B	C	D	E
○ 1	□	□	□	□	□	○ 23	□	□	□	□	□	○ 41	□	□	□	□	□	○ 53	□	□	□	□	□
○ 2	□	□	□	□	□	○ 24	□	□	□	□	□	○ 42	□	□	□	□	□	○ 54	□	□	□	□	□
○ 3	□	□	□	□	□	○ 25	□	□	□	□	□	○ 43	□	□	□	□	□	○ 55	□	□	□	□	□
○ 4	□	□	□	□	□	○ 26	□	□	□	□	□	○ 44	□	□	□	□	□	○ 56	□	□	□	□	□
○ 5	□	□	□	□	□	○ 27	□	□	□	□	□	○ 45	□	□	□	□	□	○ 57	□	□	□	□	□
○ 6	□	□	□	□	□	○ 28	□	□	□	□	□	○ 46	□	□	□	□	□	○ 58	□	□	□	□	□
○ 7	□	□	□	□	□	○ 29	□	□	□	□	□	○ 47	□	□	□	□	□	○ 59	□	□	□	□	□
○ 8	□	□	□	□	□	○ 30	□	□	□	□	□	○ 48	□	□	□	□	□	○ 60	□	□	□	□	□
○ 9	□	□	□	□	□	○ 31	□	□	□	□	□	○ 49	□	□	□	□	□						
○ 10	□	□	□	□	□	○ 32	□	□	□	□	□	○ 50	□	□	□	□	□						
○ 11	□	□	□	□	□	○ 33	□	□	□	□	□	○ 51	□	□	□	□	□						
○ 12	□	□	□	□	□	○ 34	□	□	□	□	□	○ 52	□	□	□	□	□						
○ 13	□	□	□	□	□	○ 35	□	□	□	□	□												
○ 14	□	□	□	□	□	○ 36	□	□	□	□	□												
○ 15	□	□	□	□	□	○ 37	□	□	□	□	□												
○ 16	□	□	□	□	□	○ 38	□	□	□	□	□												
○ 17	□	□	□	□	□	○ 39	□	□	□	□	□												
○ 18	□	□	□	□	□	○ 40	□	□	□	□	□												
○ 19	□	□	□	□	□																		
○ 20	□	□	□	□	□																		
○ 21	□	□	□	□	□																		
○ 22	□	□	□	□	□																		

1. Ogni domanda ammette **una e una sola** risposta esatta. Si risponde barrando la relativa casella, ad esempio con una crocetta ben marcata, avendo cura di rimanere entro i bordi della casella stessa.

   ○ 1 ☒ □ □ □ □

2. Per correggere una risposta errata è necessario **annerire completamente** la casella e barrare quella corretta. Per ogni domanda **è ammessa una sola** correzione.

   ○ 2 ■ □ □ □ ☒

3. Se si intende annullare una risposta già data o non rispondere a una domanda occorre annerire la casella circolare a sinistra del numero progressivo.

   ⊗ 3 ■ □ □ □ ☒
   ⊗ 4 □ □ □ □ □

Esempio di scheda delle risposte con possibilità di correzione ed estratto di istruzioni per la corretta compilazione della scheda.

1 | Problemi di natura logica

Largamente utilizzati nei test di selezione all'università (da Ingegneria all'area medico sanitaria, da Disegno industriale a Economia, da Psicologia a Scienze della Formazione o a Scienze motorie ecc.), questi esercizi intendono valutare le capacità deduttive e di ragionamento del candidato. I test di implicazione logica possono apparire in forma più o meno complessa e richiedere al candidato di verificare la validità di un sillogismo, di saper individuare correttamente le relazioni logiche, di comprendere il reale significato di un'affermazione, di capire quando una condizione è sufficiente o necessaria per arrivare a una conclusione.

1.1 | Esercizi di ragionamento

In questa tipologia di esercizi vengono presentati alcuni enunciati che definiscono una serie di relazioni tra loro strettamente interdipendenti. Tali relazioni sono, però, prive di contenuto informativo, o quantomeno incomplete, se considerate isolatamente.

È necessario quindi collegare tra loro le informazioni presentate, valutarne le relazioni e dedurre poi i dati non esplicitati.

Gli enunciati sono seguiti da una serie di domande o di affermazioni di cui occorre valutare la veridicità (per esempio: *quale delle seguenti affermazioni è vera/falsa?*) basandosi prevalentemente sulle relazioni sottintese, ossia su quelle relazioni che non vengono direttamente espresse nel testo di partenza.

Il problema è, dunque, quello di comprendere la struttura delle relazioni presentate e di dedurre da esse nuove informazioni, ossia le relazioni mancanti.

Leggere il testo del problema e rispondere alle domande seguenti.

Nel villaggio turistico di Imkat sono presenti cinque coppie di sposi, ognuna delle quali ha un figlio. Gli uomini sono: Aldo, Bruno, Carlo, Davide ed Enrico (non necessariamente in quest'ordine), le donne si chiamano: Francesca, Giovanna, Ilaria, Marta e Nausica (non necessariamente in quest'ordine), mentre i bambini sono: Paolo, Roberto, Saverio, Teo e Vincenzo (non necessariamente in quest'ordine).

Si sa inoltre che:

- Aldo è il papà di Teo;
- Giovanna è la moglie di Carlo;
- Paolo è figlio di Francesca ma non di Enrico;
- Bruno e Francesca non sono sposati tra di loro;
- Nausica è la mamma di Saverio ma non è la moglie di Bruno.

---

1 Quale delle seguenti affermazioni è certamente vera?

A Ilaria è la moglie di Bruno
B Teo non è figlio di Marta
C Giovanna è la mamma di Roberto
D Davide non è il padre di Vincenzo
E Davide non è parente di Paolo

Per rispondere alla domanda conviene costruire una tabella con tre colonne (Padre, Madre, Figlio) nella quale sistemare tutte le informazioni fornite dal testo, in modo da avere chiare le diverse relazioni presentate. Seguendo quanto detto, dalle prime tre affermazioni del testo si può iniziare a completare la tabella nel seguente modo:

Padre	Madre	Figlio
Aldo		Teo
Carlo	Giovanna	
	Francesca	Paolo

Si sa, inoltre, che Francesca non è sposata né con Bruno, né con Enrico (Paolo è infatti figlio di Francesca ma non di Enrico), e quindi suo marito non potrà che essere Davide, mentre il marito di Nausica e padre di Saverio non potrà che essere Enrico (non potendo essere Bruno). Si può, quindi aggiornare la tabella nel seguente modo:

Padre	Madre	Figlio
Aldo		Teo
Bruno		
Carlo	Giovanna	
Davide	Francesca	Paolo
Enrico	Nausica	Saverio

Osservando questa tabella è ora possibile rispondere facilmente al quesito. L'unica cosa che si può affermare con certezza è che Davide non è il padre di Vincenzo (essendo il padre di Paolo) e, quindi, la risposta corretta è fornita dall'alternativa D. Le affermazioni proposte dalle alternative A, B e C sono possibili ma non necessariamente vere.

---

2 **Incontro due persone nel paese dei cavalieri (che dicono sempre la verità) e dei furfanti (che mentono sempre).**

Il primo dice: "Siamo entrambi ricchi".

Il secondo afferma: "Siamo entrambi furfanti".

Dunque necessariamente:

- A il primo è un cavaliere, il secondo è ricco
- B il secondo è un furfante, il primo non è ricco
- C il primo è un furfante, il secondo è ricco
- D il primo è un furfante, il secondo è un cavaliere
- E il primo è un cavaliere, il secondo non è ricco

L'affermazione "siamo entrambi furfanti" può averla fatta solo il furfante (infatti il cavaliere dice sempre il vero). Affinché questa sia una bugia, vuol dire che l'altra persona non è un furfante (e quindi è un cavaliere). Infatti dicendo "siamo entrambi furfanti" il furfante sta in realtà affermando il vero su sé stesso ma la sua affermazione è resa falsa dal fatto che sostiene siano entrambi furfanti. Allora se l'altro è il cavaliere, vuol dire che afferma sempre il vero. La risposta corretta è, pertanto, la A.

Leggere il testo del problema e rispondere alle domande seguenti.

Nella conferenza medica svoltasi a Milano lo scorso mese sono intervenute cinque personalità della ricerca scientifica che hanno relazionato al pubblico presente i risultati dei loro esperimenti. Nella conferenza, che si è tenuta per tutta la giornata terminando in tarda serata, il dott. Caputi ha parlato prima del dott. Andretti ma dopo il prof. Domini. Il dott. Epifani, arrivato da Genova, ha parlato dopo il dott. Caputi ma per un tempo più lungo di quest'ultimo, mentre il prof. Bassetti, parlando per primo, ha tenuto il discorso più breve di tutti. Il dott. Andretti, giunto in ritardo per un problema alla sua auto, ha parlato per ultimo per un tempo inferiore a quello del prof. Domini, ma maggiore rispetto a quello del dott. Epifani.

3 In base a quanto riportato dal testo, quale delle seguenti affermazioni è vera?

- A Il dott. Caputi ha parlato prima e per un tempo maggiore del dott. Andretti
- B Il dott. Epifani ha parlato dopo e per un tempo inferiore del prof. Bassetti
- C Il prof. Domini pur parlando dopo il dott. Epifani, ha tenuto il discorso più lungo
- D Il prof. Bassetti e il prof. Domini hanno tenuto un discorso di uguale lunghezza
- E Il dott. Andretti, pur essendo stato l'ultimo a parlare, ha tenuto un discorso più corto solo del prof. Domini

Il testo dell'esercizio presenta una serie di informazioni inutili alla risoluzione del quesito: il lettore deve focalizzare la propria attenzione solo sulla sequenza di interventi dei vari relatori e sulla durata degli stessi.

Per individuare la soluzione è conveniente provare a schematizzare le relazioni logiche presentate nel testo, utilizzando due diverse rappresentazioni, una relativa all'ordine degli interventi e l'altra alla loro durata.

In base al testo il prof. Bassetti ha parlato per primo e il dott. Andretti per ultimo. Inoltre il dott. Epifani ha parlato dopo il dott. Caputi che a sua volta ha parlato dopo il dott. Domini.

La sequenza degli interventi risulta, quindi, la seguente:

$B \Rightarrow D \Rightarrow C \Rightarrow E \Rightarrow A$.

Inoltre dal testo si ricava che il prof. Domini ha parlato per un tempo superiore a quello del dott. Andretti che a sua volta ha tenuto un discorso più lungo rispetto al dott. Epifani. Quest'ultimo ha parlato per un tempo maggiore del dott. Caputi, mentre il prof. Bassetti ha tenuto il discorso più corto di tutti.

La sequenza che individua la lunghezza degli interventi risulta, quindi, la seguente:

$D > A > E > C > B$.

L'unica alternativa coerente con queste due sequenze è la E, che rappresenta dunque la soluzione al quesito.

4 In base a quanto riportato dal testo, quale delle seguenti affermazioni è falsa?

- A Il dott. Caputi ha parlato dopo il prof. Bassetti
- B Il dott. Epifani pur parlando meno del prof. Domini ha parlato prima del dott. Andretti
- C Il prof. Bassetti è stato il primo a parlare e per un tempo inferiore a tutti gli altri colleghi
- D Il prof. Domini ha parlato per un tempo inferiore al dott. Andretti ma prima del dott. Caputi
- E Il dott. Andretti ha parlato per ultimo e per un tempo superiore al prof. Bassetti

Utilizzando le sequenze logiche precedentemente costruite, si individua facilmente l'affermazione falsa nell'alternativa D che è anche la soluzione del quesito. Infatti se è vero che il prof. Domini ha parlato prima del dott. Caputi, non è vero che lo ha fatto per un tempo inferiore a quello del dott. Andretti.

5 Se la pausa per il pranzo si è tenuta dopo il terzo intervento, nel pomeriggio hanno parlato:

- A il prof. Domini e il prof. Bassetti
- B il dott. Andretti e il prof. Domini
- C il dott. Epifani e il dott. Andretti
- D il dott. Caputi e il dott. Andretti
- E il prof. Bassetti e il dott. Caputi

Nel risolvere questo esercizio è necessario prestare attenzione solo alla sequenza che indica l'ordine degli interventi e vedere quali sono stati gli ultimi due. Avendo parlato per ultimi il dott. Epifani e il dott. Andretti, la soluzione al quesito è fornita dall'alternativa C.

Leggere il testo del problema e rispondere alle domande seguenti.

Al termine della stagione regolare del campionato di basket, le prime 8 squadre classificate (A, B, C, D, E, F, G e H, non necessariamente in quest'ordine) si devono incontrare in scontri a eliminazione diretta.

La prima classificata della stagione deve incontrare l'ultima, la seconda la penultima, la terza la terzultima e la quarta la quinta classificata.

Si sa inoltre che:

- la squadra A si è classificata per prima;
- la squadra C, quarta classificata, incontra la squadra E;
- la squadra D, non incontra né la terza, né la prima classificata;
- la squadra G si è classificata al secondo posto;
- le squadre B e H si scontrano tra di loro.

---

6 Quale squadra si è classificata all'ultimo posto?

A B
B H
C F
D D
E Non è possibile rispondere in base alle informazioni dell'esercizio

Per risolvere il quesito conviene utilizzare due schemi che permettano di tenere a mente tutte le informazioni del testo. Il primo consente di avere chiari gli accoppiamenti delle squadre ed è il seguente:

1 ⇔ 8

2 ⇔ 7

3 ⇔ 6

4 ⇔ 5

Il secondo è una tabella dove inserire le squadre nelle posizioni raggiunte dopo la stagione regolare:

Posizione	Squadra
1	
2	
3	
4	
5	
6	
7	
8	

Si sa che A si è classificata prima, G seconda, C quarta e quindi E (squadra incontrata) quinta.

Posizione	Squadra
1	A
2	G
3	
4	C
5	E
6	
7	
8	

Si sa, inoltre, che la squadra D, non incontra né la terza, né la prima classificata (quindi non è arrivata né terzultima, né, logicamente terza, e neanche ultima) ed è, quindi, arrivata sicuramente settima. Le squadre B e H si incontrano tra di loro, quindi sono arrivate una sesta e l'altra terza (anche se non si sa in che ordine). La squadra F è quindi sicuramente arrivata ottava e la soluzione al quesito è fornita dall'alternativa C.

Posizione	Squadra
1	A
2	G
3	B o H
4	C
5	E
6	B o H
7	D
8	F

7 Quale affermazione aggiuntiva consente di concludere con certezza che la squadra B è arrivata terza?

A H si è piazzata dopo G
B B si è piazzata dopo A
C H si è piazzata prima di D
D B si è piazzata prima di F
E B si è piazzata prima di C

Osservando la classifica, così come riportata nell'ultima tabella dell'esercizio precedente, ci si accorge che solo l'affermazione E consente di concludere con certezza che la squadra B si è classificata terza. Le altre quattro affermazioni, infatti, non sono in grado di definire con certezza se la squadra B si sia classificata terza o sesta. La soluzione al quesito è, dunque, rappresentata dall'alternativa E.

Leggere il testo del problema e rispondere alla domanda seguente.

Di sei ragazze Alba, Beatrice, Claudia, Marina, Nadia e Ornella, una sola dice la verità, mentre le altre cinque mentono:

- Alba afferma che Marina è la più bella del gruppo;
- Beatrice afferma che la più bella del gruppo è Nadia;
- Claudia dice che è Ornella la più bella del gruppo;
- Marina dice che la più bella del gruppo non è Nadia;
- Nadia afferma che è Ornella la più bella del gruppo;
- Ornella dice che la più bella del gruppo non è Nadia.

8 In base a quanto riportato dal testo si può affermare con certezza che:

A Ornella è la più bella del gruppo
B la più bella del gruppo è Nadia
C Claudia dice la verità
D Marina è la più bella del gruppo
E Alba dice la verità

Per risolvere l'esercizio è necessario capire chi delle sei ragazze dice la verità. L'informazione rilevante che deve sempre essere tenuta presente è che solo una di esse dice la verità, mentre le altre cinque mentono. Si deve, quindi, analizzare ogni affermazione e verificare se la sua veridicità comporta la veridicità di qualche altra informazione. In questo caso, infatti, essendo solo una l'affermazione vera, si dovrà concludere che quella appena esaminata è un'affermazione falsa.

Per capire meglio questo ragionamento si analizzi l'affermazione di Alba. Se fosse questa l'affermazione vera (Marina è la più bella del gruppo) allora sarebbe vero anche quanto affermato da Marina e Ornella (cioè che non è Nadia la più bella del gruppo). Poiché è solo una l'affermazione vera, l'affermazione di Alba non potrà che essere falsa. Si osservi, inoltre che Claudia e Nadia affermano la stessa cosa. Tutte e due le ragazze, quindi, dicono il falso, perché se una delle due dicesse il vero, lo direbbe anche l'altra e ciò contrasterebbe con il fatto che è solo una l'affermazione vera. Lo stesso ragionamento può essere fatto per quanto detto da Marina e Ornella.

La sola affermazione che se considerata vera è anche l'unica a esserlo è quella di Beatrice, cioè che Nadia è la più bella del gruppo. La soluzione al quesito è quindi rappresentata dall'alternativa B.

9 Un gruppo di compagni di corso (Leonardo, Maria, Giorgio e Roberto) devono sostenere l'esame finale di informatica il giorno venerdì 7 dicembre. Hanno pensato di fare un ripasso tutti assieme della materia almeno una volta, solo al pomeriggio o alla sera prima dell'esame. Si sa che:

- **Leonardo può studiare solo lunedì sera, martedì sera, mercoledì sera e giovedì pomeriggio e sera.**
- **Maria può studiare solo lunedì sera, mercoledì sera, giovedì sera e martedì pomeriggio e sera.**
- **Giorgio può studiare solo mercoledì sera e giovedì sera, martedì pomeriggio e lunedì pomeriggio e sera.**
- **Roberto può studiare i pomeriggi e le sere del martedì e del giovedì, il pomeriggio del lunedì e la sera del mercoledì.**

Se il gruppo volesse incontrarsi due volte per ripassare, in quali giorni potrebbero farlo?

A Mercoledì e giovedì
B Martedì e mercoledì
C Lunedì e venerdì
D Martedì e giovedì
E Lunedì e mercoledì

Per rispondere al quesito si provi a sistemare le informazioni relative alla disponibilità dei quattro amici in una tabella con i giorni della settimana da lunedì a giovedì divisi in pomeriggio e sera:

	Lunedì	Martedì	Mercoledì	Giovedì
Pomeriggio	Giorgio Roberto	Maria Giorgio Roberto		Leonardo Roberto
Sera	Leonardo Maria Giorgio	Leonardo Maria Roberto	Leonardo Maria Giorgio Roberto	Leonardo Maria Giorgio Roberto

Come si vede, gli unici due momenti in cui tutti e quattro gli amici si possono trovare insieme sono il mercoledì e il giovedì sera (A soluzione del quesito).

10 Aldo, Beppe e Ciro pedalano affiancati in sella alle loro bici (una gialla, una rossa e una verde, non necessariamente in quest'ordine). Sapendo che:

- **Aldo viaggia più a sinistra di Ciro (il quale non è di fianco a Beppe);**
- **la bici rossa è al centro;**
- **se la bici di Beppe è verde, allora quella di Ciro non è gialla.**

Di che colore è la bici di Beppe?

A Gialla
B Rossa
C Verde
D I dati sono insufficienti per rispondere al quesito

Se Ciro non viaggia di fianco a Beppe, allora tra i due ci deve essere Aldo (che è a sinistra di Ciro):

Proprietario bici	Beppe	Aldo	Ciro
Colore			

Sapendo che la bici al centro è rossa, allora questa è quella che appartiene a Aldo:

Proprietario bici	Beppe	Aldo	Ciro
Colore		rossa	

Si capisce quindi che la bici di Beppe non può essere verde, perché se lo fosse quella di Ciro non sarebbe gialla e dovrebbe essere rossa, ma ciò è impossibile perché quest'ultima è la bici di Aldo. La bici di Beppe deve, quindi, essere gialla (A soluzione del quesito) e quindi quella di Ciro verde.

Proprietario bici	Beppe	Aldo	Ciro
Colore	gialla	rossa	verde

1.2 | Strategie efficienti

Alcuni esercizi richiedono di individuare qual è la strategia più efficiente per ottenere un risultato, ossia quella che permette di minimizzare il numero di tentativi per raggiungerlo. Di solito in questi esercizi è conveniente provare a schematizzarsi le informazioni richieste in modo da avere sempre chiaro cosa ogni passo effettuato può permettere effettivamente di dedurre o meno.

---

1 **Nell'ufficio di Silvia ci sono diversi scaffali con libri di storia e di matematica. Negli scaffali dove ci sono almeno due libri almeno uno è di matematica.**
Se la precedente affermazione è vera, allora è vero che:

A se in uno scaffale c'è un solo libro questo è di matematica
B uno scaffale che contiene tre libri ne ha sempre due di storia
C il numero dei libri di storia in uno scaffale è sempre inferiore o pari al numero di libri di matematica
D in uno scaffale che contiene due libri potrebbero non esserci libri di storia
E uno scaffale non può contenere un solo libro

Affermare che, se ci sono due o più libri in uno scaffale, almeno uno è di matematica, significa dire che negli scaffali dove ci sono due o più libri sicuramente uno è di matematica. Quindi, in teoria, in uno scaffale con due libri si potrebbero trovare due libri di matematica (si è sicuri che ce ne è almeno uno, ma potrebbero essere entrambi) e, dunque, nessun libro di storia (la D fornisce la soluzione dell'esercizio). Si faccia attenzione alle alternative A ed E: il testo dell'esercizio non tratta il caso di scaffali contenenti un solo libro; in questo caso, quindi, non è possibile fare alcuna deduzione logica.

---

2 **Andrea è più alto di Donato, Fausto è più basso di Donato, Chiara è più bassa di Biagio ma è più alta di Andrea. Chi è la persona che occupa il posto intermedio in altezza?**

A Donato
B Andrea
C Chiara
D Biagio
E Fausto

Per risolvere l'esercizio è utile schematizzare le informazioni fornite nel seguente modo (le lettere corrispondono all'iniziale del nome):

$$B > C > A > D > F$$

Infatti Chiara è più bassa di Biagio ma più alta di Andrea che è più alto di Donato, a sua volta più alto di Fausto.

Poiché l'esercizio richiede di individuare la persona che come altezza, occupa il posto intermedio (Andrea) la soluzione al quesito è fornita dall'alternativa B.

3 **Se K viene prima di C; Y viene prima di C; C viene prima di D; K viene prima di Y; quale di queste affermazioni è corretta?**

A C viene prima di Y

B C viene dopo D

C C è la terza lettera

D L'ordine è alfabetico

Si provi a mettere in ordine le lettere seguendo quanto riportato dal testo: C è dopo K ma prima di D e Y è prima di C ma dopo K.

K → Y → C → D

La C è quindi la terza lettera (C soluzione del quesito) e viene prima della D (alternativa B errata) e dopo la Y (alternativa A errata).

---

4 **Luca abita tra la tenuta di Mario e la città. La tenuta di Mario è tra la città e l'aeroporto. Quale affermazione è sicuramente vera?**

A La tenuta di Mario è più vicina alla casa di Luca che all'aeroporto

B La tenuta di Mario è più vicina alla città che alla casa di Luca

C Luca abita tra la tenuta di Mario e l'aeroporto

D Luca abita più vicino alla tenuta di Mario che all'aeroporto

Per risolvere il quesito si mettano in ordine gli elementi seguendo le informazioni del quesito. Si sa che Luca abita tra le tenuta di Mario e la città, per cui si può scrivere:

tenuta Mario   Luca   città

oppure in modo speculare:.

città   Luca   tenuta Mario

Poiché la tenuta di Mario si trova tra la città e l'aeroporto si può anche scrivere:

aeroporto   tenuta Mario   Luca   città

oppure in modo speculare:.

città   Luca   tenuta Mario   aeroporto

Come si vede non si può dedurre se la tenuta di Mario è più vicina alla casa di Luca o all'aeroporto, perché si trova tra i due ma non si conosce la distanza dall'una o dall'altro (alternativa A errata). Dalla sequenza scritta si vede, anche, che risultano errate le alternative B e C. È, invece, vero quanto affermato dall'alternativa D (soluzione del quesito), infatti partendo dalla casa di Luca si incontra prima la tenuta di Mario dell'aeroporto.

---

5 **Un gruppo di studenti in gita si dispone a cerchio per fare un gioco. Il 5° studente si trova esattamente di fronte al 16°. Quanti sono gli studenti presenti alla gita?**

A 18

B 19

C 20

D 21

E 22

Per risolvere l'esercizio è necessario immaginare gli studenti disposti in cerchio che guardano verso il centro dello stesso, quindi ogni studente avrà di fronte quello che si trova nel punto opposto del cerchio rispetto al diametro.

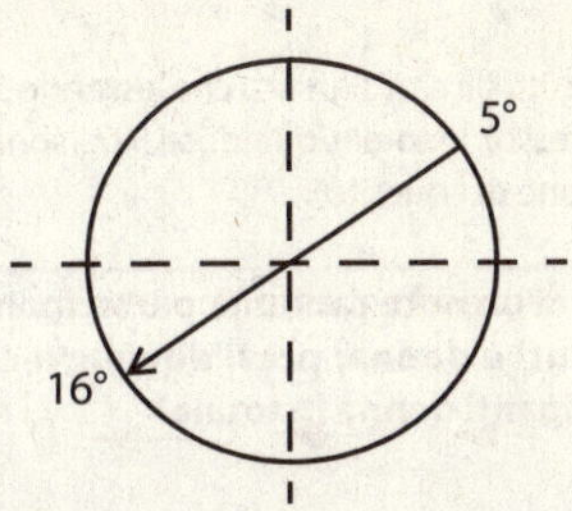

Se il 5° studente ha di fronte il 16°, significa che il primo studente (4 studenti prima del quinto) ha di fronte il dodicesimo (4 studenti prima del sedicesimo). Ciò significa che in una metà del cerchio ci sono 11 studenti e altrettanti si trovano nell'altra metà. In totale, quindi, gli studenti in gita sono 22, come correttamente proposto dall'alternativa E.

---

6 Di un gruppo di persone si sa che "tutti i maschi sono minorenni". Se ne può dedurre che certamente, nel gruppo, tutte le:

- A femmine sono maggiorenni
- B persone minorenni sono maschi
- C persone minorenni sono femmine
- D femmine sono minorenni
- E persone maggiorenni possono solo essere femmine

L'esercizio afferma che tutti i maschi sono minorenni, quindi l'insieme dei maschi è totalmente incluso in quello dei minorenni. Ciò non implica però che tutte le persone minorenni siano maschi (alternativa B errata), perché si potrebbero avere anche delle femmine che lo sono (il che rende errate anche le alternative A, C e D). Sicuramente se tutti i maschi sono minorenni, se nel gruppo ci sono delle maggiorenni possono solo essere femmine. La soluzione al quesito è fornita, quindi, dall'alternativa E.

---

7 Alberto afferma: "ciò che dice Beatrice è falso". Beatrice afferma: "Alberto e Carlo dicono entrambi la verità". Carlo afferma: "ciò che dice Alberto è falso".
Affinché non ci siano contraddizioni tra quanto affermato da Alberto, Beatrice e Carlo, come devono essere le loro affermazioni?

- A Alberto: vera – Beatrice: falsa – Carlo: falsa
- B Alberto: falsa – Beatrice: falsa – Carlo: falsa
- C Alberto: vera – Beatrice: vera – Carlo: vera
- D Alberto: vera – Beatrice: falsa – Carlo: vera
- E Alberto: falsa – Beatrice: vera – Carlo: vera

L'esercizio richiede di capire se quanto affermato dalle tre persone sia vero o falso in modo che non ci siano contraddizioni tra quanto detto. Se ciò che afferma Alberto fosse falso, allora sarebbe vero quanto dice Beatrice, che però afferma che Alberto dice la verità (il che è in contrasto col fatto che Alberto dica il falso). Alberto deve dunque dire il vero (alternative B ed E da scartare). Ma questo porta inevitabilmente al fatto che Beatrice affermi il falso (è vero, infatti, che Beatrice dice il falso) ed è quindi da scartare anche l'alternativa C. A questo punto si individua la soluzione nell'alternativa A, infatti da una parte non è vero quanto detto da Beatrice (Alberto e Carlo dicono entrambi la verità – e già si sa che la dice Alberto) e dall'altra Carlo afferma che Alberto dice il falso, mentre si è già stabilito che lui dice il vero, quindi Carlo dice una cosa falsa (alternativa D errata).

8 **Cinque persone si inviano messaggi con il telefono cellulare. Ciascuno invia un messaggio a tutti gli altri. Quanti sono i messaggi inviati in totale?**

A 5 B 25 C 20 D 10 E 18

Se ogni persona invia un messaggio a tutti gli altri significa che, essendo 5 le persone in tutto, ognuno invierà 4 messaggi (non lo invierà infatti a sé stesso). In totale, quindi, se 5 persone inviano ognuno 4 messaggi si conteranno 20 messaggi inviati (C soluzione del quesito).

9 **A una riunione del fan club di un noto cantante partecipano 130 persone. Si sa inoltre che: almeno uno dei partecipanti è donna; presi due partecipanti qualsiasi, almeno uno è uomo. Quanti sono i partecipanti donne in totale?**

A 66
B 129
C 1
D 2
E Con i dati a disposizione non si può determinare

Per risolvere il quesito è necessario prestare attenzione all'affermazione "presi due partecipanti qualsiasi, almeno uno è uomo". Questo significa che qualunque coppia io prenda non avrò mai due donne e che quindi alla riunione è presente una sola donna (se fossero anche solo due, almeno una volta prendendo due persone a caso potrei avere due donne, fatto escluso dal testo del quesito). La soluzione è, quindi, quella fornita dall'alternativa C.

10 **Quando dopodomani sarà ieri, oggi disterà tanti giorni da mercoledì quanto distava oggi quando l'altroieri era domani. Che giorno è oggi?**

A Lunedì
B Martedì
C Mercoledì
D Giovedì
E Venerdì

La frase "quando dopodomani sarà ieri" indica un giorno distante in avanti tre giorni da quello attuale (cioè, quando potrò considerare dopodomani come un ieri). Dire che "l'altroieri era domani" indica tre giorni fa. Ciò significa che se "tra tre giorni" dista da mercoledì quando distava tre giorni fa, oggi è proprio mercoledì. La soluzione al quesito è fornita dall'alternativa C.

11 **Un commesso va su e giù per una scala. Se scende di 4 gradini, poi sale di 3, scende di 6, sale di 2 e ancora sale di 9 e alla fine scende di 2 gradini, su che gradino si troverà rispetto alla partenza?**

A 1 sotto
B 1 sopra
C 2 sopra
D 2 sotto
E 3 sopra

Il modo più semplice per calcolare lo spostamento è trasformare le informazioni in una semplice somma (quando sale) e sottrazione (quando scende):

$$-4 + 3 - 6 + 2 + 9 - 2 = 2$$

Si vede quindi che il commesso si trova 2 gradini sopra a quello di partenza (C soluzione del quesito).

12 Il piccolo Emanuele sta giocando con 350 tessere quadrate di legno colorato, tutte delle stesse dimensioni. Costruisce con le tessere, affiancandole, il più grande quadrato possibile. Considerando il lato di ogni tessera come unità di misura u, quanto vale il perimetro del quadrato ottenuto?

A 68 u
B 72 u
C 80 u
D 76 u

Il piccolo Emanuele deve costruire il quadrato più grande possibile, quindi deve usare il più alto numero di tessere a sua disposizione (ma al massimo 350). Per risolvere questo esercizio si dia uno sguardo alle alternative. Se la soluzione fosse la C e il perimetro fosse uguale a 80 u, allora il lato del quadrato sarebbe pari a 20 u. Ma se questo fosse vero l'area sarebbe formata da 400 tessere (20 x 20), mentre il piccolo Emanuele ne possiede solo 350. Lo stesso ragionamento varrebbe se la soluzione fosse la D: il lato sarebbe pari a 19 u e quindi l'area formata da 361 tessere. La soluzione al quesito è quindi l'alternativa B, infatti con un perimetro pari a 72 u si avrebbe un lato pari a 18 e quindi un'area totale formata da 324 tessere.

Suggerimenti

- Leggendo le relazioni, è importante **non fare ulteriori infondate supposizioni**. Se, per esempio, è stabilita una relazione di peso e di altezza tra i componenti di una squadra, non bisogna supporre che chi è più pesante di un altro debba, per questo, essere più alto. Analogamente, non bisogna basarsi sulle proprie conoscenze per rispondere alle domande, ma attenersi unicamente al testo dell'esercizio.
- **Le domande di una serie sono indipendenti tra loro**. La risposta a una domanda non è condizione per rispondere a un'altra domanda della stessa serie.
- È fondamentale tracciare uno **schema che riproduca graficamente le informazioni fornite** dalle relazioni date e consenta così di dedurre le relazioni mancanti. Il tipo di schema dipende naturalmente dal tipo di relazioni presentate. Il ricorso a un *diagramma* (schema, tabella ecc.) è tuttavia il metodo più efficace per la risoluzione di questi esercizi. Tale schema, una volta compilato, consente infatti di rispondere a tutte le domande senza dover tornare a esaminare le relazioni.
- È spesso conveniente **limitarsi a trascrivere unicamente le iniziali** e non interamente i nomi di persone, animali, luoghi ecc., risparmiando così del tempo utile per la risoluzione. A tal fine, molto spesso gli esercizi di questo tipo riportano nomi con iniziali differenti.
- Gli enunciati che definiscono le relazioni **non devono essere necessariamente analizzati nell'ordine presentato.** A volte può essere utile saltare da uno all'altro, a seconda delle informazioni che si riescono progressivamente a raccogliere e collegare.
- Occorre prestare **molta attenzione alla fase di lettura** degli enunciati che definiscono le relazioni. La maggior parte del tempo deve essere, infatti, dedicata a un'analisi delle relazioni presentate, finalizzata a tracciare lo schema o il diagramma che consente poi di rispondere in modo abbastanza rapido ai quesiti. Per questo motivo, il tempo concesso per rispondere alle domande risulta generalmente appena sufficiente.
- Occorre prestare attenzione alle **espressioni che descrivono o limitano le relazioni**, come: *soltanto*, *esattamente*, *mai*, *sempre*, *deve essere*, e così via.

1.3 | Deduzioni logiche

Questi esercizi intendono valutare le capacità deduttive e di ragionamento del candidato. Viene richiesto di analizzare attentamente il testo degli esercizi, individuare le conclusioni da esso deducibili in modo logico e identificare così le risposte giuste alle domande che seguono. È molto importante saper individuare correttamente le relazioni logiche, in particolare quella di *causalità*, che collegano fra loro più argomentazioni.

1.3.1 | Condizione necessaria e condizione sufficiente

Gli esercizi sulla condizione sufficiente e sulla condizione necessaria presentano un'affermazione rispetto alla quale si chiede di capire cosa è possibile o meno dedurre con certezza.

- Una condizione è sufficiente (come dice l'espressione) quando il suo verificarsi porta sempre ad una determinata conseguenza. Se A è la condizione e B la conseguenza, la condizione sufficiente ha quindi una delle seguenti formulazioni:

  se A allora B, ogni volta che A allora B, quando A allora B ecc.

  La condizione A quando si verifica ha quindi **sempre come conseguenza** l'evento B.

  Se A è sufficiente per avere B allora si può dedurre sempre con certezza che se non si è avuto B, certamente prima non si è verificato A:

  se non B allora non A.

- Oltre alla condizione sufficiente esiste quella **necessaria** che indica quel fatto, azione o evento che si **DEVE verificare** per **poter avere** una determinata conseguenza. Chiamando ancora A la condizione e B la conseguenza, la condizione necessaria ha quindi la seguente formulazione:

  solo se A allora B.

  Essendo A necessaria per avere B, si può dedurre con certezza che:

  se non A allora non B

  e anche che:

  se B allora A.

  Una condizione necessaria si deve quindi sempre verificare per poter avere una determinata conseguenza, ma potrebbe anche non bastare, non essere cioè sufficiente (mentre al contrario, come visto, la condizione sufficiente, verificandosi, porta sempre alla sua conseguenza). È, quindi, possibile che la condizione A accada, ma non si abbia la conseguenza B.

- Esiste poi una terza condizione: la **sufficiente e necessaria** in cui, quindi, l'evento A è contemporaneamente sufficiente ma anche necessario affinché si verifichi la conseguenza B. Tale condizione ha quindi la seguente formulazione:

  se e solo se A allora B,

  da cui si può dedurre con certezza che:

  se non B allora non A (infatti A è sufficiente per avere B),

  ma anche:

  se non A allora non B e se B allora A (essendo A necessario per avere B).

Riassumendo: una condizione sufficiente è introdotta dal "se", un'affermazione necessaria, invece, è introdotta dal "solo se" e un'affermazione necessaria e sufficiente è, infine, introdotta dal "se e solo se". Per risolvere esercizi di questa tipologia è necessario ricordare che:

Condizione sufficiente: *se A allora B.*

L'unica cosa che è possibile dedurre con certezza è che: *se non B allora non A.*

Condizione necessaria: *solo se A allora B.*

È possibile dedurre con certezza solo che: *se B allora A;* se *non A allora non B.*

Condizione necessaria e sufficiente: *se e solo se A allora B.*

È possibile dedurre con certezza solo che: *se non B allora non A; se B allora A;* se *non A allora non B.*

Si vedano i seguenti esempi.

---

1 Se Lorenzo va a ballare, Maria rimane a casa.
Se la precedente affermazione è vera, allora è sicuramente vero che:

- A se Maria non è rimasta a casa, Lorenzo non è andato a ballare
- B se Maria è rimasta a casa, Lorenzo è andato a ballare
- C Maria rimane a casa solo se Lorenzo va a ballare
- D se Lorenzo non va a ballare, Maria non rimane a casa
- E è necessario che Lorenzo vada a ballare per essere certi che Maria rimanga a casa

Questo esercizio si fonda sulla relazione causa-effetto che lega due eventi. In particolare, l'esercizio ha lo scopo di verificare la capacità del candidato di saper distinguere le relazioni legate da un rapporto di "sufficienza" rispetto a quelle legate da un rapporto di "necessità". In particolare, nell'esercizio proposto, il fatto che Lorenzo vada a ballare è condizione sufficiente affinché Maria rimanga a casa. La condizione sufficiente è riconoscibile dal fatto di essere introdotta dal "se" e ha una struttura del tipo "se A, allora B". Nel caso proposto la parte "A" è rappresentata da "Lorenzo va a ballare", mentre la "B" da "Maria rimane a casa". Dalle frasi del tipo "se A, allora B", l'unica cosa che si può affermare con certezza è che "se non B, allora non A". Nel caso specifico, quindi, l'unica cosa che si può dedurre con certezza è che "se Maria non è rimasta a casa, allora Lorenzo non è andato a ballare". La risposta corretta è, dunque, fornita dall'alternativa **A**. Si presti attenzione all'alternativa **B**: essa risulta sbagliata perché Maria potrebbe essere rimasta a casa anche senza che Lorenzo sia andato a ballare. Si è sicuri che se Lorenzo va a ballare Maria rimane a casa, ma questa potrebbe rimanerci anche nel caso in cui Lorenzo non sia andato a ballare. Se la **B** fosse vera, il fatto che Lorenzo vada a ballare risulterebbe una condizione necessaria (e non sufficiente, quindi) al fatto che Maria rimanga in casa.

---

2 Sara non piange la notte solo se Mariagrazia la culla prima di dormire.

Se la precedente affermazione è vera, allora è sicuramente vero che:

- **A** se Sara piange la notte è perché Mariagrazia non l'ha cullata prima di dormire
- **B** se Sara non piange la notte è perché Mariagrazia non l'ha cullata prima di dormire
- **C** se Mariagrazia non culla prima di dormire Sara, questa piange la notte
- **D** se e solo se Mariagrazia ha cullato Sara prima di dormire, questa non dorme
- **E** se Sara piange la notte, è perché Mariagrazia l'ha cullata

L'esercizio propone al lettore di individuare una relazione causa-effetto che si fonda su una condizione necessaria. Questa, riconoscibile dal fatto di essere introdotta dal "solo se", è utilizzata in frasi del tipo "solo se A, allora B". Nel caso proposto la parte "A" è data da "Mariagrazia la culla prima di dormire", mentre la parte "B" da "Sara non piange la notte". In questi casi si può dedurre con certezza che:

- se B, allora A;
- se non A, allora non B.

L'unica affermazione che rispetta una di queste due forme è la **C** (se non A, allora non B), che rappresenta la soluzione del quesito.

Si faccia attenzione all'alternativa **D**: l'espressione "se e solo se" introduce una condizione necessaria e sufficiente, quindi non solo necessaria, come quella della frase proposta dall'esercizio; risulta pertanto errata.

---

3 Superare due esami su tre è sufficiente per accedere al concorso. Ne segue che:

- **A** se Mario ha superato un esame non potrà accedere al concorso
- **B** se Mario ha avuto successo al concorso allora ha superato almeno due esami
- **C** anche se Mario non avesse superato alcun esame tuttavia gli sarebbe possibile accedere al concorso
- **D** chi supera tre esami ha più possibilità di accedere al concorso di chi ne ha superati due

Poiché superare due esami è condizione sufficiente (ma non necessaria) per accedere al concorso, allora si può accedere allo stesso anche senza averne superati due (quindi anche senza averne superato alcuno). L'alternativa **C** è la soluzione del quesito.

4 Se il pane è cotto la focaccia è cruda. Se l'arancino è crudo il gelato è pronto. Inoltre o il pane è cotto o l'arancino è crudo.

In base alle precedenti affermazioni è sicuramente vero che:

A la focaccia è cruda o il gelato è pronto

B il gelato è pronto

C la focaccia e l'arancino sono crudi

D la focaccia è cruda e il gelato è pronto

E la focaccia è cruda

L'esercizio afferma che si verifica sempre o una o l'altra condizione: "o il pane è cotto o l'arancino è crudo". Nel primo caso (il pane cotto) si ha che la focaccia è cruda (il "se" indica, infatti, una condizione sufficiente), mentre nel secondo (l'arancino è crudo) si ha che il gelato è pronto. Si può, quindi affermare certamente che o la focaccia è cruda, oppure il gelato è pronto (o l'una o l'altra e non entrambe insieme – alternativa D errata). La soluzione al quesito è fornita dall'alternativa A. Le alternative B ed E sono errate in quanto non sono sicuramente vere, ma solo possibili, mentre la C è errata per lo stesso motivo mostrato per l'alternativa D.

5 Marianna scommette con Simona che se domani andranno a ballare incontreranno Piero. In quale dei seguenti casi si è sicuri che Marianna perde la sua scommessa?

A Marianna e Simona non vanno a ballare domani e non incontrano Piero

B Marianna e Simona vanno a ballare domani e incontrano Piero

C Marianna e Simona vanno a ballare domani e incontrano molte persone ma non Piero

D Marianna e Simona non vanno a ballare domani ma la sera stessa della scommessa incontrano Piero in gelateria

E Marianna e Simona non vanno a ballare domani e incontrano Piero che va in discoteca

Per essere sicuri che Marianna perda la sua scommessa è necessario che lei e Simona vadano a ballare domani. Nel caso contrario, infatti, nulla si potrà dire sull'esito della scommessa (le alternative A, D ed E sono quindi errate). Una volta che si è verificato tale fatto, affinché Marianna perda la sua scommessa è necessario che lei e Simona non incontrino Piero, quindi la soluzione al quesito è fornita dall'alternativa C.

6 "Solo se lavoro il sabato, riesco a completare la relazione".

In base alla precedente affermazione, è necessariamente vero che:

A nessuna delle altre alternative è corretta

B condizione sufficiente perché io riesca a completare la relazione è che io lavori il sabato

C se lavoro il sabato, sicuramente riesco a completare la relazione

D se non riesco a completare la relazione, significa che non ho lavorato il sabato

E se non lavoro il sabato, non riesco a completare la relazione

L'espressione "solo se" introduce una condizione necessaria e non una sufficiente (alternativa B errata). Una frase del tipo "solo se A, allora B", prevede due possibili conseguenze logiche e cioè "se non A, allora non B" (se non lavoro il sabato allora non riesco a completare la relazione) e "se B, allora A" (se ho completato la relazione, è perché ho lavorato il sabato). La soluzione al quesito è fornita, quindi, dall'alternativa E. Si presti attenzione alle alternative C e D, che esprimono entrambe una condizione sufficiente (è sufficiente che io lavori il sabato perché finisca la relazione) e sono quindi errate. La condizione posta nell'esercizio è, infatti, necessaria (è necessario, cioè, che io lavori il sabato ma non è detto – non è sufficiente – che lavorando il sabato, io riesca a finire la relazione).

7 Per avere del latte è necessario ma non sufficiente avere o una mucca o una capra. Determinare quale delle seguenti situazioni è NON compatibile con questa affermazione.

- A Francesco ha una mucca, ma non ha del latte
- B Francesco non ha una capra, ma ha del latte
- C Francesco ha del latte ma non ha una mucca
- D Francesco ha una capra e una mucca, ma non ha del latte
- E Francesco ha del latte, ma non ha né capre né mucche

Se per avere del latte è necessario disporre di una mucca o di una capra significa che se non si dispone di una mucca o di una capra non è possibile avere il latte e se si ha il latte certamente si ha una mucca o una capra (la condizione è infatti necessaria). Non è pertanto possibile quanto indicato dall'alternativa E che è dunque la risposta cercata. Le alternative A e D sono possibili (disporre di una mucca o di una capra è una condizione necessaria ma non sufficiente per avere il latte) così come risultano compatibili con il testo la B (Francesco, pur non avendo una capra, può avere latte se ha una mucca) e la C (Francesco, pur non avendo una mucca, può avere latte se ha una capra).

8 Condizione necessaria e sufficiente affinché Francesco vada a vivere a Padova è che vinca il dottorato di ricerca.

Se si individua con "B" la parte della frase "Francesco vada a vivere a Padova" e con "A" la parte della frase "vinca il dottorato di ricerca", quale delle seguenti relazioni esprime in modo esatto quanto detto dalla frase proposta?

- A Solo se B, allora A
- B Se B, allora A
- C Solo se B, allora A e se A, allora B
- D Se e solo se A, allora B
- E Se e solo se non A, allora B

Dire che "A" è la condizione necessaria e sufficiente affinché avvenga "B" è equivalente a dire che "se e solo se A allora B".

La soluzione al quesito è rappresentata quindi dall'alternativa D, che riporta correttamente tale forma.

9 Non si può essere allegri quando non si è sereni, equilibrati e spensierati.
Non si può essere sereni, equilibrati e spensierati senza essere allegri.
Se le precedenti affermazioni sono vere, quale delle seguenti conclusioni è errata?

- A Se si è sereni, equilibrati e spensierati, allora si è allegri
- B Essere sereni, equilibrati e spensierati è condizione necessaria per essere allegri
- C Chi non è allegro non può essere sereno, equilibrato e spensierato
- D Chi è allegro non può non essere sereno, equilibrato e spensierato
- E Essere sereni, equilibrati e spensierati è condizione necessaria, ma non sufficiente per essere allegri

Le due affermazioni del testo possono essere trasformate nel seguente modo:

- solo se si è sereni, equilibrati e spensierati si è allegri;
- se si è sereni, equilibrati e spensierati, allora si è allegri.

Dunque l'essere sereni, equilibrati e spensierati è condizione sia sufficiente, sia necessaria per essere allegri.

Le alternative A, B, C e D sono tutte deducibili da una delle due affermazioni, mentre la E risulta errata ed è quindi la soluzione del quesito.

10 **Alla nonna hanno rubato la crostata e lei sa che deve essere stato almeno uno dei suoi nipotini, Pim, Pom e Pam. Sa che se Pim è colpevole e Pom è innocente, allora Pam è colpevole. Che cosa si può dedurre?**

A C'è almeno un colpevole fra Pom e Pam
B C'è almeno un colpevole fra Pim e Pom
C C'è almeno un colpevole fra Pim e Pam
D I colpevoli sono almeno due
E Il colpevole è uno solo

Per risolvere l'esercizio si deve avere ben chiara questa premessa e cioè che il fatto che Pim sia colpevole e Pom innocente è condizione sufficiente ma non necessaria affinché Pam sia colpevole. Questo vuol dire che Pam non è colpevole solo se si verifica questa condizione, ma potrebbe esserlo anche in altri casi, quindi, quest'ultimo potrebbe essere colpevole anche se Pim e Pom fossero entrambi innocenti (risposta B errata). Si può affermare che il colpevole è uno solo (alternativa E)? La risposta è no: i colpevoli potrebbero essere anche tutti e tre, infatti si sa solo che se Pim è colpevole e Pom innocente allora Pam è colpevole, ma nulla si sa del caso in cui sia Pim sia Pom siano colpevoli, e quindi non si può escludere che anche in questo caso Pam sia colpevole.

Si può affermare con certezza che i colpevoli siano almeno in due (alternativa D)? La risposta è ancora no, non si può escludere che il colpevole sia uno solo: infatti si potrebbe per esempio avere Pom colpevole, e Pim e Pam innocenti, oppure Pim e Pom innocenti e Pam colpevole. Si vede che sono quindi errate la D e la E.

Si può affermare con certezza quanto dice la C e cioè che almeno uno tra Pim e Pam è colpevole? No, infatti il colpevole potrebbe essere solo Pom.

Rimane la A (soluzione del quesito). Se Pom e Pam fossero entrambi innocenti allora il colpevole sarebbe Pim, ma se Pim è colpevole e Pom innocente allora Pam dovrebbe essere colpevole. Allora è sempre necessariamente vero che almeno uno tra Pom e Pim deve essere colpevole.

1.3.2 | Equivalenza tra frasi

In questi esercizi viene proposta una frase e si chiede al candidato di individuare quale, tra le alternative proposte, è il concetto che questa sta esprimendo.

In generale, prima di affrontare la scelta dell'alternativa corretta, può risultare particolarmente utile rendere immediatamente comprensibile il testo della domanda tramite:

- rappresentazioni insiemistiche (se, per esempio, l'esercizio sostiene che è vero che «*tutti* gli uomini sono carnivori», allora si potrà rappresentare l'insieme degli "uomini" interamente incluso in quello più ampio degli "esseri carnivori"; diversamente, se l'affermazione dell'esercizio fosse «*alcuni* alberi sono sempreverdi», dovremmo disegnare l'insieme degli "alberi" e quello dei "sempreverdi" con una sovrapposizione solo parziale);
- parafrasi dell'affermazione data per vera, soprattutto quando tale affermazione compare in forma di detto o di proverbio.

1 **Stefania afferma che tutti i polli in vendita nei supermercati provengono da allevamenti intensivi. Quale delle seguenti affermazioni è equivalente alla precedente?**

A Tutti i polli provenienti da allevamenti intensivi sono venduti nei supermercati
B Tutti i polli che non provengono da allevamenti intensivi non vengono venduti nei supermercati
C Tutti i polli che sono venduti al di fuori dei supermercati non provengono da allevamenti intensivi
D Non esistono polli provenienti da allevamenti intensivi che sono venduti fuori dai supermercati
E Esistono polli provenienti da allevamenti non intensivi che vengono venduti in qualche supermercato

Affermare che «tutti i polli in vendita nei supermercati provengono da allevamenti intensivi» equivale a dire che se un pollo è in vendita in un supermercato allora proviene da un allevamento intensivo.

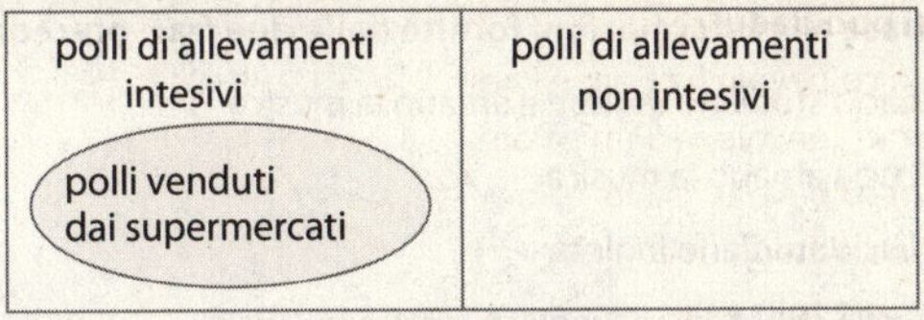

Si può dunque concludere che se un pollo non proviene da un allevamento intensivo certamente quel pollo non viene venduto in un supermercato (dato che l'assunto è che i polli venduti nei supermercati provengono solo da allevamenti intensivi). La risposta corretta è pertanto la B.

---

2 **Non tutti gli studenti che vanno bene in italiano vanno bene in matematica. Quindi si è certi che:**

- A tutti gli studenti vanno bene in italiano
- B tutti gli studenti vanno bene in matematica
- C almeno uno studente va bene in italiano e matematica
- D almeno uno studente va bene in italiano e non va bene in matematica
- E almeno uno studente va bene in matematica e non va bene in italiano

Per poter affermare che non tutti quelli che vanno bene in italiano vanno bene in matematica è necessario che ci sia almeno uno di coloro che vanno bene in italiano che non va bene in matematica come correttamente proposto dall'alternativa D. Si può rappresentare graficamente tale relazione nei seguenti modi:

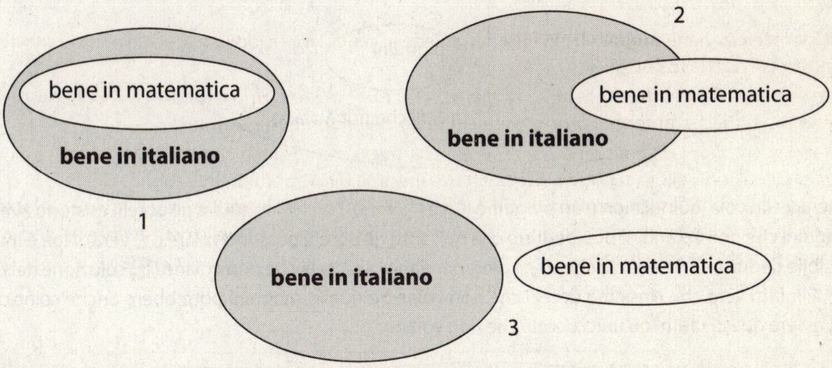

In tutti e tre i casi, infatti, c'è sempre almeno uno studente che va bene in italiano che non va bene in matematica.

Si presti attenzione all'alternativa C, errata in quanto è solo un caso possibile, ma non necessariamente vero (i due insiemi – coloro che vanno bene in italiano e coloro che vanno bene in matematica – possono anche non aver alcun elemento in comune rispettando comunque l'enunciato del quesito). Errata risulta anche l'alternativa E: se infatti l'insieme di chi va bene in matematica è incluso nell'insieme più ampio di chi va bene in italiano, posso affermare che tutti coloro che vanno bene in matematica vanno anche bene in italiano, non contraddicendo comunque l'enunciato per cui non tutti quelli che vanno bene in italiano vanno anche bene in matematica.

3 **In un testo che riguarda Lucia e i suoi figli si trovano queste due frasi: “I figli di Lucia amano la musica”; e, alcune righe dopo: “I figli di Lucia che studiano inglese sono partiti per Londra”. In base alle informazioni fornite dalle due frasi precedenti, è vero che:**

A tutti i figli di Lucia studiano inglese e amano la musica

B tutti i figli di Lucia amano la musica

C tutti i figli di Lucia studiano inglese

D solo i figli di Lucia che studiano inglese amano la musica

L’espressione “i figli di Lucia amano la musica” vuol dire che “tutti” i figli di Lucia la amano (**B** soluzione del quesito). Affermando, invece, che “i figli di Lucia che studiano inglese” si dice che una parte dei suoi figli, non tutti, studiano l’inglese (alternative **A** e **C** errate).

---

4 **Dal fatto che i pinguini sono uccelli incapaci di volare non si può dedurre con certezza che:**

A gli uccelli che volano non sono pinguini

B se un uccello vola non è un pinguino

C se un uccello non vola è un pinguino

D non tutti gli uccelli possono volare

Dal testo del quesito si può dedurre che i pinguini fanno parte degli uccelli, ma non di quelli che possono volare:

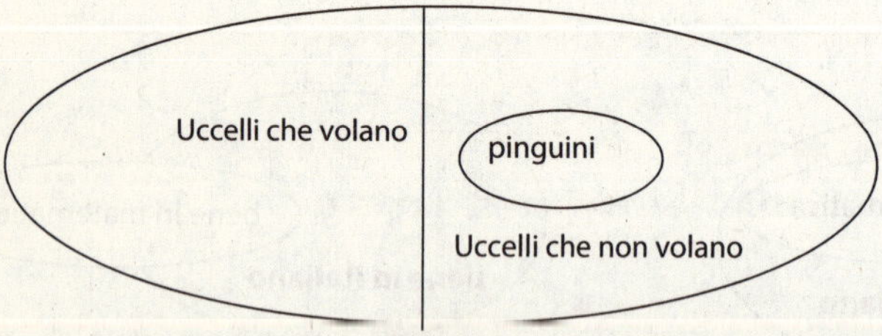

Se un uccello vola, quindi, non è un pinguino (**A** e **B** vere). Poiché inoltre tra gli uccelli esistono almeno i pinguini che non volano, si può dedurre che non tutti gli uccelli possono volare (**D** vera). Non è invece possibile dedurre con certezza che solo i pinguini siano gli uccelli che non volano (**C** soluzione del quesito). È infatti vero che l’insieme uccelli che non volano e quello pinguini potrebbero anche coincidere, cioè essere questi ultimi gli unici uccelli che non volano:

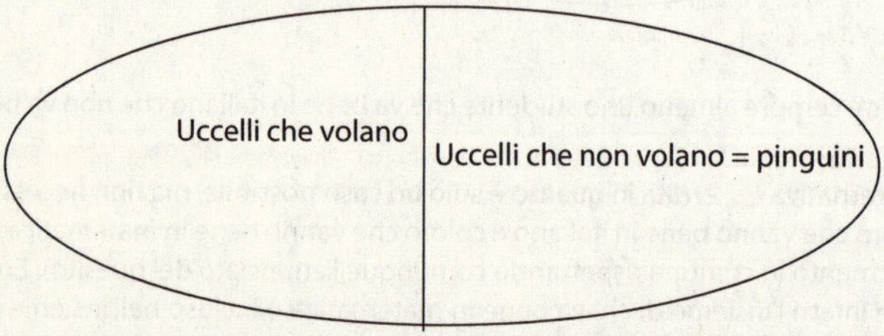

ma l’insieme dei pinguini potrebbe anche essere un sottoinsieme (come nella prima rappresentazione) di quello degli uccelli che non volano.

5 Quale frase ha un significato diverso dalle altre tre?

A Pierino ha trovato errori nel compito di Lucia
B Gli errori del compito di Lucia sono stati trovati da Pierino
C Pierino ha trovato gli errori del compito di Lucia
D Pierino ha trovato tutti gli errori nel compito di Lucia

Affermare, come fa l'alternativa A (soluzione del quesito), che Pierino ha trovato errori, non vuol dire che ha trovato "tutti" gli errori del compito di Lucia, che è invece quanto affermato dalla altre tre alternative.

1.3.3 | Sillogismi

Una tipologia dei problemi di deduzione logica è costituita da esercizi che nella loro formulazione richiamano i sillogismi. Si tratta di esercizi in cui vengono presentate alcune affermazioni (generalmente tre) esplicitanti relazioni tra soggetti diversi, dalle quali si possono trarre conclusioni riguardanti altre relazioni. L'esercizio richiede di identificare tra le alternative proposte quella in cui compare un'affermazione deducibile logicamente da quelle iniziali.

1 Gli irlandesi sono persone disponibili; Alessandra è una persona disponibile; gli irlandesi sono persone tranquille.
Se le precedenti affermazioni sono vere, allora è sicuramente vero che:

A Alessandra è irlandese
B tutte le persone disponibili sono irlandesi
C tutte le persone tranquille sono anche disponibili
D solo gli irlandesi sono persone tranquille
E non è certo che Alessandra sia una persona tranquilla

Per risolvere il quesito conviene schematizzare le affermazioni presentate in modo da avere chiare le relazioni presenti nel testo utilizzando delle frecce nel modo seguente.

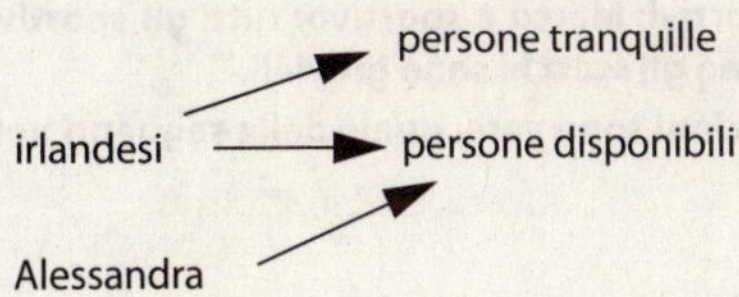

Si presti attenzione alla direzionalità delle frecce. Dire che gli irlandesi sono persone disponibili (freccia che parte dagli *irlandesi* e arriva alle *persone disponibili*), non significa dire che tutte le persone disponibili siano irlandesi (alternativa B errata). Per lo stesso motivo risulta errata anche l'alternativa D (non è detto che tutte le persone tranquille siano irlandesi). Da questo schema si ricava, anche, che non è detto che Alessandra sia irlandese (alternativa A errata) e che tutte le persone tranquille siano anche disponibili (alternativa C errata). Dalle relazioni dell'esercizio, l'unica cosa che può essere dedotta con certezza è che non è certo il fatto che Alessandra sia una persona tranquilla e dunque l'alternativa E è la soluzione del quesito.

2 Se sono vere le affermazioni del precedente esercizio, ed è anche vero che Alessandra è una persona tranquilla, quale delle seguenti affermazioni non è sicuramente vera?

A Almeno una persona è tranquilla e disponibile
B Alessandra è irlandese
C Non è detto che tutte le persone disponibili siano anche tranquille
D Non è detto che tutte le persone tranquille siano anche disponibili
E Tutte le persone tranquille sono anche disponibili

Dire che Alessandra, oltre a essere disponibile, è anche tranquilla, significa dire che esiste almeno una persona che è sia tranquilla, sia disponibile (alternativa A vera). Ciò però non porta a dire che tutte le persone tranquille siano per forza anche disponibili e viceversa (alternative C e D vere), come non porta a dedurre con certezza che Alessandra sia irlandese. L'alternativa B, essendo non necessariamente vera, costituisce la soluzione del quesito.

---

3 I cibi salati sono acidi; i cibi grassi sono acidi e pesanti; i cibi acidi sono pieni di fermenti.
Se le precedenti affermazioni sono vere, allora è sicuramente vero che:

- A tutti i cibi acidi sono anche pesanti
- B i cibi salati sono pesanti
- C i cibi acidi sono salati
- D i cibi pesanti sono pieni di fermenti
- E i cibi grassi sono pieni di fermenti

Rappresentando graficamente le relazioni presentate del testo si perviene al seguente schema:

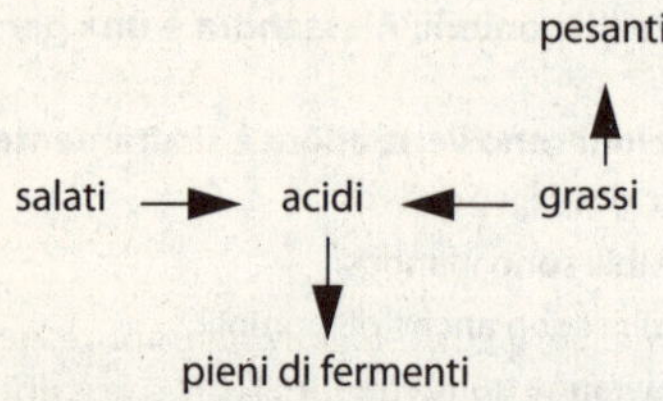

La soluzione al quesito è fornita dall'alternativa E. Infatti i cibi grassi sono acidi e quindi, come tutti i cibi acidi, sono pieni di fermenti. Osservando la direzione delle frecce si nota come le alternative A, B, C e D risultino errate.

---

4 Tutti i calciatori sono sportivi; Marco è sportivo; tutti gli sportivi sono educati e gioviali; tutte le persone che amano gli scacchi sono gioviali.
Se le precedenti affermazioni sono vere, quale delle seguenti non è possibile dedurre con certezza?

- A Marco è educato
- B I calciatori sono gioviali
- C Marco è gioviale
- D Marco ama gli scacchi
- E I calciatori sono educati

Anche in questo caso, per risolvere rapidamente l'esercizio è utile rappresentare le informazioni contenute nel testo del quesito in modo schematico:

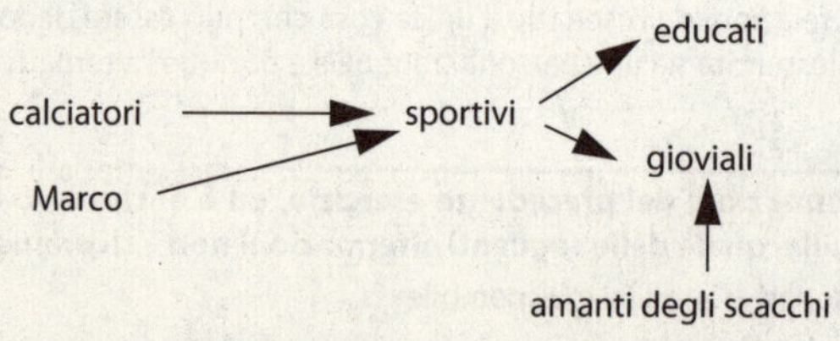

Da questo schema si può facilmente dedurre che Marco è educato e gioviale (A e C vere) e che i calciatori sono gioviali ed educati (B ed E vere). Ciò che non è possibile affermare con certezza è che Marco ami gli scacchi: se è vero, infatti, che tutti gli amanti degli scacchi sono gioviali, non è detto che tutte le persone gioviali amino gli scacchi. La soluzione al quesito è quindi fornita dall'alternativa D.

5 **Se si soffre in gioventù si è felici in vecchiaia; Massimiliano è vecchio e non è felice; se non si soffre in gioventù però si vive a lungo.**

Se le precedenti affermazioni sono vere, allora è sicuramente vero che:

A anche chi soffre in gioventù vive a lungo

B chi è felice in vecchiaia vive a lungo

C Massimiliano ha sofferto in gioventù

D Massimiliano vive a lungo

E le persone felici vivono a lungo

L'esercizio afferma che è sufficiente soffrire in gioventù per essere felici in vecchiaia, per cui tutti coloro che hanno sofferto in gioventù sono felici in vecchiaia. Si può, cioè, affermare che se in vecchiaia non si è felici (come Massimiliano) allora non si è sofferto in gioventù. Tutti coloro però che non hanno sofferto in gioventù vivono a lungo. La soluzione al quesito è rappresentata dall'alternativa D.

---

6 **Un Venusiano osserva che:**

- **la metà di tutti i Venusiani è sportivo;**
- **la metà di tutti i Contosiani è sportivo;**
- **la metà di tutti i Venusiani è gentile.**

Sapendo che non si può essere contemporaneamente gentili e sportivi, il Venusiano deduce che una sola delle seguenti deduzioni NON è possibile, quale?

A Tutti i Contosiani sono Venusiani

B Metà dei Contosiani sono gentili

C Non esistono Venusiani che sono anche Contosiani

D Contosiani e Venusiani sono lo stesso gruppo di persone

E Tutti i Venusiani sono Contosiani e nessun Contosiano è gentile

Poiché metà dei Contosiani è sportiva non si può escludere che l'altra metà sia gentile (la B è quindi possibile). È anche possibile che Venusiani e Contosiani siano lo stesso gruppo di persone, per metà sportivi e per metà gentili (D possibile), come è possibile che siano due gruppi completamente distinti (C possibile). Immaginando che l'altra metà dei Contosiani sia gentile, è infine anche possibile che tutti i Contosiani siano Venusiani (A possibile) come rappresentato nel seguente schema:

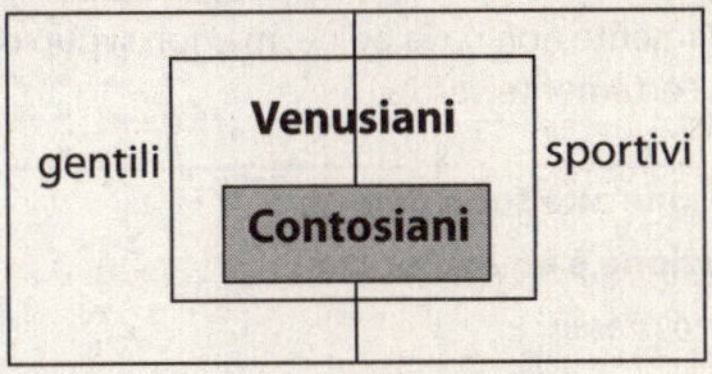

È però impossibile che tutti i Venusiani, che per metà sono gentili, siano Contosiani senza che qualcuno di questi ultimi risulti anch'esso gentile (E soluzione del quesito).

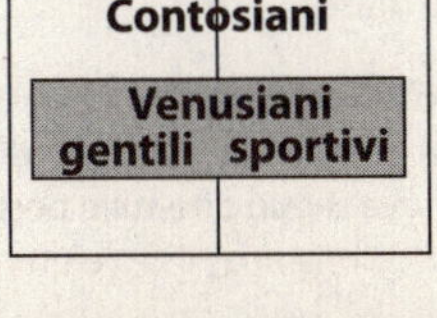

1.4 | Negazioni

Negli esercizi di questa tipologia viene richiesto al candidato o di capire quale sia la conseguenza logica della negazione di un determinato enunciato oppure quale sia il significato di una frase dove appaiono contemporaneamente più negazioni.

1.4.1 | Negazioni di una totalità (o negazioni di affermazioni universali)

Perché risulti negata una totalità (o un'affermazione universale) del tipo «tutti gli x fanno/sono y», è sufficiente che esista un solo caso in cui l'affermazione non è valida, cioè che ci sia almeno un elemento nell'insieme x che non possieda la caratteristica y.

---

1 **L'affermazione: «Tutti gli svedesi sono biondi» è falsa. Questo significa che:**

- A nessuno svedese è biondo
- B nessuno svedese non è biondo
- C almeno uno svedese non è biondo
- D almeno uno svedese è biondo
- E se uno è biondo non è svedese

Perché un'affermazione sia falsa, non è necessario che sia vero il suo esatto opposto. In questo caso, infatti, la A non può essere accettata, mentre è sufficiente che un solo svedese non sia biondo per poter sostenere che l'affermazione di partenza è falsa: la risposta corretta è la C. Le restanti alternative servono a "confondere le acque": la B è uguale all'affermazione data; la D è l'opposto della risposta corretta e la E è una fallacia logica.

---

2 **Non c'è turista senza la guida.**
Se la precedente affermazione è falsa, allora è sicuramente vero che:

- A nessun turista ha la guida
- B tutti i turisti hanno la guida
- C una buona parte dei turisti non ha la guida
- D alcuni turisti non hanno la guida
- E almeno un turista non ha la guida

La frase dell'esercizio può essere riscritta come: "tutti i turisti hanno la guida". Dire che questa frase è falsa significa dire che esiste almeno un turista che non ha la guida. La soluzione al quesito è, quindi, fornita dall'alternativa E. Si faccia attenzione alle alternative B e D: risultano entrambe errate in quanto si può dire che <u>almeno un turista</u> sicuramente non ha la guida, ma non si può dire con <u>certezza</u> che siano "alcuni" o "tutti" (è possibile ma non certamente vero).

---

3 **È falso che tutte le persone alte sono magre.**
La precedente affermazione è equivalente a:

- A le persone basse sono grasse
- B le persone alte sono tutte grasse
- C almeno una persona alta non è magra
- D almeno una persona bassa è magra
- E almeno una persona bassa è grassa

Se è falso che tutte le persone alte sono magre, significa che esiste almeno una persona alta che non è magra (l'alternativa C è la soluzione del quesito). Le alternative A, D ed E potrebbero trarre in inganno ma sono ovviamente errate poiché nulla si può dire sulle persone basse delle quali il testo dell'esercizio non fa menzione.

1.4.2 | Negazioni multiple o concatenate

Questi esercizi propongono frasi in cui un concetto è espresso mediante una successione di negazioni che spesso si annullano tra loro. Compito del candidato è scoprire tra le alternative proposte quella che esprime il corretto significato della frase data. Per risolvere questi esercizi bisogna individuare le negazioni che si annullano tra loro.

---

1 **Non è impossibile che Stefano non sia il fratello di Alessandro.**

La precedente affermazione è logicamente equivalente a:

A Stefano e Alessandro potrebbero non essere fratelli
B è impossibile che Stefano sia il fratello di Alessandro
C Stefano e Alessandro sono sicuramente fratelli
D non è possibile che Stefano non sia il fratello di Alessandro
E Stefano e Alessandro sicuramente non sono fratelli

Il testo dell'esercizio presenta una doppia negazione "non è impossibile" che si può trasformare nell'affermazione "è possibile". La frase potrebbe, quindi, essere letta nel seguente modo: "è possibile che Stefano non sia il fratello di Alessandro", cioè Stefano e Alessandro potrebbero non essere fratelli (alternativa A soluzione del quesito).

---

2 **Alcuni studi recenti hanno respinto l'impossibilità della falsità della tesi secondo la quale non esista una correlazione negativa tra età media degli sportivi e numero medio di infortuni che tali persone hanno subito.**

La precedente affermazione è logicamente equivalente a:

A gli infortuni sono tipici dell'attività di un atleta
B non vi è correlazione negativa tra numero di infortuni e età media degli sportivi
C vi è certamente una correlazione positiva tra numero di infortuni e età media degli sportivi
D è possibile che vi sia una correlazione negativa tra età media degli sportivi e infortuni subiti dagli stessi
E lo sport, anche se causa infortuni, allunga la vita media di chi lo pratica

Per risolvere questo esercizio è necessario tradurre in una forma più facilmente comprensibile l'affermazione del testo. È possibile arrivare alla soluzione procedendo per sostituzioni:

- "alcuni studi recenti hanno respinto l'impossibilità" = *è possibile;*
- "è possibile la falsità della tesi secondo la quale non esista" = *è possibile che esista.*

La frase si può quindi leggere nel seguente modo: è possibile che esista una correlazione negativa tra età media degli sportivi e infortuni subiti dagli stessi; quindi, la risposta esatta è fornita dall'alternativa D.

1.5 Ragionamento logico

Negli ultimi anni i test di accesso a Medicina, Odontoiatria e Architettura hanno proposto numerosi quesiti inerenti a questa tipologia. L'esercizio propone un breve testo e richiede al candidato di individuare le premesse, riconoscere l'errore logico, individuare ipotesi non esplicitamente espresse o capire quale tra le alternative proposte rafforza o indebolisce il legame tra ipotesi e conclusione.

Nell'affrontare esercizi di ragionamento logico il primo obiettivo da porsi è distinguere tra premesse e conclusione. È difficile individuare debolezze o errori di ragionamento fintanto che non sia chiaro qual è il punto che l'autore intende provare. Per lo più, quando l'argomentazione coincide con un solo periodo, la conclusione si colloca all'inizio o alla fine del passaggio; molti esercizi sono infatti strutturati in uno dei due modi seguenti:

- *premessa, premessa, … conclusione* (es. Poiché tutti i vini italiani sono di ottima qualità e il vino di Mario è prodotto in Italia, il vino di Mario deve essere di ottima qualità);
- *conclusione, premessa, … premessa* (es. Il vino di Mario deve essere di ottima qualità, poiché è prodotto in Italia e tutti i vini italiani sono di ottima qualità).

Naturalmente sono possibili, anche se meno frequenti, formulazioni in cui la conclusione si trova tra le premesse (es. Dato che è prodotto in Italia, il vino di Mario deve essere di ottima qualità in quanto tutti i vini italiani lo sono).

Alcuni termini aiutano a individuare la conclusione: *quindi, dunque, pertanto, implica, indica che, conseguentemente*, sono espressioni che in genere introducono la conclusione, mentre le premesse sono spesso precedute da parole chiave come *poiché, perché, dato che, benché*.

Poiché A e dato che B ne consegue C

A e B sono le premesse mentre C è la conclusione.

Quando l'argomentazione si svolge in più periodi, per distinguere tra premesse e conclusione bisogna ricordare che la conclusione esprime concetti che non si sostengono da soli: di solito si tratta di una frase che necessita di essere supportata dalle premesse.

Nel ricercare la conclusione occorre domandarsi: «*Cosa sta cercando di provare l'autore*?». Conviene dunque esaminare ogni singola frase del testo chiedendosi se esprime la tesi dell'autore o se serve invece come supporto di quanto detto in altro punto.

Le diverse tipologie di esercizi di ragionamento logico sono:

- esprimere il messaggio principale;
- trarre una conclusione;
- riconoscere una supposizione implicita;
- rafforzare o indebolire un'argomentazione;
- identificare il passaggio logico errato;
- individuare la struttura logica;
- individuare e applicare un principio.

1.5.1 | Esprimere il messaggio principale

Il messaggio principale è la tesi che l'autore intende sostenere e dunque coincide con la conclusione dell'argomentazione. Per risolvere questo tipo di esercizi occorre quindi analizzare il testo andando alla ricerca della conclusione.

Solitamente i quesiti vengono posti in una delle seguenti forme:

- *Quale delle seguenti affermazioni esprime il messaggio principale del brano precedente?*
- *Quale tra le seguenti alternative riassume meglio il concetto del passaggio?*
- *Il titolo che meglio esprime il tema centrale è…*
- *Uno solo dei titoli proposti coglie il nocciolo della tesi esposta dall'autore. Quale?*
- *Il candidato immagini di essere il direttore di un quotidiano che deve scegliere il titolo dell'articolo che riporterà questa notizia. Uno solo di quelli elencati corrisponde rigorosamente al contenuto del brano. Quale?*
- *Lo scopo principale dell'autore è…*

---

1 **Il numero di Paesi aperti al turismo è in continuo aumento. Tra questi ve ne sono alcuni in cui i diritti umani dei cittadini vengono ripetutamente violati e per questo motivo, quindi, i turisti non dovrebbero recarvisi. Il turismo è sempre fonte di reddito per un Paese e, per quei governi soggetti a embarghi e restrizioni, questo tipo di introito è particolarmente importante. Pertanto, i turisti che visitano tali Paesi aiutano a mantenere al potere regimi corrotti e oppressivi. Mentre i turisti visitano tesori archeologici e si rilassano su spiagge incontaminate, i cittadini di quel Paese sono sempre più vessati.**

Quale delle seguenti affermazioni esprime il messaggio principale del brano precedente?

A Gli introiti derivanti dal turismo aiutano a mantenere i regimi corrotti e oppressivi al potere
B I turisti non dovrebbero visitare i Paesi che violano i diritti umani dei loro cittadini
C Molti dei regimi che violano i diritti umani dei loro cittadini incoraggiano il turismo
D La responsabilità morale di aiutare i più deboli è più importante del desiderio di visitare altri Paesi
E Proibire il turismo nei Paesi in cui si violano i diritti umani è il modo migliore per aiutare la popolazione di questi Paesi

Per individuare l'alternativa che esprime il messaggio principale del brano, occorre concentrare l'attenzione sulla conclusione a cui vuole giungere l'autore.

Nello specifico, nella parte iniziale del brano si afferma che alcuni tra i Paesi aperti al turismo violano ripetutamente i diritti umani dei propri cittadini. Al contempo il turismo genera un reddito importante per questi Paesi, rendendo meno efficaci embarghi e restrizioni e sostentando quei governi oppressivi.

Messaggio principale risulta dunque essere l'invito per i turisti a non visitare Paesi che violano i diritti umani dei loro cittadini (alternativa B), per non aiutare a mantenere al potere regimi corrotti e oppressivi.

1.5.2 | Trarre una conclusione o individuare una affermazione totalmente sostenuta

Si tratta di esercizi in cui vengono fornite solo le premesse e la conclusione deve essere individuata tra le alternative.

Le domande di questa natura possono presentarsi in una delle seguenti forme:

- *Quale delle seguenti affermazioni è totalmente sostenuta dal brano precedente?*
- *Quale delle seguenti conclusioni può/non può essere dedotta dal brano?*
- *Una sola delle seguenti affermazioni è rigorosamente deducibile dal testo. Quale?*
- *Il testo suggerisce alcune considerazioni. Tra quelle qui riportate una è arbitraria. Quale?*
- *Assumendo che tutte le affermazioni sopra citate sono corrette, quale delle seguenti è senza dubbio vera?*
- *Quale delle seguenti conclusioni è meglio sostenuta dalle precedenti affermazioni?*

---

1 **La vendita dei nuovi telefoni cellulari multifunzionali in Italia ha subìto un notevole incremento nell'ultimo anno. Non solo chiamate, quindi, ma anche possibilità di fare fotografie e inviarle alle altre persone, di fare film e di ricevere immagini e notizie di nostro interesse. Se lo sviluppo di questo settore negli scorsi anni si era basato, quindi, sulla libertà di comunicazione offerta dai telefonini di prima generazione, il nuovo impulso al mercato italiano, che stava ristagnando da più di tre semestri, è stato garantito soprattutto da una nuova concezione multimediale dei nuovi telefonini.**

Quale delle seguenti affermazioni può essere dedotta della precedente argomentazione?

A Il mercato dei telefoni cellulari in Italia è cresciuto in modo costante negli ultimi anni

B La concezione di un telefono cellulare come oggetto multimediale è stato l'unico fattore che ha permesso una nuova crescita del mercato

C Con i nuovi telefoni cellulari non è più possibile fare semplici chiamate

D Per più di un anno il mercato dei telefoni cellulari in Italia non è cresciuto

E Le fotografie inviate via telefono cellulare sono senza dubbio l'unico futuro possibile per i telefoni cellulari

La soluzione al quesito è fornita dall'alternativa D. Infatti il testo dell'esercizio afferma che per più di tre semestri (e quindi per più di un anno e mezzo) il mercato italiano dei telefoni cellulari ha ristagnato (alternativa A errata), quindi non è cresciuto. Le alternative B ed E risultano errate in quanto parlare di "unico" prodotto o "unico" futuro possibile risulta troppo selettivo e in contrasto con quanto detto dal testo del quesito.

2 **Si stima che nella Via Lattea ci siano tra 40 e 50 miliardi di stelle, e in base ai dati raccolti dal telescopio spaziale Kepler della Nasa gli astronomi hanno accertato che il 22% hanno le stesse caratteristiche del nostro Sole e sono circondate da pianeti con caratteristiche simili a quelle della Terra. Se però si conteggiano anche le stelle nane rosse, che sono le più frequenti nella nostra galassia, il numero dei pianeti potenzialmente abitabili aumenta a circa 20 miliardi. Secondo i ricercatori la stella più vicina che abbia un pianeta simile alla Terra si trova probabilmente a 12 anni luce da noi e può essere vista a occhio nudo.**
Quale tra le seguenti affermazioni è totalmente sostenuta nel brano?

A Nell'Universo ci sono circa 50 miliardi di stelle
B I pianeti potenzialmente abitabili sono circa il 22% di quelli presenti nella via Lattea
C Le stelle nane rosse sono le più frequenti nella nostra galassia
D Il pianeta più vicino alla Terra con caratteristiche simili a questa può essere visto a occhio nudo
E I pianeti certamente abitabili sono circa 20 miliardi

Nella Via Lattea, e non nell'Universo in generale, si stimano tra 40 e 50 miliardi di stelle (la A è quindi errata), mentre sono il 22% quelle che hanno le stesse caratteristiche del Sole (quindi il 22% non si riferisce come afferma la B, alternativa errata, ai pianeti potenzialmente abitabili). I pianeti potenzialmente abitabili nella Via Lattea sono circa 20 miliardi, ma non si può affermare come fa erroneamente la E che lo sono *certamente*. La stella più vicina che abbia un pianeta simile alla Terra può essere vista a occhio nudo, ma non (come afferma erroneamente la D) il pianeta stesso. L'unica affermazione totalmente sostenuta nel brano è la C, soluzione del quesito.

1.5.3 | Riconoscere una supposizione implicita

Si tratta di esercizi nei quali si richiede di individuare un'ipotesi implicita del ragionamento espresso dal testo cioè l'informazione non esplicitata che rende coerente la conclusione sulla base delle premesse fornite. In altre parole, l'argomentazione contiene in questi casi un "salto logico" che viene colmato solo ammettendo la validità di un'affermazione sottintesa e non espressa, da individuare tra le alternative proposte.
È utile osservare che:

- le **ipotesi implicite non sono mai presenti nel testo** dell'esercizio; diffidare, dunque, delle alternative che riportano quanto espressamente già indicato nel testo;
- le ipotesi implicite **sostengono la conclusione del ragionamento**; trovare quindi la conclusione e verificare ogni alternativa per vedere quale rafforza la conclusione.

Le domande di questa natura possono presentarsi in una delle seguenti forme:

- *Quale tra le seguenti è l'ipotesi su cui si basa l'argomentazione?*
- *Qual è l'ipotesi alla base del ragionamento?*
- *Su quale supposizione implicita si basa il passaggio precedente?*

1 **Far giocare a scacchi, più che far eseguire un dettato, è fortemente consigliato per i bambini in età scolare. Uno dai maggiori problemi rilevati nei ragazzi che frequentano le scuole primarie è, infatti, l'incapacità a mantenere l'attenzione costante durante una lezione. La distrazione non consente spesso ai ragazzi di memorizzare ed elaborare in modo corretto quanto letto o discusso durante le lezioni in classe.**
Su quale supposizione implicita si basa il brano precedente?

A Giocare a scacchi aiuta maggiormente a migliorare la capacità di concentrazione rispetto all'esecuzione di un dettato
B Solo il gioco degli scacchi permette di aumentare la capacità di concentrazione
C I ragazzi in età scolare non hanno grande capacità di concentrazione
D Nelle scuole italiane l'insegnamento del gioco degli scacchi è molto diffuso
E I ragazzi in classe spesso imparano poco perché distratti

La conclusione del brano si trova all'inizio dello stesso "far giocare a scacchi, più che far eseguire un dettato, è fortemente consigliato per i bambini in età scolare". Come premessa a tale conclusione il brano pone il fatto che uno dei maggiori problemi rilevati nei bambini delle scuole primarie è la carenza di attenzione durante le lezioni. La supposizione su cui si basa il ragionamento e che consente di concludere quanto visto è data dall'alternativa A (soluzione del quesito) e cioè che giocare a scacchi aiuta maggiormente a migliorare la capacità di concentrazione rispetto all'esecuzione di un dettato.

1.5.4 | Rafforzare o indebolire un'argomentazione

Se il quesito richiede di individuare quale espressione rafforza (o indebolisce) il ragionamento dato, quest'ultimo consiste in una inferenza non necessaria ma probabile. La sua conclusione può essere vera, ma non necessariamente deve esserlo. Come nel caso delle ipotesi implicite, questo tipo di domanda chiede in sostanza di individuare informazioni addizionali che confortano (o rendono più debole) la conclusione.

È utile ricordare che:

- la risposta corretta rafforza (o indebolisce) l'argomentazione con nuove informazioni; le alternative che ripropongono quanto già espresso nel testo sono dunque errate;
- le nuove informazioni da ricercare sostengono (o rendono più debole) la conclusione del ragionamento; trovare quindi la conclusione e verificare ogni alternativa per vedere quale rafforza (indebolisce) la conclusione.

Le domande di questa natura possono presentarsi in una delle seguenti forme:

- *Quale delle seguenti alternative rafforza (oppure indebolisce) la tesi espressa dal testo?*
- *Se considerata vera (falsa), quale delle seguenti affermazioni rende più forte (debole) l'argomentazione precedente?*

---

1 **Non si dovrebbero bocciare progetti per la costruzione di nuove centrali nucleari poiché sono più "verdi" rispetto alle centrali elettriche tradizionali alimentate a carbone. Tuttavia, ci si dovrebbe assicurare che le nuove centrali nucleari siano costruite in modo da minimizzare eventuali problemi ambientali. Per esempio, in Francia le centrali nucleari in zone costiere, che usano acqua marina nei sistemi di raffreddamento, sono responsabili dello sterminio di miliardi di pesci e delle loro uova che ogni anno vengono risucchiati all'interno delle centrali. In quelle regioni della Francia l'impatto ambientale può essere così devastante che il tasso di mortalità tra alcune specie di pesci è equivalente alla metà della pesca commerciale.**

Quale delle seguenti affermazioni, se considerate vere, rafforza l'argomentazione precedente?

A L'energia nucleare genera minori gas inquinanti rispetto all'energia generata da combustibili fossili

B La pesca eccessiva, che in passato è stata causa di un significativo declino nelle riserve di pesce, è ormai sotto controllo

C La maggior parte delle uova di pesce non si schiude

D Oggigiorno si pescano specie diverse che sono apprezzate dai consumatori

E Il danno recato alla popolazione ittica può essere evitato facendo uso di sistemi di raffreddamento alternativi

Portando a esempio i problemi generati in Francia dall'uso dell'acqua marina nei sistemi di raffreddamento delle centrali nucleari delle zone costiere, il brano giunge alla conclusione che le nuove centrali nucleari sono più "verdi" rispetto a quelle tradizionali, a patto che siano costruite in modo da limitare eventuali danni ambientali. Tale conclusione sarebbe dunque rafforzata se fosse accertato che il danno recato ad alcune specie di pesci può essere eliminato, utilizzando al posto dell'acqua di mare altri sistemi di raffreddamento. La risposta corretta è quindi la E.

2 **Ultimamente è stato condotto un test che ha verificato gli effetti di un nuovo prodotto farmaceutico sugli uomini che hanno problemi di calvizie. I risultati hanno mostrato che, dopo quattro settimane di trattamento, circa il 70 per cento delle persone osservate ha avuto giovamenti in termini di ricrescita dei capelli. Sono stati numerosi i medici che hanno, quindi, iniziato a consigliare l'utilizzo di tale prodotto ai propri pazienti affetti da calvizie.**

Ognuna delle seguenti informazioni indebolirebbe la precedente argomentazione a eccezione di una. Quale?

- A Il farmaco contiene sostanze a cui è allergica la maggior parte delle persone sopra i venticinque anni
- B Numerose persone sottoposte al test hanno sperimentato, durante la cura, spiacevoli effetti collaterali non associati ad altri farmaci
- C La percentuale di persone sottoposte al test, che alla sesta settimana hanno sperimentato una perdita dei capelli ricresciuti, è superiore alla norma
- D Nessun altro prodotto farmaceutico è riuscito a consentire a più del 50 per cento delle persone che lo hanno sperimentato di osservare dopo un mese una ricrescita dei capelli
- E Il test è stato condotto solo su persone il cui problema della caduta dei capelli può considerarsi un fatto assolutamente temporaneo e dovuto ai cambi di stagione

Per risolvere l'esercizio è necessario analizzare le diverse alternative presentate fin quando non si trova quella che non indebolisce l'argomentazione proposta. Il testo dell'esercizio pone in evidenza l'esistenza di un prodotto farmaceutico che produce risultati positivi in termini di ricrescita dei capelli e del quale viene, quindi, consigliato l'uso. Si osserva subito che l'alternativa A indebolisce l'argomentazione proposta perché la presenza di sostanze a cui è allergica la maggior parte delle persone rende difficile l'utilizzo di tale prodotto, come, del resto, il fatto che questo provochi spiacevoli effetti collaterali non prodotti da altri farmaci (anche l'alternativa B indebolisce). Le alternative C ed E mettono in dubbio i reali risultati del farmaco e quindi indeboliscono anche esse l'argomentazione principale. L'unica affermazione che rafforza (o comunque non indebolisce) l'argomentazione contenuta nel testo del quesito è la D, che rappresenta quindi la soluzione cercata.

1.5.5 | Identificare il passaggio logico errato

In questi esercizi viene proposto un ragionamento che, partendo da alcune premesse, arriva a una determinata conclusione. Quest'ultima viene proposta al lettore come unica conclusione possibile, come "certa" date le premesse da cui si è partiti. In realtà il ragionamento proposto contiene una falla e la conclusione a cui si arriva è solo una delle conclusioni possibili. Il candidato deve individuare tra le alternative quella che mostra il perché la conclusione non consegue per forza dalle premesse presentate.

Le domande di questa natura possono presentarsi in una delle seguenti forme:

- *Quale delle seguenti risposte costituisce il passaggio logico errato nel brano precedente?*
- *Quale delle seguenti risposte mostra la falla nel ragionamento proposto?*
- *La conclusione a cui arriva il ragionamento è opinabile perché...*

1 **La crisi del settore edilizio, soprattutto riferito alle nuove costruzioni, ha riguardato non solo le imprese costruttrici di case, ma tutto il suo indotto, cioè tutti i fornitori di cui queste normalmente si servono: muratori, piastrellisti, idraulici, imbianchini ecc. Nonostante l'attuale livello non elevato dei tassi di interesse sui mutui per l'acquisto di casa, molte nuove costruzioni appena terminate non sono state vendute, mentre altre in corso d'opera non sono state terminate per mancanza di fondi. Si potrà osservare una ripartenza del settore edilizio e tutto il suo indotto solo dopo aver abbassato ancora i tassi di interesse sui mutui.**

Quale delle seguenti risposte costituisce il passaggio logico errato nel brano precedente?

- A La crisi del settore edilizio non può riguardare anche artigiani quali idraulici o elettricisti
- B Le case in costruzione spesso vengono vendute prima di essere terminate
- C La ripartenza del settore edilizio produrrà benefici anche per tutte quelle maestranze a questo legate
- D Il mancato acquisto di case nuove può non dipendere dai tassi di interessi sui mutui
- E La crisi economica ha colpito il settore edilizio più di altri settori economici

Per trovare il passaggio logico errato del brano è necessario capire perché la conclusione a cui arriva lo stesso non è corretta o non è l'unica possibile. Il testo parla di una riduzione nella vendita di case nuove e di una crisi del settore edilizio e conclude che per uscirne è necessario abbassare ancora i tassi di interesse sui mutui contratti per l'acquisto di casa. In realtà non è detto che la mancata vendita di case sia causato per forza dal livello di tali tassi, ma potrebbe dipendere da altre cause. L'alternativa **D** mostra quindi la falla nel ragionamento proposto ed è la soluzione del quesito.

1.5.6 | Individuare la struttura logica

Si tratta di quesiti nei quali occorre riconoscere la struttura del ragionamento utilizzato nel testo dell'esercizio e individuare nelle alternative quella che la riproduce.

Il metodo migliore per individuare la struttura logica sottostante a un testo dato è semplificare/schematizzare i termini e le loro relazioni. Se per esempio si afferma «In caso di pioggia, domani Marco uscirà con l'ombrello» si sta utilizzando una forma del tipo "se A allora B".

Le domande di questa natura possono presentarsi in una delle seguenti forme:

- *Quale delle seguenti affermazioni segue la stessa struttura logica del suddetto ragionamento?*
- *Quale delle seguenti affermazioni contiene la stessa struttura logica del caso appena illustrato?*

---

1 **Il progetto che è stato presentato al cliente è piaciuto molto; però solamente dopo la firma del contratto si può procedere con la fatturazione del lavoro. Conseguentemente, poiché il direttore non ha ancora firmato il contratto, non è possibile emettere fattura.**

Quale delle seguenti affermazioni contiene la stessa struttura logica del caso appena illustrato?

A Se Franco compra un cappotto allora non avrà più freddo; quindi solamente se fa freddo Franco comprerà un cappotto

B Se ti prepari adeguatamente supererai l'esame; se non superi l'esame significa che non ti sei preparato adeguatamente

C Il raggiungimento degli obiettivi di vendita è una condizione sufficiente per ottenere un avanzamento di carriera. Marco ha raggiunto gli obiettivi e quindi otterrà una promozione

D Maria cucina solo se Alberto ha fatto la spesa. Maria non ha cucinato quindi sicuramente Alberto non ha fatto la spesa

E Solo chi è ben preparato supera l'esame. Mario non ha studiato e non è preparato; non potrà dunque superare l'esame

La firma del contratto è una condizione necessaria per poter fatturare il lavoro. Quindi, poiché il contratto non è ancora stato firmato, non è possibile procedere con la fatturazione. Come si vede, questo ragionamento ripropone lo schema della condizione necessaria "solo se A allora B" da cui si può dedurre che "se non A allora non B". La stessa struttura logica è riproposta dall'alternativa **E**, che è dunque la soluzione del quesito: essere preparati è condizione necessaria per superare l'esame, ma poiché Mario non è preparato (non soddisfa dunque la condizione necessaria) non può superare l'esame.

1.5.7 | Quesiti che richiedono di individuare e applicare un principio

Si tratta di quesiti nei quali viene proposto un brano che presenta un caso specifico e un principio generale a cui questo caso fa riferimento.

Per risolvere questi quesiti, occorre, innanzi tutto, riconoscere **quale affermazione nel testo mette in luce il principio** che sta alla base del brano (ricordando che un principio è sempre una raccomandazione di tipo generale) e quindi individuare tra le alternative quella che propone un altro caso in cui lo stesso principio è messo in pratica. Va osservato che nelle prove ufficiali degli ultimi anni il numero di quesiti di questa natura è risultato molto contenuto.

Le domande di questa natura si presentano in questa forma:

- *Quale delle seguenti affermazioni esprime il principio alla base di questo ragionamento?*

1 **Un automobilista che, avendo fretta, decide di passare con il semaforo rosso contravviene a una regola basilare del codice della strada e deve quindi essere multato, sia se abbia con la sua azione causato un incidente, sia se non lo abbia causato.**
Coloro i quali volontariamente non rispettano le regole devono essere sanzionati. Quale delle seguenti affermazioni esprime il principio alla base di questo ragionamento?

A Chi decide di praticare sport nonostante il parere contrario del proprio medico si assume i propri rischi

B Se un bambino è stato sgridato dalla maestra è certamente perché non ha fatto i compiti a casa

C Se un lavoratore fuma in una azienda dove vige il divieto di fumo, anche se lo fa nella propria stanza e in assenza dei suoi colleghi deve subire la sanzione prevista

D Scaricare la musica da Internet può essere legale se si pagano i diritti di autore

E Un motociclista coinvolto in un incidente non deve avere diritto al rimborso per i danni subiti

Il principio si trova alla fine del brano quando si afferma che «coloro i quali volontariamente non rispettano le regole devono essere sanzionati». Questo principio è applicato al caso proposto dal brano, ma anche a quello proposto dall'alternativa C che è la soluzione del quesito. Si faccia attenzione all'alternativa A, errata in quanto non si vìola alcuna regola, ma solo un parere e non si ha una sanzione e all'alternativa E, errata in quanto "coinvolto" non vuol dire che lo ha causato infrangendo qualche regola, ma che potrebbe anche averlo subito.

Per un'efficace e veloce risoluzione degli esercizi di natura logica deduttiva è opportuno ricordare i seguenti suggerimenti.

- Per rispondere alle domande occorre basarsi **unicamente sulle informazioni** fornite dagli esercizi e non sulle proprie eventuali conoscenze relative all'argomento trattato.
- È utile cercare di suddividere mentalmente ogni argomentazione nelle sue tre componenti fondamentali: **evidenza** o **fatto**, **conclusione** e **ipotesi**. Ciò consente di individuare più facilmente eventuali errori logici, ipotesi implicite, affermazioni che rafforzano o indeboliscono.
- Per gli esercizi che richiedono di individuare le affermazioni che rafforzano o indeboliscono una certa argomentazione, occorre individuare le affermazioni che indeboliscono o rafforzano l'ipotesi centrale, esplicita o implicita, della stessa argomentazione.
- Occorre prestare particolare attenzione al **tipo di relazione** esistente tra due eventi, senza confondere una semplice **associazione** con una relazione di **causa-effetto**. Così, per esempio, se si afferma che *una percentuale elevata di persone che contraggono tumori ai polmoni sono fumatori*, ciò non implica necessariamente che tutti i fumatori contraggano tumori ai polmoni, né che il tumore ai polmoni sia contratto solo dai fumatori.
- Allo stesso modo occorre non confondere la **necessità** di una condizione con la sua **sufficienza**. Se si afferma che *solo i fumatori contraggono tumori ai polmoni*, ciò non implica che tutti i fumatori contraggono tumori ai polmoni. Il fatto di essere fumatore sarebbe cioè condizione necessaria ma non sufficiente per contrarre un tumore ai polmoni.
- Per rispondere alle domande è importante analizzare l'argomentazione di base, facendo attenzione non solo alle **deduzioni logiche** che da essa si possono ricavare, ma anche alle **ipotesi implicite** sulle quali essa si basa. Spesso infatti, a un esame attento, il processo logico e l'argomentazione conseguente mancano di un anello che viene dato per scontato. Le domande proposte possono chiedere di identificare proprio questo anello mancante, con il quesito: *qual è l'ipotesi alla base dell'argomentazione?* Per esempio, se si afferma che *Giorgio dovrebbe nuotare più spesso perché la sua forma fisica è piuttosto scadente*, è implicitamente assunto che il nuoto contribuisce a migliorare la forma fisica.
- È utile, una volta individuata la risposta esatta, controllarla tornando al testo dell'esercizio e verificando che l'alternativa scelta rispetti tutte le condizioni poste dal testo.
- Per gli esercizi di tipo enigmistico, nei quali affermazioni e negazioni si alternano, è opportuno procedere in modo sequenziale, quasi algebricamente, con dei + e dei –, ricordando che due negazioni danno come risultato un'affermazione. Così l'affermazione *Luca ha negato di non volerle bene* equivale a *Luca ha affermato di volerle bene.*

1.6 | Esercizi proposti

Leggere il testo del problema e rispondere alle domande seguenti.

Marco ha quattro fratelli: Andrea, Cesare, Donato e Biagio. Ognuno è sposato con una delle quattro sorelle di Elena, la moglie di Marco, e che sono Nausica, Lucia, Alma e Maria. Si sa inoltre che:

- Marco è più grande di Biagio;
- Cesare è più piccolo solo di Andrea;
- Davide, il più piccolo dei cinque fratelli, ha sposato Nausica;
- Alma ha sposato il fratello immediatamente precedente al più giovane dei cinque.

1 Quale delle seguenti affermazioni è certamente vera?

A Maria è la moglie di Andrea

B Alma non è la moglie di Cesare

C Andrea è il marito di Lucia

D Cesare è il marito di Maria

E Maria e Biagio sono sposati tra loro

2 Quale delle seguenti affermazioni è falsa?

A Biagio non è il più piccolo dei cinque fratelli

B Cesare è sposato con Maria o con Lucia

C Andrea e Elena non sono marito e moglie

D Andrea ha sposato o Alma o Nausica

E Marco è il terzo fratello in ordine di età

Leggere il testo del problema e rispondere alle domande seguenti.

Per gli ultimi sei mesi del 2013 (quindi a partire da luglio) è programmata l'uscita di sei libri di sei autori diversi. Ogni libro dovrà uscire in un mese differente.

È noto che:

- a luglio uscirà il libro di Smiraglia;
- il libro di Paganuzzi deve uscire il mese dopo quelli di Lorenzi e Colotto, che devono uscire in due mesi consecutivi ma non necessariamente in quest'ordine;
- i libri di Macchia e Dettori non devono uscire in due mesi consecutivi.

3 Quale è l'ultimo mese possibile nel quale può uscire il libro di Colotto?

A Novembre B Ottobre C Dicembre D Agosto E Settembre

4 Quale delle seguenti può essere una possibile sequenza di uscita dei libri?

A Colotto, Smiraglia, Lorenzi

B Macchia, Smiraglia, Colotto

C Paganuzzi, Macchia, Colotto

D Lorenzi, Paganuzzi, Dettori

E Dettori, Lorenzi, Paganuzzi

5 **Quattro amiche si conoscono dai tempi dell'università. I loro nomi sono Maria, Vera, Claudia e Ilaria. Se solo una delle quattro seguenti affermazioni è vera, chi è la più intelligente del gruppo?**

1) Ilaria, che è la più giovane delle quattro, afferma: "è Maria la più intelligente del nostro gruppo".

2) Maria, che ora lavora nella formazione del personale, afferma: "è Vera la più intelligente del gruppo".

3) Vera, la più anziana delle quattro, afferma: "non sono io la più intelligente del gruppo".

4) Claudia, che dopo l'università ha proseguito nel campo dell'informatica, afferma: "non sono io la più intelligente delle quattro".

A Non è possibile stabilirlo

B Vera

C Ilaria

D Claudia

E Maria

6 **Delle tre società Alpha, Beta e Gamma almeno due sono lussemburghesi. Sapendo che se Alpha è lussemburghese anche Beta lo è, che se Gamma è lussemburghese lo è anche Alpha, e che tra Beta e Gamma almeno una è non lussemburghese, si può dedurre che:**

A Alpha, Gamma e Beta sono lussemburghesi

B Alpha non è lussemburghese e Beta è lussemburghese

C Gamma non è lussemburghese e Beta è lussemburghese

D Alpha e Gamma sono lussemburghesi

E Gamma è lussemburghese e Beta non è lussemburghese

7 **Sandro è una persona atletica; le persone alte sono tutte atletiche; le persone alte sono tutte magre.**

Se le precedenti affermazioni sono vere, quale delle seguenti è sicuramente vera?

A Sandro è una persona magra

B Sandro è una persona alta

C Tutte le persone atletiche sono alte

D Chi è alto è magro e atletico

E Le persone magre sono atletiche

8 **Chi dorme è riposato e tranquillo. Lavorare bene caratterizza tutte le persone che sono tranquille, mentre essere sereni è caratteristica di tutti coloro che sono riposati.**

Se le precedenti affermazioni sono vere, quale delle seguenti non è deducibile con certezza?

A Chi dorme lavora bene

B Chi dorme è sereno

C Chi è sereno lavora bene

D Non tutte le persone serene sono necessariamente riposate

E Non tutte le persone che lavorano bene sono necessariamente tranquille

9 **Se Stefano non prende il caffè, Daniele non fa la sua pausa mattutina.**

Se la precedente affermazione è vera, allora è certamente vero che:

A il fatto che Stefano non prenda il caffè è condizione necessaria affinché Daniele non faccia la sua pausa mattutina

B Daniele non fa la sua pausa mattutina solo se Stefano non prende il caffè

C se Stefano prende il caffè Daniele fa la sua pausa mattutina

D Daniele fa la pausa mattutina alle 11,00 insieme a Stefano

E se Daniele fa la sua pausa mattutina significa che Stefano prende il caffè

10 **Solo se mangi proteine diventi forte.**

Per essere forte è sufficiente mangiare proteine.

Se sono vere entrambe le precedenti affermazioni, quale delle seguenti è falsa?

A Se non mangi proteine non diventi forte

B Mangiare proteine è condizione sufficiente ma non necessaria per diventare forte

C Se non sei diventato forte è perché non hai mangiato proteine

D È necessario mangiare proteine per diventare forti

E È sufficiente mangiare proteine per diventare forti

11 **Tre amiche sono indecise se mascherarsi oppure no per la festa di Carnevale. Sapendo che:**

- **condizione necessaria perché Betta si mascheri è che si mascheri Anna;**
- **condizione necessaria e sufficiente perché Betta si mascheri è che Carla non lo faccia;**
- **condizione sufficiente perché Carla si mascheri è che si mascheri Anna;**

quale delle seguenti affermazioni è corretta?

A Non si può dire con certezza se Anna si maschera oppure no

B Sicuramente Carla non si maschera

C Sicuramente Betta si maschera

D Sicuramente Anna si maschera

12 **A, che è maschio, dice: Io ho lo stesso numero di fratelli e di sorelle. B dice: Sono la sorella di A; io ho due volte più fratelli che sorelle. Come è composta la famiglia di A e B?**

A 4 sorelle e 3 fratelli

B 3 sorelle e 4 fratelli

C 2 sorelle e 3 fratelli

D 3 sorelle e 5 fratelli

13 **In una cesta contenente vari giochi, tutte le palline nella cesta sono blu. Se prendo un gioco blu dalla cesta, quale delle seguenti affermazioni è sicuramente vera?**

A Il gioco che ho preso è una pallina

B Il gioco che ho preso non è una pallina

C Il gioco che ho preso non può essere blu

D Nessuna delle precedenti è vera

14 **Ogni minuto il numero di batteri in una coltura raddoppia. Se dopo 10 minuti ci sono 10.240 batteri, quanti batteri c'erano dopo 9 minuti?**

A 90

B 1.024

C 5.120

D 100

15 **Un noto gioco consiste nell'inserire nove numeri nelle caselle di un quadrato 3x3, in modo che la somma dei tre numeri che si trovano su ciascuna riga, ciascuna colonna e lungo le due diagonali sia la stessa. Si dica quanto deve essere questa somma se i numeri da inserire sono:**

3, 6, 9, 12, 15, 18, 21, 24, 27.

A 54

B 40

C 45

D 30

E 36

16 **La perizia balistica non ha escluso l'impossibilità che il colpo non sia stato sparato dalla casa di fronte.**

La precedente affermazione è logicamente equivalente a:

A il colpo non è stato sicuramente sparato dalla casa di fronte

B il colpo deve essere stato sparato dalla casa di fronte

C il colpo potrebbe essere stato sparato dalla casa di fronte

D dalla casa di fronte si sparano sempre colpi

E la perizia non è riuscita a certificare, dopo molte ricerche, che il colpo sia stato sparato dalla casa di fronte

17 **L'autopsia eseguita non ha permesso di eliminare la possibilità che la morte del paziente non fosse dovuta all'infezione post-operatoria.**

La precedente affermazione è logicamente equivalente a:

A il paziente è sicuramente morto a causa dell'infezione post-operatoria

B il paziente non può in alcun caso essere morto a causa dell'infezione post-operatoria

C è escluso che il paziente sia morto a causa dell'infezione post-operatoria

D l'infezione post-operatoria è l'unica causa di morte dei pazienti operati

E è possibile che il paziente non sia morto a causa dell'infezione post-operatoria

18 **Giacomo è convinto che se partisse per la Francia, troverebbe un lavoro come ingegnere aerospaziale.**

In quale dei seguenti casi si sarebbe sicuri che Giacomo ha torto?

A Giacomo rimane in Italia e trova lavoro come ingegnere aerospaziale

B Giacomo rimane in Italia e non trova lavoro come ingegnere aerospaziale

C Giacomo parte per la Francia e dopo diversi mesi trova un lavoro come ingegnere aerospaziale

D Giacomo parte per la Francia ma non trova un lavoro come ingegnere aerospaziale

E Giacomo rimane in Italia e solo dopo un anno trova lavoro come ingegnere aerospaziale

19 **Quest'anno Tancredi ha provato a imparare francese, inglese e tedesco. Sapendo che:**

- **se ha imparato il tedesco, allora ha imparato anche francese e inglese;**
- **se ha imparato il francese, allora ha imparato anche un'altra lingua tra inglese e tedesco;**
- **se ha imparato l'inglese, allora ha imparato il tedesco ma non il francese;**

quante lingue ha imparato Tancredi?

A Nessuna
B Una
C Due
D Tre
E Non si può determinarlo

---

20 **Alberto, Carlo, Roberto, Paolo e Sergio sono nati in cinque città diverse: Amsterdam, Cagliari, Roma, Pavia, Siracusa. Alberto e Sergio mentono sempre mentre Paolo non mente mai. Alberto afferma di essere nato ad Amsterdam e che Sergio è nato a Siracusa. Paolo afferma di essere nato a Pavia e riferisce che Alberto gli ha detto di essere nato a Cagliari. Dove può essere nato Alberto?**

A Siracusa o Pavia
B Roma o Pavia
C Roma o Cagliari
D Roma o Amsterdam
E Roma o Siracusa

---

21 **Condizione sufficiente, ma non necessaria, affinché al Liceo Pitagora l'anno scolastico si concluda con una festa è che le interrogazioni terminino entro la fine del mese di maggio. Determinare quale delle seguenti situazioni è INCOMPATIBILE con l'affermazione precedente.**

A Nel 2008 le interrogazioni sono terminate a marzo, e poi non c'è stata la festa
B Nel 2006 uno studente è stato interrogato il 4 giugno, e poi c'è stata la festa
C Nel 2003 uno studente è stato interrogato il 4 giugno, e poi non c'è stata la festa
D Nel 2010 uno studente è stato interrogato il 3 aprile, e poi non c'è stata la festa
E Da quando esiste il Liceo Pitagora la festa c'è stata ad anni alterni

---

22 **La frase "non c'è alcuna persona che parli bene l'inglese tra noi" è falsa. Questo significa che:**

A almeno una persona tra noi parla bene l'inglese
B nessuno parla bene l'inglese
C tutti parlano bene l'inglese tra noi
D una sola persona parla bene l'inglese tra noi
E pur non essendo inglesi non parliamo bene la lingua

---

23 **L'affermazione "non tutti gli oggetti di vetro sono prodotti a Venezia" equivale a:**

A tutti gli oggetti di vetro sono prodotti a Venezia
B non tutti gli oggetti prodotti a Venezia sono oggetti di vetro
C tutti gli oggetti di vetro vengono prodotti fuori Venezia
D alcuni oggetti di vetro non sono prodotti a Venezia
E alcuni oggetti prodotti a Venezia non sono oggetti di vetro

24 **Simona afferma: "In ogni corso di laurea in Medicina e Chirurgia c'è almeno uno studente che ha superato tutti gli esami del primo anno". Se tale affermazione è falsa, allora sicuramente:**

- **A** in tutti i corsi di laurea in Medicina e Chirurgia nessuno studente ha superato tutti gli esami del primo anno
- **B** in ogni corso di laurea in Medicina e Chirurgia c'è almeno uno studente che non ha superato alcun esame del primo anno
- **C** c'è almeno un corso di laurea in Medicina e Chirurgia in cui c'è almeno uno studente che non ha superato alcun esame del primo anno
- **D** c'è almeno un corso di laurea in Medicina e Chirurgia in cui nessuno studente ha superato tutti gli esami del primo anno
- **E** c'è almeno un corso di laurea in Medicina e Chirurgia in cui almeno uno studente ha superato tutti gli esami del primo anno

25 **"Sara afferma che tutti gli studenti di medicina hanno frequentato il liceo scientifico". Quale delle seguenti condizioni è NECESSARIO si verifichi affinché l'affermazione di Sara risulti falsa?**

- **A** Tutti gli studenti che non sono iscritti a medicina devono aver frequentato il liceo scientifico
- **B** Deve esistere almeno uno studente di medicina che non ha frequentato il liceo scientifico
- **C** Deve esistere almeno uno studente di medicina che ha frequentato il liceo classico
- **D** Nessuno studente di medicina deve aver frequentato il liceo scientifico
- **E** Deve esistere almeno uno studente che ha frequentato il liceo scientifico ma che non è iscritto a medicina

26 **"Tutti gli amici di Vincenzo bevono sia birra sia vino".**
Se la precedente affermazione è falsa, allora si può dedurre con certezza che:

- **A** almeno un amico di Vincenzo non beve birra
- **B** almeno un amico di Vincenzo non beve birra o vino
- **C** almeno un amico di Vincenzo non beve vino
- **D** almeno un amico di Vincenzo non beve né birra né vino
- **E** gli amici di Vincenzo sono astemi

27 **In una scuola lavorano Amilcare, Basilio e Concetto, come bidello, professore e segretario (non necessariamente in quest'ordine). Amilcare è figlio di Concetto, ed è più basso di statura del professore. Il bidello è il più alto di statura, e non ha figli. Quale delle seguenti affermazioni è compatibile con le premesse?**

- **A** Non è possibile attribuire esattamente a ciascuna persona il proprio ruolo
- **B** Concetto è il segretario, Basilio è il bidello, Amilcare è il professore
- **C** Amilcare è il segretario, Basilio è il bidello, Concetto è il professore
- **D** Amilcare è il segretario, Basilio è il professore
- **E** Basilio è il segretario, Amilcare è il bidello, Concetto è il professore

28 **Abbiamo tre contenitori pieni di frutta, chiusi da coperchi. Un coperchio reca la scritta "MELE", un altro la scritta "FRAGOLE" e il terzo la scritta "MELE E FRAGOLE". Nessuno dei coperchi reca la scritta corrispondente al vero contenuto. Quanti frutti è sufficiente estrarre per poter mettere il coperchio giusto su ogni contenitore?**

A Cinque **B** Uno **C** Due **D** Tre **E** Quattro

29 **Francesco ha in tasca soltanto monete da 20 centesimi ma vorrebbe avere monete dal valore più basso. Per questo motivo al bar scambia due di queste con monete da 5 centesimi. Successivamente Francesco in edicola scambia una moneta da 5 centesimi con due da 2 centesimi e con una da 1 centesimo. Dato che ora il numero di monete è raddoppiato, quante monete aveva in tasca all'inizio Francesco?**

A 5 B 6 C 8 D 10 E 11

30 **Tre fratelli possiedono una canoa a due posti e vogliono allenarsi per una gara. Potendosi allenare solo due per ogni allenamento, qual è il numero minimo di allenamenti da predisporre in una settimana, se ognuno dei tre fratelli vuole partecipare ad almeno due allenamenti?**

A Due B Cinque C Quattro D Tre E Sei

31 **Una forza lavoro qualificata, flessibile e disponibile a muoversi tra i Paesi dell'Unione. È questo l'identikit individuato da Bruxelles per migliorare la produttività in Europa e per incoraggiare la creazione di nuovo impiego nel Rapporto sull'occupazione in Europa. Un rapporto – a cura della Commissione – che fotografa ancora una volta l'Italia in ultima posizione tra i Quindici per tasso di occupazione totale e femminile e al terzultimo posto per l'impiego di lavoratori sopra i 55 anni di età e, quindi, ben lontana dagli obiettivi fissati a Lisbona per il 2010. Unica nota positiva: il nostro Paese registra per il 2002 una crescita dell'occupazione superiore alla media Ue.**

(*Il Sole 24 ore*)

Quale delle seguenti conclusioni è possibile trarre dal precedente brano?

A La crescita occupazionale registrata in Italia nel 2002 non ha permesso al nostro Paese di avere un tasso occupazionale totale superiore ad alcun Paese dell'Unione Europea

B Il tasso occupazionale femminile è stato in Italia più alto nel 2002 rispetto al 2001

C Unico modo per creare nuovi posti di lavoro è quello di puntare sulla qualificazione professionale elevata

D Il tasso di occupazione dei lavoratori sopra i 55 anni in Italia è inferiore rispetto allo stesso tasso in Francia

E Nel 2003 il tasso di occupazione totale in Italia supererà quello del Portogallo

32 **Spesso al corno di rinoceronte in polvere vengono attribuite proprietà afrodisiache. Tuttavia, un recente studio in materia ha dimostrato che non esiste alcuna prova scientifica che esso abbia effetti chimici di alcun tipo sul sistema nervoso degli esseri umani. Oltretutto, è stato recentemente condotto un esperimento in cui a 100 volontari veniva somministrato il corno di rinoceronte in polvere mentre ad altri 100 del semplice riso in polvere, senza rivelare ai volontari quale sostanza stavano assumendo. I ricercatori hanno riscontrato un aumento maggiore nella libido nel gruppo di coloro che avevano ingerito riso in polvere piuttosto che nell'altro gruppo. Quindi, questo esperimento sembra fornire la prova conclusiva che il corno di rinoceronte in polvere non è un afrodisiaco.**

Su quale supposizione implicita si basa il brano precedente?

A Il fatto che al corno di rinoceronte in polvere vengano spesso attribuite proprietà afrodisiache contribuisce ad aumentarne la richiesta

B Il riso in polvere non possiede proprietà afrodisiache rilevanti

C Il commercio di corno di rinoceronte in polvere dovrebbe essere vietato a livello internazionale

D Il riso in polvere non produce alcun effetto sul sistema nervoso centrale degli esseri umani

E Generalmente le dichiarazioni rilasciate sulle sostanze afrodisiache non sono attendibili

33 **Di solito quando sto per prendere l'influenza ho sempre mal di testa prima. Mi sento la febbre, ma non ho mal di testa, quindi non sto per prendere l'influenza.**

Quale delle seguenti affermazioni segue la stessa struttura logica del suddetto ragionamento?

- **A** Se Tamara fosse già andata al cinema, Claudia sarebbe andata con lei. Tamara non è ancora uscita, quindi possiamo essere certi che nemmeno Claudia è ancora partita
- **B** Se vincessi alla lotteria non darei nulla alla mia famiglia perché i miei famigliari hanno detto che se vincessero non mi darebbero niente
- **C** Se avessi chiuso a chiave la porta uscendo di casa, avrei le chiavi con me. Purtroppo non ho le chiavi con me, quindi non posso aver chiuso a chiave la porta quando sono uscito
- **D** Se Mario ottiene degli ottimi voti a scuola, vuole iscriversi alla facoltà di medicina. Lo scorso anno non ha ottenuto dei buoni voti, quindi è improbabile che studierà medicina
- **E** Se di sera il cielo è rosso, l'indomani sarà una bella giornata. Stasera il cielo è rosso quindi ci si può aspettare una bella giornata per domani

34 **Recenti studi hanno dimostrato che viaggiare o allontanarsi dal luogo in cui si vive e dalle proprie abitudini ha effetti positivi sulla creatività e sui processi mentali: chi non va mai in vacanza e lavora troppo è meno efficiente e creativo di chi invece si concede una pausa e si allontana dalla quotidianità. Per essere più produttivi è consigliabile, quindi, andare in vacanza per due ragioni: in primo luogo, nella routine quotidiana, i problemi che percepiamo vicini a noi tendono a essere affrontati in modo troppo rigido; in secondo luogo, quando ci si allontana dalla quotidianità, la mente si apre a possibilità più ampie. Nel gergo della psicologia, viaggiare aiuta ad "allentare le catene dei processi cognitivi".**

Quale delle seguenti affermazioni esprime il messaggio principale del brano precedente?

- **A** Viaggiare apre la mente
- **B** Andare in vacanza irrigidisce i processi cognitivi
- **C** Si dovrebbe andare in vacanza per essere più produttivi
- **D** I problemi troppo vicini a chi li deve affrontare vengono gestiti in modo poco creativo
- **E** Alcuni studi scientifici hanno dimostrato i benefici che si traggono dal viaggiare

35 **Sembra molto probabile che in varie nazioni europee la competizione tra gli studenti per l'ammissione universitaria aumenterà nei prossimi anni e ciò garantirà che solo gli studenti con i voti più alti verranno ammessi all'università. Dal momento che solo gli studenti con un eccellente curriculum scolastico riusciranno a essere ammessi all'università, ci si dovrebbe aspettare di vedere un numero maggiore di studenti che si laureano con il massimo dei voti.**

Quale delle seguenti risposte costituisce il passaggio logico errato nel brano precedente?

- **A** Solo un buon curriculum scolastico può essere una garanzia sufficiente per ottenere risultati accademici eccellenti
- **B** Alcuni studenti universitari eccellenti potrebbero non aver ottenuto buoni risultati a scuola
- **C** Alcuni studenti potrebbero essere stati svantaggiati a causa di prolungate assenze scolastiche dovute a malattie o a causa di insegnanti non adeguatamente preparati
- **D** Gli studenti con un buon curriculum scolastico potrebbero non essere intenzionati ad iscriversi all'università
- **E** Il fatto che uno studente non abbia ottenuto buoni risultati in passato, non significa che non li otterrà in futuro

1.7 | Soluzioni e commenti

1 Per risolvere il quesito è necessario, innanzitutto, capire quale sia l'ordine (dal più grande al più piccolo) dei fratelli.

In tal senso la seconda informazione risulta molto utile. Dire che Cesare è più piccolo del solo Andrea, significa dire che Andrea è il più grande dei cinque fratelli e Cesare è il secondo. Si sa, inoltre, che Davide è l'ultimo e che Marco è più grande di Biagio.

L'ordine sarà, allora, il seguente:

Andrea ⇒ Cesare ⇒ Marco ⇒ Biagio ⇒ Davide.

Si possono mettere queste informazioni in una tabella a due colonne, dove, nella seconda si inseriscono le informazioni relative alle mogli: Alma, sposando il penultimo dei fratelli, è la moglie di Biagio, Marco è sposato con Elena e Davide con Nausica.

Marito	Moglie
Andrea	
Cesare	
Marco	Elena
Biagio	Alma
Davide	Nausica

Avendo presente questa tabella si osserva che l'unica affermazione certamente vera è quella riportata dall'alternativa B (soluzione del quesito), e cioè che Alma non è la moglie di Cesare.

2 Dalla tabella utilizzata per risolvere il quesito precedente si vede facilmente che la soluzione all'esercizio è fornita dall'alternativa D, l'unica falsa tra quelle proposte.

3 Per risolvere il quesito la strada più breve è provare a partire dal mese di dicembre e chiedersi se il libro di Colotto può essere pubblicato in quel mese. La risposta è no, perché si sa che il libro di Colotto deve essere pubblicato prima di quello di Paganuzzi. Si passi ora al mese di novembre. Può il libro di Colotto essere pubblicato in quel mese? La risposta è ancora no. Infatti se così fosse si avrebbe questa situazione:

Luglio	Agosto	Settembre	Ottobre	Novembre	Dicembre
Smiraglia			Lorenzi	Colotto	Paganuzzi

Questa configurazione non è possibile perché i libri di Dettori e di Macchia non possono essere pubblicati in due mesi consecutivi (come dice l'ultima informazione dell'esercizio).

Ci si deve allora chiedere se ottobre può essere l'ultimo mese possibile per pubblicare il libro di Colotto. La risposta è sì, infatti ci si troverebbe in questa situazione:

Luglio	Agosto	Settembre	Ottobre	Novembre	Dicembre
Smiraglia		Lorenzi	Colotto	Paganuzzi	

in cui è possibile rispettare anche l'ultima affermazione del testo (i libri di Macchia e Dettori non devono uscire un mese dopo l'altro). La soluzione al quesito è fornita quindi dall'alternativa B.

4 Le alternative A e B risultano errate, in quanto si sa che il libro di Smiraglia deve uscire per primo a luglio, come è errata l'alternativa C in quanto il libro di Paganuzzi deve uscire dopo quello di Colotto. Anche l'alternativa E è errata, in quanto i libri di Lorenzi, Colotto e Paganuzzi devono

uscire consecutivamente un mese dopo l'altro. La risposta corretta è quindi la D che propone la seguente possibile sequenza di uscita:

Luglio	Agosto	Settembre	Ottobre	Novembre	Dicembre
Smiraglia	Macchia	Colotto	Lorenzi	Paganuzzi	Dettori

5 Per prima cosa si noti come l'esercizio fornisce una serie di informazioni assolutamente inutili al fine della sua risoluzione (il fatto che le quattro ragazze siano amiche dall'università, quello che fanno ora, che una è la maggiore ecc.), con l'unico scopo di distrarre il candidato. Per individuare la soluzione è, invece, necessario porre l'attenzione sulla richiesta dell'esercizio: individuare l'amica più intelligente del gruppo. Si osservi la prima affermazione. Se fosse vero quanto affermato da Ilaria (Maria è la più intelligente del gruppo) allora sarebbero vere anche le affermazioni di Vera e Claudia (entrambe dicono di non essere le più intelligenti del gruppo) e quindi si avrebbero tre affermazioni vere. Si deve concludere che Ilaria dice il falso. Lo stesso ragionamento vale per quanto affermato da Maria. Se fosse vero, infatti, sarebbe vero anche quanto affermato da Claudia e si avrebbero due (e non una) affermazioni vere. Ma se è falso quanto affermato da Maria, dovrà essere vero quanto detto da Vera (non sono io la più intelligente del gruppo). Se, quindi, questa affermazione è vera (e come si è detto ne esiste solo una vera), sarà falsa l'ultima affermazione, quella di Claudia. Ma dire che è falso che Claudia non è la più intelligente del gruppo significa affermare proprio che è lei la più intelligente del gruppo. La soluzione al quesito è, dunque, fornita dall'alternativa D.

6 Per risolvere il quesito conviene schematizzare le relazioni proposte dal testo (ricordando sempre che almeno due delle tre società sono lussemburghesi) nel seguente modo:

- se $A \Rightarrow B$;
- se $G \Rightarrow A$;
- $B \not\Leftrightarrow G$;

dove la freccia indica che se una società è lussemburghese lo deve essere anche l'altra, mentre la freccia barrata indica che se una lo è, l'altra non può esserlo. Si osserva subito che Gamma non può essere lussemburghese; infatti se lo fosse lo sarebbe anche Alpha e quindi anche Beta. Questo sarebbe in contrasto con l'ultima affermazione secondo cui una tra Beta e Gamma non è lussemburghese.

Osservando le alternative si possono dunque scartare subito la A, la D e la E, in cui Gamma risulta sempre lussemburghese. La B è inoltre errata perché dal testo si sa che almeno due società sono lussemburghesi: se Alpha non lo è, significa che le due società lussemburghesi sono Beta e Gamma. Ma ciò è in contraddizione col fatto che tra Beta e Gamma una deve non essere lussemburghese. La soluzione al quesito è fornita pertanto dall'alternativa C: Alpha e Beta sono lussemburghesi, mentre Gamma no.

7 Per risolvere correttamente l'esercizio conviene schematizzare le relazioni presentate dal testo utilizzando il sistema delle frecce nel seguente modo:

Sandro → persone atletiche ← persone alte
↓
persone magre

Da tale schema si osserva che non è affatto certo che Sandro sia una persona alta o magra (potrebbe esserlo essendo una persona atletica, ma non tutte le persone atletiche sono necessariamente alte – alternativa C errata – e quindi magre) e dunque le alternative A e B sono errate. Anche l'alternativa E è errata in quanto non esiste nessuna relazione logica che assicuri che tutte le persone magre siano atletiche. È, invece, corretto, quanto affermato dall'alternativa D (soluzione del quesito) in quanto tutte le persone alte sono contemporaneamente magre e atletiche.

8 Lo schema che si deve utilizzare per avere chiare tutte le relazioni presentate dal testo dell'esercizio è il seguente:

persone che dormono → riposate → serene

persone che dormono → tranquille → lavorare bene

Da tale schema si osserva come l'unica affermazione che non è deducibile tra quelle proposte è quella riportata dall'alternativa C, che rappresenta la soluzione del quesito.

9 Il fatto che Stefano non prenda il caffè è condizione sufficiente affinché Daniele non faccia la sua pausa mattutina e non necessaria come erroneamente espresso dalle alternative A e B. Nel caso della condizione sufficiente, riconoscibile dal fatto che la frase è del tipo "se A allora B", l'unica cosa che si può affermare con certezza è che "se non B allora non A". In questo caso, quindi, la soluzione al quesito è fornita dall'alternativa E: se Daniele non fa la sua pausa mattutina (se non B) significa che Stefano prende il caffè (non A).

10 Le due affermazioni riportate dal testo dell'esercizio dicono che mangiare proteine è condizione sufficiente (la seconda affermazione) e necessaria (la prima) per diventare forti. Le alternative A, C, D ed E risultano tutte vere, mentre la B, essendo falsa, rappresenta la soluzione del quesito.

11 Dall'esercizio si ricava che:

- solo se Anna si maschera allora Betta si maschera;
- se e solo se Carla non si maschera, allora Betta si maschera;
- se Anna si maschera allora Carla si maschera.

Poiché in realtà non si sa se Anna o Carla si mascherano (e quindi neanche Betta), l'unica alternativa corretta è la A.

12 Per risolvere il quesito è possibile anche partire dalle alternative e provarle. L'alternativa A è errata, infatti, se fosse vera A avrebbe 2 fratelli e 4 sorelle. Sono errate anche le alternative C (infatti B, essendo 2 femmine in tutto, avrebbe un numero fratelli triplo rispetto alle sue sorelle) e D (che non rispetterebbe alcun criterio del quesito), mentre è corretta la B (soluzione del quesito). Infatti A avrebbe 3 fratelli e 3 sorelle, mentre B avrebbe 2 sorelle e 4 fratelli.

13 Affermare che tutte le palline nella cesta sono blu non vuol dire che tutti i giochi blu della cesta sono palline. Non si può quindi dedurre con certezza né di aver preso una pallina, né di non averla presa (alternative A e B errate) anche se si è certi di aver pescato un gioco blu (alternativa C errata). È quindi vero quanto affermato dall'alternativa D, soluzione del quesito (nessuna delle altre alternative è vera).

14 Se il numero di batteri raddoppia ogni minuto che passa, vuol dire che dato il numero in un certo istante, il minuto prima tale numero era esattamente la metà. Se quindi dopo 10 minuti si contano 10.240 batteri, il minuto prima ce ne dovevano essere la metà, cioè 5.120 (che raddoppiando il decimo minuto diventano appunto 10.240). La C è, quindi, la soluzione del quesito.

15 Per risolvere il quesito non è necessario provare a compilare il quadrato 3x3 di cui parla il testo. Sommando i numeri da 1 a 9, infatti, si ottiene 45. Se ogni riga e ogni colonna o ogni diagonale del quadrato è formata da tre numeri e deve dare la stessa somma, vuol dire che questa somma deve essere pari a 15 (cioè a 45/3). In questo modo, per esempio, sommando le tre righe o le tre colonne si ottiene sempre 45 che è proprio pari alla somma dei 9 numeri contenuti nel quadrato. La stessa cosa deve, quindi, accadere con i numeri proposti dall'esercizio e la cui somma è pari a 135 (senza fare tanti calcoli su può notare che ognuno dei numeri proposti è il triplo di uno dei numeri da 1 a 9). La somma dei numeri su ciascuna riga, colonna o lungo le due diagonali deve, quindi essere pari a 45 (C soluzione del quesito).

16 Escludere l'impossibilità significa ammettere la possibilità. Non è possibile che il colpo non sia stato sparato dalla casa di fronte significa affermare che il colpo è stato sicuramente sparato da lì. La soluzione è quindi fornita dall'alternativa **B**.

17 La frase "non ha permesso di eliminare la possibilità" significa che l'ipotesi è possibile. La frase, quindi, può essere riscritta nel seguente modo: a seguito dell'autopsia è possibile che la morte del paziente non fosse dovuta all'infezione post-operatoria. La soluzione al quesito è, quindi, facilmente individuabile nell'alternativa **E**.

18 Per essere sicuri che Giacomo abbia torto è necessario che si verifichi, innanzitutto, la prima condizione e cioè che Giacomo parta per la Francia. Infatti, la convinzione di Giacomo non potrebbe essere messa alla prova se lui rimanesse in Italia. Le alternative **A**, **B** ed **E** devono, quindi, essere scartate. Partito per la Francia, Giacomo ha torto qualora non trovi lavoro come ingegnere aerospaziale. La soluzione al quesito è, dunque, fornita dall'alternativa **D**.

19 Ci si chieda quali lingue può aver imparato Tancredi. Se avesse imparato l'inglese, allora avrebbe imparato il tedesco, ma non il francese (terza condizione). Avendo imparato il tedesco avrebbe dovuto imparare anche il francese (prima condizione), ma questa situazione è in contrasto con la terza condizione, come abbiamo appena visto: ne consegue che Tancredi non può aver imparato l'inglese.
Se avesse imparato il francese, allora avrebbe imparato anche un'altra lingua tra inglese (ma si è visto che non è possibile) e tedesco. Imparando il tedesco, però, avrebbe imparato anche l'inglese, che non è possibile come abbiamo appena dimostrato, che abbia imparato. Tancredi non può, infine, neanche aver imparato il tedesco, perché avrebbe imparato anche il francese e l'inglese. Si è dimostrato, quindi, che, date queste condizioni, Tancredi non può imparare alcuna lingua (**A** soluzione del quesito).

20 Alberto afferma di essere nato ad Amsterdam; poiché mente sempre è possibile concludere che in realtà <u>non</u> sia nato ad Amsterdam. Paolo dice sempre la verità e afferma:
1) di essere nato a Pavia; da ciò si deduce che Alberto <u>non</u> è nato a Pavia;
2) che Alberto gli ha riferito di essere nato a Cagliari; ma poiché Alberto mente sempre da ciò si deduce che Alberto <u>non</u> è nato a Cagliari.
In conclusione, Alberto non è nato ad Amsterdam, né a Pavia, né a Cagliari e dunque può essere nato solo a Roma o Siracusa; la risposta corretta è pertanto la **E**.

21 Una condizione sufficiente ma non necessaria è espressa dalla forma "Se A, allora B". Il testo dell'esercizio si potrebbe riscrivere nel modo seguente "se le interrogazioni terminano entro la fine del mese di maggio, allora al Liceo Pitagora l'anno scolastico si conclude con una festa". Tra le alternative proposte l'unica incompatibile è quella relativa al 2008: se le interrogazioni fossero terminate a marzo avrebbe dovuto aver luogo la festa; non è possibile, quindi, che la festa non ci sia stata (risposta **A**).
Tutte le situazioni descritte nelle altre alternative sono compatibili con l'affermazione di partenza perché rispettano la condizione posta dal testo dell'esercizio.

22 La soluzione all'esercizio è fornita dall'alternativa **A**. Infatti, dire che è falso che "non c'è alcuna persona", significa dire che è vero che "c'è almeno una persona". Non si può dire con certezza che siano tutti (alternativa **C** errata) a parlare bene l'inglese, o che sia una sola persona a farlo (alternativa **D** errata), ma almeno una sì.

23 Affermare che non tutti gli oggetti di vetro sono prodotti a Venezia significa dire che esistono alcuni oggetti di vetro che non sono prodotti a Venezia (alternativa **D** soluzione del quesito). Si faccia attenzione alle alternative **B** ed **E**. Le due alternative sono errate in quanto non si sa quali oggetti siano prodotti a Venezia, non si può, cioè, affermare con sicurezza che si producano oggetti diversi da quelli di vetro. In teoria, cioè, a Venezia si potrebbero produrre solo oggetti di vetro, anche se non tutti quelli che esistono.

24 Negare che "in ogni corso di medicina c'è almeno uno studente che ha superato tutti gli esami del primo anno" significa affermare che in almeno un corso di medicina non c'è almeno uno studente che ha superato tutti gli esami ossia che "esiste almeno un corso in cui nessuno studente ha superato tutti gli esami". La risposta corretta è quindi la D.

25 Per negare che tutti gli studenti di medicina hanno frequentato il liceo scientifico è necessario che esista almeno uno studente di medicina (non si sa quanti, ma almeno uno, cioè uno o più di uno) che non ha frequentato il liceo scientifico (l'alternativa B è la soluzione del quesito).

26 Negare che tutti gli amici di Vincenzo bevono sia birra, sia vino, significa affermare che ce ne è almeno uno che non beve o l'uno o l'altra. L'unica cosa che si può affermare con certezza è quindi quanto riportato dall'alternativa B che è la soluzione del quesito. L'alternativa A è errata in quanto non è certo il fatto che almeno uno degli amici di Vincenzo non beve birra, come non è necessariamente vero che almeno uno degli amici di Vincenzo non beve vino (alternativa C errata).

27 Dall'esercizio si ricava il seguente ordine di altezza:

bidello > professore > segretario

Sapendo che Amilcare è più basso del professore non potrà che essere il segretario. Inoltre, sapendo che il bidello non ha figli ed essendo Amilcare il figlio di Concetto, quest'ultimo deve essere il professore. Basilio è dunque il bidello. La C è la soluzione del quesito.

28 L'informazione rilevante che si deve tenere a mente è che nessuna scritta corrisponde al vero contenuto. Ci si trova, cioè, nella seguente situazione:

Coperchio	FRAGOLE	MELE	FRAGOLE E MELE
Contenuto possibile	Mele Fragole e Mele	Fragole Fragole e Mele	Fragole Mele

Conviene pescare un frutto dal terzo contenitore (quello con la scritta MELE E FRAGOLE sul coperchio). Se si pesca una fragola, significa che il contenuto non può essere né MELE né FRAGOLE E MELE (dato che per assunto iniziale l'etichetta *deve* essere sbagliata). Su questo contenitore metteremo perciò il coperchio FRAGOLE. Per esclusione, potremo mettere il coperchio MELE sul primo e MELE E FRAGOLE sul secondo. Se invece dal terzo contenitore si pesca una MELA, metteremo il coperchio MELE su quel contenitore, FRAGOLE E MELE sul primo e FRAGOLE sul secondo. Pescando un solo frutto, quindi, si riescono a sistemare tutti i coperchi sui relativi contenitori. La B è la soluzione del quesito.

29 Delle monete iniziali Francesco ne scambia 2 e in cambio ne ottiene 8. Di queste 8 ne scambia 1 ottenendone in cambio 3. Rispetto al numero (X) di monete di partenza Francesco ne ha dunque un numero pari a X – 2 + 8 – 1 + 3, cioè: X + 8. Poiché questo numero è proprio pari al doppio di quello iniziale (X + 8 = 2 X) allora Francesco ha iniziato proprio con 8 monete (C soluzione del quesito).

Si può risolvere il quesito anche partendo dalle alternative e provandole: quando il numero finale è pari al doppio di quello di partenza allora saremo di fronte all'alternativa corretta.

30 Siano A, B e C i tre fratelli. Per permettere a tutti e tre di partecipare ad almeno due allenamenti, e potendosi allenare solo in coppia, devono organizzare un minimo di tre allenamenti (alternativa D), per esempio accoppiandosi nel seguente modo: AB, BC e AC. Si consiglia di risolvere il quesito partendo dalle alternative e considerando i valori dal più piccolo al più grande (se non possono in due allenamenti, si prova con tre e così via).

31 La soluzione al quesito è fornita dall'alternativa **A**. Infatti, nel brano si legge che la crescita occupazionale in Italia è stata nel 2002 superiore a quello della media europea, ma che l'Italia rimane, comunque, l'ultimo Paese tra i Quindici dell'Unione per tasso di occupazione totale (lo si legge a metà del brano stesso). La crescita registrata, quindi, non ha permesso comunque all'Italia di avere un tasso occupazionale totale superiore ad alcun altro Paese dell'Unione europea. Si presti attenzione all'alternativa **B**: è errata perché quello che il brano afferma è che è cresciuto il tasso occupazionale totale, ma nulla si sa di quello femminile. In teoria tale incremento potrebbe essere totalmente ascritto a un aumento del tasso occupazionale maschile.

32 Individuare l'ipotesi o la supposizione implicita su cui si basa un brano significa trovare la o le condizioni che si devono verificare affinché il ragionamento espresso dal brano sia valido. Nel brano si afferma che uno studio ha dimostrato la non esistenza di alcuna prova scientifica a sostegno della assunzione che la polvere di corno di rinoceronte possieda proprietà afrodisiache. A conforto di questa tesi (cioè la non esistenza di proprietà afrodisiache della polvere di corno di rinoceronte) il brano riporta i risultati di esperimento a cui vengono sottoposti due gruppi da 100 persone, a ciascuno dei quali viene somministrata rispettivamente polvere di riso e polvere di corno di rinoceronte (senza rivelare ai soggetti quale tipologia di polvere stiano assumendo). Il risultato dell'esperimento mostra che si ha maggiore aumento della libido nel gruppo di coloro che hanno ingerito riso in polvere piuttosto che nell'altro gruppo. Il ragionamento conclude, quindi, che questa è una prova definitiva che il corno di rinoceronte in polvere non è un afrodisiaco. Affinché questo ragionamento sia valido, però, si deve escludere che anche la polvere di riso sia afrodisiaca, perché se lo fosse, non si potrebbe escludere che lo sia anche quella di corno di rinoceronte, magari solo in misura inferiore. Avendo l'esperimento comparato i risultati delle due polveri e avendo visto che ha maggiori effetti quella di riso, per poter escludere che quella di corno di rinoceronte abbia proprietà afrodisiache è necessario che non ne abbia neanche quella di riso e che quindi in realtà non ci sia alcuna relazione tra assunzione di una delle due polveri e aumento nella libido. La soluzione è, quindi, fornita dall'alternativa **B**.

33 La struttura logica del testo è la seguente:
«Se ho influenza allora ho mal di testa, ma non ho influenza quindi non ho mal di testa»; lo schema di questo ragionamento è quindi uguale a:

se A (INFL.) allora B (M. d. T.), ma No B (M. d. T.) quindi no A (INFL.)

Per individuare l'alternativa corretta occorre trovare quella che inizia con una struttura del tipo "se A" e termina con una struttura del tipo "quindi no A". Tutte le risposte iniziano con "se A" è quindi sufficiente individuare quella che termina con "quindi no A". L'unica alternativa che rispetta tale regola è la **C** che è dunque la risposta esatta: se avessi chiuso a chiave… quindi non posso aver chiuso a chiave (Se A… quindi no A).

34 Il quesito chiede il messaggio principale del brano che, si ricorda, coincide con la conclusione dello stesso. Nel brano proposto la conclusione si trova a metà del testo quando si afferma che per essere produttivi è consigliabile andare in vacanza. Tale conclusione è riportata dall'alternativa **C**, soluzione del quesito.

35 Dalle premesse del brano emerge chiaramente che a seguito di un aumento della competizione tra gli studenti per l'ammissione all'università, condizione necessaria per essere ammessi è avere voti alti e quindi un ottimo curriculum scolastico (solo se A, allora B). In alcun modo però possiamo giungere alla conclusione proposta nel brano che mette in relazione un aumento degli studenti ammessi con un ottimo curriculum scolastico con un aumento degli studenti che si laureano con il massimo dei voti. Il ragionamento errato che porta a tale conclusione è espresso dall'alternativa **A**, che riporta in modo esplicito il passaggio logico errato fatto dall'autore e richiesto dall'esercizio. L'alternativa **B** è da scartare perché, come indicato nelle premesse, studenti che non hanno ottenuto ottimi risultati a scuola (non A) non potranno accedere all'università (non B) e quindi non potranno essere studenti universitari eccellenti.

2| Logica verbale

Gli esercizi di *logica verbale* sono presenti da molti anni nei test di ammissione all'università. In generale, si tratta di domande che intendono valutare alcuni elementi di conoscenza della lingua italiana e, in alcuni casi, di cultura generale, insieme alla capacità di cogliere relazioni logiche esistenti tra vocaboli o categorie concettuali.

Come si osserva per altre sezioni dei test, le tipologie di domande e il peso che queste assumono nelle diverse prove di ammissione variano a seconda delle Facoltà e, in qualche caso, delle singole sedi universitarie. Con riferimento ai test delle aree medico-sanitaria e scientifica, le tipologie di domande che verranno qui esaminate sono le seguenti:

- analogie concettuali;
- parola da scartare;
- significato di parole;
- sinonimi e contrari;
- parole e numeri;
- frasi da completare;
- esercizi di grammatica;
- modi di dire.

In generale, va precisato che la presenza di tali domande nei test in esame è andata via via diminuendo nel corso degli ultimi anni, mentre continuano a risultare assai diffuse in molte prove ufficiali le domande che vanno sotto il nome di "comprensione verbale" (o "comprensione di brani"), che sono trattate nel capitolo seguente.

Di seguito vengono analizzati e commentati alcuni esempi delle diverse tipologie di domande, al fine di chiarirne le carattersitiche essenziali.

2.1 | Analogie concettuali

Gli esercizi di analogia concettuale si basano sulla capacità di analizzare il rapporto che lega tra loro più parole. In alcuni casi gli esercizi richiedono di individuare il rapporto anomalo tra più coppie di termini, in altri casi si presentano come *proporzioni tra parole, incomplete di uno o due termini*. In questo secondo caso, si tratta di individuare, tra le alternative proposte, quella che completa correttamente la proporzione, cioè quella che rende la relazione tra i primi due termini uguale a quella che lega il terzo e il quarto termine.

Infine, vi sono casi in cui le analogie concettuali tendono a valutare anche alcune conoscenze di cultura generale del candidato, che riguardano non solo il significato corretto di determinati vocaboli ma anche, per esempio, il corretto abbinamento fra alcune opere letterarie e i rispettivi autori. Alcuni esempi chiariranno quanto sin qui descritto.

Esempi

---

1 Uno dei seguenti abbinamenti tra famosi musei e le città loro sedi È ERRATO. Quale?

A Prado – Madrid

B Hermitage – Mosca

C Capodimonte – Napoli

D Bargello – Firenze

E Metropolitan – New York

La risposta esatta è la B. Il Museo dell'Hermitage si trova infatti a San Pietroburgo, la città sul Golfo di Finlandia bagnata dalla Neva e fatta costruire da Pietro il Grande. San Pietroburgo fu la capitale russa fino alla Rivoluzione d'Ottobre. L'ascesa al potere dei bolscevichi segnò anche lo spostamento della capitale a Mosca.

---

2 Nell'abbinamento tra alcuni classici del cinema, più o meno recenti, e i loro registi, c'è un errore. Quale?

A *Caro diario* – Nanni Moretti

B *Gli uccelli* – Alfred Hitchcock

C *ET* – Steven Spielberg

D *Underground* – Emir Kusturica

E *Ladri di biciclette* – Federico Fellini

L'abbinamento scorretto è quello dell'alternativa E. Infatti *Ladri di biciclette* è opera di Vittorio De Sica; capolavoro del neorealismo italiano del secondo dopoguerra, uscì nel 1948 ed è considerato uno dei più riusciti frutti del sodalizio artistico della coppia Zavattini-De Sica. Federico Fellini esordì alla regia solo nel 1950, insieme ad Alberto Lattuada, con *Luci del varietà*.

---

3 Individuare il rapporto anomalo.

A Anestesista – narcosi

B Giornalista – articolo

C Enigmatico – indovinello

D Medico – diagnosi

E Scultore – statua

In ciascuna alternativa proposta, il secondo termine indica l'opera, la prestazione eseguita dal primo. Così, l'*anestesista* esegue una *narcosi* (sinonimo di anestesia), il *giornalista* scrive un *articolo*, il *medico* effettua una *diagnosi* e lo *scultore* realizza una *statua*. Chi è abile e si occupa di elaborare o risolvere *indovinelli* non è però *enigmatico* bensì *enigmista*. La risposta esatta è dunque la C.

---

4 Individuare la coppia nella quale i termini NON rimandano al medesimo prefisso:

A neofilia – neogene

B misofobia – misogamia

C filantropia – filologia

D paramedico – paranormale

E paleomagnetismo – paleozoico

L'unica coppia di termini che non rimanda allo stesso prefisso è quella dell'alternativa B. Infatti, la *misofobia* è la paura patologica della sporcizia e dell'inquinamento e il termine deriva dal prefisso *mysos*, che in greco significa *sporco, sporcizia*. La *misogamia*, invece, indica l'odio verso il matrimonio e deriva dal prefisso greco *misos*, che significa appunto l'odio, l'avversione.

5 **Individuare il rapporto anomalo.**

A Grande – superbo
B Bello – stupendo
C Tiepido – caldo
D Ultimo – estremo
E Freddo – gelido

Il rapporto tra i termini dati è l'espressione di un *grado di intensità differente* della medesima qualità: così, per esempio, *freddo* e *gelido* sono due aggettivi che esprimono il concetto di temperatura bassa, ma con un diverso grado di intensità. L'unica coppia di termini che non rispecchia tale rapporto è *grande — superbo* (il secondo termine corretto avrebbe dovuto essere *massimo*). La risposta esatta è dunque la A.

Individuare, negli esercizi che seguono, la coppia di termini che completa correttamente la proporzione data.

6 **x : Onorevole = Conclave : y**

A x = Stato, y = Chiesa
B x = Italia, y = Vaticano
C x = Senato, y = San Pietro
D x = Parlamento, y = Eminenza
E x = Primo Ministro, y = Papa

Si tratta della classica proporzione tra parole dove occorre procedere sostituendo le diverse alternative nel testo dell'esercizio. La risposta corretta è la D. In tal caso, infatti, la relazione esistente tra i primi due termini (*Parlamento* e *Onorevole*) risulta la stessa esistente tra la terza e la quarta parola (*Conclave* ed *Eminenza*): il Parlamento è il luogo in cui si riuniscono i parlamentari (*Onorevoli*) così come il Conclave indica la sala in cui si riuniscono i cardinali (*Eminenze*) per l'elezione del papa.

7 **laconico : logorroico = x : y**

A x = miope, y = ipermetrope
B x = errato, y = anarchico
C x = miope, y = presbiopia
D x = disguido, y = equivoco
E x = ovvio, y = evidente

Anche in questo esempio, la relazione tra i due termini dati è di *opposizione/contrarietà: laconico* indica una persona di poche parole, mentre *logorroico* chi si esprime in modo prolisso e incessante. L'alternativa corretta è la A: la *miopia* (difficoltà a vedere da vicino) indica infatti, da un punto di vista ottico, il disturbo inverso a quello della *ipermetropia*. Le alternative D ed E sono da escludere perché formate da vocaboli (*disguido/equivoco, ovvio/evidente*) fra loro sinonimi, anziché contrari. La C infine è errata perché instaura una relazione tra aggettivo e sostantivo e non tra due aggettivi.

8 **medico : avvocato = x : y**

A x = cliente, y = malato
B x = paziente, y = causa
C x = penale, y = dentista
D x = disputa, y = malattia
E x = paziente, y = cliente

In questo caso non è possibile determinare una relazione precisa tra i due termini noti della proporzione. Conviene, dunque, cercare una relazione tra il primo termine dato e il primo termine di ciascuna delle alternative proposte. Una volta individuata tale relazione, bisogna verificare se il secondo termine dato presenta la stessa relazione con il secondo termine di ciascuna delle alternative proposte. L'alternativa corretta è la E: il *paziente*, infatti, *è la persona che beneficia dei servizi del medico*, così come il *cliente è colui che usufruisce dei servizi dell'avvocato*. Si osservi che nell'alternativa A i termini proposti soddisferebbero la relazione della proporzione se non fossero presentati nell'ordine inverso.

9 **x : intonso = territorio : y**

- **A** x = libro, y = inesplorato
- **B** x = intatto, y = selvaggio
- **C** x = capitolo, y = regione
- **D** x = cultura, y = geografia
- **E** x = libraio, y = mappa

La risposta corretta è la **A**. *Intonso* significa *intatto, nuovo*: un libro è intonso così come un *territorio* è *inesplorato.*

10 **Vocabolario sta a traduttore come x sta a y.**

- **A** x = elefanti, y = annibale
- **B** x = appetito, y = ristorante
- **C** x = francobollo, y = lettera
- **D** x = cartina, y = guida
- **E** x = giornali, y = edicolante

In questo caso, il quesito si presenta in forma leggermente differente (la proporzione non viene proposta in forma simbolica ma espressa con una frase per mezzo del linguaggio comune), ma la logica dell'esercizio rimane inalterata. La relazione che lega le prime due parole è che il *traduttore* si serve del *vocabolario* per lavorare. Allo stesso modo, la *guida* usa la *cartina*. La risposta esatta è dunque la **D**. La **E** è invece errata, perché i *giornali* sono l'oggetto venduto dall'*edicolante* e non il mezzo con cui egli lavora.

11 **fugace : duraturo = x : y**

- **A** x = consumato, y = logoro
- **B** x = sterile, y = produttivo
- **C** x = fertile, y = fecondo
- **D** x = ludico, y = giocoso
- **E** x = audace, y = ardimentoso

Fugace significa *effimero, caduco* ed è quindi il contrario di *duraturo* (durevole, stabile). La relazione tra i termini noti della proposizione è dunque di *opposizione / contrarietà.* La risposta corretta è la **B**: *sterile* è infatti il contrario di *produttivo.* Le alternative **A**, **C**, **D** ed **E** propongono tutte termini tra loro sinonimi.

12 **Gargantua : Rabelais = x : Cervantes = Zivago : y**

- **A** x = Cirano, y = Bulgakov
- **B** x = Don Giovanni, y = Puškin
- **C** x = Don Chisciotte, y = Tolstoj
- **D** x = Don Giovanni, y = Solzenicyn
- **E** x = Don Chisciotte, y = Pasternak

Appare evidente che in questo esempio le coppie di termini inserite nell'uguaglianza sono tre e non due, ma la logica dell'esercizio non cambia: la soluzione dovrà fare in modo che risulti una relazione analoga tra i termini che compongono ciascuna coppia. In particolare, la relazione che qui si individua, analizzando innanzitutto i primi due termini, è quella che unisce un autore a un famoso personaggio letterario da lui creato. La risposta esatta è quindi la **E**: così come le avventure di Gargantua hanno regalato fama immortale allo scrittore francese Rabelais (1494-1553), quelle di Don Chisciotte lo hanno fatto per lo scrittore spagnolo Cervantes (1457-1616) e, in tempi più recenti, quelle di Zivago hanno consacrato il russo Pasternak (1890-1960).

13 **x : acquistare = oggetto : y**

A x = euro, y = lira

B x = valore, y = scambio

C x = comprare, y = vendere

D x = acquirente, y = comprare

E x = denaro, y = barattare

Mancando un termine a sinistra e uno a destra della proporzione è necessario sostituire le diverse alternative e verificare quando si crea lo stesso rapporto logico a sinistra e a destra dell'uguale. Ci si accorge, inoltre, che affinché ci sia la stessa logica è necessario che la x sia un sostantivo (*oggetto* è la prima parola del secondo membro) e la y un verbo (*acquistare* è la seconda parola del primo membro). Questo porta già a scartare le alternative A, B e C come possibili soluzioni. Tra le due rimanenti, la soluzione è la E, infatti come il *denaro* lo si usa per *acquistare*, così un *oggetto* lo si usa per effettuare un baratto.

14 **Mattone : muro = X : Y**

1: tegola	**2: vestito**	**3: cappotto**
4: matita	**5: albero**	**6: tetto**

A 2, 3 B 1, 5 C 1, 6 D 2, 5 E 6, 5

Questa tipologia di esercizi segue le stesse regole logiche dei precedenti, seppur con una formulazione differente. La soluzione è fornita dall'alternativa C: sostituendo i termini proposti si ricava che il *muro* è formato da *mattoni*, così come il *tetto* è composto da *tegole*.

15 **Geranio : X = zanzara : Y**

1: rosa	**2: fiore**	**3: petalo**
4: pianta	**5: insetto**	**6: tulipano**

A 1, 2

B 3, 4

C 6, 5

D 6, 4

E 2, 5

Nell'esercizio in esame, la soluzione è fornita dall'alternativa E, dove vengono associati i termini fiore e insetto (2 e 5). Sostituendo questi termini alle incognite si ottiene la proporzione: "geranio : fiore = zanzara : insetto", che evidenzia una relazione *tra specie e classe*: il geranio è un fiore come la zanzara è un insetto.

16 **BDFHL: EGIMO = X : Y**

A X = NPRTV, Y = QSUZA

B X = NORTV, Y = QSUZB

C X = NPRTV, Y = QSUZB

D X = MOPTV, Y = QSUZA

E X = AOETU, Y = CDEFG

La prima sequenza del membro di sinistra della proporzione è formata da lettere che nell'alfabeto italiano distano due posizioni una dall'altra. Ogni lettera della seconda sequenza si trova tre lettere aventi nell'alfabeto rispetto alla corrispondente lettera della prima sequenza. La stessa logica si trova nelle sequenze riportate dall'alternativa C (soluzione del quesito)

Tipologie di relazioni

Di seguito viene riportata una lista delle principali tipologie di relazioni di analogia concettuale che, pur non potendo evidentemente essere completa (si potrebbero infatti individuare facilmente altre possibili relazioni), consente di ricordare alcune tipologie ricorrenti nei test.

RELAZIONI	ESEMPI	
Autore e sua opera	Verga : *I Malavoglia*;	Pirandello: *Il fu Mattia Pascal*
Autore e corrente di appartenenza	Marinetti: Futurismo;	Monet: Impressionismo
Personaggio e suo ideatore	Gargantua : Rabelais;	Don Chisciotte: Cervantes
Lavoratore e frutto del lavoro	scrittore : libro;	compositore : sinfonia
Lavoratore e strumento utilizzato	scultore : scalpello;	pittore : pennello
Strumento e oggetto su cui si lavora	penna : carta;	pialla : legno
Sequenza temporale	presto : tardi;	alba : tramonto
Causa ed effetto	virus : influenza;	esplosione : macerie
Grado di intensità	tiepido : caldo;	gioia : estasi
Classe e specie	insetti : formica;	mammiferi : delfino
Relazioni grammaticali	io : mio;	ha : ebbe
Sinonimi	gentile : benevolo;	bugia : menzogna
Contrari	mai : sempre;	amore : odio
Parte del tutto	soldato : esercito;	stella : costellazione
Sesso	mucca : toro;	gallina : gallo

Suggerimenti

- Prima di analizzare le alternative proposte, occorre cercare di **individuare il tipo di relazione** esistente tra i due termini dati della proporzione. Quindi, analizzando le varie alternative, verificare quale di esse rispetta tale relazione.
- Prima di passare all'esercizio successivo, è importante **controllare tutte le alternative**, verificando che quelle scartate siano effettivamente errate.
- È importante prestare **attenzione all'ordine con cui sono presentati i due termini** della relazione. A volte infatti, sono presenti alternative che rispettano la relazione di partenza, ma con l'ordine delle incognite invertito.
- Nel caso in cui ciascun membro della proporzione presenti un'incognita, occorre andare per tentativi, ossia provare a sostituire i vocaboli delle diverse alternative e controllare se la proporzione assume un significato logico e corretto.

2.2 | Parola da scartare

Questi esercizi si presentano come *sequenze di vocaboli, tra i quali il candidato deve individuare quello da scartare perché anomalo* rispetto alla serie data. Si tratta di identificare il legame logico o etimologico esistente tra le parole della sequenza e, sulla base di tale legame, individuare il termine che non lo rispetta. È dunque necessario identificare la parola che non si accorda o si accorda solo parzialmente con le altre. Esistono due diverse tipologie di esercizi, a seconda del tipo di legame esistente tra i vocaboli. La prima, più frequente, è quella in cui il nesso logico è riferito al *significato* delle parole. La seconda, molto meno frequente, è quella in cui il nesso logico è riferito al *significante*, ossia alla forma dei vocaboli.

2.2.1 | Nesso logico o etimologico del significato

All'interno di questa prima tipologia è possibile identificare diverse categorie di nessi logici che legano le parole della serie. Si considerino i seguenti esercizi a titolo di esempio.

Esempi

---

1 **Individuare in quale dei seguenti termini il prefisso è semanticamente diverso dagli altri:**

A triangolo
B tridente
C tribordo
D trilogia
E trittico

L'unico tra i cinque termini dell'esercizio il cui prefisso non indichi *tre* è quello dell'alternativa C. Con *tribordo*, infatti, si intende il lato destro della nave, guardando verso la prua cioè la parte anteriore dell'imbarcazione. Per indicare il lato sinistro si usa invece il termine *babordo*.

---

2 **Indicare il nome da scartare.**

A Giuseppe Tomasi di Lampedusa
B Torquato Tasso
C Giovanni Verga
D Filippo Tommaso Marinetti
E Carlo Emilio Gadda

Nesso *temporale*. La risposta esatta è la B: si tratta infatti di scrittori vissuti a cavallo tra il secolo XIX e il secolo XX, a eccezione di *Torquato Tasso* che è del secolo XVI.

---

3 **Indicare la parola da scartare.**

A Balena
B Serpente
C Pipistrello
D Gnu
E Coniglio

Nesso di *classe* o *genere*. La risposta esatta è la B: si tratta infatti di mammiferi, a eccezione del *serpente*, che è un rettile.

---

4 **Individuare il termine che NON discende dall'antichità classica.**

A Demagogo
B Giacobino
C Tribuno
D Dittatore
E Questore

I *giacobini*, insieme ai girondini e ai montagnardi, furono tra i protagonisti della Rivoluzione francese del 1789 che portò alla caduta della monarchia francese. Gli esponenti giacobini più famosi furono Danton e Robespierre. Il termine non discende dall'antichità classica, ma da un convento parigino di frati domenicani dedicato a San Giacomo dove il club, poi società, ebbe sede al momento della fondazione nell'autunno 1789. La risposta esatta è, pertanto, la B.

5 Individuare il termine anomalo.

- A Politeismo
- B Politecnico
- C Politico
- D Polimorfo
- E Poliglotta

I cinque termini qui proposti mostrano apparentemente una radice comune ma, anche in questo caso, la logica è legata al significato e dimostra una diversa provenienza. Infatti, mentre nelle alternative A, B, D ed E il prefisso *poli-* (dal greco, "molto") si unisce a un altro termine a indicare un significato di pluralità, nell'alternativa C il vocabolo deriva dal sostantivo greco *polis* (città). Spesso questi esercizi ti chiedono di riflettere sull'etimologia delle parole, come nel caso dei due quesiti seguenti.

6 Individuare la parola da scartare perché non affine per significato alle altre.

- A Epigrafe
- B Epigrafia
- C Epigramma
- D Epitaffio
- E Epistéme

In questo caso la logica è suggerita dal testo della domanda e dunque si tratta di analizzare, attraverso l'etimologia, il significato delle parole. In tal senso, a parte il prefisso *epi-* in comune, le prime tre parole sono costituite da termini derivati dal verbo greco *grafo*: "scrivere". Più in dettaglio, l'*epigrafia* è la scienza che si occupa dell'interpretazione delle *epigrafi* che, a loro volta, sono le antiche iscrizioni incise su supporti di pietra; l'*epigramma* invece è un breve componimento poetico scritto in genere in modo satirico. Anche il termine *epitaffio* (letteralmente "sopra la tomba") è un termine legato al concetto di scrittura e indica un'iscrizione sepolcrale. L'unico termine non affine per significato agli altri è *epistéme*, un termine filosofico che indica il sapere, la conoscenza. La risposta esatta è dunque la E.

7 Individuate la parola da scartare.

- A Antiemetico
- B Antipatia
- C Antifonario
- D Antiquario
- E Antibiotico

Quattro di queste parole sono composte dal prefisso *anti*, che indica avversione, antagonismo, capacità o disposizione a contrastare o impedire. La parola anomala è il sostantivo *antiquario* (risposta esatta D) che indica uno studioso o commerciante di cose antiche e deriva dal latino *antiquus*, antico appunto.

8 Quale delle parole sotto elencate è etimologicamente anomala?

- A Pediatra
- B Pedicello
- C Podologo
- D Peduncolo
- E Pedografia

Le parole proposte hanno tutte una radice etimologica riconducibile al significato di "piede" (dal greco *pous-podòs*): *podologo* è il medico specializzato nel piede, *peduncolo* è una formazione di varia natura con funzione di sostegno o di collegamento, *pedografia* è il rilievo su carta dell'impronta del piede. Fa eccezione il termine *pediatria*, che si rifà invece etimologicamente al termine *bambino* (dal greco *pais-paidòs* = fanciullo). La risposta esatta è dunque la A.

9 **Quale delle parole sotto elencate è etimologicamente anomala?**

A Poliomielite

B Poliartrite

C Poligamia

D Poligrafo

E Poliuria

Tutte le parole proposte derivano dal greco e tutte, tranne una, hanno in comune il prefissoide *poli-* (dal greco *poly;* = molto). In dettaglio: *poliuria* indica l'aumento della produzione di urina (*poli-* + *oúron*); *poligrafo*, indica chi scrive su svariati argomenti (*poli-* + *gráphos*); *poligamia* definisce il matrimonio (*gámos*) tra più di due persone; la *poliartrite* è un dolore a carico di più articolazioni (*poli* + *árthron* = articolazione + *ite* = suffisso che in medicina indica infiammazione). Diversa è invece l'etimologia di *poliomielite*, che è un'infiammazione della sostanza grigia del midollo spinale (*poliós* = grigio, + *myelós* = midollo + *ite*). La risposta esatta è dunque la A.

10 **Indicare la parola da scartare.**

A Feroce

B Labile

C Divertito

D Assorto

E Incastro

Nesso *grammaticale*. La risposta esatta è la E: i termini dati sono tutti aggettivi a eccezione di *incastro*, che è un sostantivo.

11 **Indicare la parola da scartare.**

A Luigi XIV

B Carlo V

C Richelieu

D Vittorio Emanuele II

E Francesco Giuseppe

La risposta esatta è la C. Infatti, tutti i personaggi citati sono stati regnanti (di Francia, Inghilterra, Italia e Austria-Ungheria), a eccezione di *Richelieu* che fu cardinale e primo ministro del re di Francia Luigi XIII.

12 **Indicare la parola da scartare.**

A Ecuador

B Perú

C Cile

D Guatemala

E Brasile

Nesso *geografico*. La risposta esatta è la D: si tratta infatti di nazioni dell'America meridionale, a eccezione del *Guatemala* che si trova nell'America centrale.

13 **Indicare il termine intruso.**

- A Giotto
- B Caravaggio
- C Bruegel
- D Pinturicchio
- E Raffaello

Nesso di *nazionalità*: si tratta di pittori italiani, a eccezione del fiammingo Bruegel. La risposta corretta è dunque la C.

14 **Indicare la parola da scartare.**

- A Avvalorare
- B Confermare
- C Ratificare
- D Giustificare
- E Convalidare

A eccezione di *giustificare*, tutti gli altri verbi sono tra loro sinonimi. La risposta esatta è quindi la D.

15 **Quale tra i seguenti personaggi è fuori tempo, in quanto nato quando gli altri quattro erano già morti?**

- A Lorenzo de' Medici
- B Niccolò Machiavelli
- C Leonardo da Vinci
- D Andrea Mantegna
- E William Shakespeare

Osservando le alternative proposte, è facile inquadrare diversi personaggi nel periodo rinascimentale. In particolare, in base alle date di nascita e di morte, risultano anagraficamente tra loro contemporanei Lorenzo de' Medici (1449-1492), Niccolò Machiavelli (1469-1527), Leonardo da Vinci (1452-1519) e Andrea Mantegna (1431-1506). L'unico personaggio fuori tempo in base a quanto precisato nella domanda è William Shakespeare (risposta E), nato nel 1564, quando tutti gli altri erano già morti.

16 **Indicare la parola da scartare.**

- A Emoglobina
- B Clorofilla
- C Collagene
- D Albumina
- E Cheratina

La risposta esatta è la B: tutte le alternative riportano il nome di proteine animali a eccezione della *clorofilla*, che è un pigmento vegetale.

2.2.2 | Nesso logico del significante

Gli esercizi di questa seconda tipologia, molto meno frequenti, somigliano ad alcuni rompicapo di tipo enigmistico. Pochi esempi risulteranno sufficienti per comprendere la loro natura. Occorre ricordare che in questo caso *il nesso logico fa riferimento al significante dei vocaboli*, ossia alla forma dei vocaboli e non al loro senso.

Esempi

---

1 Indicare la parola da scartare.

A Nerone
B Sindaco
C Grosso
D Viola
E Regime

La risposta esatta è la E. Infatti tutti i vocaboli contengono, al loro interno, il nome di un colore (*nero, indaco, rosso, viola*), a eccezione di *regime*.

---

2 Individuare il termine anomalo.

A Polonia
B Scapolo
C Modulo
D Scampolo
E Popolo

La soluzione è la C, poiché tutti i vocaboli, a esclusione di *modulo,* contengono la parola *polo.*

Suggerimenti

- **Esaminare i vocaboli a due a due**, cercando di identificare il nesso che li lega e verificare se lo stesso nesso logico viene rispettato dagli altri vocaboli.
- **Ricordare almeno alcuni dei nessi logici** più comuni esaminati sopra e verificare se i vocaboli presenti negli esercizi sono riconducibili a uno di essi.
- **Concentrarsi dapprima sulla ricerca di un nesso logico riferito al significato,** decisamente più frequente nei test universitari rispetto a quello legato al significante. Solo se non si riesce a individuare una logica legata al significato, è opportuno ragionare sul significante dei termini proposti.
- **Individuare il nesso più macroscopico**, evitando di ricercare differenze casuali, legate a dettagli del tutto secondari.

2.3 | Sinonimi e contrari

In questo tipo di esercizi il candidato deve individuare, tra una serie di alternative, il sinonimo o il contrario del termine proposto. Nell'affrontare tali quesiti occorre prestare attenzione all'alternanza tra domande che richiedono il contrario e quelle che richiedono il sinonimo. Spesso, infatti, gli esercizi si succedono alternando le diverse tipologie, generando il rischio di errori di distrazione (per esempio individuare il sinonimo là dove si richiede il contrario). A volte, infatti, negli esercizi che richiedono il contrario il candidato troverà tra le alternative anche il sinonimo del termine proposto e viceversa.

Esempi

---

1 Quale delle seguenti coppie non contiene sinonimi?

A Rivangare: rimestare
B Rabboccare: colmare
C Scorticare: spellare
D Svellere: sradicare
E Insinuare: inscenare

La coppia di verbi non formata da due sinonimi è quella dell'alternativa E. Sinonimi di *insinuare* sono infatti far penetrare, introdurre mentre *inscenare* significa allestire, rappresentare.

2 **Quale tra i seguenti è un sinonimo di *flebile*?**

A Febbricitante

B Fioco

C Flessibile

D Forte

E Intenso

Flebile significa fievole, fioco, sommesso. La risposta esatta è quindi la B. *Forte* e *intenso* sono due termini con significato contrario a quello di *flebile* e quindi le risposte D ed E sono sbagliate.

3 **Quale tra i seguenti è un contrario di *onta*?**

A Calma

B Vicina

C Onore

D Certa

E Sana

Con il termine *onta* si indica una vergogna, un disonore. Il contrario è rappresentato da *onore* e quindi la risposta esatta è la C.

4 **Quale tra i seguenti può essere considerato un sinonimo del termine *fallace*?**

A Fallito

B Falso

C Falloso

D Fallico

E Fallimentare

Fallace è un aggettivo che deriva dal latino e indica ciò che può trarre in inganno, è frutto di false illusioni oppure non corrisponde alle aspettative. Sinonimi di *fallace* sono ingannevole, illusorio e falso (l'alternativa corretta è la B).

5 **Quale tra i seguenti è un contrario di *restituzione*?**

A Inquisizione

B Perquisizione

C Concessione

D Reintegrazione

E Nessuno dei precedenti

La restituzione indica l'atto di ridare, riconsegnare, riportare, contraccambiare. L'alternativa D indica un sinonimo del verbo, non un contrario. La risposta esatta è dunque la E.

Suggerimenti

- **Prestare attenzione all'alternanza** tra esercizi che richiedono di individuare il **sinonimo** e quelli che invece richiedono il **contrario**. È frequente infatti il caso in cui un candidato, a seconda del tipo di esercizio che ha incontrato per primo, continui a risolvere gli esercizi sempre alla ricerca di sinonimi, o sempre alla ricerca di contrari.

- Fare attenzione al fatto che **a volte esiste più di un'alternativa apparentemente corretta**. Se anche dopo un'analisi attenta delle alternative (che ha portato all'eliminazione di alcune di esse ma non di tutte) non si riesce a identificare la risposta corretta, conviene "tirare a indovinare", rispettando la regola esaminata nei suggerimenti generali.
- Negli esercizi che richiedono di individuare il sinonimo di un vocabolo, così come negli esercizi relativi al significato corretto di parole (presentati più avanti), **le alternative errate sono a volte costruite sulla base del significante**, ossia sul modo in cui è scritto il vocabolo.

2.4 | Parole e numeri

In questa tipologia sono proposti tre o quattro abbinamenti tra una parola e un numero. Compito del candidato è capire quale sia il criterio di abbinamento ripetuto in tutti gli abbinamenti. Solitamente il numero ha un rapporto col numero di lettere che compongono la parola, ma potrebbe anche indicare la posizione nell'alfabeto della prima lettera della parola.

Esempi

---

1 Se mese = 4, giorno = 6 e decennio = 8 allora millennio = ?

- A 10
- B 11
- C 8
- D 9
- E 12

Il numero abbinato a ogni parola indica il numero di lettere da cui è composta la parola stessa. Così la parola "mese" è composta da 4 lettere, "giorno" da 6 e "decennio" da 8. Per tale motivo il numero da associare a "millennio" è 9 e la soluzione la D.

---

2 Se verso = 3, libertà = 4 allora strillare = ?

- A 5
- B 7
- C 6
- D 2
- E 3

Il numero abbinato a ogni parola indica il numero di consonanti presenti nella parola stessa, così la parola verso ha 3 consonanti e libertà ne ha 4. Per tale motivo il numero da associare a strillare 6 e la soluzione la C.

2.5 | Frasi da completare

In questo tipo di esercizi vengono presentate frasi incomplete, generalmente mancanti di uno o due vocaboli. *Al candidato viene richiesto di individuare, tra le alternative presenti, quella che meglio completa la frase.* L'argomento delle frasi può essere scientifico, letterario, giornalistico, artistico o di altra natura. È frequente il caso di frasi composte da due proposizioni, una principale e una subordinata. L'individuazione del vocabolo mancante (o dei vocaboli mancanti) è legata alla comprensione delle conclusioni che si possono trarre dalla principale (se il vocabolo mancante è nella subordinata), o all'individuazione delle premesse quando se ne conosce la conclusione (se il vocabolo mancante è nella principale).

Esempi

---

1 Quali parole vanno sostituite ai numeri per completare correttamente la frase seguente? "Il 10 agosto 1867, di ritorno in calesse da Cesena, viene ucciso con una fucilata Ruggero, evento tragico che viene ricordato con versi semplici e struggenti dal figlio poeta ____(1)____ autore tra l'altro dell'opera ___(2)___ "

A (1) = Giosue Carducci; (2) = *Rime Nuove*

B (1) = Giovanni Pascoli; (2) = *Canti di Castelvecchio*

C (1) = Giovanni Pascoli; (2) = *Canti di Romagna*

D (1) = Giosue Carducci; (2) = *Rime di San Mauro*

E (1) = Gabriele D'Annunzio; (2) = *Novelle della Pescara*

Il fatto che si parli di Pascoli si desume dal testo che il testo afferma "di ritorno in calesse da Cesena", questo dato permette subito di escludere D'Annunzio, nativo di Pescara (alternativa E), e Carducci, toscano di nascita (alternativa A e D) e di concentrarsi invece su Pascoli nativo di San Mauro di Romagna. Tra le due alternative rimaste si può scartare la C perché non esiste una raccolta che si intitoli *Canti di Romagna*, mentre è del 1903 la raccolta di scritti *Canti di Castelvecchio*, dal nome della frazione del comune di Barga (Lucca) nel quale il poeta soggiornò a lungo a scrivere e studiare. La risposta esatta è dunque la B.

---

2 ... ha determinato il tremendo problema ... di centinaia di lavoratori, rimpiazzati dalle macchine.

A La specialità — alla riallocazione

B L'automatizzazione — del riaddestramento

C La disoccupazione — dell'istruzione

D La malattia — al recupero

E La macchinizzazione — all'addestramento

L'alternativa corretta è la B. L'automatizzazione del lavoro ha causato la necessità di un riaddestramento dei lavoratori sostituiti dalle macchine. L'alternativa E, unica apparentemente corretta oltre alla B, può essere scartata sia perché il termine *macchinizzazione* non è appropriato, sia perché quello che avviene è un *riaddestramento* (è verosimile che i lavoratori fossero già addestrati a compiere un determinato lavoro) e non un addestramento.

---

3 Nonostante fosse una persona solitamente ..., il suo intervento al convegno era stato molto ...

A intelligente — critico

B erudita — attento

C leale — scorretto

D timido — sommesso

E brillante — ascoltato

La risposta corretta è la C. La frase riportata, infatti, indica un'aspettativa (introdotta dalla congiunzione avversativa *nonostante*) circa quella persona, smentita poi dal suo intervento. Dunque i due aggettivi devono avere significati contrari: *leale* e *scorretto* rispondono a tale requisito di opposizione.

4 **Indicare quali parole, tra le cinque sequenze proposte, vanno sostituite ai numeri per dare un senso compiuto e logico alla frase seguente.**

"Il primo biologo che parlò chiaramente di origine delle ___(1)___ animali e vegetali per evoluzione da tipi precedenti, Jean-Baptiste Lamarck, ___(2)___ che il motore dell'evoluzione fosse l'___(3)___ di ogni individuo alle condizioni ambientali".

A (1) = tipologie, (2) = sosteneva, (3) = assorbimento

B (1) = classi, (2) = ricordava, (3) = interazione

C (1) = specie, (2) = riteneva, (3) = adattamento

D (1) = componenti, (2) = ipotizzava, (3) = incompatibilità

E (1) = creature, (2) = negava, (3) = arrangiamento

La sequenza di parole corretta è quella proposta dall'alternativa C, che costituisce la soluzione del quesito; lo si dimostra facilmente guardando la terza parola mancante che non può che essere *adattamento*.

---

5 **La poesia di Edgar Allan Poe, per quanto lodata per musicalità e originalità metrica, è spesso criticata per la sua ... tematica; è infatti, secondo numerosi critici, troppo spesso una collezione di impressioni ...**

A banalità — ritmiche

B dolcezza — poco chiare

C leggerezza — noiose

D linearità — inespresse

E trascendenza — ineffabili

La risposta corretta è la E. Infatti la frase lascia intendere che i due aggettivi, quello relativo alla tematica della poesia e quello relativo alle impressioni che lascia al lettore, devono essere coerenti fra loro, ossia suggerire il medesimo significato. In questo senso, è coerente sostenere che una poesia *trascendente*, poco concreta, è fatta di impressioni *ineffabili*, che, cioè, non si possono esprimere a parole. Tutte le altre alternative non offrono la medesima coerenza di significato.

---

6 **Una delle componenti del moderno ________ è ________ (la dottrina secondo cui la verità è relativa al nostro ambiente intellettuale, ambiente che si suppone determini in qualche modo la cornice all'interno della quale siamo in grado di pensare: che la verità possa cambiare da una cornice all'altra) e, in particolare, la dottrina che sostiene l'impossibilità della reciproca comprensione tra differenti culture, generazioni, o periodi storici – anche all'interno della scienza, e persino della fisica.**

Karl R. Popper, *Il mito della cornice*, Il Mulino, 1994

Scegliete la coppia che, nell'ordine, completa il senso della frase di Popper:

A irrazionalismo — il relativismo

B relativismo — la sfiducia

C cinismo — l'incomunicabilità

D indifferentismo — l'irrazionalismo

E irrazionalismo — l'incomunicabilità

Il secondo termine ci può aiutare. Poiché la parola mancante è definita come "dottrina", dovremo ricercare il nome di una dottrina, e quindi scarteremo nomi generici come *sfiducia* e *incomunicabilità*. La scelta si è allora ridotta a due sole alternative. La dottrina a cui ci stiamo riferendo è quella secondo la quale "la verità è relativa al nostro ambiente intellettuale"; non è difficile a questo punto concludere che si tratta del *relativismo*. L'unica alternativa che presenta come secondo termine il relativismo è la A, che costituisce la risposta corretta.

Suggerimenti

- Cercare di definire la risposta corretta **prima** di consultare le diverse alternative disponibili. Se ciò è possibile, la fase successiva sarà semplicemente quella di scegliere l'alternativa più vicina alla risposta iniziale.
- Prestare attenzione non solo al **significato** delle parole da inserire nella frase, ma anche al loro corretto **inserimento sintattico**.
- A volte gli esercizi sono basati sul contrasto tra due idee espresse nella proposizione principale e in quella subordinata. Tale contrasto è indicato da **vocaboli chiave** quali: *nonostante*, *ma*, *tuttavia*, *anche se*, *per quanto* e così via. In questi casi la risposta esatta è quella che consente di esprimere l'opposizione.
- Spesso la scelta delle parole mancanti è complicata dalla presenza di più incognite o dal loro ordine sparso, che non consente di dare un senso iniziale alla frase. In questi casi occorre **procedere per sostituzione**, inserendo di volta in volta nella frase le diverse alternative, fino a ottenere quella esatta.
- Prima di passare all'esercizio successivo, provare a **rileggere la frase completa**, inserendo i vocaboli dell'alternativa prescelta, in modo da controllarne la coerenza.

2.6 | Significato corretto di un vocabolo

Questo tipo di esercizi è sostanzialmente analogo a quello dei sinonimi esaminato in precedenza. L'unica differenza è rappresentata dal fatto che in questo caso il significato richiesto può essere indicato dalle alternative anche per mezzo di frasi o espressioni, non solo attraverso sinonimi. È importante ricordare, come già accennato, che spesso le alternative errate vengono formulate sulla base della radice del vocabolo dato. Alcuni esempi risultano utili per chiarire quest'ultima avvertenza.

Esempi

---

1 Il termine *metafora* indica:

A un traslato basato sull'opposizione
B l'uso di termini volutamente ambigui
C lo scambio della parte per il tutto
D un traslato fondato sulla somiglianza
E l'uso di un linguaggio immaginoso

La metafora è una figura retorica che consiste nel sostituire una parola o un'espressione con un'altra in base a un rapporto di analogia tra i rispettivi significati letterali. L'espressione "i tuoi occhi sono stelle" è una chiara metafora in cui il termine *stelle* viene utilizzato per indicare la luminosità degli occhi. La risposta esatta è dunque la D.

---

2 Un *head hunter* è un professionista che viene incaricato da un vertice aziendale d'individuare:

A chi sta violando il sistema informatico interno
B il personale in esubero
C chi distrae fondi aziendali
D chi fa inside trading in borsa
E un buon candidato per un posto di rilievo

La risposta esatta è la E. Un *head hunter*, o cacciatore di teste, è quel professionista incaricato di selezionare personale altamente specializzato per una azienda senza passare per annunci economici o altre forme di ricerca del personale.

3 **Nella teoria della comunicazione, il termine *ridondanza* indica:**

A l'adozione di un registro inadeguato all'argomento
B la mancanza di uno schema coerente
C l'abbondanza di figure retoriche
D la continua ripetizione di un termine
E la presenza di informazioni superflue

Nella teoria della comunicazione, il termine *ridondante* indica la parte di messaggio che può essere eliminata senza perdita di informazioni. La risposta esatta è dunque la E. Questo non implica necessariamente, come vorrebbe invece l'alternativa D, la presenza di un termine ripetuto più volte.

4 **Il significato del termine *abborracciarsi* è:**

A munirsi di borraccia
B sfogarsi
C arrangiarsi come si può
D navigare senza vento
E viaggiare alla buona

La risposta esatta è la C. Anche in questo caso è possibile riscontrare un'alternativa, la A, costruita sulla base di una falsa etimologia (il verbo, in realtà, non deriva dal sostantivo *borraccia*).

5 **Il significato del termine *diverbio* è:**

A differenza B proibizione C battibecco D partizione E discorso

Il *diverbio* è un vivace scontro verbale fra due persone. Nel dramma antico latino, identificava semplicemente la parte dialogata, contrapposta al cantico, monologo recitato o cantato con l'accompagnamento del flauto. La risposta esatta è dunque la C.

Suggerimenti

- In alcuni casi la domanda fa riferimento all'etimologia dei termini proposti e, per questo, la conoscenza dell'origine dei termini e il significato delle radici che li compongono può essere utile per individuare la soluzione richiesta.
- In questa tipologia di esercizi, così come nei quesiti che richiedono di individuare il sinonimo di un vocabolo, le **alternative errate sono spesso formulate sulla base** della **radice** del vocabolo o del significante.

2.7 | Quesiti di grammatica

Questa tipologia di quesiti è volta a *verificare il livello di padronanza* delle regole che governano la morfologia e la sintassi della lingua italiana. Si è parlato di padronanza non a caso, poiché in quest'area conta la capacità di applicare con rapidità e senza necessità di riflettervi a lungo le regole essenziali della grammatica italiana, che dovrebbero risultare acquisite da ogni studente al termine della scuola media superiore.

Gli esercizi, sempre in forma di quesiti a risposta multipla, hanno per oggetto le parti del discorso (variabili e invariabili) e le nozioni di base di analisi logica e del periodo.

Esempi

1 **Il passato remoto di *solere*, prima persona singolare, è:**

A soletti B solsi C solei D solli E non esiste

La risposta corretta è la C. Benché piuttosto desueto nelle forme del passato remoto, il verbo *solere* non è difettivo ed è completo di questa forma verbale.

2 **Quale delle seguenti frasi contiene un verbo impersonale?**

A Dobbiamo andare

B Andate, altrimenti farete tardi

C Bisogna andare

D Se non andiamo subito, arriveremo in ritardo

E Andando al mare troverai coda

I verbi impersonali sono tali in quanto privi di un soggetto determinato. Le frasi riportate nelle alternative A, B, D ed E hanno tutte un soggetto determinato, anche se sottinteso (noi, voi, noi, tu). Nella C invece non si può risalire a un soggetto di *bisogna*. *Bisognare* è, infatti, una tipica forma impersonale. Molto spesso i verbi di questo genere indicano fenomeni atmosferici (*piove*, *nevica*, *diluvia* ecc.). Alcuni verbi possono inoltre essere usati, a seconda delle circostanze, in modo personale o impersonale, per esempio: ella *sembra* simpatica; *sembra* che ella sia simpatica, anche se, pure in questo caso, il soggetto esiste ed è rappresentato dalla proposizione "che ella sia simpatica". Infine, qualunque verbo può essere usato impersonalmente premettendo la particella pronominale *si* alla terza persona singolare (*si dice*, *si vede* ecc.).

3 **Il superlativo relativo di *piccolo* è:**

A minimo B più piccolo C il minore D minore E piccino

Più piccolo e *minore* sono i comparativi di minoranza di *piccolo*. *Minimo* è il superlativo assoluto. *Il minore* (equivalente a *il più piccolo*) è invece il superlativo relativo. La risposta esatta è dunque la C. Una regola pratica per identificare i superlativi relativi consiste nell'osservare la presenza o meno dell'articolo determinativo (il, lo, la, i, gli, le) davanti alle forme del comparativo; quando c'è, è sempre superlativo relativo ("Maria è **la** minore della sua classe", oppure "Maria è **la** più piccola"); quando non c'è, un comparativo ("Maria è più piccola dei suoi compagni di classe").

Suggerimenti

- Unico possibile suggerimento, forse banale ma certamente efficace, per questa tipologia di esercizi è quello di **rileggere una grammatica italiana** e di ripassare le principali regole, eccezioni incluse. Può risultare inoltre utile ripassare modi e tempi dei verbi, concentrandosi in particolare su quelli irregolari.

2.8 | Frasi con errori di grammatica

Questa tipologia di esercizi è volta a valutare la capacità dei candidati di *individuare gli errori grammaticali presenti in un testo.* Gli errori possono riguardare i pronomi, i tempi dei verbi, la costruzione sintattica della frase, gli aggettivi e perfino gli accenti.

Gli esercizi si possono presentare in forme differenti. Le più comuni sono due:

- quattro o cinque frasi fra le quali individuare quella che contiene o non contiene un errore di grammatica;
- una frase con una parte in *corsivo* o <u>sottolineata</u> che indica la presenza di un errore grammaticale o di forma, con quattro o cinque alternative fra le quali identificare quella che, sostituita alla parte in corsivo o sottolineata, rende corretta la frase di partenza.

Esempi

1 **Quale delle seguenti frasi non contiene un errore di grammatica?**

A La pianta in giardino è cresciuta rapidamente sebbene che il tempo sia stato poco favorevole

B Luca rimase a casa sostenendo che non avrebbe gradito lo spettacolo teatrale

C Andrea, non essendo abituato con i numerosi temporali, è salito in soffitta per la paura

D Nonostante fosse solo mezzogiorno, Giorgio si sarebbe gradito volentieri un panino

E Pur avendo avuto più volte richiesto quel libro in biblioteca, mi trovai ancora una volta a dover telefonare

La risposta corretta è la B. Infatti, tutte le altre frasi contengono macroscopici errori grammaticali. La A è errata per la presenza del *che* dopo il *sebbene*; la C è errata in quanto il verbo *essere abituati* regge la preposizione *a* e non *con*; la D è errata in quanto la forma verbale corretta è *avrebbe gradito*, non *si sarebbe gradito*; infine la E è errata in quanto il gerundio passato è presentato con due participi (*avuto* e *richiesto*).

---

2 Quale delle seguenti frasi contiene un errore di grammatica?

- A L'erba del vicino cresce sempre più rapidamente della propria
- B Pur avendo più volte visitato quella località, provai una sensazione di estraneità
- C Nonostante fosse stata una serata piacevole, Giovanni si era recato al bar per consolarsi
- D Francesco amava molto venire a visitare le sue zie lassù in montagna
- E Enrico non avrebbe certamente gradito tale atteggiamento se fosse stato presente in quell'occasione

La risposta esatta è la D. L'avverbio *lassù* indica un luogo lontano sia da chi parla o scrive sia da chi ascolta. Questa nozione è però contraddetta dal verbo *venire* che indica al contrario che il movimento è diretto verso un luogo dove si trova o chi parla o chi ascolta.

Le frasi seguenti sono, nella parte sottolineata, sintatticamente scorrette. Si individui tra le alternative proposte, la proposizione che completa correttamente il periodo.

---

3 Nonostante fosse vissuto numerosi anni a Milano, <u>Giulio ancora non conosce le vie principali della città e la strada per raggiungerle</u>.

- A Giulio ancora non conobbe le vie principali della città e come raggiungerle
- B Giulio ancora non conosceva le vie principali della città e come raggiungere
- C Giulio ancora non ebbe conosciuto le vie principali della città e come raggiungerle
- D Giulio ancora non conosceva le vie principali della città e come raggiungerle
- E Giulio ancora non conoscendo le vie principali della città e come raggiungerle

La risposta esatta è la D. Le alternative A, C ed E sono errate per la forma verbale di *conoscere* utilizzata nella subordinata. L'alternativa B è invece errata in quanto la subordinata all'infinito *raggiungere* è priva del pronome complemento oggetto *le*.

---

4 <u>Per quanto fossero in grado di calcolare il più velocemente possibile rispetto a prima</u>, i primi computer, costruiti con tubi invece che con transistor, erano troppo pesanti, ingombranti, e inaffidabili per l'utilizzo aziendale.

- A Nonostante i loro calcoli fossero il più rapidi possibili rispetto a prima
- B Per quanto fossero il più rapidamente possibili capaci di effettuare calcoli
- C Nonostante fossero in grado di calcolare più rapidamente rispetto a quanto possibile in precedenza
- D Sebbene che la loro velocità di calcolo fosse il più elevata possibile
- E Per quanto fossero capaci di effettuare calcoli a una più possibile elevata velocità

La risposta esatta è la C. Infatti la A presenta una forma errata di superlativo relativo (*il* più rapidi *possibili*), che in aggiunta non consentirebbe locuzioni come *rispetto a*, proprie dei comparativi. Anche l'alternativa B è errata per due motivi: come per l'alternativa a è errata la concordanza tra il singolare *il* e il plurale *possibili*; inoltre il significato della frase viene modificato non essendovi più il confronto con la situazione precedente l'introduzione dei primi computer. L'alternativa D è anch'essa errata per la modifica di significato e per la congiunzione *che* posta dopo *sebbene*. Infine, l'alternativa E è errata per la costruzione sintattica delle ultime parole: *a una più possibile elevata velocità* sarebbe da emendare in *a una velocità il più possibile elevata*.

Suggerimenti

- Prestare attenzione alla struttura di ogni frase, **concentrandosi inizialmente sul significato** e solo successivamente sulla ricerca degli errori di forma o grammaticali.
- Prestare attenzione non solo alla **correttezza dei singoli vocaboli** (pronomi, avverbi, aggettivi, verbi ecc.), ma anche a quella della **struttura complessiva della frase**.
- Nel caso in cui la frase sia composta da una principale e da una subordinata, prestare particolare attenzione alla **coerenza tra verbi** (tempi e modi), **avverbi**, **aggettivi**, **pronomi**.
- Controllare che ogni proposizione sia correttamente **composta da un soggetto e da un verbo**.
- **Leggere attentamente il testo dell'esercizio**, facendo attenzione all'alternanza fra gli esercizi che richiedono di individuare la *frase corretta* e quelli che richiedono invece di indicare la *frase contenente un errore*.

2.9 | Modi di dire

Questa categoria raccoglie diverse tipologie di esercizi relativi ai modi di dire della lingua italiana, registrati nel linguaggio di uso quotidiano, giornalistico e letterario.

Nella categoria sono compresi: frasi fatte, espressioni proverbiali, locuzioni idiomatiche, citazioni molto diffuse, divenute ormai frasi di uso comune.

---

1 **Quale tra le seguenti espressioni può essere considerata un contrario di *avere fegato*?**

A Essere prode
B Essere insolente
C Essere rozzo
D Essere pavido
E Essere gaio

Avere fegato significa essere coraggioso e un suo sinonimo è *essere prode*, come indica una delle alternative. Un contrario di questa espressione è invece *essere pavido* e dunque la risposta corretta è la D.

---

2 **Quale dei seguenti abbinamenti è errato?**

A Terra di nessuno: zona neutra che divide due eserciti, due stati, e simili
B Terra di Siena: varietà di roccia da cui si estrae un pigmento
C Terra promessa: luogo ardentemente desiderato
D Terra bruciata: area devastata abbandonata al nemico
E Terra rara: area coltivabile in ambiente desertico

L'abbinamento errato è quello dell'alternativa E: il termine *terra rara* deriva dai minerali – ossidi non comuni – che furono estratti per la prima volta a partire dal tardo Settecento, nella miniera di un villaggio svedese. Con *terre rare* vengono indicati infatti un gruppo di 17 elementi chimici della tavola periodica. La definizione proposta dall'alternativa indica invece un'oasi.

2.10 | Esercizi proposti

---

1 **Quale degli abbinamenti *musicista — strumento preferito* è sbagliato?**

A Charlie Parker — sassofono
B Paganini — violino
C Sting — basso elettrico
D George Harrison — batteria
E Rachmaninoff — pianoforte

2 **Quale degli abbinamenti di un vizio con la virtù opposta NON È CORRETTO?**

- A Avarizia / generosità
- B Superbia / umiltà
- C Violenza / mansuetudine
- D Invidia / benevolenza
- E Ira / accidia

3 **Joyce : Dublino = x : Lubecca = Bulgakov : y**
Quale delle coppie di parole proposte completa correttamente l'uguaglianza?

- A x = Goethe; y = Berlino
- B x = Mosca; y = Tolstoj
- C x = Th. Mann; y = Mosca
- D x = Brecht; y = Berlino
- E x = Amsterdam; y = Puskin

4 **Nell'epoca che possiamo chiamare prescientifica gli uomini non avevano difficoltà nel trovare una spiegazione ai loro sogni. Quando al risveglio ricordavano un sogno, lo consideravano una manifestazione favorevole od ostile di (1)____ superiori, demoniache e divine. Allorché cominciarono a diffondersi (2)____ naturalistiche, tutta questa ingegnosa (3)____ si cambiò in (4)____, ed oggi solo un'esigua minoranza delle persone istruite dubita che i sogni siano un prodotto della mente del sognatore. [...] Nella (5)____ del significato dei sogni si possono distinguere tre correnti di pensiero [...]**

Sigmund Freud, *Il sogno e la sua interpretazione*

- A 1 – valutazione/i; 2 – dottrina/e; 3 – mitologia/e; 4 – potenza/e; 5 – psicologia/e
- B 1 – mitologia/e; 2 – psicologia/e; 3 – dottrina/e; 4 – potenza/e; 5 – valutazione/i
- C 1 – dottrina/e; 2 – potenza/e; 3 – mitologia/e; 4 – valutazione/i; 5 –psicologia/e
- D 1 – valutazione/i; 2 – mitologia/e; 3 – dottrina/e; 4 – potenza/e; 5 – psicologia/e
- E 1 – potenza/e; 2 – dottrina/e; 3 – mitologia/e; 4 – psicologia/e; 5 – valutazione/i

5 **Tra le seguenti definizioni della parola *aforisma* scegliete QUELLA PIÙ CORRETTA:**

- A motto, sentenza che compendia esperienze significative
- B ragionamento che contiene una contraddizione
- C precetto morale frutto di esperienza
- D deduzione priva di rigore, logicamente non rigorosa
- E concetto privo di fondamento ma brillantemente formulato

6 **Quale abbinamento tra autore e opera teatrale È ERRATO?**

- A *Il rinoceronte* – Ionesco
- B *Vita di Galileo* – Brecht
- C *Enrico IV* – Pirandello
- D *Il postino* – Neruda
- E *Il gabbiano* – Cechov

7 **Nell'elenco dei monumenti di città d'arte europee c'è un errore. Quale?**

- A Siviglia – Alhambra
- B Ferrara – Palazzo dei Diamanti
- C Micene – Porta dei Leoni
- D Vienna – Santo Stefano
- E Istanbul – Santa Sofia

8 **L'espressione "struttura eterotopica" può essere riferita a:**

- A luogo da cui si sviluppano le cellule tumorali
- B un aggregato di cellule ossee che si sviluppano in un polmone
- C un'organizzazione sociale dei roditori
- D una costruzione architettonica conforme alle tradizioni locali
- E una costruzione abusiva

9 **Quale dei seguenti termini non ha una radice comune alle altre?**

- A Acuminato
- B Acuto
- C Acume
- D Acustico
- E Acuire

10 **Scartare la serie di termini intrusa tra quelle proposte.**

- A Infamia, ignominia, onta, vergogna
- B Inerzia, ignavia, abulia, indolenza
- C Motto, sentenza, massima, aforisma
- D Compito, incarico, ufficio, incombenza
- E Complesso, insieme, mania, band

11 **Quale tra i seguenti può essere considerato un contrario del termine *etereo*?**

- A Cronico
- B Tangibile
- C Impalpabile
- D Sempiterno
- E Omogeneo

12 **Giusto : x = y : avventato**

- A x = avvocato, y = giudice
- B x = oligarchia, y = repubblica
- C x = inesatto, y = cauto
- D x = guerra, y = pace
- E x = evasivo, y = avvisato

13 **Il contrario di *filantropo* è:**

- A egoista
- B altruistico
- C musicofobo
- D conformista
- E sporco

14 **Il sinonimo di *coscrizione* è:**

- A licenza
- B gioco
- C cospirazione
- D arruolamento
- E congedo

15 ***Vaticinio* significa:**

- **A** previsione di avvenimenti futuri per ispirazione divina o preveggenza profetica
- **B** comunicazione ufficiale del Vaticano, generalmente indirizzata a Vescovi e Cardinali
- **C** toga indossata dagli antichi profeti (vati), durante le cerimonie ufficiali
- **D** sostanza contenuta nel latte vaccino e presente nella maggior parte dei latticini in commercio
- **E** veicolo su rotaie, costituito da un carrello con cassa ribaltabile, per il trasporto dei materiali

16 **Individuare il termine intruso.**

- **A** Cosmesi
- **B** Cosmico
- **C** Cosmografia
- **D** Cosmogonia
- **E** Cosmologia

17 **Se *misero* = 6, allora *normale* = ?**

- **A** 4
- **B** 5
- **C** 6
- **D** 7
- **E** 8

18 **Se alto = 1, basso = 2, libero = 10, destro = ?**

- **A** 7
- **B** 8
- **C** 6
- **D** 4
- **E** 5

19 **Quale delle seguenti frasi completa in modo logico e corretto l'affermazione seguente? "Ti direi di andare in montagna se ..."**

- **A** non avresti la febbre
- **B** non avessi avuto la gamba rotta
- **C** sapessi guidare la macchina
- **D** non saprei come spiegarti la strada
- **E** la strada percorsa dai tuoi amici avesse presentato problemi

20 **Indicare quali parole, tra le cinque sequenze proposte, vanno sostituite ai numeri per dare un senso compiuto e logico alle frasi seguenti.**
"Il cervello aveva ___(1)___ uguali alle nostre già negli uomini di 300.000 anni fa; anzi, sembra quasi avesse addirittura un ___(2)___ un po' superiore a quello odierno. Questo non implica che fosse di ___(3)___ interna uguale alla nostra".

- **A** (1) = funzioni, (2) = peso, (3) = specie
- **B** (1) = dimensioni, (2) = volume, (3) = struttura
- **C** (1) = condizioni, (2) = formato, (3) = tipologia
- **D** (1) = misure, (2) = valore, (3) = peculiarità
- **E** (1) = grandezze, (2) = rilievo, (3) = durezza

2.11 | Soluzioni e commenti

1 Charlie Parker (1920-55) fu un sassofonista statunitense; Paganini (1782-1840) fu un violinista; Sting (1951), dopo la separazione dai Police ha continuato la sua carriera come solista e si accompagna col basso; Rachmaninoff (1873-1943) fu un compositore e un pianista russo. George Harrison (1943-2001) faceva parte dei Beatles, ma non ne era il batterista (che era Ringo Starr), bensì il chitarrista. La risposta cercata è la D.

2 In questo caso la relazione esistente tra le coppie di termini proposte è suggerita direttamente dal testo dell'esercizio. Occorre dunque concentrarsi sul significato delle parole e osservare che *accidia* è sinonimo di *pigrizia*, *inerzia* e quindi non ha significato opposto a *ira*. La risposta esatta è la E.

3 L'esercizio chiede di individuare il corretto legame tra tre autori e altrettante città. Questa corrispondenza autore-città riduce subito da cinque a tre le risposte tra cui ricercare la soluzione. Poiché Bulgakov era cittadino dell'Impero russo e non tedesco (come intuibile anche dal cognome), per esclusione si giunge a individuare nell'alternativa C la risposta corretta. Nella fattispecie si può notare che si tratta di un legame non di luogo di nascita (Bulgakov non era moscovita ma ucraino) quanto piuttosto di città d'elezione e d'ambientazione letteraria, legata alle più importanti opere dei tre scrittori del Novecento. Infatti, l'*Ulisse* (1922) di Joyce è ambientato a Dublino, *I Buddenbrook* (1901) di Thomas Mann a Lubecca e *Il maestro e Margherita* (1966) di Bulgakov a Mosca.

4 In questo tipo di esercizi, che di solito richiedono la conoscenza della lingua italiana e una sua applicazione logica e corretta, è importante essere rapidi nel verificare le diverse alternative e scartare quelle errate. In tal senso si noti innanzitutto che le alternative propongono qui gli stessi cinque termini, ma in ordine differente. È utile inoltre osservare che, tra le lacune presenti nel testo, alcune possono risultare maggiormente discriminanti, in base alle differenze velocemente riscontrabili tra le alternative proposte. Nell'esercizio in esame, inserendo correttamente, per esempio, il termine *mitologia* nella lacuna 3, è possibile escludere solo la B e la D, mentre la soluzione della lacuna 1 con il termine *potenza* di per sé è sufficiente per escludere tutte le altre alternative e individuare nella E la risposta esatta.

5 Tra le cinque alternative proposte, la più corretta e completa definizione di aforisma è quella dell'alternativa A, che è quindi la risposta esatta.

6 La risposta esatta è la D. *Il postino* non è infatti un'opera teatrale del poeta cileno Pablo Neruda (1904-1973, premio Nobel nel 1971) ma un film di grande successo di Massimo Troisi e Michael Radford tratto dal romanzo *Il postino di Neruda* dello scrittore cileno Antonio Skármeta.

7 La risposta esatta è la A. L'Alhambra (in arabo, la Rossa), pur arricchita da interventi in stile gotico (cristiano), è probabilmente la più mirabile traccia dell'architettura islamica presente in Europa e si trova a Granada e non a Siviglia. Complesso fortilizio cintato e ricco di palazzi principeschi, sorge sulla cima della collina dell'Asabica e fu eretto a partire dalla fine del XIII secolo, con continue aggiunte e ampliamenti fino a tutto il XVI secolo.

8 Per rispondere correttamente alla domanda, anche senza avere specifiche conoscenze mediche, si può cominciare a escludere, basandosi sul senso comune, le alternative C, D e E. Tra le due restanti alternative bisogna poi preferire la B che descrive un possibile esempio di ossificazione eterotopica. Per indicare il luogo da cui si sviluppano le cellule tumorali si può invece usare l'espressione "focolaio neoplasico o tumorale".

9 Tra i termini proposti dall'esercizio, è facile osservare che hanno la stessa etimologia perché sono tutti riconducibili (*acuminato*, *acuto*, *acume* e *acuire*) allo stesso verbo latino *acuere*, acuire. Il termine da scartare è dunque *acustico* (risposta D), che risulta invece legato come significato al mondo del suono (dal greco *akouo*, io sento).

10 Ciascuna delle alternative proposte elenca tre sinonimi del primo termine della serie. Così, per esempio, *incarico*, *ufficio* e *incombenza* sono tutti sinonimi di *compito*. Tale logica non vale nel caso dell'alternativa E, che presenta tre sinonimi di *complesso* che però non sono anche sinonimi tra loro perché si riferiscono ai diversi significati che può assumere il sostantivo di partenza.

11 *Etereo* significa relativo all'etere quindi incorporeo. Un suo sinonimo è *impalpabile* mentre il contrario è *tangibile*: l'alternativa B è quella corretta.

12 Sostituendo le coppie di termini proposti dalle singole alternative ci si accorge che la soluzione al quesito è fornita dalla risposta C. In questo caso infatti si determina una proporzione in cui i termini dei due membri rispettano la relazione opposizione/contrarietà (giusto-inesatto e cauto-avventato).

13 La risposta esatta è fornita dall'alternativa A. *Filantropo* è detto di una persona buona, altruista, caritatevole. Il contrario è quindi *egoista*. L'alternativa B rappresenta invece uno dei sinonimi del termine proposto.

14 La risposta corretta è la D, in quanto *coscrizione* è sinonimo di arruolamento, reclutamento, leva. *Congedo*, suggerito dall'alternativa E, rappresenta invece il contrario del termine proposto.

15 La risposta esatta è la A (*vaticinio* dal composto latino che indica il responso del sacerdote). Si noti che l'alternativa B, proponendo il termine *Vaticano* inverte le derivazioni. Infatti il colle Vaticano – compreso nel territorio della Santa Sede – prende il nome proprio dal termine *vaticinium*, poiché vi aveva sede un tempio di Apollo, dio profetico per eccellenza.

16 Si nota facilmente che i termini proposti hanno una radice comune. Tuttavia, mentre nel caso di *cosmesi* la radice fa riferimento al greco *kosméin* (adornare) e rappresenta l'arte di conservare e curare la freschezza della pelle e della bellezza, in tutti gli altri casi la radice e i rispettivi significati sono legati a *cosmo* inteso come mondo o, se si preferisce, insieme di corpi celesti fisicamente esistenti. La risposta corretta è, pertanto, la A.

17 L'esercizio abbina una parola a un numero: *misero* = 6. In questo caso la prima cosa da guardare è il numero di lettere che compongono la parola. In effetti *misero* è composta da 6 lettere. La soluzione al quesito è allora, fornita dall'alternativa D, essendo *normale* composta da 7 lettere.

18 Il numero associato alla parola indica la posizione nell'alfabeto italiano della prima lettera della parola stessa: così *alto* inizia con la "a" e ha associato il numero 1, *basso* che inizia con la "b" il 2, *libero* che inizia con la "l" il 10. *Destro* iniziando con la "d" ha quindi associato il numero 4 (D soluzione del quesito).

19 La risposta corretta è la C. Tutte le altre alternative presentano frasi che non completano correttamente quella proposta, per ragioni di modo verbale (alternativa A), di tempo verbale (alternative B e D) o di significato logico che la frase stessa deve assumere in base a quanto precisato dalla domanda.

20 Si provi a osservare l'ultima frase del brano: "questo non implica che fosse di... interna uguale alla nostra". Non avrebbe senso inserire le parole: *specie*, *tipologia*, *peculiarità* (alternative A, C e D errate). D'altra parte la seconda parola mancante non può essere *rilievo* (alternativa E errata). La sequenza di parole corretta è quella proposta dall'alternativa B (soluzione del quesito).

10. [illegible]

11. [illegible]

12. [illegible]

13. [illegible]

14. [illegible]

15. [illegible]

16. [illegible]

17. [illegible]

18. [illegible]

19. [illegible]

20. [illegible]

3| Comprensione di brani

Gli esercizi di comprensione di testi costituiscono una tipologia importante di quesiti, particolarmente diffusa nei test di ammissione all'università. Al candidato viene proposto un brano inerente ad argomenti di diversa natura (medico-scientifica, letteraria, storica, filosofica, etica o di attualità), seguito da uno o più quesiti che verificano la comprensione di quanto esposto nel brano stesso. Il testo proposto è generalmente tratto da un saggio, da un articolo di giornale o da un'opera letteraria (la fonte è solitamente indicata); può configurarsi anche sotto forma di dialogo o di poesia e la sua lunghezza è generalmente variabile da poche righe a una pagina. Le domande di questa tipologia (che, come di consueto, prevedono quattro-cinque alternative di cui una sola esatta) intendono valutare le capacità di assimilare i concetti, di cogliere il significato di quanto esposto in un testo e, soprattutto, di comprendere ciò che è possibile dedurre o che non è logico concludere sulla base delle informazioni contenute nel testo dato.

3.1 | Tipologie di quesiti

I quesiti inerenti a questa sezione delle prove di ammissione sono sovente riconducibili ad alcune tipologie che si presentano in modo ricorrente. Di seguito si riportano indicazioni più dettagliate sulle diverse tipologie di domande.

3.1.1 | Quesiti relativi al pensiero centrale del brano

Si tratta di domande che richiedono la comprensione del testo nel suo insieme, con riferimento agli aspetti fondamentali del suo contenuto, e solitamente vengono poste in una delle seguenti forme:

- *Il titolo che meglio esprime il tema centrale del brano è…*
- *Uno solo dei titoli proposti coglie il nocciolo della tesi esposta dall'autore. Quale?*
- *Il candidato immagini di essere il direttore di un quotidiano che deve scegliere il titolo dell'articolo che riporterà questa notizia. Uno solo di quelli elencati corrisponde rigorosamente al contenuto del brano. Quale?*
- *Lo scopo principale dell'autore è…*

Le caratteristiche che un titolo deve sempre possedere sono essenzialmente quattro:

✔ 1) **sintesi**: con pochi concetti deve delineare l'argomento che viene sviluppato nell'intero brano;
2) **rilevanza**: se fra le alternative viene riportato un concetto o un evento effettivamente presente nel brano, ma di secondo piano rispetto al tema centrale, tale alternativa non potrà costituire la soluzione del quesito in esame;
3) **chiarezza**: i termini utilizzati devono individuare immediatamente e con semplicità il tema centrale;
4) **correttezza**: il titolo non deve riportare errori o supposizioni infondate rispetto al brano cui si riferisce.

Di seguito si riportano alcuni esempi.

Brano 1 **Leggere il brano e rispondere alla relativa domanda**

La radice «bio» è molto di moda, attaccata davanti ad una parola ha l'effetto immediato di nobilitarla in senso ecologico. Così, nella galleria dei «bio-qualcosa», arriva anche un'ultima nuova tendenza, quella della casa ecologica. Nel mondo del biologico, infatti, non ci sono solo agricoltori o paladini dell'ambiente: la coscienza ecologica entra anche nelle case, rivoluziona le tecniche di costruzione e si crea una sua identità, quella, appunto, della bioarchitettura. Il suo compito? Trovare un trait-d'union fra ecologia e costruzione. Portare avanti una filosofia che trasformi la casa in una seconda pelle e che, insieme alla scelta rigorosamente naturale dei materiali, curi anche l'aspetto estetico e psicologico dell'ambiente in cui si vive.

tratto da Cristina Florio, www.corriere.it, 1 marzo 2004

1 Il titolo che meglio esprime il tema centrale del brano è:

- A L'ecologia è sempre più di moda
- B Agricoltori: paladini dell'ambiente
- C Meglio una casa bella o una casa accogliente?
- D La casa del futuro sarà «biologica»
- E Una rivoluzione nelle tecniche di costruzione

Prendiamo in considerazione le prime tre alternative: tutte fanno riferimento a temi toccati dal brano, benché non centrali. Il loro difetto è essere poco *rilevanti*, poiché il brano non è dedicato allo sviluppo di tali temi. Infine, l'alternativa E non è *chiara* in quanto troppo generica: il brano non analizza una qualsiasi novità nelle tecniche di costruzione, bensì solo quella definita dalla bioarchitettura. La risposta esatta infatti è la D.

Brano 2 Leggere il brano e rispondere alla relativa domanda

Crolla uno degli ultimi miti del turismo essenziale, lontani dalla tivù e dalle discoteche. La luce elettrica arriva oggi per la prima volta a Ginostra, la minuscola frazione di Stromboli nelle isole Eolie. Dopo sette mesi, sono terminati i lavori della centralina fotovoltaica e questa sera i 27 residenti invernali di Ginostra potranno accendere lampade e televisori. Il riferimento alla tivù non è casuale: erano stati proprio il sindaco di Lipari, Mariano Bruno, e i dirigenti dell'Enel a promettere alla piccola comunità che nel 2004 avrebbe potuto seguire in diretta alla televisione il festival di Sanremo.

In occasione delle due precedenti kermesse canore, infatti, c'erano stati collegamenti telefonici con il teatro Ariston, dove le autorità e i responsabili Enel presero precisi impegni. La gente che vive per tutto l'anno a Ginostra (in estate la popolazione aumenta in modo considerevole) è emozionata perché da 30 anni l'unica energia elettrica è quella prodotta dai generatori e sull'isola si è sempre fatto a meno di asciugacapelli ed elettrodomestici non indispensabili: per far funzionare il frigorifero per una settimana ci vuole una bombola di gpl.

Per mantenere la promessa, nonostante da quattro giorni Ginostra sia isolata a causa delle cattive condizioni meteo-marine, i tecnici e i funzionari Enel, con i responsabili delle tre ditte che hanno costruito la centralina, sono arrivati questa mattina sull'isola con un gommone. I 27 di Ginostra sperano ora che la luce resti e non si tratti di un lampo isolato.

www.repubblica.it, 1 marzo 2004,

2 Uno solo dei titoli proposti coglie il nocciolo della tesi esposta dall'autore. Quale?

- A La luce arriva a Ginostra
- B Gli abitanti di Ginostra vedranno Sanremo nel 2004
- C È crollato un mito
- D Finalmente a Ginostra guarderanno la televisione
- E La centralina di Ginostra è stata costruita da quattro differenti ditte

Sempre utilizzando i criteri che definiscono un buon titolo sopra enumerati, possiamo scartare l'alternativa B perché poco *rilevante* rispetto all'argomento centrale del brano, e cioè il fatto che per la prima volta sia arrivata la luce elettrica a Ginostra (argomento con cui, fra l'altro, il brano si apre e si chiude). La C la si scarta in quanto poco *chiara*, troppo generica: quale mito? Riferito a che cosa? La D e la E, infine, riportano titoli non *corretti*: la prima perché implica una supposizione non fondata (non possiamo escludere che qualche abitante, invernale o estivo, di Ginostra vedesse già la televisione tramite apparecchi in miniatura a batterie); la seconda in quanto riporta un'informazione sbagliata (le ditte che hanno costruito la centralina sono tre e non quattro). Entrambe le alternative, inoltre, evidenziano temi poco *rilevanti*. La soluzione al quesito è la A.

3.1.2 | Quesiti relativi a specifici concetti o idee espresse nel testo

In questo caso le domande fanno riferimento a concetti puntuali espressi nel brano e sono generalmente formulate nel modo seguente:

- *Quale delle seguenti affermazioni è autorizzata dal testo?*
- *Individuare l'affermazione coerente/incoerente rispetto a quanto esposto nel brano.*
- *Quale delle seguenti considerazioni è inconciliabile con le tesi sostenute dall'autore?*

Per rispondere a tali quesiti è opportuno focalizzare il passaggio del brano al quale fanno riferimento per poter confrontare le alternative proposte dall'esercizio con le tesi sostenute dall'autore.

Si veda l'esempio seguente.

Brano 3 **Leggere il brano e rispondere alla relativa domanda**

Il più bell'elogio che un tempo si poteva fare a un romanziere era dire: «È dotato di immaginazione». Oggi un simile elogio sarebbe quasi considerato una critica. Infatti tutte le condizioni del romanzo sono mutate. L'immaginazione non è più la qualità principale del romanziere [...]. Si pensi ai nostri grandi romanzieri contemporanei, Gustave Flaubert, Edmond e Jules Goncourt, Alphonse Daudet: il loro talento non nasce dall'immaginazione, ma dalla capacità di riprodurre la natura con intensità.

Insisto sul declino dell'immaginazione perché mi sembra la caratteristica vera e propria del romanzo moderno. Finché il romanzo è stato una ricreazione dell'animo, un divertimento cui non si chiedeva che grazia e vivacità, si capisce come la qualità importante fosse soprattutto mostrare una ricca capacità di invenzione. Anche quando sono comparsi il romanzo storico ed il romanzo a tesi, era l'immaginazione a regnare onnipotente, per evocare i tempi passati o per far valere come prove personaggi costruiti secondo le esigenze della dimostrazione. Con il romanzo naturalista, romanzo di osservazione ed analisi, le condizioni cambiano di colpo. Certo il romanziere ricorre ancora all'invenzione; inventa una trama, un dramma; ma si tratta di un pezzetto di dramma, la prima storia che gli capita e che la vita quotidiana gli offre continuamente. Poi nell'economia dell'opera, ciò ha un'importanza assai esigua. I fatti vi compaiono solo come sviluppo logico dei personaggi. Il problema consiste nel costruire creature vive che rappresentano davanti ai lettori la commedia umana con più naturalezza possibile. Tutti gli sforzi dello scrittore tendono a nascondere l'immaginario sotto il reale.

Émile Zola, *Il romanzo sperimentale*, trad. I. Zaffagnini

1 Quale delle seguenti considerazioni è INCONCILIABILE con le tesi sostenute dall'autore?

A Il romanzo naturalista, nascendo dall'osservazione e dall'analisi della realtà, non ricorre più all'invenzione

B Il talento di Goncourt non nasce dalla sua capacità di fare lavorare creativamente l'immaginazione

C Il romanzo a tesi e il romanzo storico hanno rappresentato solo apparentemente una svolta nel modo di concepire questo genere letterario

D Il romanziere naturalista utilizza l'immaginazione solo per fare meglio emergere la realtà

E Un tempo al romanzo si chiedeva soltanto di essere uno svago e un divertimento per l'animo

Per trovare l'unica alternativa "inconciliabile" con le tesi dell'autore si devono innanzitutto evidenziare i passaggi centrali del brano: "certo il romanziere ricorre ancora all'invenzione; ma... tutti gli sforzi dello scrittore tendono a nascondere l'immaginario sotto il reale". In questo consiste per Zola la svolta dal romanzo tradizionale a quello naturalistico. L'unica alternativa che non è coerente con questa tesi è dunque la A, dove si dice giustamente che al centro della nuova creazione letteraria vi sono l'osservazione e l'analisi della realtà, ma dove si esclude erroneamente ogni funzione all'invenzione.

3.1.3 | Quesiti che richiedono di comprendere le implicazioni e le conseguenze logiche di quanto affermato nel brano

Si tratta di una tipologia di domande piuttosto frequente, che intende valutare la comprensione non solo di quanto esplicitamente affermato nel testo, ma anche *di ciò che può essere logicamente dedotto* o, piuttosto, di individuare considerazioni e conclusioni arbitrarie in quanto non rigorosamente deducibili dal testo. La domanda può presentarsi dunque in una delle seguenti forme:

- *Quale delle seguenti conclusioni non può essere dedotta dal brano?*
- *Una sola delle seguenti affermazioni è rigorosamente deducibile dal testo. Quale?*
- *Il brano suggerisce alcune considerazioni. Tra quelle qui riportate una è arbitraria. Quale?*

Di fronte a tali quesiti, emerge nuovamente la necessità di una *lettura critica del testo* non condotta in modo superficiale, e neppure finalizzata a memorizzare ogni dettaglio: occorre estrapolare e comprendere il processo logico seguito dall'autore nel cercare di dimostrare la propria tesi e le diverse argomentazioni portate a sostegno di essa. A titolo di esempio, si risolvano i quesiti riportati di seguito.

Brano 4 **Leggere il brano e rispondere alla relativa domanda**

Vi sono fenomeni importanti nella cultura che nascondono meccanismi di funzionamento del nostro cervello ancora poco noti, ma che la neurofisiologia moderna potrà spiegare meglio in futuro. Le mode sono fenomeni culturali molto notevoli, anche se talora altamente irritanti perché raggiungono spesso apici di stranezza, o addirittura di stupidità. In esse giocano chiaramente molte pulsioni, comprese quelle che agiscono nella ritualizzazione, nel senso di identità, ma anche altri valori e interessi economici e psicologici molto forti.

1 Quale delle seguenti risposte NON è deducibile dal testo?

- A La moda è un fenomeno di natura fondamentalmente culturale
- B Alcuni fenomeni culturali possono risultare bizzarri
- C La neurofisiologia moderna ha già chiarito i più importanti fenomeni culturali
- D Esistono fenomeni culturali che sono collegati anche a dimensioni individuali
- E Su alcuni fenomeni culturali agiscono variabili come quelle legate alla sfera economica

Nella seconda riga del testo si afferma: "...la neurofisiologia moderna **potrà** spiegare meglio in futuro" ovvero che al momento non lo ha ancora fatto e quindi in completa antitesi con ciò che viene affermato nell'alternativa C che è dunque la risposta corretta.

Brano 5 **Leggere il brano e rispondere alla relativa domanda**

Il fenomeno della specializzazione delle Scienze [individuazione di sei discipline fondamentali, con compiti, metodi e strutture ben distinte, cioè matematica, astronomia, fisica, chimica, biologia e sociologia, e altre in esse comprese] – fin dall'inizio del secolo XIX – non faceva che riprodurre, entro l'organizzazione delle ricerche, una delle più tipiche situazioni che si venivano imponendo nella nascente industria per evidenti ragioni economiche: la suddivisione del lavoro. Come questa mirava a incrementare la produzione delle merci, così quella si rendeva necessaria per incrementare la produttività scientifica. Il primo vantaggio della specializzazione è una precisa delimitazione dei campi di indagine perché permette al singolo ricercatore di assimilare in breve tempo le tecniche ivi solitamente applicate e quindi di metterle subito a profitto dell'indagine. Ma vi è anche un altro aspetto, non meno importante. Con le ricerche specialistiche nascono anche i linguaggi appositamente costruiti da ogni scienza per denotare tutte e sole le proprietà che essa intende prendere in considerazione nei fenomeni indagati: linguaggi che favoriscono in misura notevolissima l'esattezza delle espressioni, il rigore dei ragionamenti, la chiarificazione dei principi che stanno alla base delle singole teorie.

Tale specializzazione e tecnicizzazione dei linguaggi scientifici ha però avuto anche un'altra conseguenza assai meno positiva. E invero è stata proprio essa a far sorgere nello scienziato specialista una tendenza a rinchiudersi nella propria disciplina, senza nemmeno chiedersi se questa necessitasse di una qualunque integrazione o di un coordinamento con il lavoro dei ricercatori impegnati in altri campi di indagine. Si ebbe così un frantumarsi della scienza in tante scienze particolari, dando luogo a un mosaico di risultati concreti, ove non era rintracciabile, se non con grande difficoltà, un disegno fornito della benché minima organicità.

Da L. Geymonat, *Lineamenti di filosofia delle scienze,*

Edizioni scientifiche e tecniche Mondadori, 1985

2 **Relativamente a quanto riportato nel testo è possibile ritenere che il fenomeno della specializzazione delle Scienze:**

A abbia ostacolato la produttività nel campo scientifico

B abbia favorito l'utilizzazione di un linguaggio scientifico comprensibile a tutti

C abbia favorito una visione globale delle scienze della natura

D nessuna delle altre alternative proposte è deducibile

E abbia ostacolato il coordinamento tra i campi di indagine delle diverse discipline scientifiche

La specializzazione delle scienze mirava a incrementare la produttività scientifica e non a ostacolarla (alternativa A errata), ma ha portato a un "frantumarsi della scienza in tante scienze particolari, dando luogo a un mosaico di risultati concreti, ove non era rintracciabile, se non con grande difficoltà, un disegno fornito della benché minima organicità". Il fenomeno della specializzazione ha, quindi, ostacolato il coordinamento tra i campi di indagine delle diverse discipline scientifiche (alternativa E soluzione del quesito) e non certo favorito una visione globale delle scienze umane o l'utilizzazione di un linguaggio scientifico comprensibile a tutti (alternative B e C errate).

Brano 6 **Leggere il brano e rispondere alla relativa domanda**

Le patologie legate al lavoro erano numerosissime e già da tempo avevano mostrato la loro complessità, nonché la difficoltà di una adeguata risposta profilattica e terapeutica. Pur tenendo conto delle resistenze presenti all'interno della classe imprenditoriale, che vedeva molto spesso nelle misure destinate alla prevenzione un impegno difficilmente sostenibile da un punto di vista economico, era infatti proprio la grande rapidità dello sviluppo tecnologico a porre le maggiori difficoltà al medico impegnato in questo nuovo campo d'azione e di ricerca.

Le cause patogene potevano derivare dal forte squilibrio fisiologico insito nei nuovi sistemi di produzione industriale, o risiedere direttamente nei materiale lavorati, pericolosi per la loro stessa tossicità; basti pensare al piombo, al mercurio o alle sostanze chimiche utilizzate in molte lavorazioni. Non mancavano poi le malattie infettive, particolarmente temibili in alcune industrie che trattavano materie di origine animale. Ma anche gli stessi processi produttivi, che divenivano ora, con le nuove macchine, fonte di pericolo.

P. Zocchi (a cura di), *Milano scientifica 1875-1924*, Sironi Editore, 2008

3 **Delle affermazioni sotto riportate, individuate la sola NON suffragata dal testo.**

A Le malattie legate al lavoro erano difficilmente controllabili soprattutto a causa del rapido sviluppo delle tecnologie impiegate

B Tra le fonti di malattie legate al lavoro figuravano gli animali, alcuni materiali di per sé tossici e l'impiego di nuove tecnologie

C Con l'impiego di nuove tecnologie, aumentarono notevolmente nella popolazione le morti legate alle malattie da lavoro

D Per la classe imprenditoriale, le spese finalizzate alla prevenzione delle malattie del lavoro erano difficilmente sostenibili

E Le ricerche mediche sulle patologie da lavoro non vantavano una lunga storia

Analizzando nell'ordine le alternative proposte, si osserva che la A e la B sono coerenti con quanto affermato rispettivamente nella prima e nella seconda parte del testo. Quanto affermato dalla C non è invece suffragato dal brano nel senso che dal testo si può ragionevolmente intuire un aumento dei casi di malattia da lavoro nella popolazione ma non si fa in realtà alcun paragone con i casi di morte nel periodo precedente. In caso di dubbio su tale alternativa è utile osservare che le affermazioni D. ed E. sono perfettamente suffragate dal testo e questo porta, anche per esclusione, a individuare nella C la risposta esatta.

Brano 7 **Leggere il brano e rispondere alla relativa domanda**

Indipendentemente dalla precisione dei risultati, una particella non può essere definita un virus finché non ne venga dimostrata l'attività biologica, come la sua trasmissibilità (in laboratorio) all'animale, o il suo passaggio da una cellula a un'altra, o qualche effetto importante su una cellula bersaglio. Fino a quel momento non era stata dimostrata alcuna infettività e nessun altro effetto biologico, ma avevamo molte evidenze indirette dell'attività biologica: nella dimostrazione degli anticorpi nel siero dei pazienti e dei geni virali nel DNA delle cellule leucemiche. Tali evidenze dimostravano, anche se indirettamente, che il paziente era stato infettato; quindi si trattava di un virus esogeno infettivo.

R. Gallo, *A caccia di virus*, Rizzoli, 1992

4 **Quale delle seguenti affermazioni può essere dedotta dalla lettura del brano precedente?**

- A La presenza di anticorpi nel siero dei pazienti è una prova diretta dell'attività biologica del virus
- B Il passaggio da una cellula a un'altra è una caratteristica biologica dei batteri e non dei virus
- C L'infezione del virus porta alla presenza di geni virali nelle cellule infettate
- D Nel paziente infettato da un virus si registra un calo della risposta immunitaria
- E Nessuna delle alternative precedenti è esatta

Tra le alternative proposte, è possibile scartare facilmente la B (all'inizio del brano si dice infatti che il passaggio da una cellula a un'altra è espressione dell'attività biologica dei virus) e la D, visto che nel brano non si parla affatto, neanche implicitamente, di calo di risposta immunitaria in caso di infezione virale. Anche la A è sbagliata in quanto la presenza di anticorpi rappresenta una prova indiretta e non diretta dell'attività virale, mentre è corretta la C, come risulta dall'ultima parte del brano.

Brano 8 **Leggere il brano e rispondere alla relativa domanda**

La matematica è un'ostentazione di audacia della *pura ratio*; uno dei pochi lussi oggi ancora possibili. Anche i filologi si dedicano spesso ad attività nelle quali essi per primi non intravedono il minimo utile, e i collezionisti di francobolli e di cravatte ancora peggio. Ma questi sono passatempi inoffensivi, ben lontani dalle cose serie della vita. La matematica, invece, proprio in esse abbraccia alcune delle avventure più appassionanti e incisive dell'esistenza umana.

Robert Musil, "L'uomo matematico", in *Der lose Vogel*, 1911

Non ho difficoltà a immaginare un'antologia dei più bei frammenti della poesia mondiale in cui trovasse posto anche il teorema di Pitagora. Perché no? Lì c'è quella folgorazione che è connaturata alla grande poesia, e una forma sapientemente ridotta ai termini più indispensabili, e una grazia che non a tutti i poeti è stata concessa.

W. Szymborska, *Letture facoltative*, Adelphi, 2006

5 **Tra le seguenti considerazioni suggerite dai testi qui citati, individuate la sola che NON è in linea con quanto affermato nei testi.**

- A Come la filologia e i vari tipi di collezionismo, la matematica è una disciplina lontana dalla realtà del vissuto, e forse proprio in questa purezza consiste il suo fascino
- B Secondo W. Szymborska, poetessa polacca, premio Nobel 1996, si può a buon diritto parlare di bellezza a proposito del teorema di Pitagora, frutto di una illuminazione che si esprime con sapiente concisione
- C Secondo Robert Musil, insigne scrittore oltre che matematico, la matematica è un'audace sfida della pura ragione, un'avventura che si svolge nell'ambito dell'esistenza umana e che la segna in modo incisivo
- D La grande poesia è caratterizzata dalla estrema essenzialità della forma, ed è frutto di una folgorazione che appare come una grazia concessa a pochi
- E I vari tipi di collezionismo non sono dettati da motivi utilitaristici, ma sono un'inoffensiva distrazione dalle cose serie della vita

I vari tipi di collezionismo "sono passatempi inoffensivi, ben lontani dalle cose serie della vita. La matematica, invece, proprio in esse abbraccia alcune delle avventure più appassionanti e incisive dell'esistenza umana". La matematica, quindi, non è affatto lontana dalla realtà del vissuto e per questo l'alternativa **A**, non essendo in linea con quanto affermato dal brano, è la soluzione del quesito. Nella stessa frase citata si trova invece il motivo che fa considerare l'alternativa **E** in linea con quanto affermato dal brano. Inoltre, la matematica oltre ad abbracciare alcune delle avventure più appassionanti e incisive dell'esistenza umana è, sempre secondo Musil, un'audace sfida della pura ragione (alternativa **C** in linea). Secondo la Szymborska, infine, la grande poesia è caratterizzata dalla folgorazione (propria anche della matematica) e da "una forma sapientemente ridotta ai termini più indispensabili, e una grazia che non a tutti i poeti è stata concessa" (alternative **B** e **D** in linea con quanto affermato nel brano).

Brano 9 **Leggere il brano e rispondere alla relativa domanda**

In un recente studio il filosofo americano Richard Rorty […] afferma che la letteratura rimedia alla nostra ignoranza non meno di quanto ci guarisca del nostro 'egotismo', inteso come illusione di autosufficienza. La lettura dei romanzi, secondo lui, si avvicina non meno di quella delle opere scientifiche, filosofiche o politiche a un'esperienza: […] quella dell'incontro con altri individui. Conoscere nuovi personaggi è come incontrare volti nuovi, con la differenza che possiamo subito scoprirli dall'interno, osservando ogni azione dal punto di vista dell'autore. Meno questi personaggi sono simili a noi e più ci allargano l'orizzonte, arricchendo così il nostro universo. […] I romanzi non ci forniscono una nuova forma di sapere, ma una nuova capacità di comunicare con esseri diversi da noi; da questo punto di vista riguardano la morale, più che la scienza. […] Pensare e sentire adottando il punto di vista degli altri, esseri umani in carne e ossa o personaggi letterari, è il solo modo per tendere verso l'universalità, permettendoci così di compiere la nostra missione. È per questo che bisogna incoraggiare la lettura con ogni mezzo, compresa quella di libri che il critico di professione considera con una certa condiscendenza, se non addirittura con disprezzo, dai *Tre moschettieri* a *Harry Potter*: non solo questi romanzi popolari hanno avvicinato alla lettura milioni di adolescenti, ma hanno anche permesso loro di costruirsi una prima immagine coerente del mondo che, possiamo esserne certi, le letture successive renderanno poco per volta più elaborata.

da Tzvetan Todorov, *La letteratura in pericolo*, Garzanti, 2008

---

6 **Tzvetan Todorov è uno degli intellettuali europei oggi più autorevoli. Delle seguenti considerazioni sulla natura e la funzione della lettura UNA CONTRASTA con le tesi da lui illustrate nel passo citato. Individuatela:**

- **A** l'esperienza dell'incontro con altri individui e del comunicare con loro appartiene all'ambito morale più che a quello conoscitivo
- **B** la lettura dei romanzi ci fornisce una nuova forma di sapere, uguale a quella che ci offrono la scienza e la filosofia
- **C** i critici di professione non sono sempre le guide adatte a indurre soprattutto nei giovani il gusto della lettura
- **D** nella lettura, incontrare personaggi simili a noi ci arricchisce meno che incontrarne di molto differenti, la conoscenza dei quali può allargare il nostro orizzonte
- **E** per tendere verso l'universalità è indispensabile imparare a pensare e sentire senza illusioni di autosufficienza, adottando il punto di vista degli altri

Circa a metà del brano si trova la seguente affermazione: "I romanzi non ci forniscono una nuova forma di sapere, ma una nuova capacità di comunicare con esseri diversi da noi; da questo punto di vista riguardano la morale, più che la scienza". Si evince quindi che la soluzione al quesito non può che essere l'alternativa **B** che contrasta con quanto riportato nel brano. Gli "esseri diversi da noi" sono i personaggi dei libri, che "possiamo subito scoprir[e] dall'interno". L'incontro con tali individui appartiene all'ambito morale più che conoscitivo (alternativa **A** deducibile) e "meno questi personaggi sono simili a noi e più ci allargano l'orizzonte, arricchendo così il nostro universo" (alternativa **D** deducibile). La capacità di adottare il punto di vista degli altri, come viene detto all'inizio del brano, è il solo modo per tendere verso l'universalità (alternativa **E** deducibile) ed è quindi, per l'autore, necessario spingere sempre alla lettura, anche di quei libri che "il critico di professione considera con una certa condiscendenza, se non addirittura con disprezzo" (alternativa C deducibile).

3.1.4 | Quesiti relativi al tono e al carattere del brano

Tali tipologie di domande fanno riferimento ad aspetti del brano quali il tono, il carattere o lo spirito di fondo e possono essere espresse nella seguente forma:

- *Il carattere del brano è… (apologetico, ironico, critico, celebrativo, divulgativo, polemico ecc.).*
- *Tra le seguenti coppie di aggettivi che definiscono il carattere, implicito o esplicito, del brano, individuare quella che ne tradisce lo spirito.*

La risposta esatta va dunque individuata sulla base del linguaggio utilizzato e del modo in cui l'argomento viene trattato. Si veda a tal proposito l'esempio seguente.

Brano 10 Leggere il brano e rispondere alla relativa domanda

L'analisi psicologica! Se ne ragionassimo un poco? In che cosa consiste essa? Consiste nell'esposizione di tutto ciò che passa per la testa ai personaggi: delle loro sensazioni, dei loro sentimenti e delle loro volizioni. Dato un personaggio con un certo carattere e messo in una certa condizione, l'analisi psicologica consiste nel rintracciare tutti i movimenti interiori di questo personaggio, come egli apprezzi questa situazione, che cosa essa gli suggerisca, quali partiti gli si offrano per uscirne, e per quale trafila di impulsi e di ragionamenti egli si apprenda all'uno piuttosto che all'altro. Alcuni scrittori sono maestri in questo genere […]. Quando però noi abbiamo letto una di queste pagine così precise, dove l'azione del personaggio è legittimata da cento motivi uno più sottile e più profondo dell'altro, vien fatto istintivamente di domandare all'autore: «Come avete saputo tutte queste cose? Il vostro protagonista vi ha egli riferito tutto ciò che ha provato, sentito, rammentato, previsto, supposto, considerato? Se no, come siete entrati nel suo cervello per leggervi ciò che vi accadeva? …» […].

L'analisi psicologica è infatti il prodotto d'un particolar genere di immaginazione: l'immaginazione degli stati d'animo. In un solo caso può essere il prodotto dell'osservazione immediata, cioè quando lo scrittore fa oggetto della propria analisi se stesso. Mettendosi direttamente in iscena, o prestando la propria coscienza a uno dei suoi attori, egli potrà sviscerare gli stati d'animo più complessi, rari e delicati che nel campo di questa coscienza e sotto la propria diretta percezione si informano. Ma in tutti gli altri casi, quando studia caratteri dissimili al suo, e specialmente individui che non sono del suo sesso, egli non può direttamente osservare se non gli atti, le parole, i gesti […]. Se si riflette ancora che noi stessi non ci sappiamo spesso dar conto *di noi stessi*, l'impresa apparisce in tutta la sua ingrata difficoltà.

Federico De Roberto, *Documenti Umani*, 1890

---

1 Il carattere del brano è:

- A divulgativo
- B apologetico
- C critico
- D ironico
- E celebrativo

Il passo di De Roberto ruota tutto intorno al concetto di "analisi psicologica" in letteratura. Già dall'attacco del testo l'accento è posto sul tentativo di definirlo, per individuarne possibilità e, soprattutto, limiti ("tutta la sua ingrata difficoltà"). In base a quanto affermato da De Roberto, infatti, l'analisi psicologica può funzionare soltanto se l'autore "fa oggetto della propria analisi se stesso... Mettendosi direttamente in iscena, o prestando la propria coscienza a uno dei suoi attori". Negli altri casi, infatti, sarebbe impossibile leggere nell'animo altrui. Ma anche analizzare se stessi è un'operazione complicata, poiché "noi stessi non ci sappiamo spesso dar conto *di noi stessi*". Possiamo dunque concludere che il brano ha un carattere "critico" (alternativa C), poiché affronta con spirito critico il concetto di "analisi psicologica". D'altra parte, se si osservano le altre soluzioni proposte, si deve necessariamente concludere che è difficile riconoscere all'autore un tono ironico o celebrativo né il brano risulta avere un puro scopo esplicativo, privo di giudizi (divulgativo) o di difesa di qualcuno o di qualcosa (apologetico).

3.2 | Alcuni suggerimenti per una lettura efficace

Gli esercizi di comprensione di testi risultano spesso impegnativi sia per la loro possibile difficoltà intrinseca sia per il dispendio di tempo che richiedono. Ricordando che il tempo disponibile nella prova ufficiale è sempre contenuto, è dunque importante per il candidato impostare un efficace approccio che consenta di velocizzare la risoluzione dei quesiti, evitando di leggere in modo acritico e dispersivo il brano.

L'errore tipico è quello di "buttarsi" a leggere il testo in modo acritico, senza mettere a fuoco le tesi espresse e gli snodi logici rispetto a quanto richiesto dalle domande. Per queste ragioni il suggerimento principale è quello di **analizzare rapidamente le domande prima di leggere il brano**. Tale approccio è spesso conveniente (di fronte a brani più o meno lunghi, seguiti da uno o più quesiti) perché può consentire di focalizzare nel testo gli elementi utili per individuare la risposta corretta.

Quanto appena esposto consente di mettere in atto un altro suggerimento, utile soprattutto nel caso di testi che presentano una certa lunghezza: **sottolineare,** durante la lettura, **quelle frasi o informazioni su cui si basano eventuali quesiti**, per tornarvi sopra più velocemente nel momento in cui si cercherà di dare una soluzione definitiva all'esercizio. Ma la sottolineatura risulta particolarmente utile anche per **evidenziare gli snodi logici del testo**, rappresentati da congiunzioni quali *perché, in quanto, dunque, tuttavia, se ...allora, non solo... ma anche, da una parte... dall'altra* ecc.

Occorre inoltre tenere a mente le seguenti osservazioni, utili per procedere correttamente nell'analisi dei brani e nella risoluzione dei relativi quesiti.

1. **Ogni brano è basato su un'idea o concetto centrale**, che è necessario mettere a fuoco, cercando di cogliere le argomentazioni che lo sostengono e il loro significato.
2. Nella lettura del brano, si incontrano poi alcuni **periodi e frasi che ruotano attorno alla tesi principale e sui quali non è opportuno soffermarsi** a meno che i quesiti lo rendano necessario. Lo stesso vale per **particolari vocaboli o dettagli** (nomi, date ecc.) che possono assumere o meno una certa rilevanza.
3. Dal momento che le domande vertono esclusivamente su quanto sostenuto nel testo o su quanto da esso è possibile dedurre in modo logico, occorre **rispondere unicamente sulla base di quanto affermato nel brano** e non sulla base di eventuali conoscenze personali sull'argomento. Lo sforzo sarà volto soprattutto a estrapolare, per ogni paragrafo, il concetto o la tesi che l'autore ha voluto esprimere, per poter comprendere, analizzando le alternative proposte dai quesiti, quali sono in accordo o in disaccordo con l'autore. Se si è esperti della materia trattata nel brano, dunque, occorre prescindere dalle proprie conoscenze e concentrarsi sul testo, così come, se il tema risulta sconosciuto, non è il caso di allarmarsi.
4. Per rispondere agevolmente ai quesiti relativi alle *implicazioni e alle conseguenze logiche* di quanto affermato nel brano, è opportuno concentrarsi **non solo sul significato letterale del testo, ma anche sul significato implicito**. Si può ottenere ciò domandandosi quale sia la conseguenza di una determinata affermazione o di una certa opinione espressa dall'autore.
5. **Come si noterà dagli esempi**, le domande di *comprensione di testi* sono spesso caratterizzate dalla presenza di diverse alternative "verosimili". Da ciò deriva il suggerimento di **analizzare tutte le alternative** proposte da una domanda prima di scegliere quella corretta, che sarà quella che risponde al quesito in esame **nel modo più preciso e completo** (ossia la risposta *migliore*). Si ricorda inoltre che anche la semplice eliminazione di una o due alternative consente di aumentare le probabilità di successo, nel caso in cui si debba ricorrere alla scelta casuale tra le alternative rimanenti.
6. **Una volta letto un brano**, è consigliabile **non abbandonare le domande** a esso riferite, senza aver prima indicato le risposte. È decisamente sconveniente, infatti, "saltare" da un brano all'altro o da un brano a esercizi di altro tipo, con il proposito di tornarci in un secondo tempo: si perde solo del tempo prezioso poiché si deve successivamente riacquistare familiarità con il testo.

Brano 1 **Leggere il brano e rispondere alla relativa domanda**

[…] Dacché aveva lasciato Parigi, si allontanava ogni giorno più dalla realtà e specialmente dagli uomini del suo tempo, per i quali nutriva una sempre crescente avversione; avversione che aveva di necessità influito sui suoi gusti letterari e artistici e che gli faceva storcere risolutamente gli occhi dai quadri e dai libri che rispecchiavano unicamente gli aspetti di vita contemporanea […].

Infatti, quando il tempo in cui l'uomo di talento si trova a vivere è stupido e piatto, l'artista, anche a propria insaputa, è assillato dalla nostalgia di un altro secolo. Non potendo che raramente e per poco accordarsi con l'ambiente in cui cresce, esaurito che abbia il godimento che può dargli lo studio di quell'ambiente, l'osservazione e l'analisi esercitate su chi lo subisce – piacere che bastava a distrarlo –; sente sorgere in sé e sbocciare una confusa brama di emigrare: aspirazione che studio e riflessione portano poi a chiarirsi. Istinti, sensazioni, tendenze ataviche si risvegliano, si precisano, s'impongono, divengono imperiosa esigenza. Si affacciano in lui reminiscenze di cose e persone estranee alla sua personale esperienza; finché l'ora scocca che a forza egli evade dal reclusorio del suo tempo per aggirarsi in piena libertà in un altro tempo, che crede per un'estrema illusione a sé più consono.

Joris-Karl Huysmans, *À Rebours*, 1884

1 **Quale delle seguenti affermazioni PUÒ ESSERE DEDOTTA dal brano?**

- A Huysmans è un nostalgico
- B Quello che capita al protagonista del brano potrebbe capitare a chiunque
- C Uscire dal proprio tempo per ricercare la libertà in un'altra epoca è una pura illusione
- D I gusti artistici del protagonista del brano risentono dell'avversione per i grandi autori del passato
- E Solo lo studio della realtà contemporanea può renderci più consapevoli e, dunque, più liberi

Brano 2 **Leggere il brano e rispondere alla relativa domanda**

Scrive Dario Di Vico: "La crisi ha cambiato molte carte sul tavolo ma non crediamo che abbia fermato la globalizzazione e lo sviluppo dei commerci, tutt'al più può averne rallentato l'impatto per un periodo più o meno lungo".

Corriere della Sera, 20/05/2009

2 **Dal testo si ricava una sola delle seguenti deduzioni. Quale?**

- A La crisi praticamente è ininfluente
- B La globalizzazione può avanzare nonostante la crisi
- C La globalizzazione causa la crisi
- D Lo sviluppo dei commerci è bloccato
- E Si tornerà presto alla fase pre-globalizzazione

Brano 3 **Leggere il brano e rispondere alla relativa domanda**

Sul frontespizio di un vocabolario trovo questa mia registrazione fatta con bella scrittura e qualche ornato:

«Oggi, 2 febbraio 1886, passo dagli studi di legge a quelli di chimica. Ultima sigaretta!!!».

Era un'ultima sigaretta molto importante. Ricordo tutte le speranze che l'accompagnarono. M'ero arrabbiato col diritto canonico che mi pareva tanto lontano dalla vita e correvo alla scienza ch'è la vita stessa benché ridotta in un matraccio [provetta, *ndr*]. Quest'ultima sigaretta significa proprio il desiderio di attività (anche manuale) e di sereno pensiero sobrio e sodo.

Per sfuggire alla catena delle combinazioni del carbonio cui non credevo ritornai alla legge. Pur troppo! Fu un errore e fu anch'esso registrato da un'ultima sigaretta di cui trovo la data registrata su di un libro.

Fu importante anche questa [...]. M'ero dimostrato poco idoneo alla chimica anche per la mia deficienza di abilità manuale. Come avrei potuto averla quando continuavo a fumare come un turco?

Adesso che son qui, ad analizzarmi, sono colto da un dubbio: che io forse abbia amato tanto la sigaretta per poter riversare su di essa la colpa della mia incapacità? Chissà se cessando di fumare io sarei divenuto l'uomo ideale e forte che mi aspettavo? Forse fu tale dubbio che mi legò al mio vizio perché è un modo comodo di vivere quello di credersi grande di una grandezza latente.

Italo Svevo, *La coscienza di Zeno*

---

3 Quale delle seguenti affermazioni NON È IN SINTONIA con il discorso di Zeno?

- **A** Il passaggio dagli studi di legge a quelli di chimica dipese anche dal desiderio di svolgere attività manuale
- **B** Il vizio del fumo probabilmente è diventato il capro espiatorio della sua incapacità di vivere
- **C** C'è stato un periodo in cui Zeno ha pensato che la scienza fosse la vita stessa
- **D** Vivere reputandosi potenzialmente un grande uomo pur non essendolo non è affatto facile
- **E** Registrare la data dell'ultima sigaretta aveva il significato simbolico di sancire un cambiamento almeno intenzionalmente importante nella vita di Zeno

---

Brano 4 Leggere il brano e rispondere alla relativa domanda

Con una conferenza stampa tenuta alle ore 11 sulla costa del Pacifico (alle 20 ora italiana), la Nasa ha annunciato che la sonda *Opportunity* ha trovato significative prove che una volta sul pianeta Marte c'era acqua in abbondanza. Le prove sarebbero di tipo minerale, ovvero le rocce scrutate dagli strumenti di *Opportunity* dimostrerebbero che vi sono prodotti inequivocabilmente dovuti alla presenza di acqua abbondante.

L'annuncio della Nasa conferma una serie di ricerche piuttosto univoche nel descriverci un «pianeta rosso» piuttosto umido e caldo nel passato. Pochi studiosi di Marte, ormai, avevano dubbi in proposito. Anche perché nelle settimane scorse una sonda europea, *Mars Express*, ha trovato evidenze di acqua presente tuttora al polo sud marziano. Tuttavia la conferma diretta, «in situ», dell'esistenza di acqua abbondante in passato, ha certamente un rilievo notevole.

Resta da capire se la presenza di questo ambiente favorevole (molta acqua e caldo sufficiente) abbia consentito, milioni di anni fa, l'origine di una «vita marziana». La sonda *Opportunity* questo non ce lo dice. Cosicché la ricerca della eventuale vita su Marte continua.

di Pietro Greco, www.unita.it, 02 marzo 2004

---

4 Delle alternative di seguito proposte, solo una NON È CONSEGUENTE al brano. Quale?

- **A** Le conferme annunciate dalla NASA sul fatto che un tempo Marte fosse un pianeta caldo e umido non portano ancora a dimostrare che sul pianeta rosso ci sia stata vita
- **B** La forza delle prove trovate dalla sonda *Mars Express* dipende soprattutto dal fatto che sono di tipo minerale
- **C** Un conto è fotografare il pianeta da una sua orbita e un conto è raccogliere campioni di terreno per studiarne la composizione
- **D** L'ora registrata in un dato momento sulla costa americana del Pacifico può differire di nove ore rispetto a quella registrata in Italia nello stesso momento
- **E** Il lavoro congiunto di *Opportunity* e di *Mars Express* potrà fornirci informazioni sempre più complete e dettagliate su Marte

---

Brano 5 Leggere il brano e rispondere alla relativa domanda

Scrive l'antropologa Michèle Petit: "Se l'esperienza della lettura continua ad avere un senso per tante donne e, in numero minore, tanti uomini [...] è a mio parere prima di tutto perché per loro leggere costituisce un ambito privilegiato in cui elaborare un universo interiore e quindi, di riflesso, per relazionarsi con l'universo esteriore".

5 Dal brano proposto si ricava una sola delle seguenti affermazioni:

- A la lettura si esaurisce in una gratificazione egoistica
- B la lettura non sollecita il contatto con il mondo esterno al soggetto
- C la lettura fa riflettere su sé stessi e sul mondo
- D la lettura quanto più è varia tanto più promuove la creatività
- E la lettura gratifica particolarmente i sognatori e le persone sensibili

Brano 6 Leggere il brano e rispondere alla relativa domanda

Scriveva Garibaldi nell'aprile del 1861: "Molti individui che compongono il Parlamento non corrispondono degnamente alle aspettative della nazione, ma la nazione è compatta, a dispetto di chi non lo vuole, e il mondo sa che cosa può fare l'Italia concorde. Hanno voluto creare un dualismo fra l'esercito regolare e i volontari… ma lasciamo queste immondezze perché al di sopra di tutto c'è l'Italia".

6 Dal brano si deduce che:

- A il Parlamento italiano non è in grado di rispondere alle attese degli italiani
- B l'Italia è arretrata rispetto alle nazioni confinanti
- C il problema dell'Italia è il divario tra Nord e Sud
- D la nazione italiana non è stimata all'estero
- E il dualismo tra garibaldini e truppe regolari è un falso problema

Brano 7 Leggere il brano e rispondere alla relativa domanda

La struttura a doppia elica del DNA compie cinquant'anni. In realtà, di anni, ne ha qualcuno in più. Forse migliaia, forse milioni di anni in più: ogni forma di vita, anche le più primitive, ha infatti in comune con tutte le altre questa "doppia elica". Ma la sua scoperta da parte degli scienziati ha davvero solo mezzo secolo.

Era il 25 aprile 1953 quando su «Nature» veniva pubblicato l'articolo in cui i due ricercatori James Watson e Francis Crick annunciavano al mondo la loro scoperta. In realtà l'annuncio "ufficioso" risale a qualche mese prima, ed è entrato a far parte dell'aneddotica del progresso scientifico. Il 28 febbraio del 1953 Francis Crick, giovane ricercatore di 25 anni, entrò nell'Eagle pub di Cambridge, in Inghilterra, e annunciò a tutti i presenti che lui e James Watson "avevano trovato il segreto della vita". O almeno, questo è il racconto di Watson. Crick dice che le circostanze furono leggermente diverse. Ma le parole esatte non sono importanti. La sostanza infatti non cambia: Watson e Crick, che all'epoca erano inseparabili, mentre col tempo hanno iniziato a detestarsi cordialmente, avevano davvero fatto una scoperta importantissima.

Quel mattino del 28 febbraio di 50 anni fa i due scienziati, freschi di laurea e pressoché sconosciuti, avevano trovato la soluzione a un problema di cui l'intera comunità scientifica si stava occupando. Ed erano riusciti a costruire, sulla carta e nella realtà, un modello che spiegasse la struttura "fisica" dell'acido desossiribonucleico (*DeoxyriboNucleic Acid*, in inglese, ossia DNA) […].

tratto da un articolo di Giulia Crivelli, www.ilsole24ore.com, 26 febbraio 2003

7 Quale delle seguenti affermazioni NON È AUTORIZZATA dal testo?

- A Secondo la versione di Watson, Crick annunciò la scoperta della struttura a doppia elica del DNA per la prima volta in un pub
- B Anche un insetto o una pianta sono dotati di DNA
- C Non si sa perché Watson e Crick, in ottimi rapporti all'epoca della scoperta del DNA, ora non si sopportino, benché civilmente
- D A 25 anni non si è troppo giovani per fare una scoperta scientifica importante
- E La scoperta della struttura fisica del DNA la si deve a due giovanissimi docenti dell'Università di Cambridge

Brano 8 **Leggere il brano e rispondere alla relativa domanda**

Con una circolare inviata a presidi e rettori, il ministro francese dell'Istruzione ha messo fuorilegge le merendine, artefici riconosciute dell'obesità infantile. Da lunedì prossimo le mense degli asili non potranno più prepararle, e ne sarà sconsigliato lo smercio anche alle mamme. Non andrà molto meglio agli studenti di elementari e medie, che si vedranno togliere dalle scuole i distributori di «snack» preconfezionati, sostituiti da punti vendita di frutta fresca e bibite naturali.

Gesti come questo si collocano su quel confine sottile che separa il ridicolo dall'eroismo. E ci ricordano che oggi l'opposizione al modello culturale unico non viene dalla Cina e tantomeno dalla Russia dei miliardari trentenni. Viene dalla Francia. Se i bisticci sulla guerra irachena nascondevano una venale questione di petrolio, la difesa della lingua contro l'inglese e quella del palato contro gli spuntini transgenici toccano invece gli aspetti essenziali di una civiltà. Massimo rispetto per i francesi, fra i cui pregi sarebbe vano cercare la modestia e l'autoironia, ma che proprio dal prendersi molto sul serio traggono la forza per resistere all'appiattimento globale.

Da noi, dove i cervelli e le schiene sono più elastiche, sfottere i comportamenti sani e tacciare di moralismo chi li propugna è un esercizio di stile. Se il ministro [...] vietasse le merendine, maggioranza e opposizione invocherebbero la libertà di «snack», facendo finta di non sapere che in un mercato falsato come l'attuale le scelte non sono mai libere.

di Massimo Gramellini, www.lastampa.it, 4 marzo 2004

8 **Delle affermazioni di seguito riportate, solo una È COERENTE con quanto affermato nel brano. Quale?**

- **A** La Francia dimostrò il suo più autentico non allineamento al cosiddetto "pensiero unico" già in occasione dell'opposizione alla guerra in Iraq
- **B** La scelta del ministro francese dell'Istruzione rappresenta un vero e proprio esempio di difesa della civiltà contro l'appiattimento globale
- **C** La strada scelta dal ministro dell'istruzione francese è un'imposizione che viola il diritto degli studenti di scegliere liberamente la merenda migliore per la propria salute
- **D** In Italia una decisione simile avrebbe causato certamente la rivolta dell'opposizione, poiché per essa è un esercizio di stile accusare di moralismo la maggioranza
- **E** Russia e Cina rappresentano gli ultimi baluardi contro lo strapotere del cosiddetto "pensiero unico"

Brano 9 **Leggere il brano e rispondere alla relativa domanda**

Un team di ricercatori guidato da Robert Prescott dell'Università di St. Andrews, in Inghilterra, ha localizzato in una palude nell'Essex quelli che si ritengono essere i resti della *HMS Beagle*, la nave a bordo della quale Darwin sviluppò la sua teoria dell'evoluzione. Per esplorare ulteriormente il sito, si sta considerando l'utilizzo della tecnologia progettata per la recente e sfortunata missione britannica su Marte. Le due missioni sono fra l'altro collegate dalla partecipazione di Colin Pillinger, che ha battezzato il veicolo *Beagle 2* per il pianeta rosso in onore del suo predecessore di 300 anni prima.

Per individuare la presenza di legno e metallo che potrebbero appartenere allo scafo della *HMS Beagle*, è stata usata una sofisticata tecnologia radar. I resti della nave sono infatti ricoperti da cinque metri di fango. Dopo aver circumnavigato il globo, la nave venne usata come vascello di guardia per fronteggiare i contrabbandieri. I ricercatori devono ora decidere se tentare un recupero dei suoi resti: al momento, il team non ha ancora raccolto i fondi necessari.

Ma gli archeologi potrebbero trovare un altro modo per esplorare il sito. Secondo Pillinger, la "talpa" usata su *Beagle 2*, un apparecchio sviluppato per scavare al di sotto del suolo marziano, potrebbe essere equipaggiata con una videocamera per esplorare sotto il fango alla ricerca della *HMS Beagle*.

Ritrovata la nave di Darwin, «Le Scienze», 2 marzo 2004

9 L'autore del brano sostiene che:

- **A** la scavatrice progettata per esplorare il suolo marziano da Colin Pillinger non può essere impiegata per le ricerche della nave di Darwin
- **B** sono stati identificati una volta per tutte i resti della nave di Darwin
- **C** la nave di Darwin fu rubata dai contrabbandieri dell'Essex
- **D** solo grazie a una sofisticata tecnologia radar è stato possibile individuare sotto cinque metri di fango i resti della nave probabilmente appartenuta a Darwin
- **E** senza una costosa tecnologia radar sarà impossibile esplorare il sito della *HMS Beagle*

Brano 10 Leggere il brano e rispondere alle relative domande

L'oggetto firmato, con firma visibile, è stato ideato per distinguere, ma attualmente esprime una sublime forma di omologazione. Il «dernier cri» si consuma precipitosamente e, nell'arco di due mesi, si sprofonda dall'eccellenza al consueto.

La mania della griffe assomiglia a tante altre stranezze patologiche che infestano l'umanità dell'acritico consumismo. Vi partecipano, con uguale colpa o indifferenza, uomini e donne di tutte le età. Nei pezzi ricchi della Terra qualcuno o qualcosa ci confonde. Specialmente quelli con poca inventiva e, sorprendentemente, gli adolescenti soffrono dei nuovi malanni della civiltà dell'ossessione.

La sconclusionatezza risiede nella mancanza di voglia di libertà più che nella mancanza di possibilità di libertà. Così, inaspettatamente, anche senza dittatore pochi riescono a non cedere al fascino della divisa e del distintivo. Epilogo tragico, già profetizzato trent'anni fa dal solito Pasolini: «Nessun centralismo fascista è riuscito a fare ciò che ha fatto il centralismo della civiltà dei consumi. Il fascismo proponeva un modello, reazionario e monumentale, che però restava lettera morta. Oggi l'adesione ai modelli imposti dal Centro è totale e incondizionata. La "tolleranza" della ideologia edonistica voluta dal nuovo potere è la peggiore delle repressioni della storia umana».

Senza sapere riconoscere la porta, l'autogol è inevitabile. Il risultato è spaventoso. Pashmine o kefiah, eskimi o loden, rosso Valentino o blue jeans, Armani o Versace, un tatuaggio o un piercing, teste pelate o treccine e altri distintivi, finiscono per essere gli elementi di identificazione e di riconoscibilità, visto che le parole e le idee si sputtanano nei «geroglifici» della comunicazione cellulare.

Ognuno degli irreggimentati "griffe victims" è convinto di scegliere e invece soccombe, non si cura della propria essenza perché troppo intento alla buona riuscita della propria rappresentazione. Ma almeno entrerà in un quadro dove, con la faccia del Che, con un seno rifatto da un grande chirurgo, con un paio di scarpe Nike o circa, con una borsa con firma vera o tarocca, troverà i suoi simili, identici o somiglianti e marcerà con loro.

Aveva sciaguratamente ragione Oscar Wilde: «Non c'è alternativa: o si è un'opera d'arte o si indossa un'opera d'arte».

tratto da *La fuga impossibile dei ragazzi in divisa*, di Mina,
www.lastampa.it, 21 febbraio 2004

10 Quale delle seguenti interpretazioni del pensiero di Mina è arbitraria?

- **A** Oggi noi tutti, più che la mancanza di possibilità di essere liberi, mostriamo la poca voglia di esserlo
- **B** L'ideologia edonistica si è dimostrata più forte di quella fascista
- **C** Sono le persone con poca inventiva quelle più sensibili alla griffe
- **D** Chi si dedica alla propria immagine invece che alla propria essenza si illude di scegliere liberamente
- **E** Scegliere una "divisa" piuttosto che un'altra è già un evitare l'omologazione

Brano 11 **Leggere il brano e rispondere alle relative domande**

[...] I bambini non (ri)conoscono e dunque non vogliono il costume da Pulcinella o Arlecchino, ma preferiscono e s'impuntano su quelli di Dragonball, Eminem o i personaggi del piccolo schermo. Cambia insomma il Carnevale dei bambini, che sempre più spesso chiedono la divisa da Carabiniere, come nell'omonima fiction, o i vestiti da rapper come nella pubblicità con Linus.

La triste scoperta arriva da uno studio realizzato da Eta Meta Research, condotto su quattro focus group composti da bambini (tra i 7 e i 13 anni) e su 110 responsabili di negozi di giocattoli e centri commerciali che vendono costumi, per individuare i nuovi personaggi di riferimento per il Carnevale.

Dunque in soffitta anche i robot e Goldrake, di gran moda solo qualche anno fa. I modelli sono cambiati ancora, ma comunque a dettarli è sempre la tv. Il 67% dei bambini, secondo lo studio, non sa nemmeno bene quali sono e da dove vengono le maschere tradizionali del Carnevale. Su alcuni personaggi, poi, le risposte non sono certo confortanti: in media solo il 9% sa chi era Arlecchino e che si tratta di una maschera italiana. Non sono pochi i bambini che lo hanno identificato con un nemico dei Power Ranger (21%) o un vecchio personaggio dei cartoni animati (17%). Non è certo andata meglio a Pulcinella: per il 39% è addirittura un fantasma, mentre il 5% lo identifica con il personaggio di uno spot per una mozzarella. Personaggi più "moderni" come Zorro e Sandokan non se la sono cavata molto meglio: il primo, infatti, è soprattutto il personaggio di un film con Banderas, o l'eroe di un cartone animato, per il 55%, mentre Sandokan è «il personaggio di un vecchio telefilm che ogni tanto si rivede in Tv» per il 62%.

Quali sono insomma le maschere da mandare in pensione? Quelle che piacciono a mamma e papà. I costumi che proprio non sembrano più interessare i bambini, secondo i responsabili dei negozi che vendono costumi di carnevale, sono quelli delle tradizionali maschere italiane. Arlecchino e Pulcinella, insomma, sono assolutamente "out" (con un calo di richieste del 40% rispetto ai due anni precedenti). Basta anche con gli animali e gli insetti come gatti e coccinelle (calati del 30-35% rispetto ai due anni precedenti). Non va meglio per i personaggi delle fiabe, a partire da Biancaneve, ma senza dimenticare la Fata Turchina (decremento del 30% circa), o per quelli della letteratura d'avventura, come i Tre Moschettieri o i pirati (decremento del 25%). A salvarsi, o meglio, a contenere le perdite, sono alcune categorie, come i super eroi (che presentano un calo del 10% circa); salgono, invece, i personaggi delle fiction.

Dunque tra i costumi più richiesti, la divisa da Carabiniere, come nella fiction di Canale 5, corredata di tutto, dalla pistola alle manette (come conferma il 47%). Anche nel Carnevale per eccellenza, quello di Rio in Brasile, sono sempre in numero maggiore le maschere legate alla fiction. [...]

tratto da *Pulcinella fermato dai "Carabinieri"*, www.panorama.it, 23 febbraio 2004

---

11 **In base a quanto affermato nel brano, le maschere "da mandare in pensione":**

- A non sono legate a personaggi televisivi
- B vengono a volte confuse dai bambini con personaggi della pubblicità
- C evidenziano un fenomeno tipicamente italiano
- D sono soprattutto quelle dei supereroi
- E hanno origine da vecchi telefilm che ogni tanto vengono riproposti in televisione

---

12 **Quale delle seguenti conclusioni è deducibile dal testo?**

- A Oggi la televisione ha preso definitivamente il posto dei fumetti
- B I cartoni animati hanno più presa sui bambini degli spot pubblicitari
- C In alcuni casi anche un personaggio musicale può diventare un modello per una maschera
- D Anche al Carnevale di Rio, in Brasile, la fiction dei "Carabinieri" ha ispirato i costumi di molti
- E Difficilmente le ricerche di mercato sono attendibili

Brano 12 **Leggere il brano e rispondere alle relative domande**

L'obesità e il sovrappeso dovuto alla cattiva alimentazione e all'assenza di attività fisica potrebbero divenire la prima causa di morte negli Stati Uniti a partire dal prossimo anno. L'allarme proviene da uno studio del Cento di controllo e di prevenzione delle malattie (Cdc) pubblicato sul «Journal of the American Medical Association» (Jama). Nel 2000 il fumo ha causato 435 mila decessi negli Usa contro i 400 mila associati alla cattiva alimentazione e all'inattività fisica, molti di più degli 85 mila provocati dall'alcool, dice lo studio della Cdc. Secondo i ricercatori «gli interventi contro il fumo e per migliorare l'alimentazione e far aumentare l'attività fisica devono diventare le principali priorità della sanità pubblica».

Tra il 1990 e il 2000 la percentuale di morti per la cattiva alimentazione e l'obesità è passata negli Stati Uniti dal 14% al 16,6% sul totale dei decessi. Questa tendenza è destinata ad aumentare portando quindi nel 2005 le due cause in testa alla classifica, mentre i decessi attribuiti al fumo sono in diminuzione così come quelli per l'alcool. Gli autori dello studio notano che quasi la metà dei decessi negli Usa può essere attribuita a comportamenti evitabili, come appunto il fumo, il consumo di alcool, l'igiene e l'eccesso di peso.

www.corriere.it, 9 marzo 2004

13 **Quale dei titoli proposti coglie il cuore della tesi esposta dall'autore?**

A Annuncio shock della Cdc: circa la metà dei decessi negli Usa può essere evitata
B Fumo, alcool, igiene e salute negli Usa
C L'importanza dell'attività fisica per la salute
D I decessi causati dall'alcool sono molto meno numerosi di quelli causati dal fumo
E Obesità e sovrappeso: prime cause di morte negli Usa nel 2005?

14 **Delle alternative di seguito proposte, solo una È CONSEGUENTE al brano. Quale?**

A Il sovrappeso di molti cittadini statunitensi dipende essenzialmente dall'obesità e ha dunque origine genetica
B Mentre fino al 2000 i decessi per obesità e cattiva alimentazione negli Usa erano in diminuzione, negli ultimi anni vi è stata una brusca inversione di tendenza
C Non sarà possibile contrastare l'aumento di morti per obesità o cattiva alimentazione negli Usa delegando la soluzione del problema alla sola iniziativa privata
D L'American Medical Association svolge ricerche per il controllo e la prevenzione delle malattie
E L'obesità è causata dalla cattiva alimentazione, compreso l'abuso di alcool

3.4 | Soluzioni e commenti

1 L'unica alternativa deducibile dal brano è la C. Il testo, infatti, termina proprio con l'affermazione che il sentirsi più consoni a un'altra epoca sia "un'estrema illusione".

Se ci rivolgiamo alle altre soluzioni proposte, la A è sbagliata perché il fatto che il personaggio descritto tenda a evadere dal suo tempo e possa essere considerato un nostalgico non implica che l'autore stesso sia un nostalgico; anche la B è da scartare in quanto l'autore si riferisce in particolare all' "uomo di talento" e non vi è alcuna affermazione nel brano che porti a estendere a un uomo qualsiasi la descrizione tracciata dall'autore; la D e la E, infine, contraddicono l'illusione in cui cade il protagonista del romanzo di Huysmans.

2 Secondo quanto scritto da Di Vico la crisi può aver rallentato l'impatto della globalizzazione sui mercati (non è vero, quindi che è stata ininfluente: alternativa A errata), ma non sembra averla fermata. La globalizzazione, quindi, può avanzare nonostante la crisi (B soluzione del quesito). Si noti che le alternative C ed E non sono opinioni riportate nel testo proposto e quindi non possono essere la soluzione cercata.

3 La soluzione dell'esercizio può essere individuata facendo attenzione alla conclusione del brano tratto dal romanzo di Svevo: "Forse fu tale dubbio che mi legò al mio vizio perché è un modo comodo di vivere quello di credersi grande di una grandezza latente". Credersi potenzialmente un grand'uomo, dunque, per Zeno rappresenta una soluzione di comodo, esattamente il contrario di quanto affermato nell'alternativa D, che è dunque la soluzione del quesito.

4 La soluzione è la B: in base al brano le prove di natura minerale, raccolte direttamente sul pianeta, sono infatti da attribuire a *Opportunity* e non a *Mars Express*.

5 Dal brano dell'antropologa si ricava che tanto per le donne quanto per gli uomini la lettura è un'esperienza in grado di far riflettere sia sulla propria interiorità sia sul mondo esteriore (risposta esatta C).

6 Lo scritto del 1861 di Giuseppe Garibaldi definisce "immondezze" i tentativi di dare troppa importanza alla questione del dualismo tra i suoi volontari e l'esercito regolare dei Savoia, proclamando che "al di sopra di tutto c'è l'Italia". Si tratta quindi per "l'eroe dei due mondi" di un falso problema e la risposta esatta è la E.

7 L'unica affermazione non autorizzata dal testo è la E. Il brano infatti parla dei due giovani come "ricercatori" o tutt'al più come "scienziati", ma in nessuna parte li definisce docenti universitari di Cambridge.

8 La soluzione dell'esercizio è la B. Se, infatti, per quanto riguarda la guerra in Iraq, l'opposizione della Francia nascondeva in realtà, secondo Gramellini, motivazioni venali legate al petrolio (alternativa A errata), nel caso delle merendine la scelta del ministro ha rappresentato effettivamente una risposta concreta al "pensiero unico". In Italia una tale scelta non sarebbe stata approvata né dalla maggioranza né dall'opposizione (alternativa D errata: critica solo l'opposizione).

Secondo l'autore "oggi l'opposizione al modello culturale unico non viene" neppure da quei paesi, come Russia e Cina, solitamente individuati come gli ultimi veri oppositori dell'appiattimento globale (alternativa E errata). Infine la C non è coerente con quanto sostenuto da Gramellini perché secondo l'autore "La strada scelta dal ministro dell'istruzione francese è un'imposizione che viola il diritto degli studenti di scegliere liberamente la merenda migliore per la propria salute".

9 Questa tipologia di domande chiede di individuare l'unica alternativa effettivamente coerente con quanto affermato nel brano. Si tratta dell'alternativa **D**, che dunque rappresenta la soluzione del quesito. Particolare attenzione richiede l'alternativa **B**: essa non può rappresentare la soluzione poiché affermare che i resti della *HMS Beagle* sono stati identificati "una volta per tutte" significa trascurare il fatto che nel brano tale identificazione è ancora presentata come soltanto probabile ("quelli che si ritengono essere i resti").

10 Solo l'alternativa **E** rappresenta un'errata interpretazione del pensiero di Mina, in quanto è il nostro cedere al fascino di una "divisa" griffata che ci rende schiavi e ci omologa. Scegliere una "divisa" piuttosto che un'altra, dunque, non ci renderà né liberi né creativi né tantomeno ci eviterà l'omologazione, facendo emergere la nostra unicità.

11 In base al testo, le maschere "da mandare in pensione" non sono affatto quelle che i bambini a volte confondono con personaggi della pubblicità. Al contrario, sono gli attuali personaggi conosciuti dai bambini attraverso la pubblicità a scalzare via le maschere di carnevale tradizionali. L'autore del brano, infatti, scrive espressamente che "I bambini [...] preferiscono [...] i vestiti da rapper come nella pubblicità [...]". I vestiti "da mandare in pensione" sono invece quelli tradizionali, quelli che "piacciono a mamma e papà": Arlecchino, Pulcinella (quest'ultimo confuso con un personaggio di una pubblicità), Biancaneve ecc. La soluzione al quesito è dunque correttamente indicata nell'alternativa **B**.

12 L'unica alternativa deducibile dal brano è la **C**. L'autore, infatti, già nelle prime righe di testo, fa esplicito riferimento al rapper americano Eminem come una delle maschere sempre più spesso richieste dai bambini per il Carnevale. Tutte le altre alternative sono difficili da scartare in quanto opinioni per il senso comune plausibili (tranne la **D** che è palesemente errata); sono comunque errate in quanto non suffragate da alcuna affermazione dell'autore del brano.

13 Il tema di cui tratta il brano in ogni sua parte è quello dell'obesità come probabile prima causa di morte negli Stati Uniti a partire dal 2005, confrontata con le altre cause di decesso. Un titolo che non citi questi elementi, dunque, non può essere considerato accettabile. Da questo punto di vista, le alternative **A**, **B** e **C** sono troppo generiche; la **D** sottolinea un tema presente ma marginale nel testo. La soluzione corretta è dunque la **E**.

14 L'alternativa **A** deve essere scartata in quanto trascura di indicare anche la cattiva alimentazione come causa non di origine genetica dell'obesità di molti statunitensi; la **B** afferma esattamente il contrario di quanto sostenuto nel brano (fra "il 1990 e il 2000 la percentuale di morti per la cattiva alimentazione e l'obesità è passata negli Stati Uniti dal 14% al 16,6% sul totale dei decessi"). La soluzione del quesito è la **C**, in quanto l'importanza della sanità pubblica nel controllo di questo fenomeno può essere chiaramente dedotta dall'affermazione "gli interventi contro il fumo e per migliorare l'alimentazione e far aumentare l'attività fisica devono diventare le principali priorità della sanità pubblica". La **D** confonde quanto affermato nel brano sul Centro di controllo e di prevenzione delle malattie (Cdc) con l'American Medical Association; quest'ultima infatti viene citata solo in quanto la ricerca in discussione nel testo è stata pubblicata appunto sulla loro rivista (lo Jama). Infine la **E** non può essere la soluzione del quesito poiché è il sovrappeso a dipendere dalla cattiva alimentazione (come indicato nella prima riga del brano) e non l'obesità.

4| Successioni di numeri e lettere

Le successioni di numeri intendono **valutare la capacità del candidato di** comprensione delle relazioni numeriche e quindi, in generale, l'abilità a svolgere compiti che prevedono un ragionamento numerico.

Questi esercizi sono spesso presenti nelle selezioni per Psicologia, Scienze della Formazione e Scienze motorie, ma anche per le Professioni sanitarie nelle università statali e, in generale, nei test dell'area medica nelle università private.

Gli esercizi presenti nei test di ammissione propongono al candidato di completare delle successioni di numeri anche inserite all'interno di figure geometriche o astratte o ancora di tabelle. Anche in questo caso, non è richiesta alcuna nozione matematica, se non la capacità di effettuare elementari operazioni aritmetiche.

Nelle successioni da completare, al posto dei numeri, possono comparire le lettere dell'alfabeto italiano o inglese.

La logica che sottende a tali successioni non è sostanzialmente diversa da quella che regola le successioni di numeri.

4.1 | Descrizione degli esercizi

Data una successione incompleta di numeri o lettere, il candidato deve completarla scegliendo tra le alternative proposte il numero o la lettera che soddisfa la logica della successione. Sebbene i principi su cui si basano le diverse successioni siano sostanzialmente i medesimi, nell'analisi degli esercizi di questo capitolo vengono trattate separatamente le successioni di numeri, quelle di lettere e quelle miste (di numeri e lettere).

4.2 | Successioni di numeri

Come già accennato, si tratta di successioni nelle quali compare un'incognita che il candidato deve sostituire scegliendo, tra le alternative proposte, un numero che soddisfa il criterio logico che governa l'intera successione. Vengono analizzati di seguito alcuni esempi che mostrano i principali criteri logici alla base delle successioni di numeri.

---

1 **Individuare il numero che completa correttamente la seguente successione di numeri: 5, 11, 17, 23, 29, ...?**

- A 31
- B 35
- C 39
- D 40
- E 23

Si tratta di una successione aritmetica additiva, in cui ogni numero è ottenuto sommando un valore costante al numero precedente. Nell'esercizio proposto la costante è pari a 6 e quindi l'incognita è uguale al numero che si ottiene sommando 6 a 29, cioè 35 (alternativa B). Esistono anche successioni in cui un valore costante viene sottratto passando da un numero al seguente della successione.

2 Individuare il numero che completa correttamente la seguente successione di numeri: 4, 12, 36, ...?

A 94

B 100

C 108

D 92

E 104

Questo esercizio mostra una successione geometrica, in cui cioè ciascun elemento è uguale al precedente moltiplicato per un numero costante (nell'esempio pari a 3). Il numero mancante è quindi 108, che si ottiene moltiplicando 36 · 3 (alternativa C). In altri casi, i numeri della successione possono essere divisi, anziché moltiplicati, per un numero costante.

3 Individuare il numero che completa correttamente la seguente successione di numeri: 2, 4, 16, ...?

A 96 B 512 C 66 D 272 E 256

In questo esercizio ogni numero è dato dal precedente elevato a un esponente costante: nell'esempio l'esponente è pari a 2 e il numero mancante è $16^2 = 256$ (risposta E).

4 Individuare il numero che completa correttamente la seguente successione di numeri: 1, 4, 5, 9, 14, 23, 37, ...?

A 60 B 51 C 53 D 75 E 27

In questa tipologia non vi è alcun numero costante da sommare, sottrarre o moltiplicare, ma ogni elemento della successione è ottenuto sommando i due numeri che lo precedono (1 + 4 = 5; 4 + 5 = 9; 5 + 9 = 14; 9 + 14 = 23; 14 + 23 = 37). Il numero mancante è dunque 60, che si ottiene sommando 23 e 37 (alternativa A).

5 Individuare il numero che completa correttamente la seguente successione di numeri: 5, 6, 8, 8, 11, 10, 14, ...?

A 24 B 11 C 14 D 12 E 16

In questo caso, si alternano due serie di numeri, che occupano una le posizioni dispari e l'altra quelle pari della successione data e che possono rispondere a uno qualsiasi dei criteri logici già visti. Nell'esempio si hanno due serie entrambe di tipo additivo: la prima è composta dai numeri 5, 8, 11, 14 (si aggiunge 3 passando da un elemento al successivo); la seconda è 6, 8, 10, … (si aggiunge 2 passando da un elemento al successivo). L'elemento incognito occupa una posizione pari e quindi appartiene alla seconda delle due serie che si alternano. Il suo valore è perciò dato da: 10 + 2 = 12 (risposta D).

6 Individuare il numero che completa correttamente la seguente successione di numeri: 2, 4, 7, 6, 12, 15, 14, 28, 31, ...?

A 29 B 30 C 27 D 62 E 34

In questa successione compaiono più operazioni aritmetiche che si ripetono ciclicamente; l'ordine delle operazioni è il seguente: moltiplicare per due (· 2), aggiungere tre (+ 3), sottrarre uno (– 1). Osservando la successione data, si nota il seguente andamento: 2 · 2 = 4; 4 + 3 = 7; 7 – 1 = 6; 6 · 2 = 12; 12 + 3 = 15; 15 – 1 = 14; 14 · 2 = 28; 28 + 3 = 31. Il numero mancante è perciò uguale a 31 – 1, cioè 30 (alternativa B).

7 Qual è il numero mancante nella serie seguente?
24, 35, 47, 60, 74, 89, ... ?

A 102 B 105 C 99 D 115 E 123

Si osserva che la serie data è una successione crescente in cui ogni numero è determinato sommando al precedente una quantità via via crescente: 35 è ottenuto sommando 11 all'elemento precedente (24), 47 è ottenuto sommando 12 all'elemento che lo precede (35), 60 è ottenuto sommando 13 a 47 e così via. In particolare si osserva che i numeri sommati costituiscono a loro volta una successione crescente con passo 1: 11, 12, 13, 14 ecc..

Il termine mancante si ottiene dunque sommando 16 al termine precedente (89) e si ottiene pertanto 105 (risposta corretta B).

---

8 Qual è il numero mancante nella serie seguente?

25, 50, 52, 13, 26, 28, 7, 14, 16, 4, ... ?

A 12
B 6
C 32
D 2
E 8

Si tratta, in questo caso, di una serie di numeri determinati effettuando alcune operazioni in modo ciclico:

- il secondo numero (50) è determinato moltiplicando per 2 il primo (· 2);
- il terzo numero (52) è determinato sommando 2 al secondo (+ 2);
- il quarto numero (13) è determinato dividendo per 4 il terzo (: 4).

Queste tre operazioni vengono poi ripetute:

- 26 è ottenuto moltiplicando il numero che lo precede (13) per 2;
- 28 è ottenuto sommando 2 al numero che lo precede (26);
- 7 è ottenuto dividendo per 4 il numero che lo precede (28).

E poi di nuovo si ricomincia:

- 14 è ottenuto moltiplicando il numero che lo precede (7) per 2;
- 16 è ottenuto sommando 2 al numero che lo precede (14);
- 4 è ottenuto dividendo per 4 il numero che lo precede (16).

Il numero successivo si ottiene moltiplicando l'ultimo numero (4) per 2; la risposta corretta è dunque la E.

---

9 Qual è il numero mancante nella serie seguente?

864, 842, 820, 798, 776, ... ?

A 754 B 726 C 764 D 748 E 746

Si osserva che la successione data è composta da numeri decrescenti e che la differenza tra un numero e il successivo è costante, pari a 22. L'elemento mancante è dunque facilmente determinabile sottraendo 22 a 776; effettuando tale operazione, si ottiene 754 (risposta A) che è dunque la soluzione del quesito.

---

10 Individuare il numero mancante.

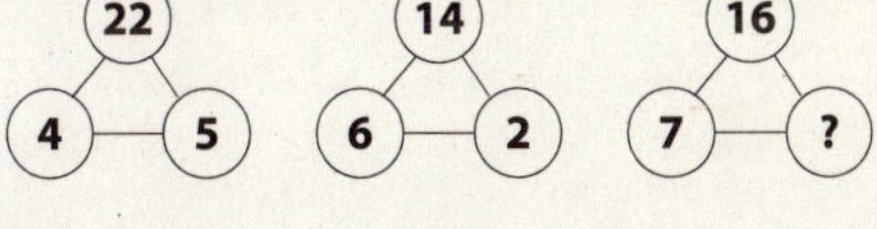

A 6
B 4
C 2
D 3
E 7

In questo caso ci sono tre successioni di numeri, ciascuna delle quali è disposta a triangolo: le tre terne di numeri devono essere governate dalla stessa logica che, una volta individuata, permette di risolvere l'esercizio.

All'interno di ciascuna successione, il numero in alto è ottenuto aggiungendo 2 al prodotto degli altri due numeri: nelle prime due successioni si ha infatti:

$$(4 \cdot 5) + 2 = 22 \text{ e } (6 \cdot 2) + 2 = 14$$

Allo stesso modo, nella terza successione il numero mancante deve essere uguale a 2, infatti:

$$(7 \cdot 2) + 2 = 16$$

L'alternativa **C** è quindi quella che fornisce la risposta corretta all'esercizio.

---

11 Individuare il numero mancante.

10	**18**	**22**
16	**32**	**?**
6	**10**	**13**

- **A** 72
- **B** 22
- **C** 24
- **D** 32
- **E** 36

In questo esempio ci sono ancora tre terne, ciascuna delle quali è però disposta in senso verticale e racchiusa all'interno di un rettangolo. La logica che collega i tre numeri di ogni successione è la seguente: il numero al centro di ciascun rettangolo è dato dalla differenza tra il numero in alto e il numero in basso, moltiplicata per 4. Cioè: $(10 - 6) \cdot 4 = 16$; $(18 - 10) \cdot 4 = 32$; $(22 - 13) \cdot 4 = 36$. La soluzione esatta è dunque la **E**.

---

12 Individuare il numero mancante.

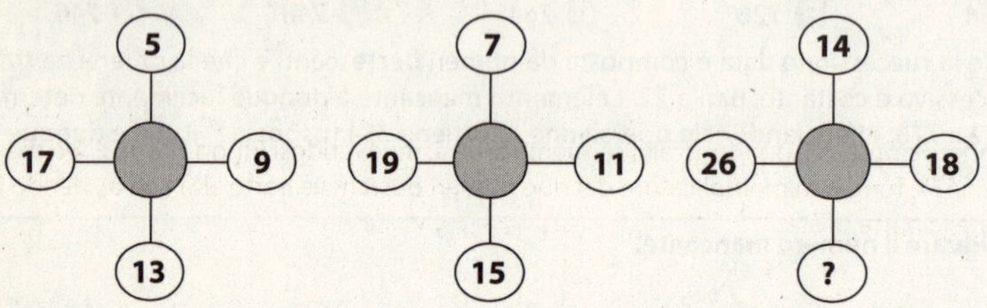

- **A** 24
- **B** 20
- **C** 18
- **D** 22
- **E** 16

All'interno di ogni figura i numeri, muovendosi in senso orario a partire dall'alto, sono ottenuti sommando 4 al precedente. La risposta corretta è la **D**.

13 **Individuare il numero mancante.**

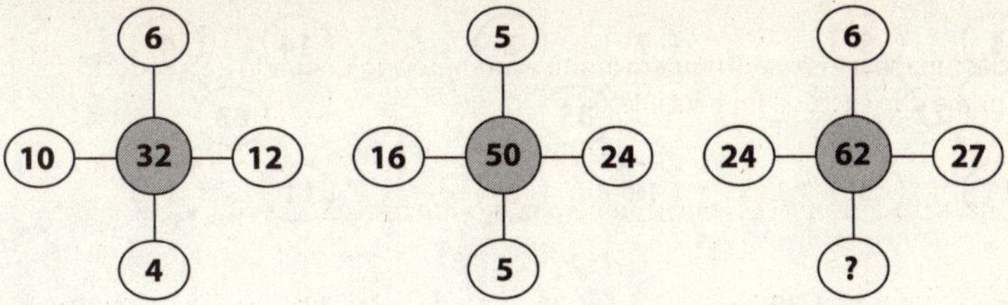

A 2

B 6

C 8

D 4

E 5

In ognuno dei tre gruppi di numeri l'elemento centrale è pari alla somma dei quattro numeri che lo circondano. Nella prima figura si ha: 6 + 12 + 4 + 10 = 32 mentre nella seconda si ha 5 + 24 + 5 + 16 = 50. Il numero mancante deve dunque essere 5 (infatti 6 + 27 + 24 + 5 = 62). La risposta corretta è pertanto la E.

14 **Individuare il numero mancante.**

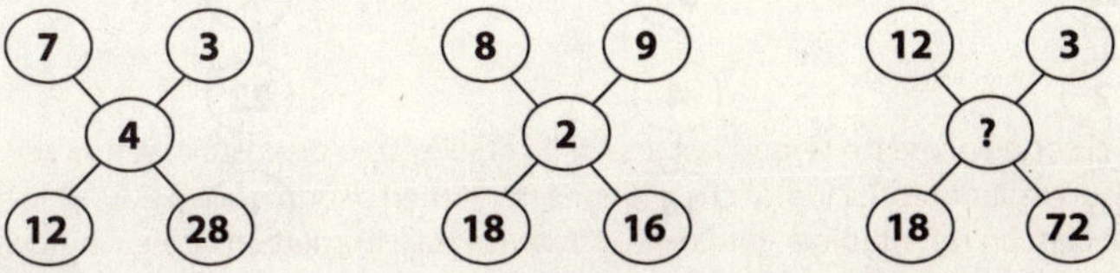

A 6

B 3

C 5

D 8

E 9

I numeri del primo gruppo rispondono alla seguente logica: muovendosi lungo le due linee diagonali, il numero centrale (4) funge da moltiplicatore dei due numeri posti nella parte alta (7 e 3), dando luogo ai numeri posti nella parte bassa:

- $7 \cdot 4 = 28$
- $3 \cdot 4 = 12$

Analogamente, nella seconda figura si ha:

- $8 \cdot 2 = 16$
- $9 \cdot 2 = 18$

Nella terza figura, il numero mancante deve essere tale che moltiplicato per 12 dia 72 e moltiplicato per 3 fornisca come risultato 18: ne consegue che il numero da determinare è 6 e la risposta esatta è dunque la A.

Si può pervenire alla stessa soluzione (6 come numero mancante) anche attraverso un altro ragionamento: la somma dei due numeri in alto, moltiplicata per il numero al centro ha come risultato la somma dei numeri in basso (per il primo gruppo per esempio: $7 + 3 = 10 \cdot 4 = 40$ che è uguale a 12 + 28).

15 Individuare il numero mancante.

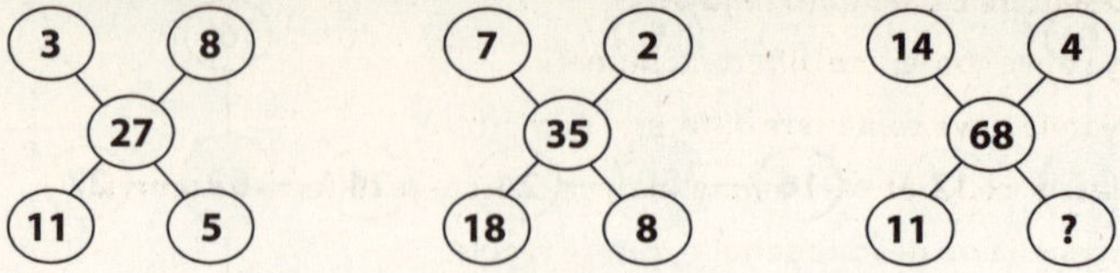

A 16 **B** 39 **C** 25 **D** 38 **E** 29

La logica è in questo caso molto semplice: in ogni gruppo, il numero centrale è ottenuto sommando tutti gli altri numeri.

- Nel primo gruppo si ha infatti: $3 + 8 + 11 + 5 = 27$
- Nel secondo, si ha: $7 + 2 + 18 + 8 = 35$
- Nel terzo, deve dunque essere: $14 + 4 + 11 + ? = 68$ da cui segue che il numero mancante è pari a 39.

La risposta corretta è pertanto la **B**.

16 Individuare i numeri mancanti.

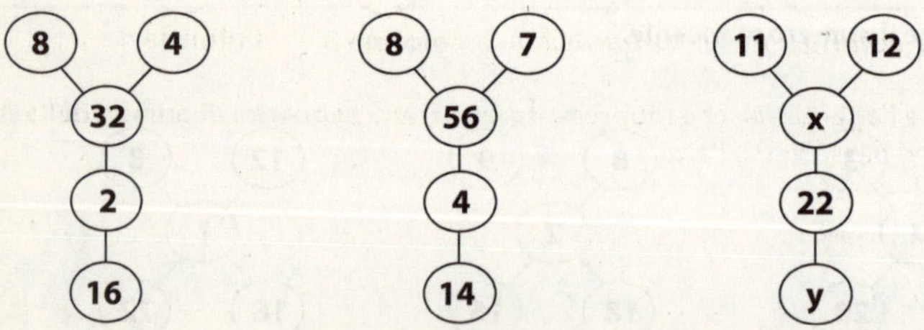

A $x = 121; y = 22$
B $x = 123; y = 8$
C $x = 130; y = 6$
D $x = 132; y = 6$
E $x = 136; y = 2$

Nel primo gruppo di numeri la logica è la seguente: il numero posto in basso (16) è ottenuto dividendo il prodotto dei due numeri posti in alto ($8 \cdot 4 = 32$) per il numero centrale (2). Quindi: $8 \cdot 4 = 32$ a cui segue $32 : 2 = 16$.
In modo del tutto analogo, nel secondo gruppo di numeri si ha:

$$8 \cdot 7 = 56; 56 : 4 = 14$$

Nel terzo gruppo di numeri, x corrisponde al risultato della moltiplicazione tra 11 e 12 ossia 132 e y corrisponde al risultato di $132 : 22 = 6$.
La risposta corretta è dunque la **D**.

4.3 | Numeri in griglie

Questa tipologia di test è utilizzata nei test delle Professioni Sanitarie e in alcune università private per i test di accesso all'area medica. Viene proposta una griglia formata da 4 righe e 4 colonne da riempire con i numeri dall'1 al 4 in modo che sulla stessa riga, sulla stessa colonna o nelle sequenze proposte non capitino mai due numeri uguali. Per risolvere questi esercizi spesso non serve riempire tutta la tabella, ma conviene sfruttare le alternative per verificare quella compatibile con la riga o colonna richiesta.

1 **La griglia 4 x 4 contiene solo numeri da 1 a 4 e per essere riempita con i numeri mancanti è necessario seguire tre semplici regole:**

1) ogni riga deve contenere differenti numeri;

2) ogni colonna deve contenere differenti numeri;

3) ogni "flusso" collegato dai segmenti deve contenere differenti numeri.

Le due diagonali non devono seguire queste regole.

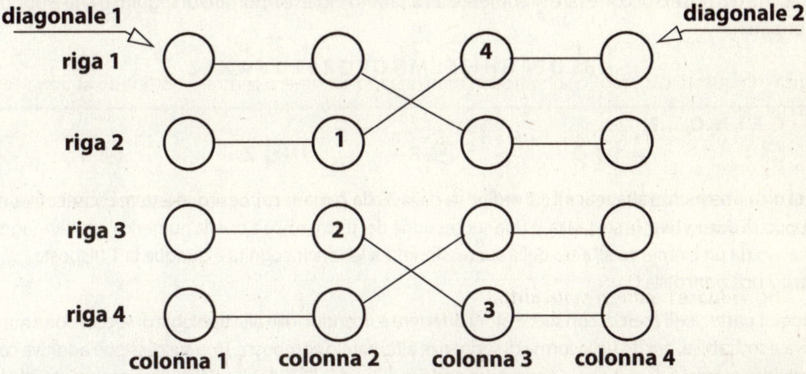

Individuare l'alternativa che rappresenta la corretta sequenza di numeri della diagonale 1 riportati dal basso verso l'alto.

A 1-2-3-4

B 1-1-1-1

C 2-2-2-2

D 1-1-2-4

E 3-1-2-3

Se si parte dal basso verso l'alto, il terzo numero della diagonale deve essere 1. La soluzione non può quindi che essere la B. D'altra parte, partendo dal basso il primo numero deve essere quello in basso della colonna 4. Si vede subito che tale numero non può essere 3, altrimenti la riga 4 avrebbe due volte lo stesso numero (si può scartare l'alternativa E). Per lo stesso motivo il secondo numero non può essere 2 (la C è da scartare) e l'ultimo numero non può essere 4 (la A e la D sono da scartare).

2 **Individuare l'alternativa che rappresenta la corretta sequenza di numeri della colonna 3 riportati dal basso verso l'alto.**

A 4-3-2-1

B 3-2-1-4

C 3-1-2-4

D 4-2-1-3

E 3-1-4-2

Partendo dal basso la colonna 3 deve iniziare col numero 3 e terminare con il numero 4 (alternative A, D ed E errate). Inoltre il secondo numero non può essere 2 e il terzo non può essere 1, per cui la soluzione è la C.

4.4 | Successioni di lettere

La logica che sottende alle successioni di lettere non è sostanzialmente diversa da quella che regola le successioni di numeri.

Per poter risolvere questo tipo di esercizi è però indispensabile conoscere la successione ordinata e completa delle lettere dell'alfabeto utilizzato. Generalmente l'alfabeto utilizzato è quello italiano; qualora nell'esercizio compaia almeno una delle cinque lettere dell'alfabeto inglese (J, K, W, X, Y) che non fanno parte anche del nostro occorre fare riferimento all'alfabeto inglese riportato di seguito e che è opportuno memorizzare:

A B C D E F G H I J K L M N O P Q R S T U V W X Y Z

---

1 **C, F, I, N, Q, ...?**

A T **B** O **C** R **D** Z **E** S

Si tratta di una sequenza alfabetica il cui ordine va dalla A alla Z, ma in cui, ogni due lettere consecutive, manca un gruppo di due lettere. In sostanza, è una successione del tutto simile a quella numerica additiva (aggiunge 3 passando da un elemento all'altro della successione). La lettera incognita è dunque la T (risposta **A**) che è situata a 3 posizioni dalla Q.

La maggior parte degli esercizi con successioni di lettere è riconducibile alle tipologie di successione numerica additiva e sottrattiva, anche nella forma di sequenze alternate o composte. Una successione additiva composta potrebbe essere: A, C, G, I, O, ..., che corrisponde a: + 2, + 4 ,+ 2, + 4, + ... L'elemento mancante è la lettera Q. Una serie alternata potrebbe essere: A, B, B, D, C, F, ..., dove le lettere in posizione dispari (A, B, C, ...) si susseguono secondo l'ordine alfabetico, mentre quelle in posizione pari (B, D, F, ...) si susseguono saltando una lettera su due: la lettera che completa la successione è dunque la lettera D.

Sono rari i casi in cui le lettere sottendono un preciso significato, come nel caso di una sequenza data dalle iniziali dei giorni della settimana L, M, M, G, V, S, ...

---

2 **V, T, Q, M, ...**

A I **B** H **C** E **D** F **E** G

In questo caso la successione di lettere è di tipo sottrattivo: per passare dalla prima lettera (V) alla seconda (T) si retrocede, nell'alfabeto, di 2 posizioni; dalla seconda alla terza lettera si retrocede di 3 posizioni e dalla terza alla quarta si retrocede di 4 posizioni. In pratica la successione corrisponde a: – 2, – 3, – 4. Il passo successivo è dunque – 5 a partire dalla lettera M: così facendo si perviene alla lettera F e pertanto la risposta esatta è la **D**.

4.5 | Successioni combinate di numeri e lettere

In questi esercizi, la sequenza di numeri e quella di lettere si trovano combinate in un'unica successione, ma seguono ciascuna una propria logica.

---

1 **Z, 7, U, 11, S, 15, Q, 19, ..., ...?**

A O, 23 **B** Q, 21 **C** 23, O **D** S, 17 **E** V, 19

Per risolvere l'esercizio, la successione va sdoppiata in una successione di lettere (Z, U, S, Q) in cui ogni elemento è ottenuto procedendo a ritroso di due posizioni rispetto al precedente e in una successione di numeri (7, 11, 15, 19) in cui ogni elemento è ottenuto sommando 4 al precedente; la risposta esatta è quindi O, 23 (alternativa **A**).

2 Individuare l'elemento mancante.

T	U	R	S	P	Q	?
7	10	9	12	11	14	?

A	B	C	D	E
M	P	N	O	Q
12	10	13	21	11

Anche nel caso delle successioni combinate di numeri e lettere, la disposizione spaziale può assumere una configurazione particolare, come in questo esercizio.

I numeri e le lettere sono contenute in figure rettangolari, ma, anche in questo caso, la sequenza dei numeri e quella delle lettere sono indipendenti, nel senso che seguono ciascuna una logica differente.

Per quanto riguarda la sequenza dei numeri, si passa dal primo numero al secondo aggiungendo 3, dal secondo al terzo sottraendo 1, dal terzo al quarto aggiungendo 3, dal quarto al quinto sottraendo 1, e così via (la sequenza di operazioni è quindi: + 3; – 1; +3; – 1 e così via). Il numero mancante è perciò 13.

Per ciò che riguarda la sequenza di lettere, bisogna innanzitutto considerare che, non comparendo nessuna lettera esclusiva dell'alfabeto inglese, è probabile che l'alfabeto a cui l'esercizio fa riferimento sia quello italiano. In effetti, facendo riferimento a quest'ultimo, le lettere dell'esercizio si susseguono in base alla regola seguente: si passa dalla prima lettera alla seconda avanzando di una posizione nell'alfabeto, dalla seconda alla terza arretrando di 3, dalla terza alla quarta avanzando di 1, dalla quarta alla quinta arretrando di 3; la sequenza è cioè data da: + 1; – 3; + 1; – 3; + 1; – 3 e così via. La lettera mancante è dunque la N (Q – 3).

La soluzione dell'esercizio è pertanto l'alternativa C. A volte, come in questo caso, è sufficiente individuare uno dei due criteri (numeri o lettere) per determinare in modo univoco la risposta corretta; altre volte, invece, è necessario esaminare entrambe le sequenze.

Suggerimenti

- Per quanto riguarda le successioni numeriche, è conveniente analizzare la sequenza dapprima nel suo insieme per cercare di capire l'**andamento** che questa presenta (crescente, decrescente o composta).
- Successivamente è opportuno cercare tra gli elementi adiacenti l'**operazione aritmetica** più semplice (addizione, sottrazione, moltiplicazione ecc.) che li lega. Nel caso non si riesca a individuare un criterio logico che governi l'intera successione, occorre provare a scindere la stessa in due sequenze alternate e ripetere il procedimento per ciascuna di esse.
- Per le successioni di lettere valgono gli stessi suggerimenti relativi alle sequenze numeriche. È inoltre molto utile **scrivere l'intero alfabeto ordinato**, in modo da averlo sempre sott'occhio per capire velocemente la relazione tra le lettere adiacenti della successione. Tale suggerimento risulta tanto più utile quanto più numerosi sono gli esercizi di successioni di lettere presenti nel test. Inoltre, per capire, qualora non venga specificato, qual è l'alfabeto a cui gli esercizi fanno riferimento, è sufficiente osservare che, se nelle successioni compaiono le lettere J, K, W, X o Y, si tratta sicuramente dell'alfabeto inglese.

4.6 | Esercizi proposti

1 **Individuare il numero che completa correttamente la seguente successione di numeri: 1, 4, 16, ... , 256**

A 60 B 48 C 72 D 64 E 56

2 **Individuare il numero che completa correttamente la seguente successione di numeri: 4, 14, 34, 74, ...**

A 154 B 156 C 164 D 140 E 126

3 **Individuare il numero che completa correttamente la seguente successione di numeri: 1, 23, 24, 47, 71, ...**

A 98 B 87 C 118 D 106 E 96

4 **Individuare il numero che completa correttamente la seguente successione di numeri: 2, 5, 14, 41, ...**

A 116 B 122 C 141 D 89 E 62

5 **Individuare il numero che completa correttamente la seguente successione di numeri: 143, 71, 314, 116, 251, ...**

A 190 B 136 C 63 D 26 E 513

6 **Individuare il numero che completa correttamente la seguente successione di numeri: 24, 27, 31, 36, 42, ...**

A 49 B 54 C 51 D 53 E 65

7 **Individuare il numero che completa correttamente la seguente successione di numeri: 2, 3, 10, 12, 18, 48, 26, 192, ...**

A 52 B 38 C 34 D 200 E 40

8 **Individuare il numero che completa correttamente la seguente successione di numeri: 4, 5, 10, 8, 9, 18, 16, 17, 34, ...**

A 29 B 68 C 28 D 44 E 32

9 **Individuare il numero che completa correttamente la seguente successione di numeri: 2, 4, 16, 256, ...**

A 1280 B 512 C 272 D 65.536 E 1024

10 **Individuare il numero che completa correttamente la seguente successione di numeri: 32, 48, 72, 108, ...**

A 124 B 216 C 156 D 162 E 256

11 **Individuare il numero che completa correttamente la seguente successione di numeri: 8, 4, 11, 8, 14, 12, 17, ...**

A 11 B 14 C 12 D 16 E 18

12 **Individuare il numero che completa correttamente la seguente successione di numeri: 3, 18, 108, ...**

A 600 B 240 C 648 D 524 E 428

13 **Individuare il numero che completa correttamente la seguente successione di numeri: 52, 28, 16, 10, ...**

A 14 B 12 C 4 D 9 E 7

14 **Individuare il numero mancante.**

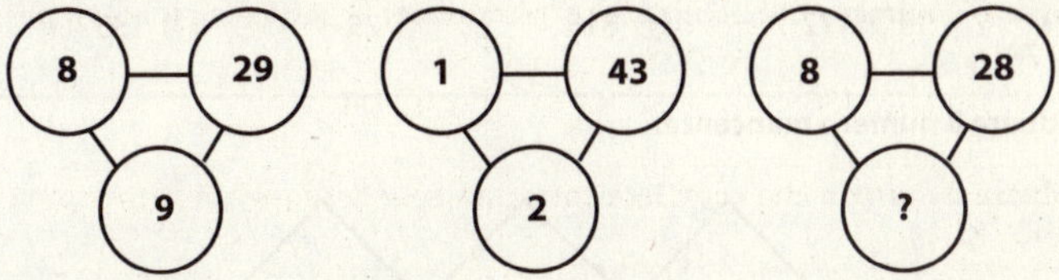

A 26 B 4 C 10 D 8 E 16

15 **Individuare il numero mancante.**

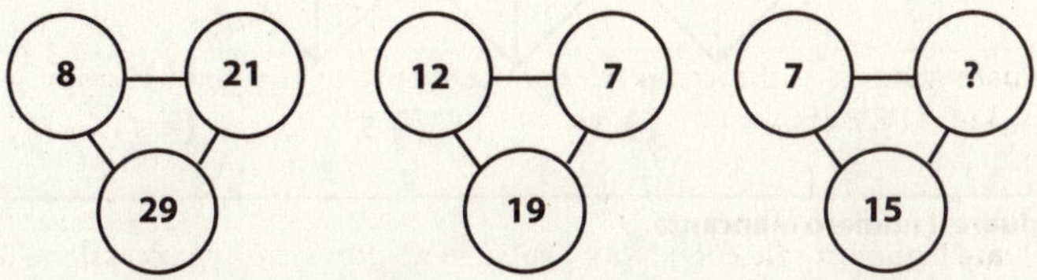

A 15 B 13 C 8 D 7 E 5

16 **Individuare il numero mancante.**

18	21	19
20	28	?
8	7	13

A 12 B 24 C 32 D 22 E 39

17 **Individuare i numeri che completano correttamente la seguente successione di numeri: ..., 27, 12, 49, 27, 12, 49, ...**

A 49, 12 B 27, 27 C 49, 27 D 12, 49 E 27, 12

18 **Individuare il numero che completa correttamente la seguente successione di numeri: 4, 8, 5, 6, 12, 9, 10, 20, 17, ...**

A 25 B 18 C 22 D 15 E 12

19 **Individuare il numero che completa correttamente la seguente successione di numeri: 81, 70, 59, 48, ...**

A 29 B 28 C 37 D 49 E 33

20 **Individuare il numero che completa correttamente la seguente successione di numeri: 13, 16, 29, 32, 45, 48, 61, ...**

A 76 B 58 C 77 D 62 E 64

21 **Individuare il numero che completa correttamente la seguente successione di numeri: 6, 9, 8, 16, …, 18, 36, 39**

A 78 B 38 C 19 D 47 E 20

22 **Individuare il numero che completa correttamente la seguente successione di numeri: 512, 71, 224, 431, …**

A 323 B 172 C 315 D 25 E 135

23 **Individuare il numero mancante.**

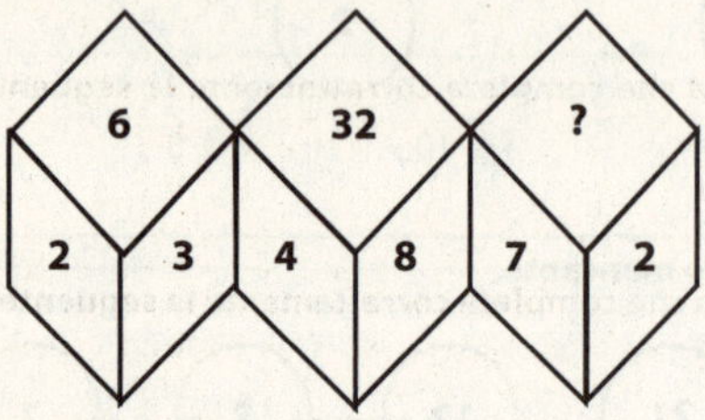

A 12 B 9 C 11 D 5 E 14

24 **Individuare il numero mancante.**

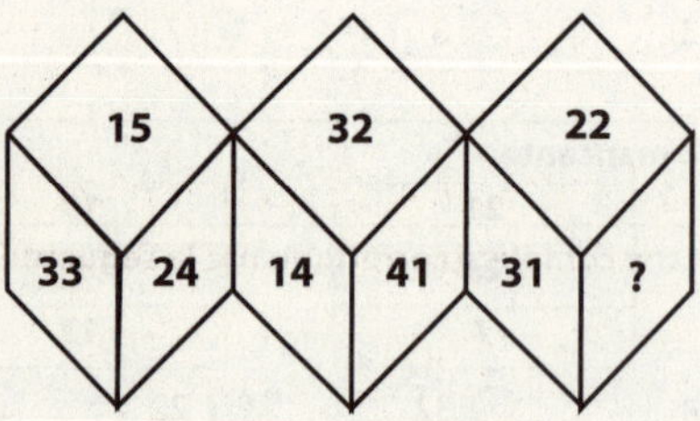

A 11
B 12
C 9
D 13
E 14

25 **Individuare il numero mancante.**

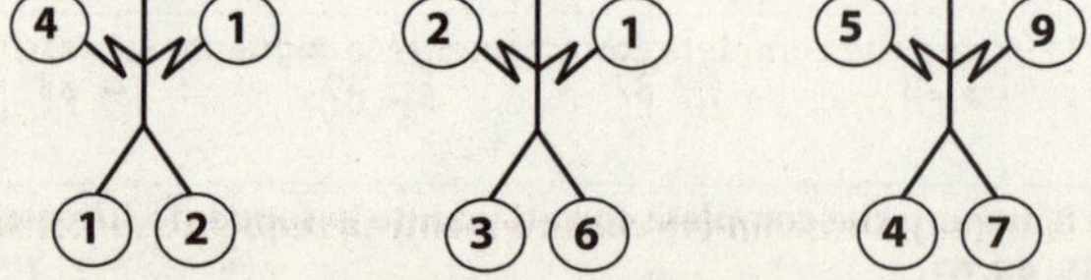

A 33 B 12 C 22 D 14 E 25

26 **Individuare il numero mancante.**

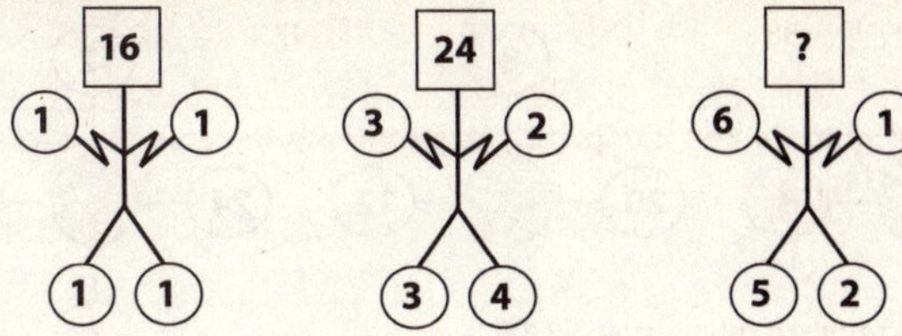

A 30 B 26 C 22 D 18 E 24

27 **Individuare la lettera che completa correttamente la seguente successione: B, E, H, M, P, …?**

A S B N C Q D V E R

28 **Individuare la lettera che completa correttamente la seguente successione: D, I, O, R, ...**

A T B Q C U D V E R

29 **Individuare le lettere che completano correttamente la seguente successione: B, D, D, E, F, F, H, G, ... , ...**

A G; H
B L; M
C H; M
D I; L
E L, H

30 **Individuare la lettera che completa correttamente la seguente successione: R, V, C, G, M, …**

A R
B Q
C N
D N
E P

31 **Individuare la lettera che completa correttamente la seguente successione: U, S, P, L, ...**

A E B H C F D G E O

32 **Individuare le lettere che completano correttamente la seguente successione: ..., D, A, T, D, A, ..., D**

A A; T B D; T C T; A D T; T E A; D

33 **Individuare la lettera che completa correttamente la seguente successione: U, T, R, O, I, ...**

A A B D C E D G E F

34 **Individuare la lettera che completa correttamente la seguente successione: A, A, B, C, C, E, D, G, …?**

A E B I C H D G E D

35 **Individuare il numero mancante.**

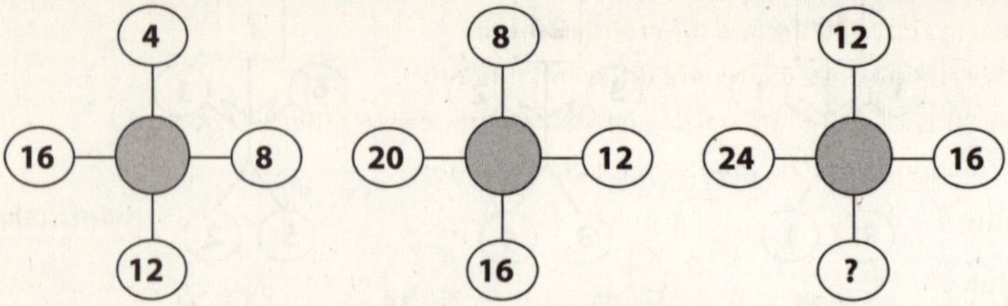

A 28 **B** 22 **C** 18 **D** 20 **E** 16

36 **Individuare il numero mancante.**

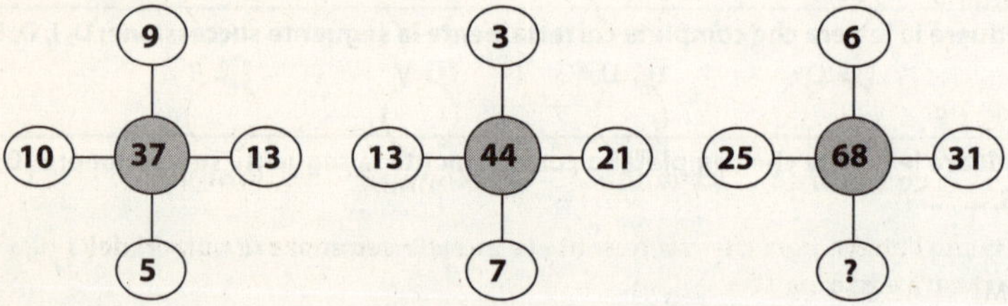

A 8 **B** 5 **C** 2 **D** 4 **E** 6

37 **Individuare il numero mancante.**

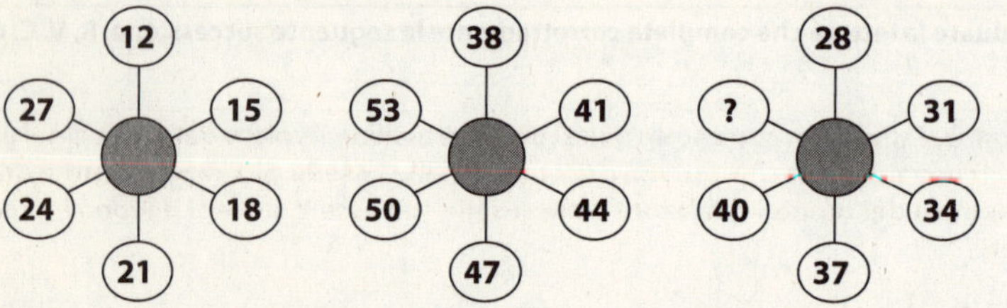

A 43 **B** 38 **C** 41 **D** 44 **E** 46

38 **Individuare il numero mancante.**

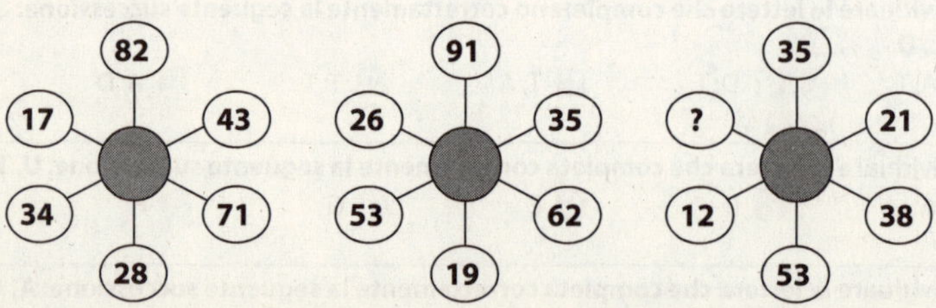

A 63 **B** 83 **C** 46 **D** 93 **E** 39

39 **La griglia 4 x 4 contiene solo numeri da 1 a 4 e per essere riempita con i numeri mancanti è necessario seguire tre semplici regole:**

1) ogni riga deve contenere differenti numeri;

2) ogni colonna deve contenere differenti numeri;

3) ogni "flusso" collegato dai segmenti deve contenere differenti numeri.

Le due diagonali non devono seguire queste regole.

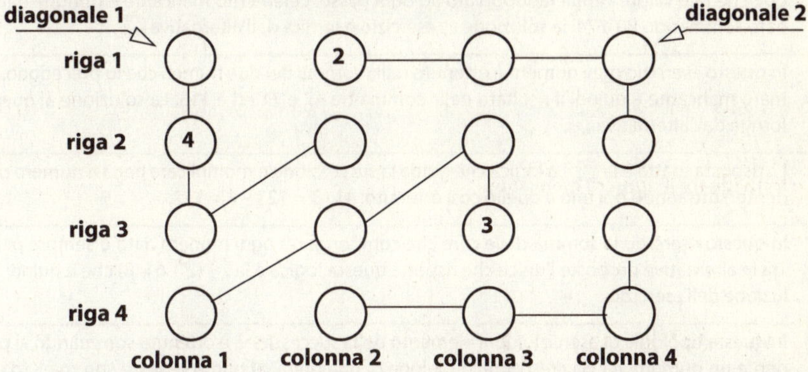

Individuare l'alternativa che rappresenta la corretta sequenza di numeri della riga 1 riportati da destra verso sinistra.

A 3-4-2-1
B 4-1-2-3
C 4-3-1-2
D 3-2-1-4
E 2-1-3-4

40 **La colonna Y si può spostare solo in orizzontale e assume il valore della riga X nel punto in cui la incrocia. Affinché la somma dei numeri nelle caselle di X rappresenti il quadrato della somma dei numeri risultante dalle caselle sull'asse Y, dove si devono incrociare le due serie?**

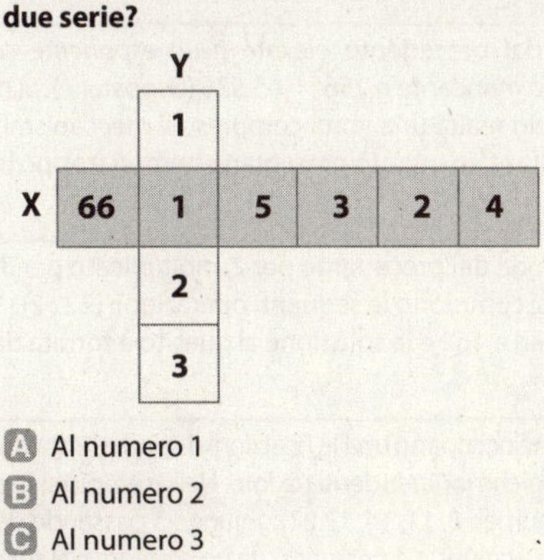

A Al numero 1
B Al numero 2
C Al numero 3
D Al numero 4
E Al numero 5

4.7 | Soluzioni e commenti

1 La serie è completata dal numero 64 (alternativa **D**), infatti la logica che regola la serie è quella che vede ogni numero ottenuto dal precedente moltiplicato per 4.

2 La differenza tra il primo e il secondo elemento della successione è pari a 10; tra il secondo e il terzo è pari a 20; tra il terzo e il quarto è pari a 40. La regola che governa la successione prevede dunque che tale valore venga raddoppiato ad ogni passo. L'elemento mancante è dunque determinato sommando 80 a 74: la soluzione all'esercizio è fornita dall'alternativa **A**.

3 In questo esercizio ogni numero è ottenuto dalla somma dei due numeri che lo precedono. Il numero mancante è quindi il risultato della somma tra 47 e 71 ed è 118. La soluzione al quesito è fornita dall'alternativa **C**.

4 La risposta esatta è la **B**. La logica che guida la successione è moltiplicare per 3 il numero precedente, sottraendo poi uno a quello così ottenuto: $41 \cdot 3 = 123 - 1 = 122$.

5 In questo esercizio la somma delle cifre che compongono ogni numero dato è sempre pari a 8. Tra le alternative proposte l'unica che rispetta questa logica è la **D** $(2 + 6 = 8)$ che è quindi la soluzione dell'esercizio.

6 In questa tipologia di esercizio ogni elemento della successione è ottenuto sommando al precedente un numero via via crescente in ragione di una unità: al primo passo si somma 3 (da 24 si ottiene 27), poi 4 (da 27 si ottiene 31), poi 5 (da 31 si ottiene 36), poi 6 (da 36 si ottiene 42). Il numero mancante è dunque pari al precedente $(42) + 7$; la risposta corretta è quindi la **A**.

7 Nell'esercizio sono presenti due distinte serie di numeri che rispondono a *due logiche indipendenti*, la prima serie aggiunge 8 mentre la seconda moltiplica per 4. I numeri delle due serie sono alternati tra loro, occorre quindi prestare attenzione a quale delle due deve essere completata. Il numero mancante è quello della serie che progredisce di otto in otto, per cui è 34 $(26 + 8)$. La risposta esatta è la **C**.

8 Nella successione compaiono più *operazioni aritmetiche che si ripetono ciclicamente*; l'ordine delle operazioni è il seguente: aggiungere uno (+ 1), moltiplicare per due (· 2), sottrarre due (– 2). Osservando la successione data, si nota il seguente andamento: $4 + 1 = 5$; $5 \cdot 2 = 10$; $10 - 2 = 8$; $8 + 1 = 9$; $9 \cdot 2 = 18$; $18 - 2 = 16$; $16 + 1 = 17$; $17 \cdot 2 = 34$; $34 - 2 = ?$. Il numero mancante è perciò 32 (alternativa **E**).

9 In questo esercizio ogni numero è dato dal precedente *elevato a un esponente costante*: nell'esempio l'esponente è pari a 2 e il numero mancante è $256^2 = 65.536$ (risposta D). Si noti che, seppure il calcolo possa apparire complesso, in realtà una volta compreso il meccanismo si possono escludere tutte le alternative diverse dalla **D** in quanto presentano numeri troppo bassi per essere il risultato del prodotto $256 \cdot 256$.

10 Ciascun numero della serie risulta dalla divisione del precedente per 2, moltiplicato per 3. Per ottenere il secondo numero (48), per esempio, si compiono le seguenti operazioni: $(32 : 2) \cdot 3$, e così gli altri numeri. Il valore mancante è quindi pari a 162 e la soluzione al quesito è fornita dall'alternativa **D**.

11 In questo caso, *si alternano due serie di numeri,* che occupano una le posizioni dispari e l'altra quelle pari della successione data e che presentano due logiche indipendenti tra loro. Nell'esempio si hanno due serie di tipo additivo: la prima è composta dai numeri 8, 11, 14, 17 (si aggiunge 3 passando da un elemento al successivo); la seconda è 4, 8, 12 … (si aggiunge 4 passando da un elemento al successivo). L'elemento incognito occupa una posizione pari e quindi appartiene alla seconda delle due serie che si alternano. Il suo valore è perciò dato da: $12 + 4 = 16$ (risposta **D**).

12 Questo esercizio mostra una *successione geometrica*, in cui cioè ciascun elemento è uguale al precedente moltiplicato per un numero costante (nell'esempio pari a 6). Il numero mancante è quindi 648, che si ottiene moltiplicando 108 · 6 (alternativa **C**). In esercizi analoghi, i numeri della successione possono essere divisi, anziché moltiplicati, per un numero costante.

13 La soluzione al quesito è fornita dall'alternativa **E**. Infatti la logica della serie è la seguente: dividere per 2 il numero precedente e poi sommare 2. Il numero mancante è quindi 7 (10 : 2 + 2).

14 Nell'esercizio, la somma dei numeri delle prime due terne è pari a 46. Nelle prime due successioni si ha infatti:

$$8 + 9 + 29 = 46 \text{ e } 1 + 2 + 43 = 46$$

Allo stesso modo, nella terza successione il numero mancante deve essere uguale a 10, infatti:

$$8 + 28 + 10 = 46$$

L'alternativa **C** è quindi quella che fornisce la risposta corretta all'esercizio.

15 In questo caso ci sono *tre successioni di numeri* (ciascuna delle quali è disposta a *triangolo*) che rispondono allo stesso criterio logico. Per comprendere tale criterio e individuare il numero mancante occorre analizzare le due terne di numeri interamente note. Nell'esempio, all'interno di ciascuna successione, il numero in basso è ottenuto dalla somma degli altri due:

$$8 + 21 = 29 \text{ e } 12 + 7 = 19.$$

Allo stesso modo, nella terza successione il numero mancante rispetta la logica: 7 + ? = 15 ed è quindi 8 (alternativa **C**).

16 In questo esempio ci sono ancora tre terne, ciascuna delle quali è però disposta in senso verticale e racchiusa all'interno di un rettangolo. La logica che collega i tre numeri di ogni successione è la seguente: il numero al centro di ciascun rettangolo è dato dalla differenza tra il numero in alto e il numero in basso moltiplicata per 2. Cioè: $(18 - 8) \cdot 2 = 20$; $(21 - 7) \cdot 2 = 28$; $(19 - 13) \cdot 2 = 12$. La soluzione esatta è dunque la **A**.

17 In questo esercizio vi sono tre numeri che si ripetono ciclicamente: 49, 27 e 12. Il primo numero mancante deve quindi essere 49 mentre il secondo è 27; la soluzione dell'esercizio è quindi la **C**.

18 La logica che lega i termini di questa serie è "mista", poiché utilizza contemporaneamente più criteri insieme. I numeri sono legati, infatti, dalla seguente logica: · 2, – 3, +1. Il numero che completa la serie è 18 e la soluzione è la **B**.

19 Passando da un numero all'altro della serie ci si accorge che si sta sottraendo sempre la stessa quantità pari a 11. La soluzione al quesito è rappresentata dall'alternativa **C**.

20 L'esercizio presenta due serie alternate di numeri: quella dei termini che occupano le posizioni dispari e quella dei termini nelle posizioni pari. Entrambe le serie aumentano sempre di un valore pari a 16. La soluzione al quesito è quindi fornita dall'alternativa **E**.

21 In questo esercizio l'incognita è nel mezzo della successione. La logica in questo caso prevede, nell'ordine, le seguenti operazioni: … + 3 … – 1 … · 2 … + 3 … – 1… · 2 … + 3 … La soluzione esatta è dunque la **C**, dal momento che 16 + 3 = 19.

22 La somma delle cifre che compongono ogni numero della serie è sempre pari a 8. L'unica alternativa che propone lo stesso criterio è la **A**, che rappresenta la soluzione al quesito.

23 Si tratta di una semplice successione di numeri presentata in una forma grafica particolare. La soluzione al quesito è fornita dall'alternativa **E**. Il numero sulla faccia superiore di ogni cubo è infatti ottenuto dal prodotto dei due numeri delle facce laterali.

24 La logica che lega i numeri appartenenti allo stesso cubo è che la somma delle loro cifre dà sempre lo stesso numero. Così la somma delle cifre del primo cubo è uguale a 6, quella del secondo uguale a 5 e quella del terzo pari a 4. Il numero che, quindi, completa il terzo cubo è il 13 e la soluzione all'esercizio è la **D**.

25 Nelle prime due figure il numero nel quadrato in alto è ottenuto dalla somma dei numeri contenuti nei cerchietti. Così nella prima figura, per esempio, 8 = (4 + 1 + 1 + 2) e, nella seconda, 12 = 2 + 1 + 3 + 6. Estendendo il ragionamento alla terza figura si individua nella **E** la soluzione al quesito.

26 Nelle prime due figure la differenza tra il numero contenuto nel quadrato in alto e la somma dei numeri contenuti nei cerchietti è sempre pari a 12: nella prima figura si ha 16 – 1 – 1 – 1 – 1 = 12 e nella seconda si ha 24 – 3 – 2 – 3 – 4 = 12. Estendendo il ragionamento alla terza figura si individua nella **B** la soluzione al quesito.

27 Si tratta di una sequenza alfabetica il cui ordine va dalla A alla Z, ma in cui, tra un elemento e il successivo, manca un gruppo di due lettere. In sostanza, è una successione del tutto simile a quella numerica additiva (aggiunge 3 passando da un elemento all'altro). La lettera incognita è dunque S (risposta **A**) che è situata 3 posizioni dopo la P.

28 Tra una lettera e l'altra della serie si scorre sull'alfabeto riducendo sempre di una posizione lo scarto delle lettere. Così tra D e I ci sono 5 posizioni di differenza, tra I e O le posizioni sono 4 e tra O e R 3. La lettera mancante è quindi successiva di 2 posizioni rispetto alla R e quindi è la T. La soluzione è fornita dall'alternativa **A**.

29 L'esercizio presenta due serie alternate: la prima (composta dalla lettere che occupano le posizioni dispari), vede le lettere muoversi sull'alfabeto spostandosi di due posizioni ogni volta, mentre l'altra serie (composta dalle lettere che occupano le posizioni pari) di una posizione alla volta. Il primo termine mancante appartiene alla prima serie e quindi è la lettera L, mentre il secondo appartiene alla seconda serie ed è la lettera H. La soluzione al quesito è, quindi, fornita dall'alternativa **E**.

30 Ogni lettera della successione si trova quattro posizioni più avanti, nell'alfabeto italiano, rispetto alla precedente. Secondo tale logica la lettera mancante è la Q (alternativa **B**).

31 Passando da una lettera all'altra della successione ci si accorge che si scorre sull'alfabeto italiano tornando indietro di una quantità sempre crescente (– 2, – 3, – 4) di posizioni. Ci si aspetta che la lettera mancante sia posizionata nell'alfabeto 5 lettere prima della L. La soluzione è quindi fornita dall'alternativa **A**.

32 L'esercizio presenta tre lettere che si ripetono ciclicamente: T, D, A. Sia la prima che l'ultima lettera devono quindi essere una T. La risposta corretta è la **D**.

33 Passando dalla U alla T si arretra nell'alfabeto italiano di 1 posizione; dalla T alla R si arretra di 2 posizioni; dalla R alla O vi sono 3 posizioni e dalla O alla I ve ne sono 4. La lettera mancante dovrà dunque essere la D che si trova a 5 posizioni dalla I. La risposta corretta è dunque la **B**.

34 Per individuare la logica che governa questa successione, è necessario sdoppiarla in due sequenze distinte e alternate (A ... B ... C ... D ... la prima e A ... C ... E ... G ... la seconda). La lettera da individuare appartiene alla prima sequenza ed è correttamente identificata dall'alternativa **A**.

35 All'interno di ogni figura i numeri, muovendosi in senso orario a partire dall'alto, sono ottenuti sommando 4 al precedente. La risposta corretta è la **D**.

36 In ognuno dei tre gruppi di numeri l'elemento centrale è pari alla somma dei quattro numeri che lo circondano. Nella prima figura si ha: 9 + 10 + 13 + 5 = 37 mentre nella seconda si ha 3 + 13 + 21 + 7 = 44. Il numero mancante deve dunque essere 6 (infatti 6 + 25 + 31 + 6 = 68). La risposta corretta è pertanto la **E**.

37 I numeri che compongono ognuna delle tre figure seguono una logica additiva: partendo dal numero posizionato in alto, gli altri numeri sono determinati muovendosi in senso orario e sommando 3 al numero precedente. La risposta corretta è quindi la **A**.

38 Nella prima figura i numeri posizionati sugli estremi opposti di ogni segmento sono composti dalle stesse cifre cambiate di posizione: sul segmento verticale si ha infatti 82 e 28 (composti entrambi dai numeri 2 e 8); su una diagonale si ha 34 e 43 (composti da 4 e 3) e sull'altra 17 e 71. Poiché la stessa regola logica è rispettata dai numeri presenti sulla seconda figura e dai termini noti presenti sull'ultima, appare evidente che il numero mancante non può che essere 83. La risposta corretta è quindi la **B**.

39 Leggendo la prima riga da destra verso sinistra si nota come la terza cifra debba essere il numero 2: la soluzione è quindi o la A o la B. Provando a inserire la serie proposta dalla **A**:

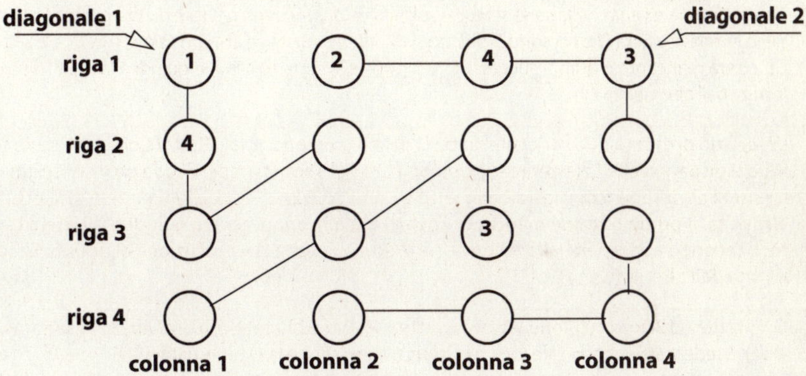

A questo punto si deve mettere un valore pari a 1 per completare "flusso" posto in alto a destra e completare la seconda riga nel seguente modo:

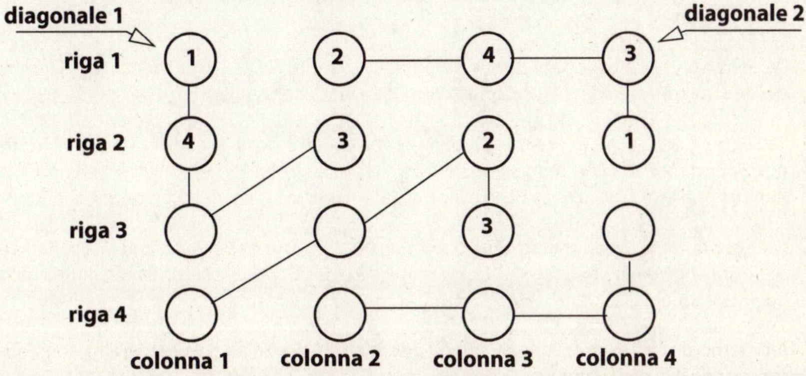

40 La somma dei valori sulla riga X è pari a 81, che corrisponde al quadrato di 9. I numeri della colonna Y che rimangono costanti sono 1, 2 e 3 (la Y si può muovere solo in orizzontale), la cui somma è 6. Per ottenere 9 è necessario che il quarto numero che appartiene a Y sia 3 ed è quindi in corrispondenza di tale punto che la riga Y deve incrociare la X. La **C** è quindi la soluzione del quesito.

5| Logica matematica

I quesiti di natura logico-matematica mirano a valutare le **capacità di ragionamento** e la **velocità dei candidati** nel risolvere gli esercizi, più che a misurare le conoscenze specifiche acquisite nel corso degli studi.

Lo svolgimento di questi esercizi presuppone la conoscenza di poche nozioni di *matematica,* che dovrebbero essere alla portata di tutti.

Quanto detto sembra sminuire l'importanza della fase di preparazione per la risoluzione dei quesiti relativi alla parte di logica-matematica. Esistono, al contrario, alcuni validi motivi che rendono estremamente importante il lavoro di preparazione:

- le poche nozioni necessarie di matematica, che tutti dovrebbero conoscere, non sono sempre note;
- la capacità di ragionamento è certamente aiutata da un lavoro di sintesi e di schematizzazione delle nozioni e dei più frequenti passaggi logici necessari per la risoluzione dei quesiti;
- la migliore preparazione alla prova di selezione si ottiene esercitandosi sulle operazioni e i passaggi logici richiesti;
- il tempo a disposizione è poco: una preparazione adeguata mette il candidato nelle condizioni di rispondere più velocemente alle domande.

Esercizi logico-matematici sono presenti nella maggior parte dei test di accesso all'università, da Psicologia ad Architettura, dall'area medico-sanitaria a quella economica, da Ingegneria a Scienze della Formazione; solitamente nella singola prova non compaiono contemporaneamente tutte le tipologie presentate nel seguito, ma è probabile che ne vengano scelte alcune.

Cosa è richiesto per rispondere a queste domande?

Nozioni sulle operazioni aritmetiche:

sapere per esempio effettuare rapidamente calcoli che prevedano anche i valori decimali (per esempio utilizzando i prezzi dei beni che sono espressi con i relativi centesimi).

Nozioni su frazioni e percentuali:

sapere per esempio che 10/100 = 1/10 = 0,1 = 10%.

Nozioni su calcolo della media aritmetica:

sapere per esempio che è calcolata sommando tutti i valori a disposizione e dividendo il risultato per il numero complessivo dei dati (per esempio la media tra 4, 5, 6 e 9 è pari a 6, e si ottiene calcolando: 4 + 5 + 6 + 9 = 24 fratto 4 – il numero degli elementi sommati).

Nozioni di geometria elementare:

sapere per esempio come si calcola il perimetro o l'area di un parallelogramma o il volume di un parallelepipedo.

Conoscenza delle abbreviazioni utilizzate per le unità di misura:

ricordarsi che:

- lunghezza: chilometro = km; metro = m; centimetro = cm e millimetro = mm;
- peso: chilogrammo kg e grammo = g;
- superficie: metro quadrato = m^2 e centimetro quadrato = cm^2;
- volume e capacità: metro cubo = m^3, centimetro cubo = cm^3 e litro = l.

5.1 | Descrizione degli esercizi

I *problemi di natura matematica* presenti nei test in questione sono riconducibili alle seguenti tipologie di esercizi:

- problemi con frazioni;
- problemi con percentuali;
- problemi risolvibili con equazioni;
- esercizi con grafici e tabelle;
- problemi su distanza, velocità e tempo;
- problemi di lavoro;
- problemi di calcolo delle probabilità;
- matrici di numeri.

5.2 | Suggerimenti operativi

In questo capitolo sono state schematizzate le diverse tipologie di quesiti, evidenziandone i principi fondamentali nonché le nozioni necessarie e i passaggi logici più frequenti per individuare la soluzione dei quesiti. A tale scopo, si riportano di seguito alcuni suggerimenti che permettono di ottimizzare il risultato nel test.

- **Leggere tutte le alternative proposte prima di iniziare a risolvere il problema.** A volte è più semplice individuare la risposta corretta in modo indiretto, ossia procedendo per eliminazione e scartando le risposte non corrette, piuttosto che determinare la soluzione in maniera diretta (facendo i calcoli del caso). Vi sono esercizi in cui alcune delle alternative proposte possono essere eliminate a priori, effettuando semplici ragionamenti o stime. Ciò permette di restringere l'insieme delle alternative tra cui individuare la risposta corretta e quindi di aumentare la probabilità di successo, nonché di ridurre l'impiego di tempo.
- **Scrivere i calcoli evitando di fare tutti i passaggi a mente**: la scrittura dei calcoli svolti permette di concentrarsi maggiormente sul problema e riduce gli errori di distrazione. Inoltre permette di avere una traccia scritta dei ragionamenti fatti e dei risultati intermedi ottenuti, utilissima nel caso in cui vi sia necessità di verificare il lavoro svolto (per esempio, nel caso in cui la soluzione trovata non sia presente tra le alternative).
- **Evitare i calcoli non necessari**: è possibile, a volte, rispondere a una domanda tramite approssimazioni o calcoli di massima, senza determinare il risultato esatto del problema. Ciò permette di risparmiare tempo prezioso, che può essere utilizzato per rispondere ad altre domande. Per qualche quesito, potrebbe risultare più semplice e veloce verificare quale delle diverse soluzioni proposte risolve il problema, provando a sostituire le alternative all'incognita.
- **Affrontare con molta attenzione anche i quesiti per i quali si sa già come procedere.** Questo suggerimento è particolarmente importante per gli esercizi di natura matematica e permette di evitare errori di distrazione causati dalla fretta.
- **Rispondere alla domanda effettivamente posta dal problema.** È sempre necessario leggere attentamente la domanda: il fatto che il risultato ottenuto con i propri ragionamenti coincida con una delle alternative proposte non significa necessariamente che la risposta data sia quella corretta. Alcune delle alternative corrispondono solitamente a risultati parziali o a risultati che si ottengono commettendo errori comuni nel procedimento di risoluzione.
- **Verificare, se possibile, la soluzione che si ritiene esatta.** Se si è in grado di controllare in modo veloce il risultato ottenuto, è conveniente farlo. Per esempio, se il problema consiste nel risolvere un'equazione, è conveniente verificare che la risposta individuata soddisfi l'equazione stessa. In alcuni casi, tale procedimento permette di individuare gli errori commessi e di correggere la risposta.
- **Prestare attenzione alle unità di misura delle soluzioni.** A volte, tra le alternative proposte, alcune sono numericamente identiche alla soluzione del problema, ma l'unità di misura in cui sono espresse non è corretta.

- **Utilizzare valori numerici per verificare le risposte che utilizzano formule.** Alcune domande possono avere risposte che usano quantità il cui valore numerico non è dato. Per esempio, una domanda potrebbe chiedere il costo di costruzione di *y* oggetti e tutte le risposte contengono *y*. In tali problemi, assegnare un valore di riferimento a scelta rende più semplice effettuare i calcoli e può semplificare il problema.
- **L'obiettivo che ci si pone nella risoluzione degli esercizi di attitudine matematica è quello di determinare la risposta corretta, non la "migliore".** Una volta giunti alla soluzione e verificata la stessa, non è necessario analizzare le diverse alternative, perché i quesiti di attitudine matematica a differenza di quelli presenti nella sezione di attitudine verbale, hanno una soluzione che è univoca e non ce ne può essere un'altra ugualmente valida.
- Quando si assegna un valore a una variabile, è **conveniente evitare di assegnare i valori 0 e 1** poiché 0 volte un numero è sempre 0, mentre 1 volta un numero non modifica il numero stesso. Se sono presenti più quantità sconosciute nelle risposte, è meglio assegnare valori diversi a quantità diverse.

5.3 | Problemi con frazioni

I problemi con frazioni richiedono semplici calcoli basati sull'utilizzo dei rapporti tra numeri interi. Al candidato generalmente è richiesto di individuare, tra più frazioni, quella maggiore o minore, o di effettuare semplici calcoli con numeri frazionari.

Esempi

---

1 Quale tra le seguenti frazioni è la maggiore?

A $\frac{5}{6}$ B $\frac{3}{4}$ C $\frac{9}{8}$ D $\frac{5}{4}$ E $\frac{6}{6}$

Osservando che una frazione in cui il numeratore sia maggiore del denominatore è > 1, mentre una in cui il numeratore sia minore del denominatore è < 1, è possibile limitare il confronto alle alternative C e D. In ogni caso, per poter confrontare tra loro più frazioni occorre fare in modo che abbiano lo stesso denominatore (si calcola quindi il loro minimo comune multiplo) e confrontare i numeratori. Nell'esempio considerato le cinque frazioni sono rispettivamente uguali a:

$$\frac{20}{24};\ \frac{18}{24};\ \frac{27}{24};\ \frac{30}{24};\ \frac{24}{24}$$

La frazione maggiore è quella che possiede il numeratore maggiore, dunque quella indicata nella risposta D. Nel caso in cui le frazioni da confrontare siano solo due (*a/b, c/d*), è possibile procedere in un altro modo: si confrontano i prodotti $a \cdot d$ e $b \cdot c$: la frazione più grande è quella il cui numeratore ha determinato il prodotto maggiore. Per esempio, per stabilire quale frazione è maggiore tra 5/13 e 2/5, è possibile applicare il criterio appena esposto:

$$5 \cdot 5 = 25;\ 2 \cdot 13 = 26 \ \Rightarrow\ 2/5 \text{ è maggiore di } 5/13$$

---

2 Trovare i 2/9 di 54.

A 14 B 68 C 12 D 24 E 18

Per risolvere l'esercizio occorre moltiplicare 54 per 2/9. Si ottiene:

$$\frac{2}{9} \text{ di } 54 = \frac{2}{9} \cdot 54 = 2 \cdot 6 = 12 \quad \text{(risposta C).}$$

---

3 Il numero 9 che parte è di 12?

A $\frac{3}{4}$ B $\frac{4}{3}$ C $\frac{3}{2}$ D $\frac{2}{3}$ E $\frac{3}{9}$

In questo caso, bisogna dividere 9 per 12; si ottiene così 9/12 = 3/4 (risposta A). Per verificare di avere fatto l'operazione giusta, è utile confrontare i due numeri in esame (9 e 12) con la frazione ottenuta 3/4: essendo 9 minore di 12, anche la frazione deve avere il numeratore minore del denominatore.

---

4 Una tipografia acquista una macchina per la stampa a colori al prezzo di 90.000 euro e un computer per l'elaborazione delle immagini a 15.000 euro. Il prezzo pagato per l'acquisto del computer che frazione è del prezzo pagato per la macchina da stampa?

A $\frac{1}{3}$ B $\frac{1}{9}$ C $\frac{90}{15}$ D $\frac{1}{6}$ E $\frac{4}{3}$

L'esercizio chiede di individuare che parte di 90 è 15 o, in altre parole, quante volte il numero 15 è contenuto in 90, cioè 15/90 = 1/6. La risposta corretta è dunque la D.

---

5 Marco ha 1/4 degli anni che avrà tra 12 anni. Quanti anni ha adesso Marco?

A 2
B 3
C 16
D 4

Se Marco ha 1/4 degli anni che avrà tra 12 anni, vuol dire che sommando 12 anni all'attuale età di Marco (X) si ottiene proprio il quadruplo della sua attuale età:

$$X + 12 = 4X$$

da cui X = 4 (D soluzione del quesito).

---

6 I dipendenti dell'aeroporto di Tuku vengono suddivisi in tre categorie contrattuali: tecnici, impiegati e dirigenti. I tecnici sono i 2/7 del totale, gli impiegati sono i 3/5 del totale e i dirigenti sono 16. Quanti sono in totale i dipendenti dell'aeroporto?

A 130 B 4/35 C 31/35 D 140 E 210

Il numero totale di dipendenti dell'aeroporto deve evidentemente essere un numero intero: pertanto le alternative B e C possono essere eliminate a priori poiché indicano come soluzione due valori frazionari. La probabilità di individuare casualmente la risposta corretta è a questo punto pari a 1/3 contro la probabilità iniziale di 1/5. Procediamo con i calcoli. Per poter confrontare il numero di tecnici con quello degli impiegati dobbiamo fare in modo che le frazioni abbiano lo stesso denominatore, calcolando il minimo comune multiplo tra 7 e 5 che è 35. Così sappiamo che i tecnici sono 10/35 del totale, gli impiegati i 21/35 e i dirigenti i restanti 4/35. Con una semplice proporzione (4 : 35 = 16 : x, dove x è il numero dei dirigenti in totale) otteniamo il risultato di 140. La risposta corretta è, pertanto, la D.

5.4 | Percentuali e loro applicazioni

Le percentuali vanno viste come frazioni. % significa *diviso cento*. Per esempio:

$$25\% = \frac{25}{100} \quad ; \quad 2000\,\% = \frac{2000}{100} \quad ; \quad 0,3\,\% = \frac{0,3}{100} = \frac{3}{1000}$$

Una percentuale è pertanto una frazione con denominatore pari a 100. È possibile esprimere le percentuali sia come frazioni sia come numeri decimali.

Dal momento che 100% rappresenta l'unità, moltiplicare o dividere un numero qualsiasi (intero, decimale o frazionario) per 100% non ne cambia il valore. Quindi:

- per convertire un numero (intero, decimale o frazionario) in percentuale lo si moltiplica per 100% (ossia si moltiplica per 100 e si affianca il simbolo di percentuale);
- per convertire una percentuale in un numero la si divide per 100% (ossia si divide per 100 e si toglie il simbolo di percentuale).

In altre parole, per convertire una percentuale in un numero decimale è sufficiente eliminare il segno di percentuale (%) e spostare la virgola di due posizioni a sinistra (il che equivale a dividere per cento):

$$25\% = 0,25 \quad ; \quad 2000\% = 20 \quad ; \quad 0,3\% = 0,003$$

La maggior parte dei problemi con le percentuali è riconducibile all'espressione:

Il tasso T percentuale di B è A

↓ ↓ ↓ ↓

il 10 % di 60 è 6

Generalmente sono date due variabili ed è richiesto di calcolare la terza. Sebbene molti di questi esercizi possano essere risolti con un semplice ragionamento, le formule a cui fare riferimento sono le seguenti:

$$A = T \cdot B \quad ; B = \frac{A}{T} \; ; T = \frac{A}{B}$$

dove T rappresenta il tasso percentuale espresso in numero decimale.

Esempi

---

1 **Convertire 0,93 in percentuale.**

A 0,93% B 9,3% C 93% D 930% E 0,093%

La risposta esatta è la C: 0,93 · 100 = 93, da cui si ottiene: 0,93 = 93%.

---

2 **Convertire 1/5 in percentuale.**

A 0,20 B 20% C 0,20% D 20 X 100 E 2,0%

La risposta esatta è la B. Infatti 1/5 · 100 = 20, da cui 1/5 = 20%.

---

3 **Convertire 35% in frazione.**

A 35
B 35/10
C 2/5
D 3/10
E 7/20

La risposta esatta è la E. Infatti si ha:

$$35\% = \frac{35}{100} = \frac{7}{20}$$

---

4 **Trovare il 15% di 50.**

A 7,5 B 75 C 0,75 D 0,075 E 750

La risposta esatta è la A. Infatti si ha: T = 15% = 0,15; B = 50; applicando la formula $A = T \cdot B$ si ottiene: A = 0,15 · 50 = 7,5.

---

5 **Di quale numero 35 è il 10%?**

A 0,35 B 3,5 C 3/5 D 350 E 3500

La risposta esatta è la D. Infatti: T = 10% = 0,1; A = 35, da cui B = $\frac{35}{0,1}$ = 350.

6 **Il proprietario di una fabbrica di orecchini, in occasione della festa dell'8 marzo, vuole fare un regalo alle sue 100 dipendenti donne. Poiché sa che il 10% di esse porta un solo orecchino e che il rimanente si divide in parti uguali tra chi non ne porta affatto e chi ne porta due, quanti orecchini dovrà far preparare?**

A 45
B 90
C 100
D 180
E 200

Il 10% di 100 è pari a 10. Quindi 10 donne portano un solo orecchino. Delle altre 90 sono in 45 quelle che li portano entrambi (quindi altri 90 orecchini). In tutto quindi il proprietario dovrà far preparare 10 + 90 = 100 orecchini. La risposta esatta è pertanto C.

7 **In modalità "prestazioni elevate", il consumo di energia di un computer portatile aumenta del 25% rispetto all'utilizzo normale. Di quanto diminuisce la durata della batteria nell'utilizzo "prestazioni elevate" rispetto all'utilizzo normale?**

A 33%
B 40%
C 25%
D 20%
E 30%

Se in modalità "prestazioni elevate" il consumo di batteria raddoppiasse rispetto al consumo normale, allora il tempo di durata della batteria si dimezzerebbe. Se, quindi, il consumo di batteria in modalità "elevate" aumenta di 1/4 (il 25%) diventando cioè i 5/4 (1 + 1/4) del consumo normale, allora la durata della batteria diventa i 4/5 della durata normale. Essendo, rispetto alla durata normale, la durata diminuita di 1/5, tale riduzione coincide con il 20% (D soluzione del quesito).

5.4.1 | Problemi di sconto

Due delle più comuni applicazioni delle percentuali nei test selettivi sono i *problemi di sconto* e *di interesse*.
La formula da applicare in questo tipo di problemi è la seguente:

$$\text{sconto} = \text{costo} \cdot \text{tasso di sconto}$$

Essendo il tasso di sconto espresso in termini percentuali, la formula equivale alla relazione già incontrata: $A = T \cdot B$.

Esempi

1 **Un libro che costa 30 euro è scontato del 12%. A quanto ammonta lo sconto?**

A 31,5 euro
B 2,5 euro
C 31,8 euro
D 3,6 euro
E 6,4 euro

Per calcolare a quanto ammonta lo sconto se un libro che costa 30 euro è scontato del 12%, si applica la relazione presentata sopra e si ottiene:

$$\text{sconto} = 30 \cdot 0{,}12 = 3{,}6 \text{ euro}$$

La risposta esatta è pertanto la D.

5.4.2 | Problemi di interesse

Anche in questo caso c'è un tasso espresso in percentuale e il modo di procedere è analogo a quello visto in precedenza. Tuttavia, nella formula da applicare per il tasso di interesse, compare un nuovo elemento da considerare attentamente: il *tempo*.

Interesse = somma iniziale · tempo · tasso

Il tasso di interesse va inteso come *tasso annuale*, a meno che il problema non ne specifichi uno diverso. Di conseguenza, tutti i tempi devono essere convertiti in anni (o frazioni di anno).

Esempi

---

1 **Quale interesse si ottiene investendo € 8.000 per 4 mesi a un tasso del 12%?**

A € 300
B € 320
C € 30
D € 650
E € 2.400

La risposta esatta è la B. Infatti, si ha che: 12% = 12/100; 4 mesi = 1/3 anno; applicando la formula si ottiene:

interesse = € 8.000 · 1/3 · 12/100 = € 320

5.4.3 | Variazione percentuale

È opportuno infine ricordare la formula per ottenere la *variazione percentuale di una variabile* di cui si conoscono il valore iniziale e quello finale (ammontare originale e nuovo ammontare). Essa è la stessa sia che si consideri un *incremento* sia che si consideri un *decremento* percentuale. L'unica differenza che si osserva è il segno della variazione percentuale (positivo nel primo caso, negativo nel secondo).

$$\text{variazione percentuale} = \frac{\text{nuovo ammontare} - \text{ammontare originale}}{\text{ammontare originale}} \cdot 100\%$$

---

1 **Il valore di un'azione è sceso da 3 euro a 2,4 euro. Calcolare la variazione percentuale.**

A 20%
B – 20%
C 0,6
D – 0,6
E 25%

È possibile eliminare le alternative C e D poiché non presentano valori percentuali e le alternative A ed E poiché indicano un incremento, mentre nel passaggio da 3 euro a 2,4 euro si è avuto un decremento. La risposta esatta è quindi la B, che può essere ottenuta anche applicando la formula:

$$\text{variazione percentuale} = \frac{2{,}4 - 3}{3} \cdot 100 = -20\% \text{ (decremento)}$$

---

2 **Dal 1990 al 1995, il valore di una motocicletta d'epoca ha subito un incremento del 30%. Dal 1995 al 2000 ha subito un decremento del 20%. Il valore della moto nel 2000 che percentuale è del suo valore del 1990?**

A 90% B 100% C 104% D 110% E 124%

Si consideri come valore della motocicletta nel 1990 il numero $x = 100$. Nel 1995 il valore della motocicletta risulta incrementato del 30% rispetto alla valutazione del 1990: 100 + il 30% di 100 = 100 + 30 = 130.

Nel 2000 il valore della motocicletta risulta diminuito del 20% rispetto alla valutazione del 1995: 130 – il 20% di 130 = 130 – 26 = 104.

Pertanto il valore della moto nel 2000 rispetto al valore nel 1990 è pari a:

$$\frac{104}{100} = 104\% \quad \text{(risposta C)}$$

Si noti che un valore che aumenta del 20% per poi diminuire del 20% non torna ad assumere il suo valore originale, poiché la stessa percentuale è applicata a due valori diversi.

---

3 Mario compra un titolo in borsa e il primo giorno il titolo guadagna il 15% rispetto al valore di acquisto. Il giorno successivo il titolo sale ancora del 15% mentre il terzo giorno il titolo crolla del 30%. Se a questo punto Mario decidesse di vendere, quale sarebbe il risultato dell'operazione di compravendita?

A Un guadagno di circa il 5% del capitale investito

B Un guadagnato di più del 5% del capitale investito

C Una perdita di circa l'8% del capitale investito

D Una perdita di circa il 30% del capitale investito

E Nessun guadagno ma neanche nessuna perdita

Se Mario investe la somma *x*, il primo giorno guadagna il 15% e quindi il valore nominale del suo investimento è pari a $x + 15/100x$ ossia $115/100x$ ($1{,}15x$).

Il secondo giorno il titolo sale nuovamente del 15% e quindi Mario guadagna il 15% di quanto aveva il giorno prima; al termine della seconda giornata Mario possiede:

$$1{,}15x + 1{,}15 \cdot 0{,}15x = 1{,}32x$$

Pertanto al termine del secondo giorno Mario ha guadagnato circa il 32% del capitale investito.

Il terzo giorno il titolo crolla del 30%; Mario perde dunque il 30% di $1{,}32x$ (cioè $1{,}32x \cdot 0{,}3 = 0{,}396x$). Pertanto il valore posseduto da Mario è pari a:

$$1{,}32x - 0{,}396x = 0{,}924x$$

Ciò significa che Mario possiede ora circa il 92,4% del capitale iniziale, ha dunque perso circa l'8% del capitale investito. La risposta corretta è dunque la C.

Suggerimenti

Quando la domanda e le alternative sono espresse come percentuali, può risultare vantaggioso usare un valore numerico (solitamente 100) da attribuire alla quantità a cui si riferisce il problema ed effettuare poi i ragionamenti del caso.

- **Non confondere decimali con percentuali**. Per esempio, la percentuale 0,3% è uguale a 0,003 (decimale).
- Ove possibile, usare il senso comune e **valutare se sia possibile scartare alcune soluzioni proposte** sulla base della semplice osservazione dei dati.
- Memorizzare le **formule relative allo sconto, all'interesse e alla variazione percentuale** riportate nel capitolo.

5.5 | Problemi risolvibili con equazioni

Si tratta di esercizi in cui vengono solitamente definite, per mezzo del linguaggio comune, alcune relazioni tra diverse quantità. Tali relazioni permettono di esprimere i dati del problema con un'equazione in cui è presente un'incognita. L'incognita, che corrisponde alla soluzione da ricercare, si ricava applicando i metodi di risoluzione tipici delle equazioni lineari di primo grado, che si consiglia di ripassare.

Il metodo generale per risolvere questo tipo di problemi è quello di *tradurre la formulazione della domanda in un problema algebrico*.

È facile incontrare questa tipologia di quesiti nei test di accesso alle Professioni sanitarie per le università statali, ma anche in quelli per l'area medica in generale delle università private o nella sezione di logica matematica dei test di accesso a Psicologia, Scienza della formazione primaria, Ingegneria ed Economia (sia per le università pubbliche, sia per quelle private).

1 **Marco ha tre dischi più di Flavio e la metà di Andrea; Flavio ne ha 10 meno di Guido, mentre i quattro amici insieme hanno 169 dischi. Quanti dischi possiede Guido?**

A 65 B 33 C 66 D 40 E 30

Sia x il numero di dischi posseduti da Guido. Dai dati del problema risulta che:

- Flavio possiede 10 dischi in meno rispetto a Guido, cioè $(x - 10)$ dischi;
- Marco ha tre dischi più di Flavio: $(x - 10) + 3$, cioè $(x - 7)$ dischi;
- Andrea ha il doppio dei dischi di Marco: $2(x - 7)$, cioè $(2x - 14)$ dischi.

La somma di tutti i dischi posseduti dai 4 amici è dunque data da:

$$(x - 7) + (x - 10) + (2x - 14) + x$$

Tale somma è pari a 169 e quindi:

$$(x - 7) + (x - 10) + (2x - 14) + x = 169$$

da cui segue $5x = 200$, e quindi $x = 200/5 = 40$ (risposta D).

2 **Un infermiere deve somministrare un farmaco, in quantità diverse, a due pazienti: Mauro e Lucia. Presi 60 mg del farmaco, l'infermiere ne tiene un quarto da parte e divide il resto tra Mauro e Lucia nel rapporto di 2 a 1. Quanti milligrammi di farmaco saranno somministrati a Mauro?**

A 45 B 15 C 30 D 40 E 10

Se l'infermiere deve somministrare 60 mg del farmaco ma ne tiene un quarto da parte, vuol dire che ne somministra 45 mg (che sono i 3/4 di 60 mg). Questi 45 mg devono essere divisi in due parti in modo che Mauro ne abbia il doppio di Lucia. Si può risolvere il quesito anche impostando un sistema a due equazioni in due incognite:

$$M + L = 45$$

$$M = 2L$$

dove M = Mauro e L = Lucia, che poteva facilmente essere risolto con le opportune sostituzioni.

Per rispondere al quesito si può anche procedere esaminando le alternative. Si vede, così, che la C è la soluzione cercata: infatti, se a Mauro sono somministrati 30 mg, a Lucia ne vengono somministrati 15 (la metà) e la somma di questi due valori ha come risultato proprio i 45 mg somministrati.

3 **Un gruppo di amici raccoglie un piccolo cestino di ciliegie e vuole spartirselo, ma se prendono tre ciliegie a testa ne avanza una, mentre se ne prendono quattro ne mancherebbero due. Quale tra i seguenti potrebbe essere il numero di ciliegie che è riuscito a raccogliere il gruppo di amici?**

A 12
B 10
C 15
D 13

Poiché se gli amici (A) prendono 3 ciliegie a testa ne avanza 1, si può scrivere che il numero di ciliegie (C) è pari a:

$$C = 3A + 1.$$

Ma, poiché prendendone 4 a testa ne mancherebbero 2, si può anche scrivere che il numero di ciliegie (C) è pari a:

$$C = 4A - 2.$$

Come si vede, la parte sinistra delle due equazioni è sempre pari a C, per cui le due parti destre si equivalgono:

$$3A + 1 = 4A - 2,$$

da cui:

$$3 = A.$$

Essendo il numero di amici pari a 3, si hanno in tutto 10 ciliegie (infatti dandone 3 a testa ne avanza 1 mentre dandone 4 a testa servirebbero 12 ciliegie e quindi ne mancherebbero 2). La B è la soluzione del quesito.

Si può risolvere il quesito anche provando le alternative. Si scartano subito la A e la C, infatti il numero delle ciliegie non può essere perfettamente divisibile per 3 (altrimenti dandone 3 a testa ognuno degli amici non ne avanzerebbe nessuna). Tra 10 e 13 solo il primo numero rispetta entrambe le condizioni del quesito (infatti se fossero 13, e dandone 3 a testa ne avanzerebbe 1, vorrebbe dire che gli amici sono 4, ma così facendo, dandone 4 a testa ne dovrebbero mancare 3 e non 2).

5.6 | Interpretazione di grafici e tabelle

Questi esercizi intendono saggiare la capacità del candidato di **leggere e comprendere le informazioni contenute in tabelle e grafici statistici**.

Viene presentata solitamente una tabella a più colonne o un grafico; quest'ultimo può assumere forme diverse, a seconda della natura dei dati da rappresentare e delle informazioni che intende fornire.

Le domande di questa sezione possono riguardare la natura dei dati contenuti nel campionamento, oppure rapidi esercizi di calcolo basati sui dati mostrati, o ancora possono vertere sulla natura del grafico o della tabella. Per rispondere ai quesiti è a volte richiesta una minima conoscenza delle nozioni matematiche di base (frazioni, calcolo percentuale ecc.).

Leggere il testo del seguente esercizio e rispondere alle domande seguenti

Il Comitato Sanitario Nazionale ha deciso di mettere a confronto l'efficienza delle strutture ospedaliere di alcune città del Paese. Tra i risultati della ricerca, è stato diffuso anche il seguente grafico che confronta il numero di ricoveri negli ospedali delle città X e Y registrati negli ultimi anni.

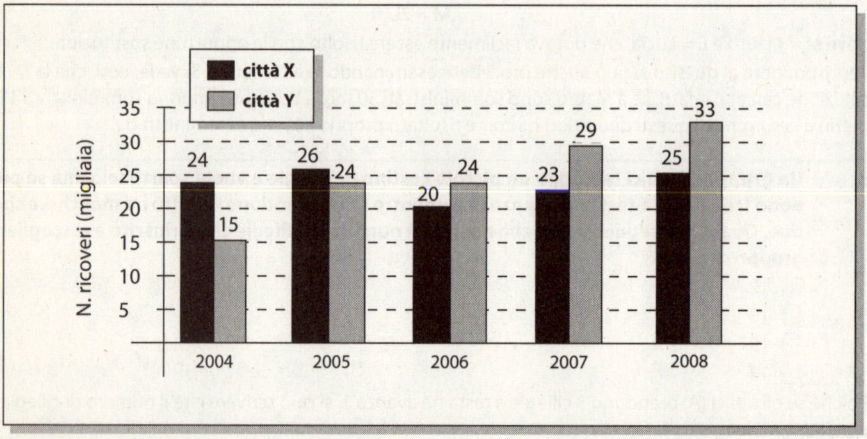

1 **In quale anno è stato registrato il maggior numero di ricoveri negli ospedali della città Y? E il numero minimo di ricoveri nella città X?**

- A 2004, 2005
- B 2008, 2006
- C 2008, 2005
- D 2004, 2006
- E 2006, 2008

Nel grafico elaborato dal Comitato Sanitario Nazionale il numero di ricoveri registrati negli ospedali della città Y è rappresentato dalle barre chiare e il valore massimo (ossia la barra più alta) è individuabile in corrispondenza del 2008. Analogamente, il numero di ricoveri registrati negli ospedali della città X è rappresentato dalle barre nere e il valore minimo (ossia la barra più bassa) è individuabile in corrispondenza del 2006. La risposta corretta è dunque la B.

---

2 Tra il 2004 e il 2008 qual è stato il numero complessivo di ricoveri registrati nella due città X e Y?

- A 233 mila
- B 230 mila
- C 191 mila
- D 254 mila
- E 243 mila

Per rispondere al quesito è sufficiente sommare i valori registrati nelle due città ogni anno:

- n° totale ricoveri città X (in migliaia): 24 + 26 + 20 + 23 + 25 = 118
- n° totale ricoveri città Y (in migliaia): 15 + 24 + 24 + 29 + 33 = 125

Nel quinquennio esaminato il numero complessivo di ricoveri registrati nelle due città ammonta a 243 mila. L'alternativa esatta è dunque la E.

---

3 Dal grafico si possono trarre tutte le seguenti conclusioni tranne una. Quale?

- A Nei cinque anni esaminati le strutture ospedaliere della città Y hanno registrato un numero complessivo di ricoveri superiore rispetto a quello della città X
- B Dal 2006 al 2008 è stato registrato ogni anno un aumento nel numero di ricoveri in entrambe le città X e Y
- C Il 2008 è l'unico anno in cui si sono registrati complessivamente nelle due città più di 55.000 ricoveri
- D Tra il 2004 e il 2005 vi è stato il maggior incremento nel numero di ricoveri registrati nella città Y
- E Nel quinquennio esaminato il numero di ricoveri registrati nelle strutture della città Y è risultato ogni anno in aumento

Per rispondere al quesito occorre esaminare ogni singola alternativa proposta.

- L'affermazione contenuta nell'alternativa A risulta deducibile dal grafico, poiché come calcolato nell'esercizio precedente, il numero di ricoveri registrati complessivamente nella città Y ammonta a 125.000 (contro 118.000 della città X).
- Anche l'alternativa B può essere logicamente dedotta: nel triennio 2006-2008 la città X registra rispettivamente 20.000, 23.000 e 25.000 ricoveri mentre la città Y ne registra 24.000, 29.000, 32.000; in entrambi i casi si ha quindi un continuo aumento.
- La risposta C è anch'essa facilmente deducibile: tra il 2004 e il 2006 il numero annuo complessivo di ricoveri è sempre inferiore o pari a 50.000, nel 2007 è esattamente pari a 52.000 e nel 2008 è pari a 58.000. Il 2008 è dunque l'unico anno in cui il numero totale di ricoveri supera le 55.000 unità.
- Tra il 2004 e il 2005 il numero di ricoveri registrati nella città Y passa da 15.000 a 24.000. Sia in termini assoluti (+ 9.000 ricoveri) sia in termini percentuali (+ 60%) risulta il maggior incremento registrato nel quinquennio. L'affermazione D è dunque deducibile dal grafico.
- L'affermazione contenuta nell'alternativa E risulta invece errata: nel 2005 e nel 2006 il numero di ricoveri registrati nella città Y è il medesimo ed è pari a 24.000. Risulta quindi falsa l'affermazione secondo la quale il numero di ricoveri nella città Y è sempre aumentato.

La soluzione al quesito è pertanto rappresentata dall'alternativa E.

Leggere il testo del seguente esercizio e rispondere alle domande.

Il grafico in figura rappresenta l'andamento delle presenze registrate in una sala cinematografica, dove il mercoledì è il giorno di riposo.

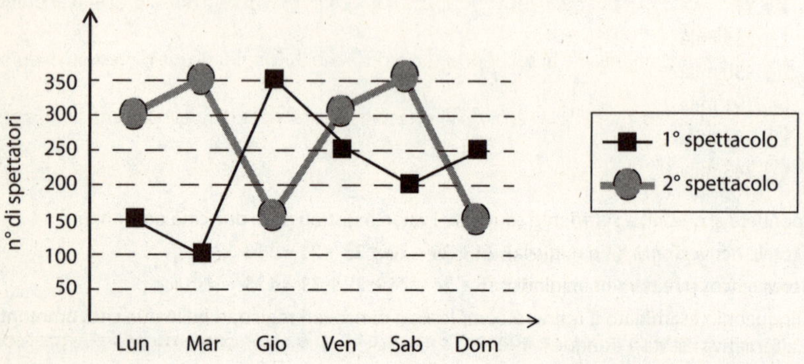

4 In quale giornata si registra il numero massimo di presenze, considerando entrambi gli spettacoli?

A Lunedì

B Venerdì e sabato

C Giovedì

D Lunedì e martedì

E Domenica

Dal grafico si osserva che ogni simbolo indica il numero di spettatori presenti in sala in un dato giorno e a un dato spettacolo. Sommando le presenze registrate nei due spettacoli di ciascuna giornata si ottiene:

Lun = 450; Mar = 450; Gio = 500; Ven = 550; Sab = 550; Dom = 400

La soluzione cercata è quindi la B.

5 Qual è la percentuale di spettatori che decide di andare al cinema nel week-end (sabato e domenica)?

A Più del 50% del numero totale di spettatori settimanali

B Circa il 63% del numero totale di spettatori settimanali

C Circa il 33% del numero totale di spettatori settimanali

D Circa il 23% del numero totale di spettatori settimanali

E Meno del 30% del numero totale di spettatori settimanali

Nel fine settimana gli spettatori sono 950 mentre nell'intera settimana sono 2900. Per stabilire a quale percentuale di 2900 corrisponde 950 bisogna effettuare la seguente operazione: (950/2900) · 100 = 32,8%.

La risposta corretta è dunque la C.

6 **Considerando le presenze lungo l'intera settimana, quale delle seguenti affermazioni è corretta?**

- A Gli spettatori presenti al secondo spettacolo sono il doppio di quelli presenti al primo spettacolo
- B Gli spettatori presenti al primo spettacolo sono 300 in più di quelli presenti al secondo spettacolo
- C Gli spettatori presenti al secondo spettacolo sono tanti quanti quelli presenti al primo spettacolo
- D Gli spettatori presenti al secondo spettacolo sono 300 in più di quelli presenti al primo spettacolo
- E Gli spettatori presenti al secondo spettacolo sono la metà di quelli presenti al primo spettacolo

La risposta esatta è la D, infatti si ha:

- presenze complessive al primo spettacolo: 1300;
- presenze complessive al secondo spettacolo: 1600.

La differenza tra i due numeri è quindi pari a 300 a favore del secondo spettacolo.

---

7 **Nella giornata di sabato, a quanto ammonta la variazione percentuale delle presenze tra il primo e il secondo spettacolo?**

A 5/4 B 25% C 4/3 D – 25% E 75%

Nella giornata di sabato, le presenze registrate al primo spettacolo sono 200, quelle al secondo 350. La variazione percentuale è quindi:

$$\frac{350-200}{200} \cdot 100\% = \frac{150}{200} \cdot 100\% = \frac{3}{4} \cdot 100\% = 75\%$$

La risposta esatta è quindi la E.

Leggere il grafico e rispondere alle domande.

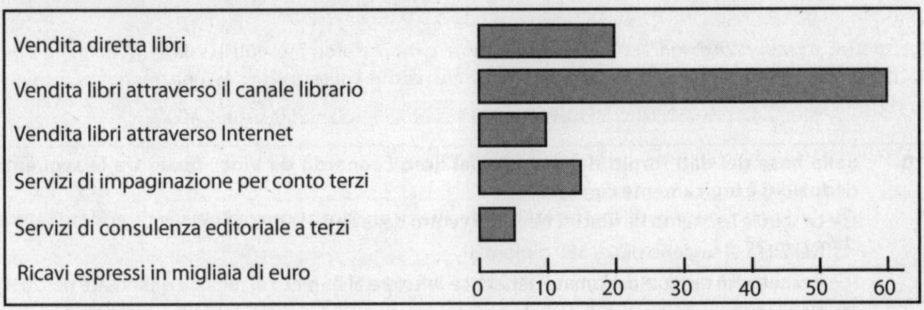

8 **Qual è stata nel 2011 per la casa editrice Basco S.p.A. la percentuale dei ricavi derivanti dalla vendita diretta dei libri rispetto a quelli derivanti dalla vendita attraverso il canale librario?**

- A 20%
- B 20
- C 33,3%
- D 3%
- E 25%

Osservando le alternative si nota come la B sia da scartare in quanto riporta un valore assoluto, mentre l'esercizio richiede di trovare un valore percentuale.

La vendita diretta di libri nel 2011 per la casa editrice Basco S.p.A. ha portato ricavi per 20.000 euro, mentre quella attraverso il canale librario ha portato nello stesso anno ricavi per 60.000 euro. La vendita diretta rappresenta, quindi, 1/3 della vendita attraverso il canale librario e, dunque, in termini percentuali il 33,3%. La soluzione al quesito è rappresentata, quindi, dall'alternativa C.

---

9 I ricavi derivanti dall'impaginazione per conto terzi, rispetto ai ricavi totali registrati nel 2011 dalla casa editrice Basco S.p.A., sono:

A inferiori al 5%
B superiori al 15%
C pari al 10%
D maggiori del 10%
E pari al 15%

Il totale dei ricavi è pari a:

$$20.000 + 60.000 + 10.000 + 15.000 + 5.000 = 110.000 \text{ euro.}$$

Quindi, 15.000 euro (ricavi derivanti dall'impaginazione per conto terzi) sono in percentuale, rispetto al totale dei ricavi:

$$(15.000/110.000) \times 100 = 13,63\%.$$

La soluzione al quesito è, quindi, fornita dall'alternativa D.

Leggere il testo del seguente esercizio e rispondere alle domande.

Il preside del liceo scientifico Leonardo da Vinci ha recentemente pubblicato alcuni dati relativi ai diplomati degli ultimi anni:

Anno	Totale diplomati	Percentuale di diplomati di sesso maschile
2009	400	60
2010	460	50
2011	480	40
2012	520	50

---

10 Sulla base dei dati forniti dal preside del liceo Leonardo da Vinci, quale tra le seguenti deduzioni è logicamente corretta?

A La scuola Leonardo da Vinci si trova nel centro della città
B Nel 2013 vi saranno più di 520 diplomati
C Il numero di ragazze diplomate nel 2012 è inferiore al numero di ragazze diplomate nel 2010
D Negli ultimi anni il numero di diplomati è risultato sempre crescente
E Negli ultimi anni il numero di diplomati è risultato sempre decrescente

Per rispondere al quesito è sufficiente effettuare semplici ragionamenti sui dati presentati. La risposta A è errata in quanto non viene fornita alcuna indicazione sulla collocazione spaziale del liceo. La risposta B non è corretta: è noto che negli ultimi quattro anni vi è stato un continuo aumento del numero di diplomati ma non vi sono elementi che giustifichino logicamente un aumento anche per l'anno successivo. La risposta C è errata poiché nel 2012 il numero di ragazze diplomate è stato pari a 260 (la metà di 520) mentre nel 2010 è stato pari a 230 (la metà di 460). La risposta esatta è dunque la D: dalla tabella fornita il numero di diplomati risulta infatti sempre crescente.

11 **In base ai dati forniti dal preside del liceo Leonardo da Vinci, in quale anno vi è stato il numero massimo di ragazze diplomate?**

A 2009
B 2010
C 2011
D 2012
E Nel 2011 e 2012 in numero uguale

Poiché è noto, di ogni anno, il numero totale dei diplomati e la relativa percentuale dei maschi è possibile ricavare il numero di ragazze diplomate:

- nel 2009 dei 400 diplomati il 60% era composto da maschi; le ragazze erano dunque il 40% del totale ossia (400 · 40) / 100 = 160;
- nel 2010 dei 460 diplomati la metà era composto da maschi e l'altra metà dalle ragazze (230);
- nel 2011 dei 480 diplomati il 40% era composto da maschi; le ragazze erano dunque il 60% del totale ossia (480 · 60) / 100 = 288;
- nel 2012 dei 520 diplomati la metà era composto da maschi e l'altra metà dalle ragazze (260);

L'anno in cui vi è stato il maggior numero di ragazze diplomate è stato dunque il 2011. La risposta corretta è la C.

Dopo aver esaminato quanto riportato nelle tabelle sottostanti, rispondere alle relative domande.

Tabella 1: Numero di partecipanti e loro ripartizione percentuale in base al sesso a 4 gare podistiche in 4 città italiane

Gara	Numero di partecipanti	Uomini	Donne
Milano	300	40%	60%
Roma	400	40%	60%
Torino	200	80%	20%
Palermo	600	50%	50%

Tabella 2: ripartizione percentuale degli uomini a seconda delle fasce di età all'interno di 4 gare podistiche

Età	25 – 30	31 – 35	36 – 40	≥ 41
Milano	25%	50%	0%	25%
Roma	50%	25%	25%	0%
Torino	25%	0%	50%	25%
Palermo	5%	80%	10%	5%

12 **Quante donne sono presenti nella gara podistica di Torino?**

A 80 B 100 C 90 D 40 E 20

Alla gara podistica di Torino partecipano 200 persone, delle quali il 20% sono donne. È, quindi, necessario calcolare questa percentuale per individuare la soluzione: 200 · 20% = 40. La risposta corretta è, dunque, fornita dall'alternativa D.

13 Quanti sono gli uomini tra i 36 e i 40 anni che partecipano alla gara podistica di Roma?

A 200 B 80 C 150 D 160 E 40

Per risolvere il quesito è, innanzitutto, necessario calcolare il numero di uomini che partecipano alla gara di Roma e che sono il 40% del totale dei partecipanti, cioè 160 persone. Di queste, il 25% (lo si legge nella seconda tabella) ha un'età compresa tra i 36 e i 40 anni, cioè 40 uomini. La soluzione al quesito è fornita dall'alternativa E.

14 Qual è la percentuale degli uomini tra i 25 e i 30 anni che partecipano alla gara di Milano rispetto al totale dei partecipanti a tale gara?

A 10% B 20% C 25% D 15% E 30%

A Milano gli uomini tra i 25 e i 30 anni che partecipano alla gara podistica sono il 25% del totale degli uomini che partecipano che sono a loro volta il 40% dei 300 partecipanti totali. Gli uomini sono quindi 120 (il 40% di 300), il 25% dei quali nell'età tra i 25 e i 30 anni e cioè 30. Questo valore rappresenta il 10% di 300, che è il totale dei partecipanti (uomini e donne) alla gare di Milano. La soluzione al quesito è, quindi, fornita dall'alternativa A.

15 Quante sono a Palermo le donne sopra i 41 anni?

A 15

B 285

C 300

D Dai dati a disposizione non è possibile rispondere

E 150

L'unica cosa che è possibile dire delle donne che partecipano alla gara di Palermo è che queste sono in totale 300 (il 50% di 600). Nulla si può, invece dire sulla ripartizione in base alle classi di età per le quali si hanno dati solo per i maschi. La soluzione al quesito è, quindi, fornita dall'alternativa D.

Suggerimenti

Alcuni consigli generali possono risultare molto utili al fine di una corretta interpretazione delle tabelle e dei grafici.

- Leggere attentamente i **titoli delle colonne** nelle tabelle, come pure le variabili rappresentate sugli **assi dei grafici** o eventuali note.
- Fare attenzione a quali **unità di misura** sono usate per esprimere le quantità presenti nelle tabelle e nei grafici (percentuali, anni, migliaia di euro, metri ecc.).
- Prima di effettuare calcoli, **leggere le risposte alternative**, dal momento che spesso sono richiesti valori approssimati. In questo modo è possibile "arrotondare", guadagnando tempo.
- **Non confondere decimali con percentuali.** Se per esempio una colonna rappresenta cifre in forma percentuale, un numero come 0,2 significa 0,2% e quindi è uguale a 0,002.
- Quando il grafico è costituito da più serie di dati (per esempio più linee o più barre), è conveniente **"etichettare" ogni serie in accordo con la legenda del grafico**, in modo da distinguere velocemente le diverse serie di dati quando si risponde alle domande.
- Quando in un esercizio vengono presentati più grafici, è opportuno **individuare con attenzione il grafico da utilizzare** per rispondere a ogni domanda.
- Per confrontare colonne o righe non adiacenti in una tabella o in un grafico, può essere utile utilizzare la matita o la penna come righello.

5.7 | Principali tipologie di grafici

Si illustrano, infine, alcuni dei tipi più comuni di grafici, accompagnati da alcune indicazioni in merito alla loro lettura e interpretazione.

Grafico lineare

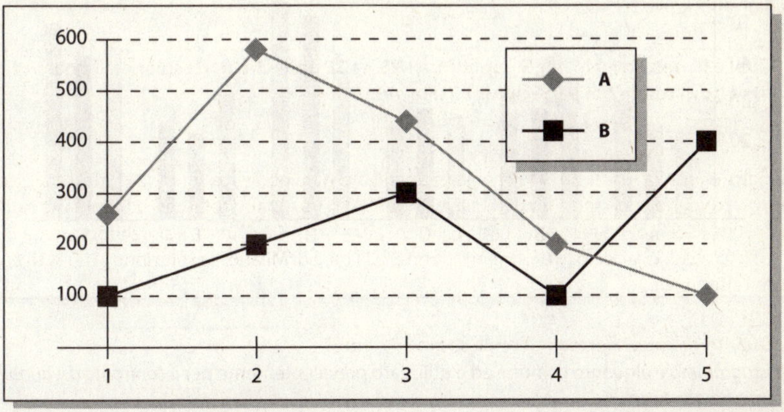

Quello **lineare** è forse il tipo di grafico più diffuso, soprattutto perché è il modo migliore per *rappresentare quantità che mutano nel tempo*. Generalmente, infatti, si può leggere sull'asse delle ascisse una scala temporale (annuale, mensile, settimanale o oraria), mentre sull'asse delle ordinate è rappresentato il valore delle variabili di cui si studia l'andamento (queste variabili potrebbero essere espresse anche in forma percentuale).

Naturalmente le varie linee rappresentate sul grafico non sono altro che l'unione dei punti definiti dalle coppie *tempo-valore* e quindi mostrano l'andamento temporale delle variabili in esame.

Per esempio, il grafico sopra riportato potrebbe essere utilizzato per rappresentare l'andamento del prezzo di due titoli azionari (A e B) nei primi cinque mesi dell'anno (1, 2, 3, 4, 5).

Grafico a torta

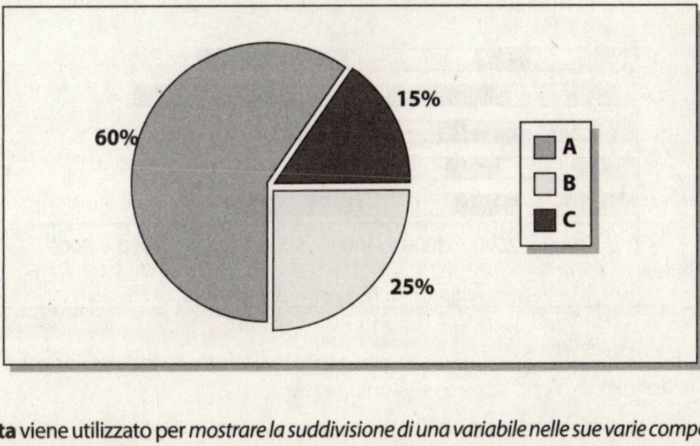

Il grafico **a torta** viene utilizzato per *mostrare la suddivisione di una variabile nelle sue varie componenti*. Nel caso sopra riportato, la componente B rappresenta il 25% del fenomeno considerato nel suo insieme.

Grafico a barre verticali o istogramma

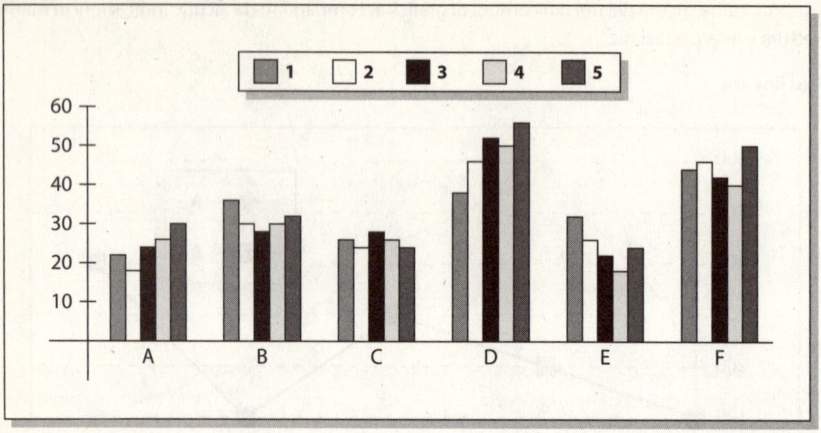

Anche l'*istogramma* è alquanto comune ed è utilizzato prevalentemente per il *confronto di variabili diverse in tempi o luoghi diversi*.

Nel caso riportato nella figura, ogni variabile indicata con un numero da 1 a 5 potrebbe indicare le vendite di un prodotto, mentre le variabili indicate dalle lettere potrebbero indicare diversi Paesi. Il grafico rappresenterebbe dunque il volume delle vendite di ogni prodotto in ciascun Paese. Si noti che, attraverso questo tipo di grafico, si rende possibile un confronto sia tra valori assunti dalle vendite di un singolo prodotto in Paesi diversi, sia tra le vendite dei vari prodotti in un singolo Paese.

Occorre ricordare, infine, che le stesse informazioni possono essere rappresentate da istogrammi in cui le barre sono orientate in senso orizzontale anziché verticale.

Grafico a barre cumulative o sovrapposte

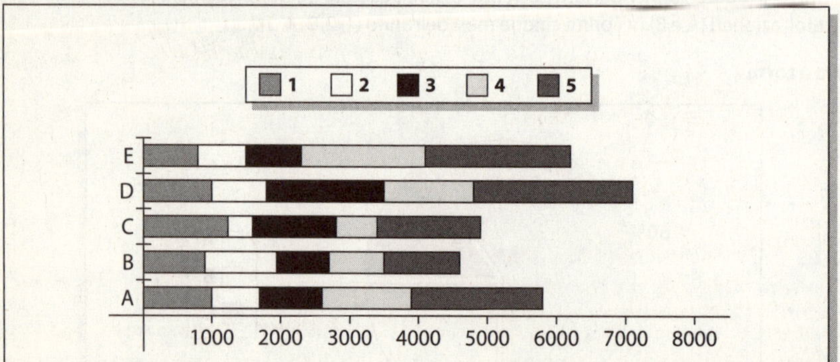

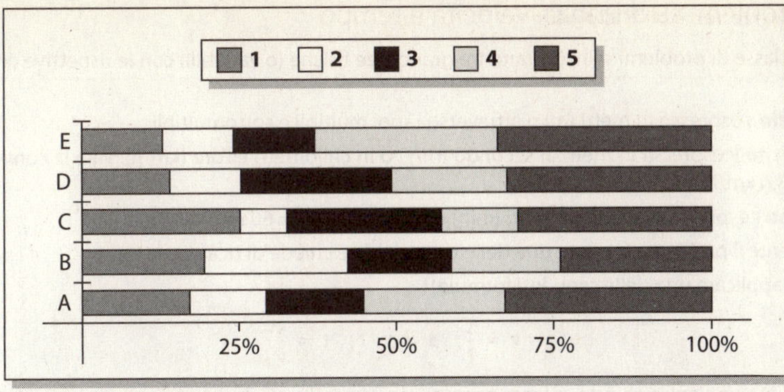

In questi grafici, che potrebbero presentarsi anche in forma verticale, per ogni variabile viene disegnato un istogramma la cui *lunghezza totale è data dalla somma delle varie componenti* (le singole porzioni colorate in modo diverso) *della variabile stessa*. Nel caso di barre percentuali sovrapposte (secondo grafico), è evidente che tutti gli istogrammi hanno la stessa lunghezza (100%) mentre ciò che varia è la composizione percentuale, cioè la lunghezza delle singole componenti. Nei due esempi sopra riportati, i dati sono gli stessi ma, mentre nel primo caso vengono indicati in forma assoluta, nel secondo sono stati percentualizzati.

Grafico ad aree

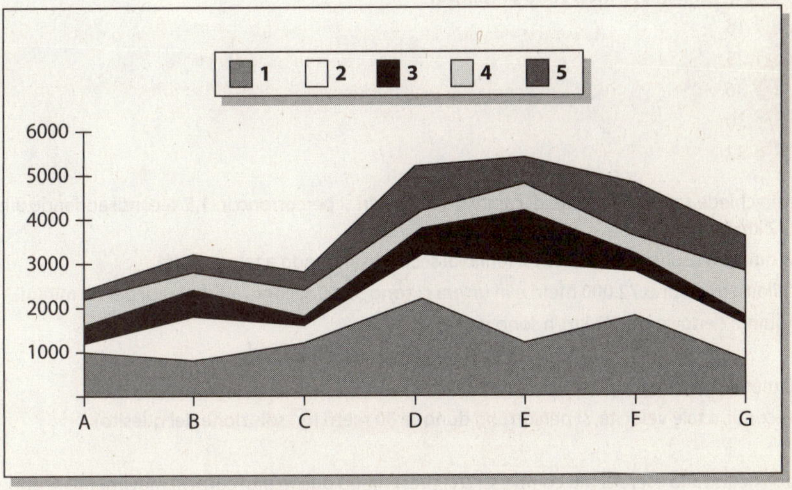

Anche questa tipologia è utilizzata frequentemente. L'informazione che offre è assai *simile a quella dei grafici cumulativi*, dal momento che, per ogni variabile (A, B, C ecc.), vengono sommate le varie componenti (1, 2, 3 ecc.).

Vengono quindi uniti i punti che definiscono le componenti e colorate le aree comprese tra le linee così definite, con il risultato di *mettere in maggior risalto le componenti anziché le singole variabili*.

Dal grafico in esame si deduce, semplicemente osservando la grandezza delle aree, qual è la componente che ha maggior peso nel complesso di tutte le variabili.

5.7.1 | Problemi su distanza, velocità e tempo

In questa classe di problemi si incontrano tre grandezze fisiche (o variabili) con le rispettive unità di misura:

1. lo **spazio** s espresso in metri (m) o attraverso i suoi multipli e sottomultipli;
2. la **velocità** v espressa in metri al secondo (m/s) o in chilometri all'ora (km/h); vale la conversione: 1 m/s = 3,6 km/h;
3. il **tempo** t espresso in ore (h), minuti (min) e secondi (s): 1h = 60 min = 3600 s.

Generalmente il problema fornisce due delle tre variabili e chiede di ricavare la terza.

Si tratta di applicare una delle seguenti formule[1]:

$$v = \frac{s}{t}; \quad s = v \cdot t; \quad t = \frac{s}{v}$$

Per esempio, può venire chiesto quanto tempo impiega un'auto che viaggia alla velocità media di 40 km/h a percorrere uno spazio di 100 km. Dati s = 100 km e v = 40 km/h, si ha:

$$t = \frac{s}{v} = \frac{100\ \text{km}}{40\ \text{km/h}} = 2,5\text{h} \quad \text{(ossia 2 h e 30 min)}$$

Esempi

1 **Un'automobile viaggia su un rettilineo alla velocità costante di 72 km orari dietro a un camion, che improvvisamente frena. Il guidatore dell'auto, un po' distratto, impiega 1,5 secondi prima di agire a sua volta sul pedale del freno. Quanti metri ha percorso l'automobile in quel breve intervallo di tempo?**

A 18
B 25
C 36
D 30
E 27

L'esercizio chiede sostanzialmente di capire quanti metri si percorrono in 1,5 secondi andando alla velocità di 72 km/h.

Si provi quindi a capire quanti metri si fanno al secondo andando a tale velocità.

In 72 chilometri ci sono 72.000 metri e in un'ora ci sono 3.600 secondi (60 secondi per 60 minuti).

Si può quindi dedurre che 72 km/h sono pari a:

72.000/3.600 metri al secondo

cioè 20 metri al secondo.

In 1,5 secondi, a tale velocità, si percorrono dunque 30 metri (D soluzione del quesito).

Spesso si incontrano esercizi più complessi che presentano due (o più) corpi in movimento. È opportuno osservare che, quando i due corpi viaggiano lungo la stessa direzione, la velocità v (di avvicinamento o di allontanamento) è data dalla differenza delle due velocità, ciascuna presa con il suo segno. Il passaggio logico è quello di pensare **fermo** uno dei due corpi e attribuire all'altro una velocità data dalla somma algebrica delle due velocità.

Riassumendo, se viene richiesta la *velocità di avvicinamento* o *di allontanamento* di due corpi A e B che si muovono lungo la stessa direzione, rispettivamente con velocità V_A e V_B, questa è data dalla differenza o

1. Le tre formule sono applicabili solo quando il moto è rettilineo uniforme (velocità costante) o quando si considera come velocità v la velocità media.

dalla somma delle due velocità a seconda che i due oggetti viaggino nello stesso verso o in versi opposti. I quattro casi che si possono presentare sono schematizzati nella tabella seguente.

1	V_A ⟶ V_B ⟶ stesso verso con $V_A > V_B$	Velocità di avvicinamento $= V_A - V_B$
2	V_A ⟶ ⟵ V_B verso opposto	Velocità di avvicinamento $= V_A + V_B$
3	V_A ⟶ V_B ⟶ stesso verso con $V_A < V_B$	Velocità di allontanamento $= V_B - V_A$
4	⟵ V_A V_B ⟶ verso opposto	Velocità di allontanamento $= V_A + V_B$

Esempi

2 **Un ragazzo in motorino insegue un amico in bicicletta. Sapendo che le velocità dei due mezzi sono rispettivamente di 40 km/h e di 20 km/h e che, nell'istante considerato, distano 500 metri l'uno dall'altro, dopo quanto tempo il ragazzo in motorino raggiunge l'amico in bicicletta?**

A 3 min B 60 s C 90 s D 6 min E 2 min

Se si considera il movimento relativo dei due mezzi, lo spazio che il motorino deve percorrere per raggiungere la bicicletta (considerata ferma) è $s = 500$ m, mentre la velocità (velocità del motorino rispetto alla bicicletta) è data dalla differenza delle singole velocità ed è pari a 20 km/h: i due corpi si muovono infatti nella stessa direzione e con lo stesso verso, pertanto la velocità da considerare è data dalla differenza delle due velocità (40 km/h – 20 km/h = 20 km/h = 20.000 m/h).

Il tempo necessario per percorrere 500 m alla velocità di 20 km/h si ottiene utilizzando la relazione:

$$t = \frac{s}{v} = \frac{500\,\text{m}}{20.000\,\text{m/h}} = \frac{1\,\text{m}}{40\,\text{m}}\,\text{h} = 90\,\text{s}$$

La risposta corretta è dunque la C.

Si osservi che è stato necessario convertire il tempo da ore a secondi. Si ricorda che, per tale conversione, il sistema utilizzato è quello *sessagesimale*: per convertire in minuti il tempo espresso in ore (nell'esercizio 1/40 h) si moltiplica per 60; il valore ottenuto (60/40 min) viene poi trasformato in secondi moltiplicando nuovamente per 60. Più rapidamente, per convertire un tempo da ore in secondi, è sufficiente moltiplicare il numero di ore per 3600.

3 **Due treni partono dalla stessa stazione ferroviaria nello stesso istante, viaggiando l'uno verso est a 60 km/h, l'altro verso ovest a 80 km/h. Dopo quanto tempo distano l'uno dall'altro 350 km?**

A 1 h
B 1 h e 30 min
C 2 h
D 2 h e 30 min
E 2 h e 50 min

In questo caso $s = 350$ km e la velocità relativa di un treno rispetto all'altro si ottiene sommando le due velocità (caso n° 4 della tabella precedente):

$$v = (60 + 80) \text{ km/h} = 140 \text{ km/h}$$

Da un punto di vista intuitivo, le due velocità sono da sommare perché entrambi i treni contribuiscono, con il proprio movimento, ad allontanarsi l'uno dall'altro.

Applicando la formula $t = \frac{s}{v}$ si ottiene: $t = \frac{350 \text{ km}}{140 \text{ km / h}} = 2,5 \text{ h}$

Il risultato del rapporto tra spazio e velocità (2,5 h) potrebbe portare inizialmente a indicare come esatta l'alternativa E; in realtà 2,5 h è uguale a 2 ore più mezz'ora, e mezz'ora non corrisponde a 50 minuti bensì a 30. La risposta esatta è dunque la D.

A volte il problema può presentarsi in forma tale da richiedere un maggior numero di passaggi logici e un più attento ragionamento per giungere alla soluzione.

Suggerimenti

- **Tracciare uno schema** che riproduca le informazioni e le relazioni fornite, in modo da rendere più agevole la comprensione e la risoluzione di questo tipo di problemi.
- Prestare sempre particolare attenzione alle unità di misura e alle necessarie conversioni.

5.8 | Problemi di lavoro

Con il termine *problemi di lavoro* si intende una categoria di problemi nei quali vengono descritte le modalità e i tempi di svolgimento di un generico lavoro da parte di più soggetti. Con il termine *lavoro* si intende qui genericamente qualsiasi attività svolta da un gruppo di persone.

Le variabili in gioco in questo tipo di problemi sono: i ritmi di lavoro dei singoli soggetti, la quantità di lavoro da svolgere e il tempo impiegato. Alcuni di questi elementi sono noti, altri sono da ricavare. Anche la soluzione di questi problemi non richiede conoscenze matematiche di tipo nozionistico, ma una certa attitudine al ragionamento. Generalmente ai candidati viene richiesto di *individuare il tempo che il singolo individuo o le persone coinvolte impiegano per portare a termine il lavoro.*

I problemi di lavoro si possono suddividere in due principali tipologie, in relazione al ritmo con cui il lavoro viene svolto dai differenti soggetti:

- soggetti che lavorano allo stesso ritmo;
- soggetti che lavorano a ritmi diversi.

5.8.1 | Soggetti che lavorano allo stesso ritmo

In questo tipo di problemi, si assume che tutti i lavoratori abbiano lo stesso ritmo di lavoro, ossia realizzino la stessa quantità di lavoro nell'unità di tempo.

Esempi

1 **Cinque artisti, lavorando allo stesso ritmo, impiegano 24 giorni per realizzare una pittura murale. Quanto impiegherebbe un solo artista a compiere lo stesso lavoro?**

A 60 giorni B 36 giorni C 144 giorni D 120 giorni E 80 giorni

Si può calcolare che un solo lavoratore impiega n volte il tempo impiegato dal gruppo per realizzare la pittura murale (perché la forza lavoro è composta da 1 anziché da 5 artisti): 24 giorni · 5 = 120 giorni (risposta **D**).

Alternativamente, si può seguire il seguente ragionamento, che prima analizzeremo in generale e poi applicheremo all'esercizio proposto. Se un lavoro richiede k lavoratori per 1 ora di tempo, significa che ogni soggetto realizza in 1 ora una quantità di lavoro pari a $1/k$. Se un lavoro richiede m lavoratori per h giorni, allora ogni soggetto realizza $1/m$ del lavoro in h giorni e pertanto compie, in un giorno, $\frac{1}{h} \cdot \frac{1}{m}$ del lavoro complessivo. Applicando questo ragionamento all'esercizio otteniamo che, dal momento che i cinque artisti lavorano allo stesso ritmo, ciascuno di loro in un giorno svolge un lavoro pari a $\frac{1}{5} \cdot \frac{1}{24} = \frac{1}{120}$ del lavoro totale. Se in un giorno compie $\frac{1}{120}$ del lavoro, per compiere l'intero lavoro un artista impiega 120 giorni (risposta **D**).

È utile precisare che *l'applicazione delle proporzioni può facilmente condurre a una soluzione errata* di tali esercizi. Infatti, si potrebbe intuitivamente esprimere il testo dell'esempio considerato attraverso la proporzione $5 : 24 = 1 : x$.

Così facendo si avrebbe: $x = 24/5 = 4{,}8$. La soluzione è evidentemente errata dal momento che il valore di x (tempo impiegato da un solo artista per realizzare la pittura murale) non può essere inferiore a 24 (tempo impiegato da cinque artisti per realizzare la stessa pittura murale).

---

2 Se 6 persone, lavorando allo stesso ritmo, impiegano 1 ora per abbattere un muro di mattoni, quanto impiegano 15 persone a effettuare lo stesso lavoro?

A 20 min **B** 2/6 h **C** 15/6 h **D** 1/6 h **E** 24 min

Se i 6 soggetti impiegano 1 ora per realizzare il lavoro, ogni lavoratore realizza in 1 ora 1/6 del lavoro complessivo. Pertanto 15 persone in 1 ora realizzano 15/6 del lavoro totale.

Se t è l'elemento richiesto dal problema, cioè il tempo impiegato dai 15 soggetti per abbattere il muro, si ha:

$$\frac{15}{6} \cdot t = \text{lavoro completato} = 1 \Rightarrow t = \frac{6}{15} \cdot 1 \text{ ora} = 24 \text{ min} \qquad \text{(risposta E)}.$$

A volte i dati del problema vengono forniti in maniera implicita, ossia tramite relazioni tra le diverse variabili in gioco, piuttosto che tramite valori numerici, come si avrà modo di comprendere attraverso un esercizio proposto nella parte conclusiva del presente capitolo.

5.8.2 | Soggetti che lavorano a ritmi diversi

In questo tipo di problemi i soggetti hanno ritmi di lavoro differenti, ossia realizzano quantità di lavoro diverse nell'unità di tempo. Per risolvere questi esercizi, bisogna innanzitutto *ricavare la quantità di lavoro svolta dai diversi soggetti nell'unità di tempo.*

Esempi

---

1 Giusy, Paola e Claudia lavorano in una discoteca in cui occorre spostare tutti i dischi dalla cabina DJ all'archivio in cantina. Per compiere questo lavoro Giusy da sola impiega 6 ore, Paola da sola impiega 10 ore e Claudia da sola impiega 15 ore. Quanto tempo impiegherebbero le tre a spostare i dischi se lavorassero insieme?

A 4 ore **B** 2 ore **C** 3 ore **D** 6 ore **E** 8 ore

Come prima cosa, occorre ricavare la parte di lavoro che ciascuna persona svolge nell'unità di tempo: se Giusy impiega 6 ore per effettuare il lavoro, in 1 ora (unità di tempo) compie 1/6 del lavoro. Lo stesso ragionamento vale per Paola che in 1 ora compie 1/10 del lavoro e per Claudia che in 1 ora compie 1/15 del lavoro.

Conoscendo il lavoro svolto dai singoli soggetti nell'unità di tempo, è possibile individuare (sommando le tre frazioni) la parte di lavoro svolta dalle tre insieme, sempre nell'unità di tempo:

$$1/6 + 1/10 + 1/15 = 1/3 = \text{lavoro svolto in 1 ora dalle tre insieme}$$

Dato che i tre soggetti insieme in 1 ora svolgono un terzo del lavoro, per compiere l'intero lavoro hanno bisogno di 3 ore (risposta C).

Nell'esempio considerato sono noti i tempi impiegati dai singoli soggetti per compiere il lavoro e viene richiesto il tempo impiegato dai tre insieme. È possibile invece che quest'ultimo dato sia noto e che l'incognita del problema sia il tempo impiegato da una singola persona per terminare il medesimo lavoro. Come si nota nell'esempio seguente, il ragionamento di fondo per giungere alla soluzione non cambia.

---

2 **Attilio, Roberto e Dario fumano complessivamente 24 sigarette in 3 ore; Attilio da solo impiegherebbe 6 ore e Dario da solo ne impiegherebbe 12. Quanto impiegherebbe Roberto da solo a fumare 24 sigarette?**

A 12 ore B 5 ore C 30 minuti D 3 ore E 15 ore

Inizialmente si procede come nell'esempio precedente: si individua la quantità di lavoro svolta, nell'unità di tempo (1 ora), dai diversi soggetti:

- Attilio fuma 24/6 = 4 sigarette in 1 ora;
- Dario fuma 24/12 = 2 sigarette in 1 ora;
- i tre insieme fumano 24/3 = 8 sigarette in 1 ora.

Per ottenere il numero di sigarette che Roberto è in grado di fumare da solo nell'unità di tempo, bisogna sottrarre il numero di sigarette che Attilio e Dario fumano insieme in un'ora (4 + 2 = 6), al numero di sigarette che tutti e tre insieme fumano sempre in un'ora (8):

$$8 - 6 = 2 = \text{numero di sigarette fumate da Roberto nell'unità di tempo.}$$

Ancora una volta, il ragionamento conclusivo è il seguente: se Roberto in 1 ora fuma 2 sigarette, per fumarne 24 impiegherebbe 12 ore (risposta A).

Suggerimenti

- **Evitare l'utilizzo di proporzioni**: non sono lo strumento matematico per risolvere questo tipo di problemi.
- **Ricavare la quantità di lavoro** svolta dai diversi soggetti **nell'unità di tempo.**
- Se i ritmi di lavoro dei diversi soggetti vengono forniti sotto forma di relazioni tra loro, **individuare il soggetto che lavora al ritmo più lento** e rappresentare schematicamente, rispetto a questo, il ritmo di lavoro degli altri soggetti.

5.9 | Problemi di calcolo delle probabilità

Prima di affrontare gli esercizi sul calcolo delle probabilità occorre chiarire alcuni concetti, a cominciare dalla definizione di probabilità.

5.9.1 | Probabilità

La probabilità *P* di un evento *E* è definita come il **rapporto tra il numero dei casi favorevoli al manifestarsi di *E* e il numero dei casi possibili, giudicati egualmente possibili**.

La probabilità che dal lancio di un dado non truccato esca il numero 2 è 1/6. Infatti i casi possibili sono 6, quante sono le facce di un dado, mentre il numero di casi favorevoli (l'uscita del numero 2) è pari a uno (perché una sola delle sei facce del dado contiene il numero 2).

La probabilità che un evento *E* si verifichi, indicata con *P* (*E*), è un numero compreso fra 0 e 1; in particolare si ha che:

- *P* (*E*) = 0 se *E* è un **evento impossibile**. Infatti il rapporto tra casi favorevoli e casi possibili si annulla solo se il numero di casi favorevoli (il numeratore della frazione) è pari a zero, ossia se l'evento è impossibile.

- $P(E) = 1$ se E è un **evento certo**. In tal caso significa che il numeratore della frazione (numero di casi favorevoli) coincide con il denominatore (numero di casi possibili); pertanto, poiché tutti i casi possibili sono casi favorevoli, è certo che l'evento E si verifichi.

La probabilità assume dunque un valore sempre compreso tra 0 e 1. Soluzioni riferite a una probabilità che si trovano al di fuori di questo intervallo sono dunque immediatamente da scartare.

Nota: la probabilità che un evento E *non* si verifichi è pari a $1 - P(E)$.

La probabilità che dal lancio di un dado non esca il numero 2 è uguale a 5/6 ossia è pari alla differenza tra 1 e la probabilità che esca proprio il numero 2 (calcolata nell'esempio precedente e pari a 1/6).

5.9.2 | Teoremi sul calcolo della probabilità

È opportuno analizzare i due teoremi principali sul calcolo della probabilità. Una volta compresi tali teoremi, il lettore sarà in grado di risolvere gran parte degli esercizi sulla probabilità eventualmente presenti nei test.

Teorema delle probabilità totali

Siano E_1 ed E_2 due eventi incompatibili (nel senso che se si verifica il primo non si può verificare il secondo e viceversa); la probabilità che si verifichi E_1 o E_2 è uguale alla somma delle probabilità dei singoli eventi.

Se si immagina di lanciare un dado, ciascun numero ha una probabilità 1/6 di uscire; la probabilità che esca il numero 1 *oppure* il numero 6 è:

$$P(1, 6) = 1/6 + 1/6 = 1/3.$$

Teorema delle probabilità composte

Siano E_1 ed E_2 due eventi indipendenti; la probabilità che si verifichino contemporaneamente è data dal prodotto delle probabilità dei singoli eventi.

La probabilità che in due lanci del dado esca due volte il numero 1 è data da:

$$\frac{1}{6} \cdot \frac{1}{6} = \frac{1}{36}$$

In alcuni casi è la stessa definizione di probabilità a consentire di risolvere il problema.

Esempi

---

1 **Un sacchetto contiene palline: il 25% sono gialle, il 50% sono rosse e la parte restante sono verdi. Il 10% delle palline di ogni colore è difettoso. Le palline, anche quelle difettose, sono tra loro indistinguibili al tatto. Si estrae a caso una pallina. La si vorrebbe gialla (non importa se difettosa), oppure rossa, purché non difettosa. Qual è la probabilità che la pallina estratta sia del tipo desiderato?**

A 60%
B 70%
C 55%
D 65%
E 75%

Poiché il 10% delle palline rosse, che sono il 50% del totale, sono difettose, quelle non difettose sono il 45% del totale. La probabilità di pescare una pallina gialla è quindi pari al 25%, mentre una rossa non difettosa è del 45%. La probabilità totale di pescare o l'una o l'altra è pari alla somma tra queste due probabilità cioè il 70% (B soluzione del quesito).

---

2 **Se si lanciano due dadi, qual è la probabilità che la somma dei risultati sia uguale a 6?**

A 1/2 B 1/3 C 5/36 D 1/6 E 6/36

Per trovare la probabilità dell'evento tramite la definizione, occorre conoscere il numero di casi favorevoli all'evento e il numero di casi possibili. In questo caso si tratta di valutare quanti sono i **casi favorevoli**, sapendo che i casi possibili sono 36 ($6 \cdot 6$).

Primo dado	Secondo dado
1	5
2	4
3	3
4	2
5	1

Nei 5 casi riportati in tabella la somma dei dadi è uguale a 6; dunque i casi favorevoli sono 5. Poiché gli eventi considerati sono incompatibili fra di loro e ciascuno ha una probabilità pari a 1/36 si ottiene P = 1/36 + 1/36 + 1/36 + 1/36 + 1/36 = 5/36 (risposta C).

---

3 **Tre studenti si preparano per sostenere lo stesso esame. Se le probabilità di superarlo per ciascuno di essi sono pari a 0,6, 0,8 e 0,5, qual è la probabilità che tutti e tre riescano a superare l'esame?**

A 0,48 B 0,24 C 0,30 D 0,20 E 0,40

La probabilità che i tre studenti superino contemporaneamente l'esame è data dal prodotto delle singole probabilità. Infatti i tre eventi sono indipendenti tra loro: il fatto che uno studente superi l'esame non influenza in alcun modo l'esito dell'esame degli altri due. Pertanto, applicando il teorema delle probabilità composte, si ha che la probabilità è uguale a: $0{,}6 \cdot 0{,}8 \cdot 0{,}5 = 0{,}24$ (risposta B).

---

4 **In un sacchetto ci sono 8 caramelle alla menta e 2 alla frutta. Quante caramelle alla frutta bisogna aggiungere per fare in modo che la probabilità di estrarre una caramella alla frutta sia pari a 1/3?**

A 4 B 6 C 5 D 2 E 3

La probabilità di estrarre una caramella alla frutta, in base alla definizione di probabilità, è data dal rapporto tra il numero di casi favorevoli e il numero di casi possibili. Pertanto se x è il numero di caramelle alla frutta da aggiungere, allora si ottiene:

- numero casi favorevoli = numero caramelle alla frutta = $2 + x$;
- numero casi possibili = numero totale di caramelle = $10 + x$;
- $P(E) = \dfrac{x+2}{10+x} = \dfrac{1}{3}$ da cui $3(x+2) = 10 + x$ ossia $x = 2$.

La risposta corretta è quindi la D.

5.10 | Ricerca delle procedure

Utilizzati prevalentemente nei test di ingresso dell'area medico sanitaria, questo tipo di esercizi presenta una situazione problematica, spesso tratta dalla vita reale, che il candidato deve risolvere individuando un metodo o una procedura adeguata. Si tratta dunque di esercizi simili a quelli presentati nel capitolo dedicato al ragionamento logico, ma che contengono alcuni dati numerici grazie ai quali, applicando la corretta logica risolutiva ed effettuando semplici calcoli, il candidato può giungere alla soluzione.

La difficoltà risiede non nei semplici calcoli richiesti, ma nel ragionamento da applicare.

1 Un agricoltore possiede un vasto appezzamento di terreno delimitato da un ripido strapiombo e intende recintare un campo rettangolare all'interno di tale terreno. Per realizzare questo progetto ha acquistato 16 pannelli da recinzione di 2 m ciascuno (che non possono essere tagliati) e utilizza la parte dello strapiombo come uno dei lati per delimitare l'appezzamento.

Quanto misura in metri quadrati la superficie più ampia che può essere recintata?

A 32 m^2

B 56 m^2

C 64 m^2

D 128 m^2

E 256 m^2

La domanda chiede la superficie "più ampia" che può essere recintata. Si provino allora le alternative partendo dalla più grande e cioè dalla E: 256 m^2. È possibile ottenere tale area seguendo le regole dell'esercizio cioè distribuendo i 16 pannelli su tre lati di questo recinto? Si può osservare che 256 è pari a 16*16, cioè 16^2. Se cioè si potesse fare un campo quadrato, per poter ottenere un'area di 256 si dovrebbero avere tutti lati pari a 16 e quindi, poiché ogni pannello è lungo 2 metri, si avrebbe necessità di 8 pannelli per ognuno dei tre lati, cioè 24 pannelli in tutto.

Si capisce però facilmente che avendo solo 16 pannelli, anche provando a cambiare le proporzioni tra i lati non si riuscirebbe mai a ottenere i 256 m^2 richiesti.

Dovendo fare un rettangolo, all'agricoltore converrà utilizzare lo strapiombo come lato maggiore del rettangolo che delimita la superficie: in tal modo, infatti, potrà utilizzare i pannelli disponendoli sui due lati corti e su un solo lato lungo.

Si provi allora 128 m^2.

In effetti, disponendo 8 pannelli sul lato più lungo (utilizzando quindi, come detto, lo strapiombo come altro lato lungo) e 4 pannelli su entrambi i lati corti si ottiene:

$A = b \cdot h = (8 \text{ pannelli} \cdot 2 \text{ m}) \cdot (4 \text{ pannelli} \cdot 2 \text{ m}) = 16 \cdot 8 = 128 \text{ m}^2$

L'alternativa D è quindi quella che esprime la superficie più ampia possibile.

2 Il piccolo Niccolò sta giocando con 250 tessere quadrate di legno colorato, tutte delle stesse dimensioni. Ha costruito con le tessere, affiancandole, il più grande quadrato possibile; qual è il rapporto tra il lato del quadrato ottenuto e quello di ciascuna tessera?

A 14:1

B 12:1

C 15:1

D 16:1

E 11:1

Per trovare la soluzione si può partire dalla alternative. Si inizi dalla D che propone il valore più grande tra le cinque alternative (il testo afferma che si deve costruire il quadrato più grande possibile). Se le tessere per lato fossero 16 allora il quadrato sarebbe formato da 256 tessere (16 x 16), ma questo è impossibile perché si hanno solo 250 tessere. La soluzione è allora la C, infatti se il lato fosse fatto con 15 tessere allora il quadrato sarebbe formato da 225 tessere (15 x 15), il massimo possibile.

3 Teresa vuole installare alcune mensole in una nicchia di 80 cm di larghezza dove riporvi 100 libri con spessore di 25 mm l'uno e 62 libri con spessore di 35 mm l'uno. Ha in progetto di acquistare 560 cm di legname per realizzare le mensole e non ha intenzione di riporre i due tipi di libri su una stessa mensola.

Qual è il numero massimo di libri in più che Teresa può acquistare prima di dover installare altre mensole?

A 32
B 15
C 24
D 12
E 35

Su ogni mensola è possibile mettere 32 libri con spessore pari a 25 mm (32 × 2,5 cm = 80 cm) e dunque per disporre tutti i 100 libri occorrono 4 mensole: 3 occupate interamente da 96 libri e 1 occupata dai 4 libri rimanenti e che potrà accogliere ulteriori 28 libri del medesimo spessore.

Analogamente, ogni mensola può contenere al massimo 22 libri con spessore di 35 mm (22 × 3,5 cm = 77 cm); dunque per posizionare tutti i 62 libri occorrono 3 mensole: 2 occupate interamente da 44 libri e 1 occupata dai 18 libri rimanenti e che potrà accogliere ulteriori 4 libri del medesimo spessore.

Prima di installare nuove mensole Teresa potrà dunque inserire nella libreria ancora 28 + 4 = 32 libri.

La risposta corretta è quindi la A.

4 Per far funzionare un dispositivo si spendono 3 euro fissi per la prima mezz'ora; inoltre, dopo la prima mezz'ora, sono richiesti 5 centesimi al minuto. Il dispositivo si è spento quando è stata raggiunta la spesa di 10 euro. Per quanto tempo è stato utilizzato?

A Meno di 2 ore e mezza ma più di 2 ore e un quarto
B Meno di 2 ore
C Meno di 2 ore e tre quarti ma più di 2 ore e mezza
D Più di 2 ore e tre quarti
E Meno di 2 ore e un quarto ma più di 2 ore

Dopo la prima mezz'ora si sono spesi 3 dei 10 euro richiesti, per cui ne rimangono ancora 7, pari a 700 centesimi. Poiché ogni minuto sono richiesti 5 centesimi, servono altri 140 minuti, cioè 2 ore e 20 minuti per arrivare ai 10 euro richiesti. Compresa la prima mezz'ora, quindi, il dispositivo è rimasto in tutto acceso per 2 ore e 50 minuti (D soluzione del quesito).

5 La porzione rettangolare di un lago ha dimensioni reali 1 km × 3 km. Allora l'area della sua rappresentazione, su una cartina in scala 1 : 50 000, è pari a:

A 15 cm^2
B 30 cm^2
C 12 cm^2
D 6 cm^2
E 24 cm^2

Per risolvere il quesito si provi innanzi tutto a esprimere la dimensiona della porzione di lago in centimetri: 1 chilometro è pari a 1.000 metri e quindi a 100.000 centimetri e 3 chilometri quindi sono pari a 300.000 centimetri.

Poiché sulla cartina tali dimensioni vengono rappresentate in scala 1 : 50.000 diventeranno rispettivamente pari a 2 e 6 centimetri. L'area del lago nella cartina sarà quindi pari a 12 cm^2 (C soluzione del quesito).

6 **Aldo, Bruno, Carlo, Dario, Eva e Fabio vanno in treno e trovano uno scompartimento a 6 posti libero. Dato che Eva e Fabio vogliono stare vicino al finestrino, quanti modi diversi hanno i sei amici di occupare i posti nello scompartimento?**

A 10
B 48
C 240
D 8
E 4

Grazie alle permutazioni si possono contare i diversi modi in cui si possono ordinare N elementi. Si tolgano un momento Eva e Fabio che voglio stare accanto al finestrino: restano da calcolare i possibili ordinamenti degli altri quattro soggetti. Il numero di permutazioni di N elementi si calcola grazie al fattoriale di N, per cui, in questo caso il fattoriale di 4:

$$4 \times 3 \times 2 = 24$$

Ci sono quindi 24 possibili ordini di Aldo, Bruno, Carlo e Dario all'interno dei quattro posti disponibili (tolti i due vicino al finestrino) nello scompartimento. Poiché ci sono anche due ordini possibili tra Eva e Fabio (che possono scambiarsi di posto), ci saranno in tutto 48 modi diversi per i 6 amici di occupare i posti nello scompartimento (**B** soluzione del quesito).

5.11 | Matrici di numeri

In questo tipo di esercizi viene richiesto al candidato di individuare il numero mancante all'interno di una "matrice di operazioni"; in questo caso occorre ricavare i numeri mancanti all'interno della matrice. Si presti attenzione al fatto che le operazioni debbono essere svolte nella sequenza logica in cui sono presentate (quindi all'interno di una stessa riga è possibile dover svolgere prima una somma di una divisione).

Questa tipologia di esercizi è stata recentemente utilizzata soprattutto nei test di ammissione alla facoltà di Psicologia di Roma.

1 **Individuare il numero mancante identificato dal punto interrogativo.**

15	–	6	:	3	3
–		x		+	
9	x	…	+	3	30
+		:		:	
1	x	2	+	…	8
7		?		1	

A 13
B 9
C 11
D 8
E 19

Per ricavare il numero incognito richiesto (rappresentato dal punto interrogativo) occorre dapprima calcolare il numero mancante sulla seconda riga. Moltiplicando tale numero per 9 e aggiungendo 3 il risultato deve essere 30; quindi il numero mancante è 3:

$$9 \times 3\ (= 27) + 3 = 30.$$

A questo punto la seconda colonna risulta: 6 x 3 (=18) : 2 = 9. Quindi la risposta corretta è la **B**.

2 Individuare il numero mancante identificato dal punto interrogativo.

30	x	2	:	5	:	4	3
:		+		x		x	
...	x	...	x	...	:	...	?
x		+		:		x	
5	x	4	:	2	:	2	5
25		11		5		40	

A 55 B 14 C 60 D 5 E 12

Per ricavare il numero incognito richiesto è necessario completare la seconda riga: conviene, quindi, lavorare colonna per colonna. Il primo numero mancante è 6 (30 : 6 x 5 = 25), il secondo è 5, il terzo è 2 e il quarto è 5. A questo punto si ottiene il numero mancante risolvendo la seguente operazione: 6 x 5 x 2 : 5 = 12. La soluzione del quesito è quindi fornita dall'alternativa E.

5.12 | Operazioni in codice

Si tratta di quesiti (usati anche nei test per le Professioni Sanitarie) in cui viene richiesto il risultato di alcune operazioni aritmetiche, dove però l'espressione fornita non contiene numeri ma simboli che devono essere opportunamente interpretati. Anche in questo caso l'obiettivo è quello di valutare la capacità dello studente di adattarsi a nuovi linguaggi. Si vedano gli esempi seguenti.

1 Se:

@ · 2 = # + 9

@ = 17

Allora # è uguale a:

A 18

B 33

C 34

D 25

E 30

Sostituendo il valore 17 al simbolo @ nella prima equazione, si ottiene 17 · 2 = # + 9, da cui si ricava che # = 25. La soluzione al quesito è, quindi, fornita dall'alternativa D.

5.13 | Esercizi proposti

1 In una scatola sono contenuti 18 cioccolatini: 6 al latte, 5 fondenti, 4 alla nocciola e 3 all'arancia. Prendendo i cioccolatini dalla scatola in modo casuale, qual è il numero minimo di cioccolatini che occorre prelevare per essere sicuri di ottenerne due dello stesso tipo?

A 2 B 3 C 4 D 5 E 6

2 In un negozio di articoli sportivi vi sono pattini da ghiaccio e pattini a rotelle, per un totale di 62 lame e 120 rotelle. Sapendo che ogni pattino da ghiaccio è dotato di una lama e ogni pattino a rotelle è dotato di 4 ruote, quante paia di pattini sono presenti nel negozio?

A 91 B 38 C 46 D 52 E 54

3 **In uno scaffale vi sono 72 bottiglie di vino, in parte prodotte in Italia e in parte all'estero. Sapendo che in ogni ripiano sono collocate 12 bottiglie, 4 delle quali prodotte all'estero, quante sono complessivamente le bottiglie di vino prodotte in Italia?**

A 68

B 24

C 6

D 12

E 48

4 **Per le vacanze estive, Alberto deve fare 117 esercizi di matematica e Ludovica 171 esercizi di inglese. Se a metà vacanza entrambi hanno svolto i 2/9 dei loro compiti, quanti esercizi devono fare mediamente ogni giorno per terminare gli esercizi nell'arco di dieci giorni?**

A 8 Alberto, 13 Ludovica

B 9,3 Alberto, 15,3 Ludovica

C 6 Alberto, 9 Ludovica

D 9,1 Alberto, 13,3 Ludovica

E 12,3 Alberto, 18,3 Ludovica

5 **Uno studente impiega solitamente 20 minuti per recarsi a scuola procedendo a una velocità media di 15 km/h. Una mattina, non avendo sentito la sveglia, parte da casa con 5 minuti di ritardo rispetto al solito. A che velocità deve andare per recuperare il ritardo e arrivare a scuola alla solita ora?**

A 10 km/h

B 25 km/h

C 30 km/h

D 20 km/h

E 12 km/h

6 **In un gruppo di adulti composto da 75 persone vi sono 15 donne. Qual è la percentuale di uomini all'interno del gruppo?**

A 30%

B 150%

C 20%

D 70%

E 80%

7 **Il cartello promozionale di un negozio recita: "Ogni 200 euro spesi, vi diamo un buono da 20 euro, spendibile al prossimo acquisto".**

Tancredi, leggendo il cartello, riflette su quanto sia lo sconto effettivo praticato dal negozio. Quale osservazione è quella corretta?

A Il massimo sconto ottenibile mediante questa promozione è del 20%

B Il massimo sconto ottenibile mediante questa promozione è del 10%

C Il massimo sconto ottenibile mediante questa promozione è minore del 10%

D Il massimo sconto ottenibile mediante questa promozione è maggiore del 10%

E Il massimo sconto ottenibile mediante questa promozione è minore del 2%

8 **Un muratore costruisce 5/7 di un muro utilizzando 350 mattoni. Quanti mattoni verranno utilizzati per completare allo stesso modo la restante parte di muro?**

A 50
B 490
C 25
D 70
E 140

9 **Uno studente, per andare dalla propria abitazione all'università, percorre 1/5 del tragitto a piedi, 2/3 in autobus e i rimanenti 8 chilometri in bicicletta. Qual è la distanza, espressa in chilometri, tra l'abitazione dello studente e l'università?**

A 90
B 120
C 60
D 30
E 45

10 **Se il 30% di *x* è 210, allora il 75% di *x* è pari a:**

A 47
B 158
C 525
D 560
E 700

11 **Un orologio viene venduto con il 18% di sconto sul prezzo di listino, che equivale a un risparmio di 72 euro. Qual è il prezzo di listino dell'orologio?**

A 380 euro
B 410 euro
C 385 euro
D 400 euro
E 350 euro

12 **Qual è la somma che, impiegata per 3 mesi a un tasso di interesse del 7%, frutta 700 euro?**

A 40.000 euro
B 4.000 euro
C 30.000 euro
D 49.000 euro
E 20.000 euro

13 **Il fatturato di un'azienda è passato da 40 a 60 milioni di euro. Calcolare l'incremento percentuale del fatturato.**

A + 20
B 30%
C 40
D – 20%
E 50%

14 **Il direttore di un progetto edilizio sa che, per realizzare il lavoro di cui è responsabile, se impiegherà tutti i muratori che ha attualmente a disposizione saranno necessari 8 mesi. Inoltre, se potesse avere altri due muratori, il lavoro verrebbe compiuto in 7 mesi. Nel frattempo la cooperativa vince l'appalto per un progetto edilizio più importante, lasciando al direttore del progetto un solo muratore. Quanti mesi impiegherà il muratore rimasto a realizzare il progetto, nell'ipotesi che tutti avessero lo stesso ritmo di lavoro?**

A 72

B 112

C 56

D 87

E 135

---

15 **Vincenzo e Giovanni vogliono spedire le 24 cartoline che hanno acquistato in Grecia in tempo utile per prendere il traghetto che li ricondurrà in Italia. Entrambi sanno che insieme sono in grado di applicare 24 francobolli in 40 secondi. Vincenzo ne applica il triplo di Giovanni che, a sua volta, ne applica la metà di Massimo, il terzo compagno di viaggio. Quanti francobolli riuscirebbero ad applicare i tre lavorando insieme per 1 minuto?**

A 15

B 36

C 54

D 45

E 24

---

16 **Nella città Beta vi sono due discoteche. Sapendo che la probabilità che una discoteca sia aperta è uguale a 1/2, calcolare la probabilità che:**

a) entrambe siano aperte;

b) una sia chiusa e una sia aperta;

c) siano entrambe chiuse.

Dire inoltre qual è la somma di tali probabilità.

A $\frac{1}{4}$; $\frac{1}{4}$; $\frac{1}{4}$; $\frac{3}{4}$

B $\frac{1}{4}$; $\frac{1}{4}$; $\frac{1}{2}$; 1

C $\frac{1}{4}$; $\frac{1}{2}$; $\frac{1}{4}$; 1

D $\frac{1}{2}$; $\frac{1}{4}$; $\frac{1}{4}$; 1

E $\frac{1}{4}$; $\frac{1}{2}$; $\frac{1}{4}$; $\frac{3}{4}$

17 **Lanciando tre dadi qual è la probabilità di ottenere due 5 e un numero diverso da 5?**

A 15/36
B 15/216
C 216/15
D 5/36
E 6/25

18 **Tizio e Caio devono ricevere una certa quantità di farmaco, in maniera da avere una quantità di principio attivo proporzionale al proprio peso corporeo. Tizio pesa 50 kg, Caio pesa 60 kg. Due flaconi identici di farmaco contengono, complessivamente, la dose totale necessaria per il fabbisogno di entrambi. Qual è la dose esatta da somministrare a Caio?**

A Un flacone intero e un quarto dell'altro flacone
B Un flacone intero e un quinto dell'altro flacone
C Un flacone intero e un sesto dell'altro flacone
D Un flacone intero e un decimo dell'altro flacone
E Un flacone intero e un undicesimo dell'altro flacone

19 **Mario è nato martedì 8 febbraio. Stella è nata mercoledì 8 marzo, nello stesso anno. Di quale anno potrebbe trattarsi?**

A 1970
B 1973
C 1976
D 1979
E 1982

20 **Un assicuratore riesce a stipulare 12 nuove polizze vita alla settimana; quanto tempo impiega per stipularne 84?**

A 5 settimane
B 8 settimane
C 7 settimane
D 1 mese
E 32 giorni

21 **Un treno viaggia a velocità costante 240 km/h, in quanti millesimi di secondo circa percorre 2 metri?**

A 20
B 30
C 15
D 10
E 40

22 **In un gruppo di 12 persone, ognuna può studiare, lavorare o fare entrambe le cose. Se 9 persone studiano e 7 lavorano, quante sono le persone che contemporaneamente svolgono entrambe le attività?**

A 12
B 7
C 3
D 2
E 4

23 **Sono al buio; estraggo (senza reinserirle) alcune scarpe da una scarpiera disordinata contenente 5 paia diverse di scarpe. Qual è il minimo numero di scarpe che devo estrarre per essere sicuro di trovarne un paio utilizzabile, cioè una destra e una sinistra dello stesso paio?**

A 3 scarpe

B 6 scarpe

C 5 scarpe

D 4 scarpe

E 9 scarpe

24 **Due biciclette si muovono una verso l'altra con velocità media rispettivamente pari a 9 km/h e 11 km/h. Se la distanza iniziale è di 2 km, dopo quanti secondi i due mezzi si incontrano?**

A 6

B 30

C 25

D 360

E 200

25 **"Vittorio ha 50 CD di musica rock e 41 CD di musica jazz suddivisi in 10 ripiani di un mobile porta-CD". Quale delle seguenti affermazioni è sicuramente vera?**

A In ogni ripiano ci sono almeno 8 CD

B In tutti i ripiani, il numero di CD di musica jazz è minore a quello dei CD di musica rock

C Esiste almeno un ripiano in cui ci sono più di 9 CD

D Esiste almeno un ripiano in cui ci sono almeno 6 CD di musica rock

E Esiste almeno un ripiano in cui ci sono esattamente 5 CD di musica jazz

Leggere il testo del seguente esercizio e rispondere alle domande.

Il seguente grafico rappresenta le matricole iscritte, in quattro diversi anni, alle facoltà di Medicina, Veterinaria, Giurisprudenza, Architettura e Ingegneria nell'università della città Beta.

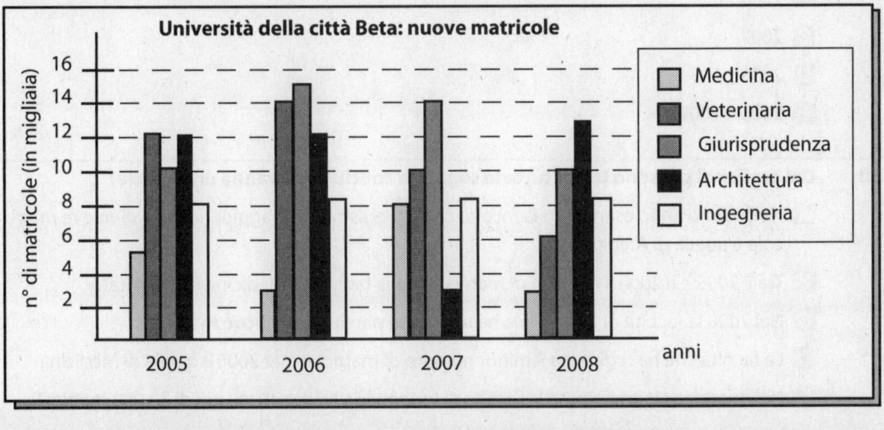

26 **Qual è la facoltà che nel quadriennio esaminato ha registrato un numero di matricole pressoché costante?**

A Medicina

B Veterinaria

C Giurisprudenza

D Architettura

E Ingegneria

27 **Quali facoltà hanno registrato rispettivamente il maggior numero di matricole nel 2006 e il minor numero di matricole nel 2007?**

A Medicina; Giurisprudenza

B Giurisprudenza; Medicina

C Giurisprudenza; Architettura

D Architettura; Medicina

E Ingegneria; Architettura

28 **Quale variazione percentuale ha subito, passando dal 2007 al 2008, il numero degli iscritti alla facoltà di Veterinaria?**

A – 62,5%

B – 40%

C 33,3%

D – 42,9%

E – 28,6%

29 **In quale anno l'università della città Beta ha registrato il maggior numero complessivo di matricole?**

A 2005

B 2006

C 2007

D 2008

E 2006 e 2007

30 **Dal grafico si possono trarre tutte le seguenti conclusioni tranne una. Quale?**

A Nell'ultimo anno esaminato la facoltà che ha registrato il maggior numero di nuove matricole è quella di Architettura

B Tra il 2005 e il 2006 il numero di matricole della facoltà di Medicina è aumentato

C Nel 2008 la facoltà di Ingegneria ha registrato più di 8.000 nuove matricole

D La facoltà che ha registrato il minor numero di matricole nel 2006 è quella di Medicina

E Nel quadriennio esaminato la facoltà di Ingegneria ha registrato più di 32.000 matricole

31 **Il numero di computer venduti dall'azienda Microchip raddoppia ogni anno. Quale dei seguenti grafici rappresenta in modo corretto tale informazione?**

A
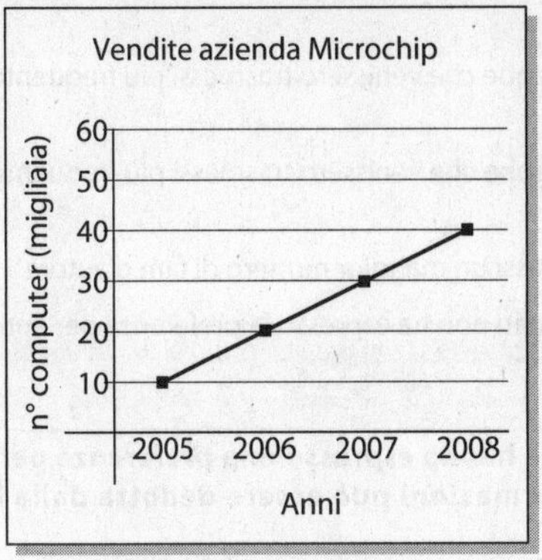

B
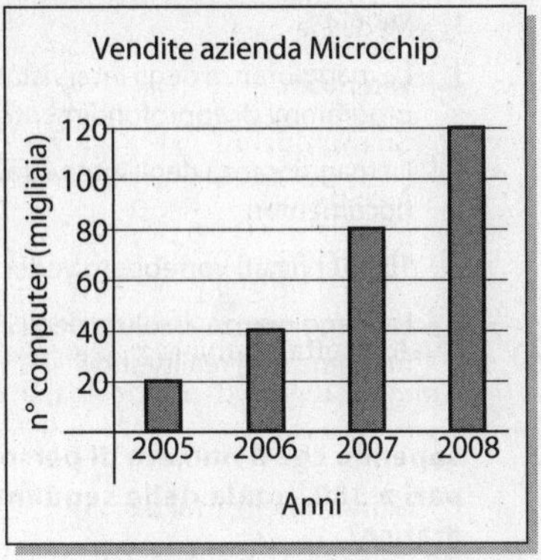

C
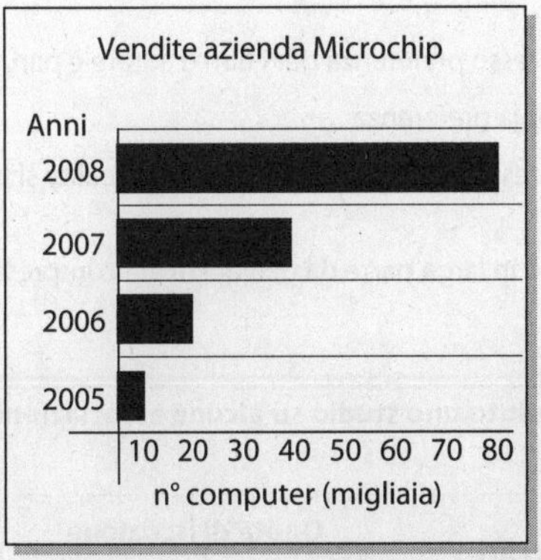

D
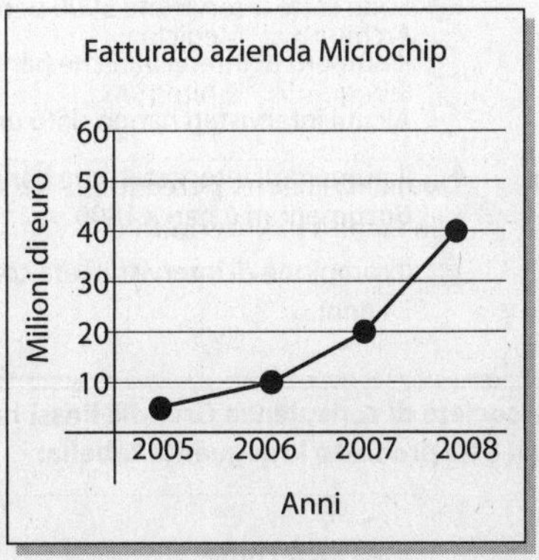

Leggere il testo del seguente esercizio e rispondere alle domande.

In un sondaggio, è stato chiesto a un gruppo di persone quale tipo di trasmissioni televisive vorrebbero vedere trasmesse con maggiore frequenza sulle reti RAI.

Tra le alternative proposte, ciascun intervistato poteva esprimere una sola preferenza. Il grafico in figura riassume i risultati del sondaggio.

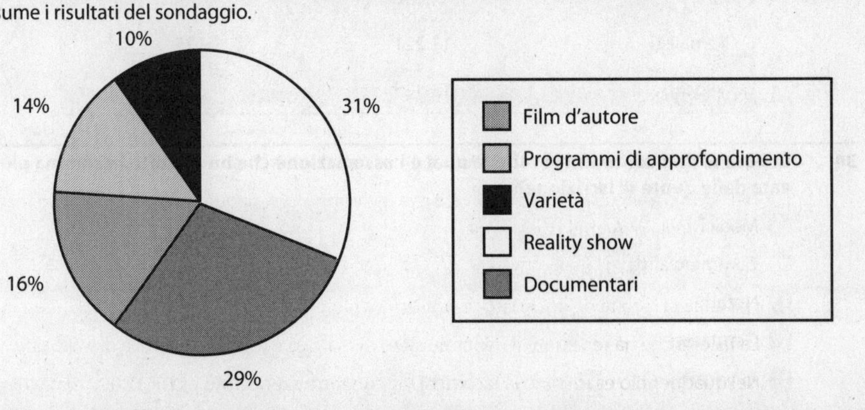

32 Quale delle seguenti affermazioni è esatta?

A La maggioranza degli intervistati vorrebbe che venissero trasmessi più frequentemente dei varietà

B La maggioranza degli intervistati vorrebbe che venissero trasmessi più frequentemente dei programmi di approfondimento

C La maggioranza degli intervistati vorrebbe che venissero trasmessi più frequentemente dei documentari

D 16 intervistati vorrebbero veder trasmessi un maggior numero di film d'autore

E La maggioranza assoluta degli intervistati non ha espresso la preferenza per aumentare la frequenza dei reality show

33 Sapendo che il numero di persone che hanno espresso una preferenza per i varietà è pari a 300, quale delle seguenti informazioni può essere dedotta dalla lettura del grafico?

A Sono state intervistate 5000 persone

B Il numero di intervistati che hanno espresso preferenza per i film d'autore è pari a 600

C Alcuni intervistati hanno dato una doppia preferenza

D Il numero di intervistati che hanno espresso la propria preferenza per i reality show o per i documentari è pari a 1800

E Il campione di intervistati era composto in larga parte da giovani di età compresa tra i 18 e i 24 anni

La società di consulenza Grandi&Rossi ha compiuto uno studio su alcune associazioni professionali e ha prodotto la seguente tabella:

Associazione	N. iscritti	Quota di iscrizione annua (euro)
Medici	14.563	360
Commercialisti	17.621	120
Notai	6.325	1300
Giornalisti	11.221	125
Avvocati	13.425	320

34 In base ai dati contenuti in tabella qual è l'associazione che ha raccolto la somma più elevata dalle quote di iscrizione?

A Medici

B Commercialisti

C Notai

D Giornalisti

E Avvocati

Il grafico seguente rappresenta il numero di abitanti di sei diversi Paesi in un certo anno. Osservare attentamente il grafico e rispondere alle domande.

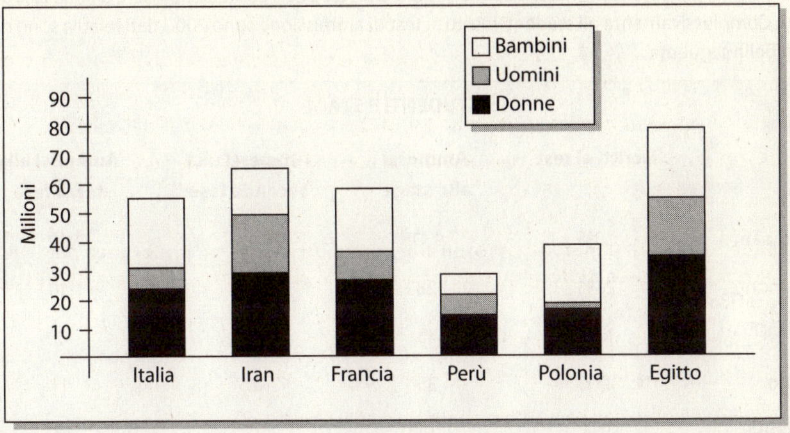

35 Quale tra i seguenti Paesi ha il maggior numero di abitanti?

A Italia

B Francia

C Polonia

D Iran

E Perù

36 Quale Paese ha il minor numero di uomini?

A Perù

B Italia

C Polonia

D Egitto

E Francia

37 Se dal grafico venisse eliminato il dato relativo al numero di bambini, quale sarebbe il Paese con il minor numero di abitanti?

A Francia

B Polonia

C Perù

D Italia

E Iran

Leggere il testo del seguente esercizio e rispondere alle domande.

Una società ha indetto uno stage della durata di sei mesi, suddiviso in tre parti della durata di due mesi ciascuna. Lo stage è rivolto a studenti universitari provenienti dalle regioni Lombardia, Piemonte, Sicilia, Lazio e Umbria; per essere ammessi bisogna superare un test, così come per passare da una fase alla successiva. Complessivamente gli studenti iscritti al test di ammissione sono 700. I dati relativi sono riportati nella tabella seguente:

STUDENTI E STAGE				
	Iscritti al test	**Ammessi allo stage**	**Ammessi alla seconda fase**	**Ammessi alla terza fase**
Lombardia	30%	131	69	32
Piemonte	21%	28	17	10
Sicilia	17%	43	20	7
Lazio	23%	35	16	11
Umbria	9%	11	5	3
Totale	100%	248	127	63

38 **Quanti sono gli studenti iscritti al test provenienti dal Lazio?**

A 119 B 161 C 63 D 210 E 147

39 **A quale regione corrisponde la minor percentuale di studenti ammessi allo stage rispetto agli iscritti al test?**

A Lombardia B Piemonte C Sicilia D Lazio E Umbria

40 **Qual è stata la variazione percentuale tra gli studenti ammessi alla seconda fase dello stage e quelli ammessi alla terza?**

A 51% B – 50,4 % C – 49,6 % D 35,7 % E 49,6 %

41 **La tipografia "Marconi" ha deciso di stampare il nuovo elenco telefonico in caratteri più piccoli per risparmiare carta. Di conseguenza, ora si possono stampare 4 colonne per pagina invece di 3. Ogni colonna contiene, inoltre, il 25% in più di nominativi rispetto al vecchio elenco che aveva 750 pagine.**

Quante pagine ha il nuovo elenco telefonico?

A 250 pagine B 300 pagine C 450 pagine D 500 pagine E 600 pagine

42 **Il piccolo Emanuele sta giocando con 350 tessere quadrate di legno colorato, tutte delle stesse dimensioni. Costruisce con le tessere, affiancandole, il più grande quadrato possibile. Considerando il lato di ogni tessera come unità di misura u, quanto vale il perimetro del quadrato ottenuto?**

A 68 u B 72 u C 80 u D 76 u E 60 u

43 **Una cassaforte ha le seguenti dimensioni esterne: la base misura 70 cm × 60 cm, e l'altezza misura 80 cm. La cassaforte è fatta di acciaio spesso 10 cm, a eccezione della base che è spessa 20 cm.**

Qual è il volume interno della cassaforte?

- A 80.000 cm^3
- B 100.000 cm^3
- C 120.000 cm^3
- D 180.000 cm^3
- E 336.000 cm^3

---

44 **Un gruppetto di scoiattoli accantona 10 noccioline il primo giorno del mese, 20 il secondo giorno, 30 il terzo giorno, e così via. Quante sono le noccioline accantonate alla fine del trentesimo giorno?**

A 16500 B 15000 C 9300 D 4650 E 3450

---

45 **Carlo vive a Milano ma lavora a Novara. Ogni giorno arriva alle 19 alla stazione di Milano e torna a casa con la moglie che lo viene a prendere in macchina. Ieri, però, Carlo ha preso il treno che arriva alle 18 e, non potendo avvertire la moglie, si è incamminato verso casa sulla stessa strada che la moglie percorre per venirlo a prendere. Dopo un po' i due si sono incontrati, e sono tornati a casa in macchina arrivando dieci minuti prima del solito. Sapendo che sia Carlo sia la moglie hanno viaggiato a velocità costante e che la moglie era uscita giusto in tempo per arrivare alla stazione alle 19, quanti minuti ha camminato Carlo prima di incontrare la moglie?**

A 45 B 50 C 55 D 40 E 60

---

46 **Individuare il numero mancante identificato dal punto interrogativo.**

…	:	…	x	…	x	…	?
x		+		x		x	
2	x	8	−	5	−	5	6
x		−		+		x	
2	x	3	+	9	−	1	14
24		7		14		25	

A 15 B 18 C 20 D 25 E 10

---

47 **Individuare il numero da sostituire al punto interrogativo, fare prima operazioni di moltiplicazione/divisione e poi somma/sottrazione:**

10	:	2	+	9	19
X		X		+	
5	+	8	+	7	20
−		−		+	
	X		:		?
40		14		20	

A 8 B 10 C 15 D 2 E 5

48 **Individuare il numero mancante identificato dal punto interrogativo.**

9	:	3	x	5	:	5		3
+		+		+		–		
6	+	5	+	8	+	3		22
–		+		–		+		
…	x	…	x	…	:	…		?
13		13		7		4		

A 30
B 60
C 32
D 40
E 35

49 **Se:**

@ + @ + @ = # – #

Allora @ è uguale a:

A –1
B 3
C 0
D non ci sono elementi sufficienti per rispondere
E 1

50 **Se: # + 8 = – # + @ + ¿**

¿ = 2

@ = 4

allora # è uguale a:

A – 2
B – 1
C 3
D 1
E 0

5.14 | Soluzioni e commenti

1 Nel caso più "sfortunato", i primi quattro cioccolatini prelevati dalla scatola potrebbero essere di quattro tipi diversi: uno al latte, uno fondente, uno alla nocciola e uno all'arancia. In questa ipotesi, prelevando un ulteriore cioccolatino si avrà la certezza di averne due del medesimo tipo. La risposta corretta è quindi la **D**.

2 Un paio di pattini da ghiaccio è composto da 2 lame (una per ogni pattino): poiché in totale vi sono 62 lame significa che nel negozio vi sono 31 paia di pattini da ghiaccio. Analogamente, ogni paio di pattini a rotelle è composto da 8 ruote (4 per ogni pattino); pertanto per trovare quante paia di pattini a rotelle vi sono nel negozio è sufficiente eseguire l'operazione $120 : 8 = 15$.

In totale vi sono dunque $31 + 15 = 46$ paia di pattini; la risposta corretta è dunque la **C**.

3 Le 72 bottiglie complessive sono collocate su 6 ripiani, 12 bottiglie in ognuno di essi. Poiché in ogni ripiano vi sono 4 bottiglie prodotte all'estero ne consegue che le rimanenti 8 sono prodotte in Italia. Complessivamente risultano pertanto prodotte in Italia $8 \cdot 6 = 48$ bottiglie di vino (risposta **E**).

4 A metà vacanza Alberto ha già svolto 26 esercizi (2/9 di 117) e Ludovica ne ha svolti 38 (2/9 di 171); ne devono ancora svolgere rispettivamente 91 (117 – 26) e 133 (171 – 38). Per determinare il numero medio di esercizi da svolgere ogni giorno in modo da completare i compiti in dieci giorni è sufficiente dividere 91 e 133 per dieci: Alberto ne dovrà svolgere in media 9,1 ogni giorno e Ludovica 13,3. La risposta corretta è quindi la **D**.

5 Per ricavare il valore della velocità incognita, è necessario conoscere i valori del tempo t e dello spazio s. Tali valori, questa volta, sono forniti *indirettamente* dai dati del problema: solitamente lo studente impiega 20 minuti (1/3 di ora) alla velocità di 15 km/h; lo spazio percorso è dunque pari a:

$$s = v \cdot t = 15\ \frac{\text{km}}{\text{h}} \cdot \frac{1}{3}\ \text{h} = 5\ \text{km}$$

Per ciò che riguarda il tempo t, lo studente deve recuperare 5 minuti di ritardo e quindi deve percorrere lo spazio casa-scuola in 15 minuti anziché in 20 (cioè in 1/4 h). Visto che lo spazio da percorrere è sempre $s = 5$ km e il tempo è pari a 1/4 h, la nuova velocità vale:

$$v = \frac{s}{t} = \frac{5\ \text{km}}{\frac{1}{4}\ \text{h}} = 20\ \text{km/h} \qquad \text{(risposta D)}$$

A volte i dati del problema vengono forniti in maniera implicita, ossia tramite relazioni tra le diverse grandezze in gioco, piuttosto che tramite valori numerici.

6 La percentuale di donne è uguale a 15/75 ossia 1/5 (20%); la percentuale di uomini è dunque pari a (100 – 20)% = 80% (risposta **E**). Analogamente, si può notare che il numero di uomini è 75 – 15 = 60, che corrisponde alla percentuale 60/75 = 4/5 = 80%.

7 20 euro sono il 10% di 200 euro ed equivalgono al buono offerto per la successiva spesa. Si capisce però che lo sconto effettivo lo si ha sommando le due spese fatte da Tancredi. Si supponga che nella prima spesa Tancredi spenda 200 euro e nella seconda proprio 20 euro utilizzando quindi il buono ricevuto nella prima spesa e non spendendo nient'altro. Tancredi avrebbe comprato in totale merce per 220 euro (200 + 20) avendola pagata in tutto 200. Come si vede lo sconto sarebbe inferiore al 10%, dato che sull'importo pagato complessivamente (220 euro) lo sconto del 10% sarebbe pari a 22 euro (e non 20): risposta **C**.

8 La parte ancora da costruire è uguale a 1 – 5/7, pari ai 2/7 del muro. Poiché per ogni settimo di stanza sono stati utilizzati 70 mattoni, per completare il muro occorrono 140 mattoni (risposta **E**).

9 Lo studente percorre a piedi e in autobus $\frac{1}{5}+\frac{2}{3}=\frac{3+10}{15}=\frac{13}{15}$ dell'intero tragitto. La parte rimanente ($1-\frac{13}{15}=\frac{2}{15}$) viene percorsa in bicicletta. Poiché i 2/15 della distanza tra l'abitazione e l'università corrispondono a 8 chilometri, la distanza cercata è pari a $\frac{15}{2}\cdot 8=60$ km. Pertanto la risposta corretta è la **C**.

10 Grazie al buon senso, è possibile eliminare le alternative **A** e **B** dal momento che il valore da individuare (ossia il 75% di *x*) deve certamente essere superiore a 210 (che rappresenta il 30% di *x*). Il metodo più rapido per individuare la soluzione del problema è quello di considerare il 75% di *x* come 2 volte e mezza il 30% di *x*. Pertanto si ha: 75% di $x = 210 \cdot 2{,}5 = 525$ (risposta **C**).

11 In questo esercizio vengono forniti come dati del problema lo sconto e il tasso di sconto e viene richiesto di individuare il costo del bene. Per ottenere tale valore è sufficiente calcolare il rapporto sconto/tasso:

$$\text{costo} = \frac{\text{sconto}}{\text{tasso di sconto}} = \frac{72}{18\%} = \frac{72}{18}\cdot 100 = 400 \text{ euro} \qquad \text{(risposta D)}$$

Ignorando le formule, è possibile giungere alla soluzione anche ragionando sui dati forniti: se 72 euro sono il 18% di un prezzo *x*, l'1% varrà 4 euro (72/18) e quindi il 100% varrà 400 euro.

12 Applicando la formula si ha:

$$\text{somma iniziale} = \frac{\text{interesse}}{\text{tasso}\cdot\text{tempo}} = \frac{700}{7\%\cdot\frac{1}{4}} = \frac{700.}{7}\cdot 100\cdot 4 = 40.000 \text{ euro}$$

La risposta corretta è dunque la **A**.

13 Le alternative **A** e **C** possono essere facilmente eliminate poiché non esprimono una percentuale. Applicando la formula si ottiene:

$$\text{variazione percentuale} = \frac{60-40}{40}\cdot 100\% = 50\% \text{ (incremento)}$$

La risposta esatta è dunque la **E**.

14 Sia *x* il numero di muratori inizialmente a disposizione del responsabile del progetto; se *x* persone impiegano 8 mesi per completare il lavoro, nell'unità di tempo (ossia in un mese) le *x* persone realizzano 1/8 del lavoro totale. Allo stesso modo, se $(x+2)$ persone impiegano 7 mesi a completare il lavoro, in un mese le $(x+2)$ persone realizzano 1/7 del lavoro totale. A questo punto si può ricavare la differenza tra il lavoro effettuato da $(x+2)$ persone e quello realizzato da *x* persone nell'unità di tempo: $(1/7 - 1/8) = 1/56$. Tale valore corrisponde alla quantità di lavoro che può essere portata a termine da due muratori nell'unità di tempo; pertanto un solo muratore può svolgere, in un mese, 1/112 del lavoro complessivo e quindi impiegherà 112 mesi a realizzare l'intero progetto (risposta **B**).

15 In questi casi è consigliabile individuare la persona che lavora al ritmo più lento e rappresentare schematicamente, rispetto a questo, il ritmo di lavoro delle altre persone.

Nell'esempio in esame, chi lavora più lentamente è Giovanni. Dunque, per ogni francobollo applicato da Giovanni, Massimo ne applica 2 e Vincenzo 3.

Schematicamente si ha:

Soggetto	N. francobolli applicati nello stesso tempo
Giovanni	1
Massimo	2
Vincenzo	3

Si considerino ora Giovanni e Vincenzo insieme: poiché in 40 secondi applicano 24 francobolli, in un minuto ne applicano 36, di cui 9 sono applicati da Giovanni e 27 da Vincenzo. Inoltre, dato che Massimo lavora il doppio di Giovanni, in un minuto applica 18 francobolli. Dunque si hanno i seguenti dati:

Soggetto	N. francobolli applicati nello stesso tempo
Giovanni	9
Massimo	$9 \cdot 2 = 18$
Vincenzo	27

In totale, in un minuto i tre applicano $9 + 18 + 27 = 54$ francobolli (risposta **C**).

16 Il numero di casi possibili è pari a 4 poiché ognuna delle due discoteche può essere aperta o chiusa:

Configurazioni	1ª discoteca	2ª discoteca
1	aperta	aperta
2	aperta	chiusa
3	chiusa	chiusa
4	chiusa	aperta

Dalla precedente tabella è possibile ricavare il numero di casi favorevoli per le varie configurazioni:

- entrambe le discoteche aperte: casi favorevoli = 1, da cui $P_1 = 1/4$;
- una discoteca chiusa e l'altra aperta: casi favorevoli = 2, da cui $P_2 = 2/4 = 1/2$;
- entrambe le discoteche chiuse: casi favorevoli = 1, da cui $P_3 = 1/4$;
- la somma delle tre probabilità è: $1/4 + 1/2 + 1/4 = 1$.

La risposta corretta è dunque la **C**.

17 L' alternativa **C** si può subito scartare perché indica un valore maggiore di 1, incompatibile con la definizione stessa di probabilità. Per individuare la soluzione esatta, è possibile procedere in due modi distinti: utilizzando la definizione di probabilità, oppure utilizzando i due teoremi del calcolo delle probabilità.

Per utilizzare la definizione, bisogna ancora una volta determinare il numero di casi favorevoli al manifestarsi dell'evento e il numero di casi possibili, che sono $6 \cdot 6 \cdot 6 = 216$. I casi favorevoli sono quelli indicati dalla tabella:

1° dado	2° dado	3° dado	Numero di casi
5	5	diverso da 5	5 (n° 1, 2, 3, 4 e 6 del terzo dado)
5	diverso da 5	5	5 (n° 1, 2, 3, 4 e 6 del secondo dado)
diverso da 5	5	5	5 (n° 1, 2, 3, 4 e 6 del primo dado)

Complessivamente, i casi favorevoli sono 5 + 5 + 5 e la probabilità richiesta vale pertanto 15/216 (risposta **B**). Nel caso in cui, invece, si vogliano usare i teoremi richiamati in precedenza, si procede nel modo seguente: l'evento si verifica se la configurazione dei dadi è una delle tre riportate nella seguente tabella:

Configurazione	1° dado	2° dado	3° dado
1	5	5	diverso da 5
2	5	diverso da 5	5
3	diverso da 5	5	5

Per il teorema delle probabilità composte, la probabilità di ciascuna configurazione (sono tutte uguali) si ottiene dal prodotto delle probabilità relative ai valori assunti dai singoli dadi; per la prima configurazione, per esempio, si ha:

$$P_1 = \frac{1}{6} \cdot \frac{1}{6} \cdot \frac{5}{6} = \frac{5}{216}$$

Per il teorema delle probabilità totali, la probabilità richiesta dal quesito si ottiene sommando le probabilità delle tre configurazioni:

$$P = P_1 + P_2 + P_3 = \frac{15}{216}$$

18 La proporzione dei pesi tra Tizio e Caio è 5 a 6 e, poiché il farmaco deve essere somministrato in proporzione al peso, è comodo suddividere idealmente entrambi i flaconi in 11 parti uguali tra loro: così facendo di ogni flacone verranno destinate 5 parti a Tizio e 6 parti a Caio. Delle 22 parti complessive ne spettano quindi 12 a Caio e 10 a Tizio e dunque a Caio verrà somministrato un intero flacone (11 parti) più una delle 11 parti del secondo flacone (1/11). La risposta corretta è quindi la **E**.

19 Se Mario è nato martedì 8 febbraio e Stella mercoledì 8 marzo dello stesso anno significa che sono nati in un anno bisestile. Infatti, se così non fosse, il mese di febbraio avrebbe 28 giorni e l'8 marzo sarebbe un martedì. Tra le alternative proposte l'unico anno bisestile (divisibile per 4, con l'eccezione degli anni secolari) è il 1976 che identifica dunque nella **C** la risposta corretta.

20 In questo caso, la proporzione da impostare è: $12 : 1 = 84 : x$; da cui si ricava:

$x = 84/12 = 7$ settimane (risposta **C**).

21 Se un treno viaggia a 240 km/h, vuol dire che in un'ora compie 240 km e quindi in un minuto percorre 4 km, cioè 4000 metri. Poiché 1 minuto è composto da 60 secondi, il treno effettuerà 4000/60 = 66.67 metri ogni secondo. A questo punto conoscendo la velocità al secondo e lo spazio da percorrere (e ricordando che la formula della velocità è V = S/T) si può ricavare lo spazio risolvendo l'equazione T = T/S, cioè:

T = 2/66.67 che ha come risultato 0.02999.

Per fare 2 metri, quindi, il treno impiegherà circa 30 millesimi di secondo (B soluzione del quesito).

22 Si indichi con *x* il numero di persone che studiano e lavorano contemporaneamente. Il gruppo di 12 persone può essere suddiviso in tre insiemi: quelli che studiano solamente, quelli che lavorano solamente e quelli che svolgono entrambe le attività. Pertanto se *x* è il numero di studenti-lavoratori, allora il numero di studenti è pari a (9 – *x*) mentre il numero di lavoratori è pari a (7 – *x*).

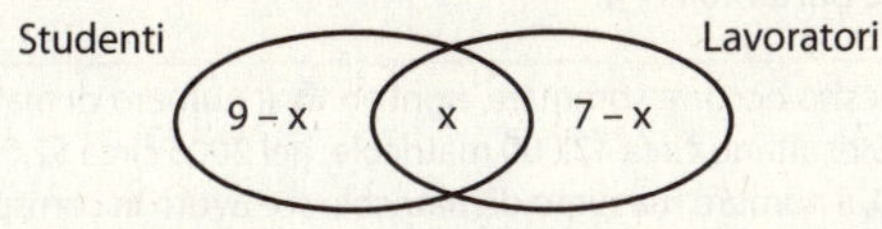

Poiché il totale delle persone è pari a 12, si ha: (9 – *x*) + *x* + (7 – *x*) = 12, da cui si ricava *x* = 4 (risposta E).

23 L'esercizio chiede di individuare il numero minimo di scarpe da dover estrarre per averne due che compongono lo stesso paio. Se fossi fortunato riuscirei nell'intento anche con solo due estrazioni, prendendo subito la destra e la sinistra dello stesso paio. Devo però considerare il caso in cui, anche se sono sfortunato, sono certo di averne due che compongono lo stesso paio. Il caso per me più sfortunato è che io peschi con le prime 5 estrazioni una scarpa che appartiene a ognuna delle 5 paia presenti, non riuscendo così, neanche dopo 5 estrazioni ad avere un paio completo. Alla sesta estrazione, però pescherò una scarpa che farà da coppia a una qualunque delle 5 scarpe prima estratte. Con 6 estrazioni sono quindi sempre sicuro di avere un paio completo. La B è la soluzione cercata.

24 La velocità di avvicinamento delle due biciclette è pari alla somma delle due velocità (*v* = 20 km/h), mentre lo spazio che deve essere percorso è pari a 2 km. Il tempo è dato dal rapporto tra spazio e velocità:

2 km / 20 km/h = 1/10 h = 1/10 · 60 min = 6 minuti

Questo risultato potrebbe indurre a indicare come corretta l'alternativa A; tuttavia, prestando attenzione al testo, si nota che le alternative proposte sono espresse in secondi (e non in minuti); la risposta esatta è quindi la D: 6 x 60 secondi = 360 secondi.

25 Vittorio ha in totale 91 CD (50 di musica rock più 41 di musica jazz); se dispone 9 CD sui primi 9 ripiani del mobile porta-CD ne rimangono 10 per l'ultimo ripiano per cui esiste almeno un ripiano in cui ci sono più di 9 CD (risposta C esatta). Le alternative A, B, D ed E non sono corrette in quanto potrebbero essere vere ma potrebbero anche non esserlo (quindi non sono sicuramente vere come richiesto dal testo dell'esercizio).

26 Per rispondere al quesito è sufficiente osservare qual è la barra che è rimasta costante nei quattro anni. Si osserva che l'ultima barra di ogni anno, quella bianca, corrispondente al numero di matricole della facoltà di Ingegneria, non è praticamente mutata da un anno all'altro. La risposta esatta è dunque la E.

27 Con riferimento al 2006 la barra più alta è quella corrispondente alla facoltà di Giurisprudenza mentre nel 2007 quella più bassa è relativa alla facoltà di Architettura. La risposta esatta è dunque la **C**.

28 La variazione percentuale si ottiene dalla formula seguente:

$$\text{Variazione percentuale} = \frac{\text{nuovo valore} - \text{valore originale}}{\text{valore originale}} \cdot 100$$

Nel caso in esame si ottiene dunque:

$$x = \frac{\text{matricole 2008} - \text{matricole 2007}}{\text{matricole 2007}} \cdot 100 = \frac{6-10}{10} \cdot 100 = -40\%$$

La risposta corretta è pertanto la **B**.

29 Per rispondere al quesito occorre sommare, ogni anno, il numero di matricole registrate dalle cinque facoltà. Nel 2005 risultano circa 47.000 matricole; nel 2006 circa 52.000; nel 2007 circa 45.000 e nel 2008 circa 40.000. Il numero massimo di matricole si è avuto in corrispondenza del 2006, quindi la risposta corretta è la **B**.

30 L'affermazione errata è quella contenuta nell'alternativa **B**, che è dunque la risposta esatta al quesito: nel 2005 le matricole della facoltà di Medicina erano più di 4.000 mentre nell'anno successivo erano meno di 4.000. Tra il 2005 e il 2006 vi è dunque stata una diminuzione e non un aumento del numero di matricole.

31 L'alternativa **A** è errata in quanto il grafico raffigurato indica un aumento costante (pari a 10.000 ogni anno) del numero di computer venduti nei quattro anni in esame e non un raddoppio da un anno al successivo. L'alternativa **B** è errata poiché mentre nei primi tre anni è raffigurato un raddoppio del numero di computer venduti, tra il 2007 e il 2008 si passa da 80.000 a 120.000 pezzi che non corrisponde a quanto indicato nel testo dell'esercizio. Infine, anche l'alternativa **D** è errata poiché il dato rappresentato graficamente è il fatturato dell'azienda e non il numero di computer venduti: ciò che si osserva è dunque un raddoppio, ogni anno, nel fatturato dell'azienda che non necessariamente coincide con un identico aumento nel numero di computer venduti. La risposta corretta è pertanto la **C**: il grafico riportato indica infatti che nel 2005 sono stati venduti 10.000 computer; nell'anno successivo (2006) il numero di computer venduti è raddoppiato (20.000) e così pure nei due anni seguenti (rispettivamente 40.000 e 80.000 pezzi).

32 La risposta **A** è errata, poiché solo il 10% degli intervistati vorrebbe un incremento della frequenza con cui vengono trasmessi i varietà; la **B** è errata poiché la percentuale corrispondente è pari al 14%; la **C** è errata perché la percentuale corrispondente è pari al 29%. Infine la **D** è errata perché 16 non corrisponde al numero di intervistati che hanno espresso la preferenza per i film d'autore; corrisponde invece alla relativa percentuale rispetto al totale degli intervistati. La risposta esatta è quindi la **E**: per maggioranza assoluta si intende più del 50% degli intervistati; poiché il 31% ha espresso la propria preferenza per i reality show significa che il 69% del campione ha scelto una trasmissione differente. Ciò significa, appunto, che la maggioranza assoluta degli intervistati non ha espresso la preferenza per aumentare il numero dei reality show.

33 Il testo del quesito specifica che il numero intervistati che ha espresso preferenza per i varietà è pari a 300; dal grafico si desume che corrisponde al 10% del campione. Pertanto il numero di persone intervistate è pari a 3000. La risposta esatta è la **D**: reality show e documentari hanno ottenuto il 60% delle preferenze (rispettivamente 31% e 29%), che sul totale di 3000 intervistati corrisponde a 1800 persone.

34 L'ammontare dei fondi raccolti da ogni associazione corrisponde al prodotto tra il numero di iscritti e la quota di iscrizione all'associazione. Tuttavia, per individuare l'associazione che ha raccolto la somma più elevata non è necessario effettuare tutti i conti: è possibile infatti giungere alla soluzione attraverso un semplice ragionamento, confrontando a due a due i risultati delle diverse associazioni: tra quella dei medici e quella degli avvocati quale sarà l'associazione che ha raccolto più fondi? Poiché sia il numero di iscritti sia la quota associativa risultano maggiori nel caso dei medici, il totale incassato sarà maggiore in questo caso (la risposta esatta non è dunque la E). Confrontando l'associazione dei medici con quella dei giornalisti è possibile replicare il medesimo ragionamento (anche la risposta D è dunque da escludere). Si confrontino ora i dati dei medici con quelli dei commercialisti: la quota di iscrizione dei commercialisti (120 euro) è esattamente 1/3 di quella dei medici; ciò significa che per produrre lo stesso incasso dei medici, l'associazione dei commercialisti dovrebbe raccogliere un numero di iscritti triplo rispetto ai medici. Così non è e dunque anche l'alternativa B è errata.

Rimane a questo punto da confrontare l'associazione dei medici con quella dei notai: nel primo caso, se gli iscritti fossero 10.000 si otterrebbe un incasso pari a 3,6 milioni di euro, quindi se gli iscritti fossero 15.000 l'incasso sarebbe pari a 5,4 milioni di euro (ossia 3,6 + la metà di 3,6). La conclusione è dunque che l'associazione dei medici raccoglie poco meno di 5,4 milioni di euro.

Anche nel caso dei notai si proceda per approssimazione: se gli iscritti fossero 6.000 (meno del reale) e la quota di partecipazione fosse di 1.000 euro (meno del reale), l'associazione incasserebbe 6 milioni di euro. Nella realtà incassa dunque un valore superiore e ciò è sufficiente per concludere che la risposta corretta è la C.

35 Dal grafico si può facilmente ricavare il numero complessivo di abitanti dei singoli Paesi:

- Italia: circa 57 milioni
- Iran: circa 66 milioni
- Francia: circa 60 milioni
- Perù: circa 27 milioni
- Polonia: circa 38 milioni
- Egitto: circa 74 milioni

Tra quelli proposti, il Paese con il maggior numero di abitanti risulta dunque l'Iran (risposta D). Per risolvere il quesito è sufficiente confrontare l'altezza delle barre di ogni Paese.

36 Il numero di abitanti uomini è rappresentato dall'area centrale (quella grigia); tale area è minima in corrispondenza della Polonia e la risposta corretta è dunque la C.

37 Eliminando dal grafico il dato relativo ai bambini (l'area più in alto, bianca) si ottiene un nuovo grafico in cui il valore minore corrisponde alla Polonia. La risposta corretta è quindi la B.

38 Per rispondere bisogna tener presente che il totale dei partecipanti al test di ammissione è di 700 studenti, il 23% dei quali provengono dal Lazio:

$$700 \cdot \frac{23}{100} = 7 \cdot 23 = 161$$

La risposta esatta è quindi la B.

39 Per trovare la soluzione bisogna preliminarmente stabilire, per ogni regione, quanti studenti si sono iscritti al test d'ammissione:

$$\text{studenti lombardi iscritti} = 700 \cdot \frac{30}{100} = 210$$

$$\text{studenti piemontesi iscritti} = 700 \cdot \frac{21}{100} = 147$$

$$\text{studenti siciliani iscritti} = 700 \cdot \frac{17}{100} = 119$$

$$\text{studenti laziali iscritti} = 700 \cdot \frac{23}{100} = 161$$

$$\text{studenti umbri iscritti} = 700 \cdot \frac{9}{100} = 63$$

Una volta ottenuto questo dato, la percentuale richiesta è data da:

$$\text{percentuale di studenti ammessi} = \frac{\text{ammessi}}{\text{iscritti}} \cdot 100\%$$

Effettuando i calcoli, si ottiene:

$$\text{percentuale di studenti lombardi ammessi} = \frac{131}{210} \cdot 100\% \cong 65,4\%$$

$$\text{percentuale di studenti piemontesi ammessi} = \frac{28}{147} \cdot 100\% \cong 19\%$$

$$\text{percentuale di studenti siciliani ammessi} = \frac{43}{119} \cdot 100\% \cong 36,1\%$$

$$\text{percentuale di studenti laziali ammessi} = \frac{35}{161} \cdot 100\% \cong 21,7\%$$

$$\text{percentuale di studenti umbri ammessi} = \frac{11}{63} \cdot 100\% \cong 17,5\%$$

Confrontando i valori ottenuti si deduce che la soluzione cercata è la **E**.

40 Gli studenti ammessi alla seconda fase dello stage sono 127, quelli ammessi alla terza fase sono invece 63. La variazione percentuale si ottiene risolvendo l'espressione:

$$\frac{63 - 127}{127} \cdot 100\% = -50,4\ \%$$

quindi la soluzione cercata è la **B**.

41 Quando era stampato su 3 colonne, l'elenco telefonico della tipografia Marconi aveva 750 pagine. Il quesito afferma che, volendo risparmiare, la tipografia aggiunge per ogni foglio una colonna e ogni colonna ha il 25% di nominativi in più e chiede di trovare quante pagine ha ora il nuovo elenco.

Se si assume che ogni colonna del vecchio elenco ha 100 nominativi (un numero comodo per fare i calcoli), allora in 3 colonne ci sono 300 nominativi per un totale di 225.000 nominativi considerando le 750 pagine.

Se nel nuovo elenco le pagine hanno una colonna in più (4) e ogni colonna ha il 25% in più di nominativi (quindi 125) rispetto al vecchio elenco, allora ogni pagina ha 500 nominativi (125 per colonna × 4 = 500).
Dividendo il numero di nominativi totali (225.000) per il numero di nominativi per pagina (500), si ottiene il numero di pagine totali, 450: la risposta corretta è quindi la C.
Un altro modo per risolvere l'esercizio è il seguente: poiché ogni pagina del nuovo elenco ha 4 colonne contro le 3 del vecchio, il nuovo ha dunque un numero di colonne pari ai 4/3 del vecchio. Poiché però ogni colonna ha il 25% di nominativi in più, le colonne del nuovo elenco hanno una capacità pari ai 5/4 di quelli del precedente (si mettono 1/4 in più di nominativi ogni colonna). In tutto il nuovo elenco ha una capacità pari a 4/3 × 5/4 cioè 5/3 del vecchio. A parità di nominativi da inserire, quindi, il nuovo elenco ha una dimensione pari ai 3/5 del vecchio pari cioè a 450 pagine (450 è proprio pari ai 3/5 di 750).

---

42 Il piccolo Emanuele deve costruire il quadrato più grande possibile, quindi deve usare il più alto numero di tessere a sua disposizione (ma al massimo 350). Per risolvere questo esercizio si dia uno sguardo alle alternative. Se la soluzione fosse la C e il perimetro fosse uguale a 80 u, allora il lato del quadrato sarebbe pari a 20 u. Ma se questo fosse vero l'area sarebbe formata da 400 tessere (20 x 20), mentre il piccolo Emanuele ne possiede solo 350. Lo stesso ragionamento varrebbe se la soluzione fosse la D: il lato sarebbe pari a 19 u e quindi l'area formata da 361 tessere. La soluzione al quesito è quindi l'alternativa B, infatti con un perimetro pari a 72 u si avrebbe un lato pari a 18 e quindi un'area totale formata da 324 tessere.

---

43 Per trovare il volume interno della cassaforte è necessario trovare le sue misure interne: base e altezza. Sappiamo che lo spessore delle pareti della cassaforte è di 10 cm, mentre la base è spessa 20 cm. Se l'altezza esterna è di 80 cm, quella interna sarà:

80 cm – 20 cm (spessore base) – 10 cm (spessore parete superiore) = 50 cm.

Le misure esterne della base sono 70 cm × 60 cm, quelle interne saranno quindi:

70 cm – 10 cm – 10 cm (spessore 2 pareti laterali) = 50 cm

e:

60 cm – 10 cm – 10 cm (spessore 2 pareti laterali) = 40 cm.

Ora sono dunque note le 3 misure interne necessarie per trovare il volume interno:

$$50 \times 50 \times 40 = 100.000 \text{ cm}^3$$

Risposta esatta B.

---

44 Per comodità si può risolvere l'esercizio semplificando i dati e cioè immaginando che gli scoiattoli accantonino 1 nocciolina il primo giorno, 2 il secondo e così via fino al trentesimo giorno in cui gli scoiattoli accantonano 30 noccioline. A questo punto si tratta di fare una somma di numeri consecutivi da 1 a 30. Si può procedere in diversi modi: per esempio si può pensare che in totale il primo e il trentesimo giorno gli scoiattoli accantonano 31 noccioline, che sono le stesse accantonate in totale il secondo e il ventinovesimo giorno, o il terzo e il ventottesimo giorno. Ci sono cioè 15 coppie di giorni (primo/trentesimo, secondo/ventinovesimo ecc. fino a quindicesimo/sedicesimo) in cui gli scoiattoli accantonano sempre 31 noccioline. Moltiplicando dunque 31 per 15 si ottiene 465 che è il numero di noccioline accantonate. Questo numero va poi moltiplicato per 10 per ritornare ai dati corretti dell'esercizio: 4650 è il numero cercato e la D la soluzione del quesito. Allo stesso risultato si poteva giungere moltiplicando la media delle noccioline raccolte il quindicesimo e sedicesimo giorno (cioè 155) per il numero di giorni (30).

---

45 Carlo è arrivato con 60 minuti di anticipo. Se alla fine lui e la moglie hanno risparmiato 10 minuti, significa che la moglie ne ha risparmiati 5 ad andare e 5 a tornare. Dal punto in cui si incontrano, cioè, la moglie avrebbe impiegato 5 minuti di macchina per raggiungere la stazione e 5 per tornare indietro in quello stesso punto. Ciò significa che, essendo uscita per arrivare precisamente alle 19, nel momento in cui si incontrano sono le 18.55 e quindi Carlo ha camminato per 55 minuti. La soluzione è, dunque, la C.

46 Per individuare il numero mancante richiesto è necessario completare la prima riga. Lavorando sulle singole colonne si ottengono i seguenti valori: 6 come numero mancante della prima colonna, 2 della seconda, 1 della terza e 5 della quarta. La soluzione al quesito è quindi fornita dall'alternativa **A** che è proprio il risultato del calcolo $6 : 2 \times 1 \times 5 = 15$.

47 Per trovare il risultato della terza riga è necessario trovare i tre numeri mancanti in ognuna delle tre colonne. Nella prima colonna il numero mancante è 10 (infatti $10 \times 5 - 10 = 40$), nella seconda è 2 ($2 \times 8 - 2 = 14$) e nella terza è 4 ($9 + 7 + 4 = 20$). Il risultato dell'operazione proposta nell'ultima riga è allora pari a 5 e la **E** è la soluzione del quesito.

48 Per poter individuare il numero mancante indicato dal punto interrogativo è necessario completare l'ultima riga della matrice risolvendo le operazioni in colonna. I numeri mancanti, partendo dalla prima colonna sono: 2, 5, 6 e 2, per cui operando sugli stessi nel modo indicato dalla matrice, si ottiene come risultato un valore pari a 30. L'alternativa **A** è, quindi, la soluzione del quesito.

49 Il risultato della seconda parte dell'equazione è 0, poiché un qualunque valore, se sottratto a sé stesso, dà come risultato 0. Ma ciò significa che, per avere lo stesso risultato a sinistra dell'uguale @ debba a sua volta valere 0. La soluzione al quesito è, quindi, fornita dall'alternativa **C**.

50 Sostituendo la seconda e la terza equazione nella prima si ha:

+ 8 = – # + 4 + 2

da cui

2 # = – 8 + 4 + 2

da cui

= – 1

La **B** è la soluzione dell'esercizio.

6 | Logica figurale e meccanica

Utilizzati prevalentemente nei test di ammissione per le Professioni sanitarie delle università pubbliche, ma anche in quelli di tutta l'area medica delle università private e in alcune prove dell'area psicologica e ingegneristica, questi esercizi intendono valutare la **capacità logico-spaziale**, intesa come *capacità di ragionamento che individua i rapporti quantitativi, qualitativi e spaziali esistenti tra più oggetti o figure astratte.*

Nella generalità dei casi, gli esercizi di logica figurale presentano una successione di figure e chiedono al candidato, dopo aver individuato il criterio logico che le lega, di scartare quella estranea a tale criterio, oppure di scegliere, tra le alternative proposte, quella coerente con la logica trovata.

Gli esercizi di logica meccanica propongono invece figure come ruote dentate, leve o carrucole e richiedono al candidato di individuare i corretti movimenti delle parti degli ingranaggi proposti.

6.1 | Descrizione degli esercizi

I quesiti si differenziano tra loro a seconda del tipo di figure utilizzate e della disposizione spaziale delle stesse; sulla base di tali differenze, si distinguono le seguenti tipologie:

- figura da scartare;
- positivi e negativi;
- figure speculari;
- analogie tra figure;
- matrici di Raven;
- sequenze da completare;
- test del domino;
- rotazioni tra figure;
- individuazione delle differenze;
- costruzioni di figure solide;
- problemi con ruote dentate, carrucole e leve.

6.2 | Figura da scartare

In questo tipo di esercizi viene presentata una successione di figure (generalmente quattro o cinque) tra le quali il candidato deve indicare quella da scartare perché estranea rispetto alle altre. Occorre quindi individuare la logica che accomuna tutte le figure date a eccezione di una.

Si considerino i seguenti esempi.

---

1 Individuare la figura da scartare.

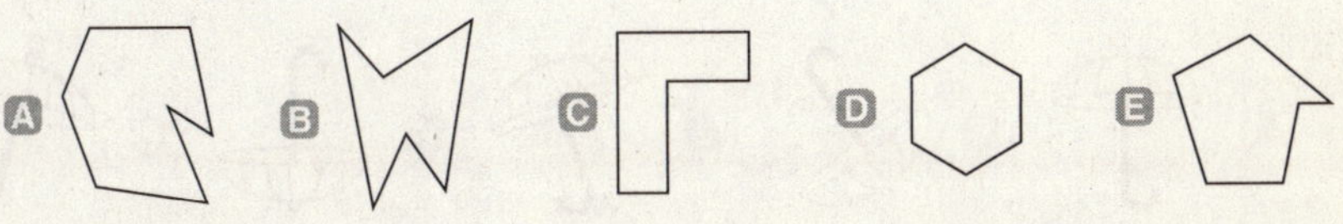

Tutte le alternative proposte raffigurano poligoni con sei lati a eccezione della prima i cui lati sono sette; la figura da scartare è dunque la A.

2 Individuare la figura da scartare.

Tutte le figure proposte sono tra loro identiche a eccezione della B, nella quale il naso, rappresentato da un triangolo, risulta ribaltato. La risposta corretta è quindi la B.

3 Individuare la figura da scartare.

La figura presentata nelle cinque alternative è sempre la stessa, con una diversa disposizione spaziale; si osserva tuttavia che mentre le immagini contenute nelle alternative A, B, C ed E sono tra loro sovrapponibili operando una rotazione, l'alternativa D non rispetta tale logica: per fare in modo che si sovrapponga alle altre è infatti necessario rovesciare specularmente la figura.
La risposta corretta è dunque la D.

4 Individuare la figura da scartare.

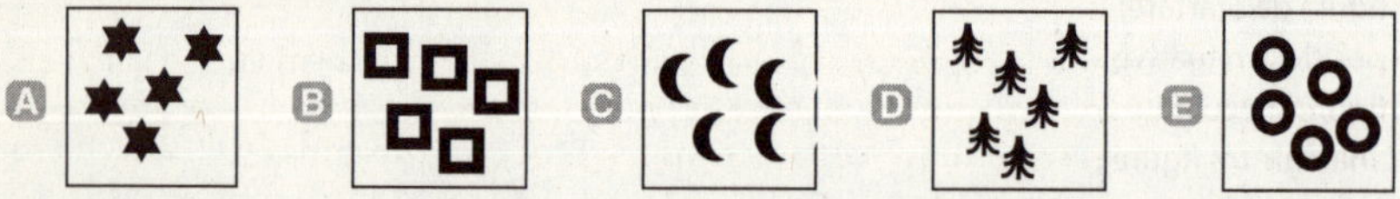

In questo caso ogni alternativa propone la stessa figura geometrica ripetuta cinque volte a eccezione della D in cui invece le ripetizioni sono sei.
La risposta corretta è quindi la D.

5 Individuare la figura da scartare.

Tra le cinque figure è possibile individuare due coppie (A ed E; B e D) i cui elementi rappresentano il positivo e il negativo di una stessa immagine (le figure bianche diventano nere e viceversa).
La figura da scartare è quindi quella individuata dall'alternativa C (soluzione del quesito), l'unica che non si accoppia a un'altra figura all'interno della successione.

6 Individuare la figura da scartare.

La figura da scartare è la prima: rispetto alle altre, essa non è semplicemente ruotata ma è stata invertita specularmente; la risposta corretta è dunque la A.

7 Individuare la figura da scartare.

A 

B 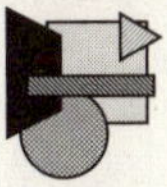

C 

D 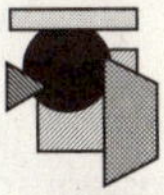

E 

Tutte le figure proposte sono composte dai medesimi poligoni (con vari riempimenti): un quadrato, un triangolo, un rettangolo, un trapezio e un cerchio. L'unica eccezione è presente nella figura C, dove il quadrato è stato rimpiazzato da un rettangolo. La risposta corretta è quindi la C.

6.3 | Positivi e negativi

Questa tipologia di esercizi prevede che il candidato individui, tra le alternative proposte, quella che rappresenta la versione "in negativo" della figura data. Si tratta, in sostanza, di individuare l'alternativa che presenta una raffigurazione identica all'originale ma nella quale gli elementi neri diventano bianchi e viceversa.

1 Individuare, tra le alternative proposte, la versione in negativo della seguente figura.

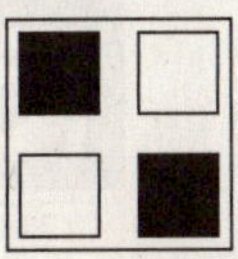

A 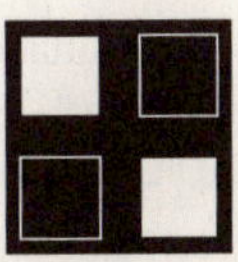 B 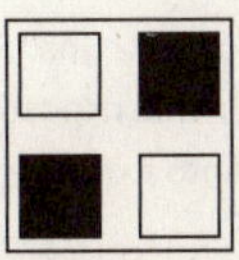 C  D  E 

La risposta corretta è la A: nella figura presente in questa alternativa il quadrato grande, che nella figura originale è bianco, diventa nero; i due quadrati interni neri diventano bianchi e gli altri due quadrati interni bianchi diventano neri.

2 Individuare, tra le alternative proposte, la versione in negativo della seguente figura.

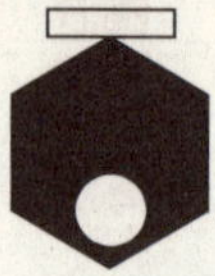

L'alternativa B presenta una figura identica a quella originale e può dunque essere scartata facilmente. Poiché la versione in negativo della figura data è identica all'originale per dimensione e posizione degli elementi ma con colorazione opposta, la risposta esatta dovrà presentare l'esagono bianco (nell'originale è nero), il rettangolo nero (nell'originale è bianco) e un cerchio nero (nell'originale è bianco). La risposta corretta è dunque la D.

3 Individuare, tra le alternative proposte, la versione in negativo della seguente figura.

La versione in negativo della figura data deve essere composta da una "R" nera, con il rettangolino interno bianco: le risposte A, C ed E sono dunque errate. Tra le due risposte rimanenti quella esatta è la B: la figura contenuta nell'alternativa D è infatti errata in quanto il quadrato posto in secondo piano deve essere nero e non bianco.

4 Individuare, tra le alternative proposte, la versione in negativo della seguente figura.

La risposta corretta è la B, l'unica in cui tutti gli elementi che nella figura originale sono neri sono stati trasformati in bianchi e viceversa. Per quanto riguarda le altre alternative proposte, gli errori che si riscontrano sono i seguenti: nella A e nella C è rimasto bianco il cerchio che definisce il naso; nella D non è stato invertito il colore dei due quadrati che definiscono gli occhi; nella E sono rimasti inalterati i due rettangoli che definiscono il cappello.

5 Individuare, tra le alternative proposte, la versione in negativo della seguente figura.

La figura proposta dall'alternativa A ha il cilindro più piccolo che non ha cambiato colorazione rispetto all'originale ed è dunque errata. Nella figura B è sempre il cilindro più piccolo a presentare una incongruenza poiché è interamente bianco. Anche le alternative D ed E possono essere facilmente scartate osservando che le superfici superiori dei cilindri (cerchi) non presentano un'alternanza bianco-nero come invece dovrebbero. La figura corretta è dunque quella contenuta nell'alternativa C che è, quindi, la soluzione dell'esercizio.

6.4 | Figure speculari

Questa tipologia di esercizi prevede che il candidato individui, tra le alternative proposte, quella che rappresenta la figura che un osservatore vedrebbe riflessa in uno specchio a partire da una immagine data. La regola da ricordare è molto semplice: guardando in uno specchio, un osservatore vede la destra e la sinistra invertite mentre le forme, i colori e i rapporti di profondità dell'immagine originale rimangono inalterati nell'immagine riflessa. Si vedano i seguenti esempi.

---

1 Quale delle cinque figure (A, B, C, D ed E) corrisponde alla composizione seguente vista allo specchio?

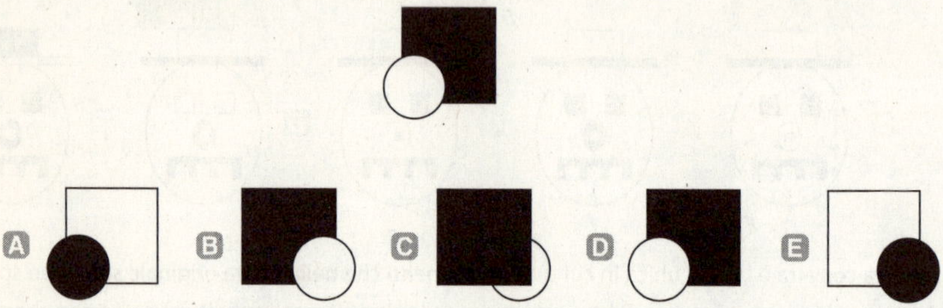

Se si posiziona la figura data di fronte a uno specchio, l'immagine riflessa presenterà le stesse forme, con le stesse colorazioni, dell'immagine originaria. Le risposte A ed E, nelle quali il quadrato è diventato bianco e il cerchio nero, sono quindi errate. Anche l'alternativa C è errata: nella figura originale il cerchio è posto davanti al quadrato e tale rapporto risulta identico nell'immagine riflessa (come accennato i rapporti di profondità tra i vari elementi rimangono inalterati nella figura vista allo specchio). La risposta D ripropone esattamente la composizione originaria (ed è dunque errata) mentre la risposta B, soluzione del quesito, presenta una composizione analoga a quella originaria (stesse forme, dimensioni, colorazioni e rapporti di profondità) ma speculare alla stessa.

---

2 Quale delle quattro figure (A, B, C e D) corrisponde alla composizione seguente vista allo specchio?

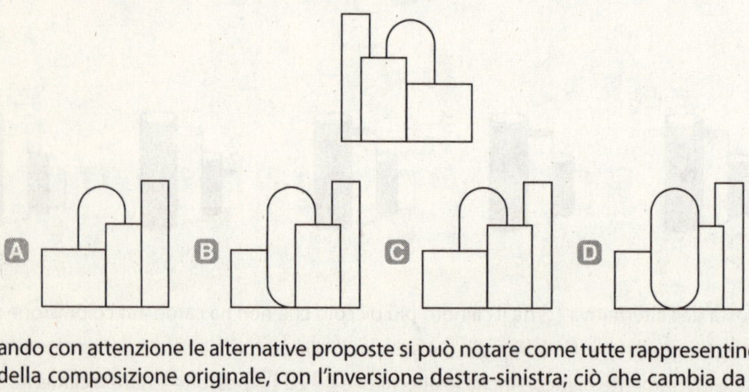

Osservando con attenzione le alternative proposte si può notare come tutte rappresentino gli stessi elementi della composizione originale, con l'inversione destra-sinistra; ciò che cambia da un'alternativa all'altra è il rapporto di profondità dei vari elementi. Rispetto all'originale, la figura dell'alternativa A porta in primo piano il rettangolo più alto mentre le alternative B e D portano in secondo piano il quadrato. L'unica figura che mantiene inalterati i rapporti di profondità tra i diversi elementi è la C che è dunque la soluzione dell'esercizio.

3 Se la seguente figura venisse ruotata di 180° in senso orario e poi riflessa su uno specchio, quale sarebbe il suo riflesso?

In questo esercizio viene richiesto di effettuare dapprima una rotazione di 180° in senso orario della rappresentazione originale. Il risultato che si ottiene applicando tale rotazione è il seguente:

A questo punto, l'immagine che verrebbe riflessa da uno specchio viene ottenuta invertendo la destra con la sinistra: il rettangolo verticale più lungo che si trova sulla sinistra finisce, nella figura riflessa, a destra mentre il piccolo rettangolo di destra finisce a sinistra. Il risultato che si ottiene è quello presentato dall'alternativa B che rappresenta dunque la soluzione al quesito.

Si osservi che l'alternativa E, che presenta una forma molto simile alla soluzione corretta, risulta errata in quanto i due rettangoli più piccoli si sono ingiustificatamente scambiati di posizione.

4 Quale delle cinque figure (A, B, C, D ed E) corrisponde alla composizione seguente vista allo specchio?

Per determinare la soluzione dell'esercizio, occorre ricordare che guardando una figura riflessa in uno specchio, ciò che nella figura si trova a destra viene visto, nello specchio, a sinistra e ciò che nella figura si trova a sinistra viene visto, nello specchio, a destra; le forme e i colori non subiscono invece modifiche. La figura speculare rispetto a quella data è quindi la A, che rappresenta pertanto la risposta corretta.

5 Quale delle cinque figure (A, B, C, D ed E) corrisponde alla figura seguente vista allo specchio?

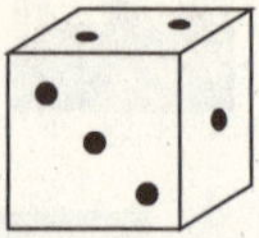

A 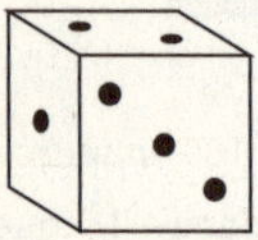 B 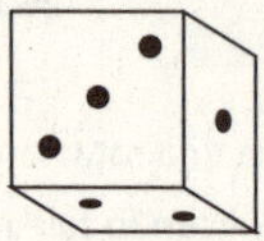 C 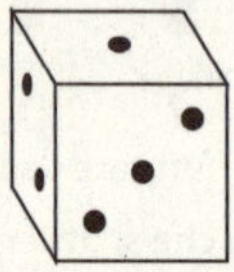 D 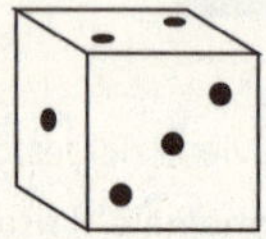 E 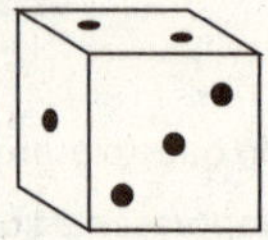

Le alternative B e C sono errate: quando il dado viene posto di fronte a uno specchio, l'immagine riflessa che si può osservare ha la forma proposta dalle alternative A, D ed E, le quali differiscono tra loro solo per la posizione dei cerchi neri che definiscono i numeri presenti sulle tre superfici visibili del dado. Tra queste, l'alternativa A è errata poiché la faccia del dado che contiene il numero 3 non presenta differenze rispetto all'originale (mentre l'immagine riflessa nello specchio dovrebbe presentare una inversione destra-sinistra); per lo stesso motivo è errata la risposta D, nella quale la faccia del dado che contiene il numero 2 non presenta differenze rispetto all'originale. La risposta corretta è dunque la E.

6 Quale delle cinque figure (A, B, C, D ed E) corrisponde alla composizione seguente vista allo specchio?

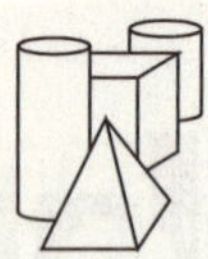

A  B  C 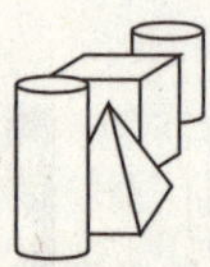 D 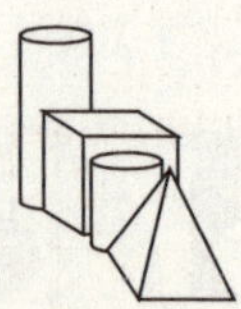 E 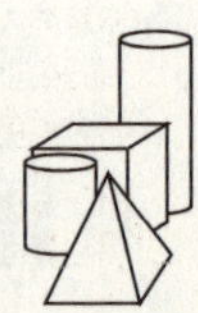

In questo caso la raffigurazione di partenza contiene quattro solidi tridimensionali: nell'ordine, dal più lontano al più prossimo, si trovano il cilindro basso, il cubo, il cilindro alto e la piramide. L'immagine riflessa nello specchio presenterà, dunque, i quattro solidi nella medesima sequenza. L'unica alternativa che mantiene inalterato l'ordine dei solidi è la A che rappresenta dunque la soluzione del quesito.

6.5 | Analogie tra figure

Si tratta di esercizi costituiti da una *proporzione* i cui *termini* sono rappresentati da figure. Uno dei quattro termini è naturalmente incognito e va individuato scegliendo l'alternativa corretta tra quelle proposte. Trattandosi di una proporzione, la condizione da rispettare (e che deve guidare il candidato nella scelta della risposta) è *l'equivalenza* della relazione esistente tra le due figure del *primo membro* con quella esistente tra le due figure del *secondo membro*.

1 Individuare la figura mancante.

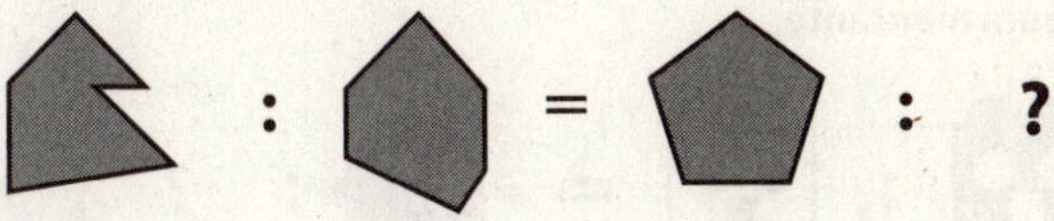

A 

B 

C 

D 

E 

In questo esercizio, il primo membro della proporzione è composto da due figure che sono accomunate dal fatto di essere due poligoni con lo stesso numero di lati (sei). Le figure del secondo membro dovranno essere accomunate dalla medesima relazione: la figura mancante dovrà dunque essere un poligono con cinque lati, così come la figura nota del secondo membro (un pentagono, appunto). La risposta corretta è dunque la E.

2 Individuare la figura mancante.

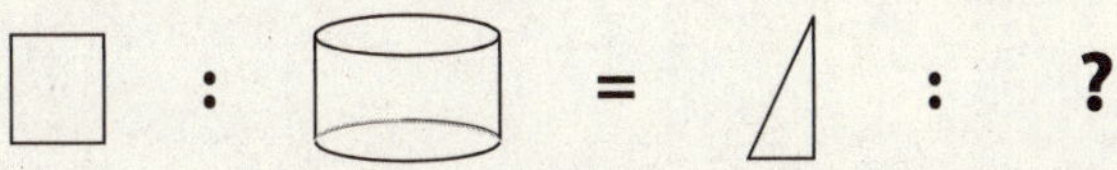

A 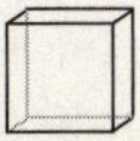 B  C  D 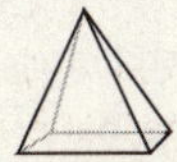 E 

Si tratta in questo caso di una proporzione tra figure, ove occorre individuare la relazione esistente tra la prima e la seconda figura, in modo da riprodurre la medesima relazione tra la terza e la quarta figura (quella incognita).

Nel caso in esame, la prima immagine raffigura un rettangolo mentre la seconda un cilindro, ossia il solido che si ottiene facendo ruotare il rettangolo lungo uno dei suoi lati.

Applicando la medesima logica al secondo membro della proporzione, è evidente che la figura mancante dovrà essere il solido che si ottiene facendo ruotare il triangolo lungo uno dei suoi lati ossia un cono. La risposta corretta è pertanto la E.

---

3 Individuare la figura mancante.

Osservando le figure che costituiscono il primo membro della proporzione si nota che la seconda è speculare e in negativo rispetto alla prima. Affinché la stessa relazione venga mantenuta anche al secondo membro, è necessario scegliere l'alternativa C che è dunque la risposta esatta.

---

4 Individuare la figura mancante.

In questo caso, il quesito si presenta in forma leggermente differente, anche se la logica dell'esercizio rimane inalterata: si tratta di una proporzione proposta non in forma simbolica ma espressa per mezzo del linguaggio comune. La seconda figura del primo membro è ottenuta ribaltando la prima sia orizzontalmente che verticalmente; applicando la stessa logica al secondo membro della proporzione si ricava la soluzione dell'esercizio (risposta A).

5 Individuare la figura mancante.

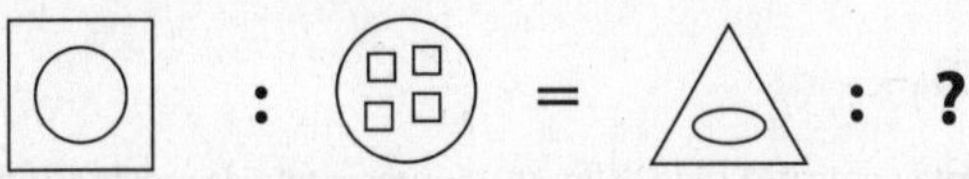

A 

B 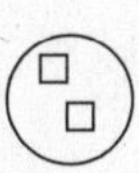

C 

D 

E 

Il secondo termine del primo membro della proporzione è una figura composta da un cerchio (lo stesso elemento che appariva all'interno della prima figura) e da quattro quadrati (la stesso elemento che appariva all'esterno della prima figura, con una numerosità pari al numero di lati, cioè quattro). Analogamente, la figura mancante dovrà essere composta da un'ellisse al cui interno compariranno tre triangoli (come il numero dei lati). La risposta corretta è dunque la D.

6 Individuare la figura mancante.

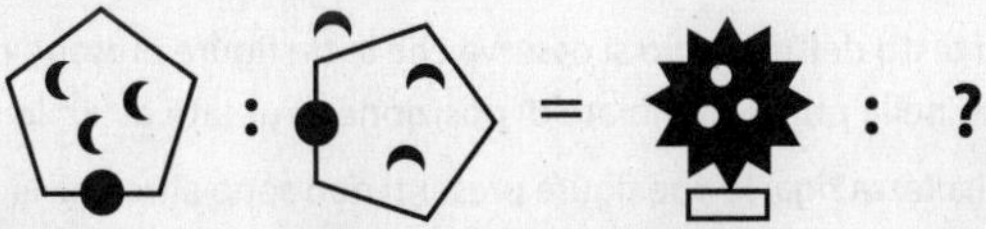

A  B  C  D  E 

La seconda figura è creata ruotando la prima di 90° in senso orario ed estraendo una delle tre mezze lune; analogamente per individuare la figura mancante occorre ruotare di 90° in senso orario la figura a forma di stella ed estrarre uno dei tre cerchi in essa contenuti. Le alternative C e D appaiono entrambe corrette per quanto riguarda la forma e la disposizione degli elementi. Si osserva tuttavia che le figure del primo membro della proporzione mantengono la medesima colorazione degli elementi (nell'alternativa D, invece, l'elemento che è stato estratto dalla stella ha cambiato colore); la risposta corretta è pertanto la C.

6.6 | Matrici di Raven

Questo tipo di esercizio si presenta come una serie di figure (rappresentate da *motivi astratti, geometrici* o *soggetti stilizzati*), generalmente disposte su più righe, in cui un elemento è incognito e va individuato tra le alternative proposte. Tipicamente questi esercizi prevedono una disposizione a matrice, composta da 3 righe e 3 colonne. Si osservino i seguenti esempi.

1 Individuare la figura mancante.

A  B  C  D  E 

Osservando con attenzione il testo dell'esercizio si osserva che le tre figure presenti nella seconda riga sono le stesse che compaiono nella prima, cambiate di posizione e ruotate di 90° in senso antiorario.

La stessa regola si osserva nella terza riga: le due figure presenti non sono altro che la seconda e la terza figura della riga precedente, ruotate nuovamente di 90° in senso antiorario.

La figura mancante dovrà dunque essere identica al primo elemento della seconda riga, a cui si applica una nuova rotazione.

La risposta esatta è pertanto la C.

2 Individuare la figura mancante.

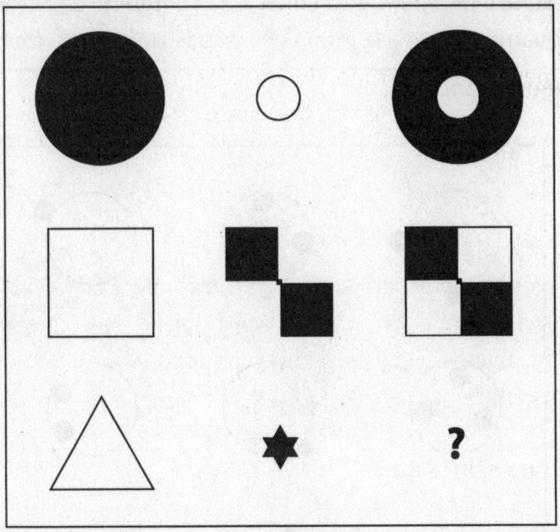

Nelle prime due righe la terza figura è ottenuta mediante una sovrapposizione della seconda figura alla prima: il piccolo cerchio bianco si sovrappone alla circonferenza nera e i due piccoli quadrati neri si sovrappongono al quadrato bianco. Poiché nella terza riga deve essere presente la medesima logica, la figura mancante si ottiene sovrapponendo la stella nera al triangolo bianco. La risposta corretta è quindi la A.

3 Individuare la figura mancante.

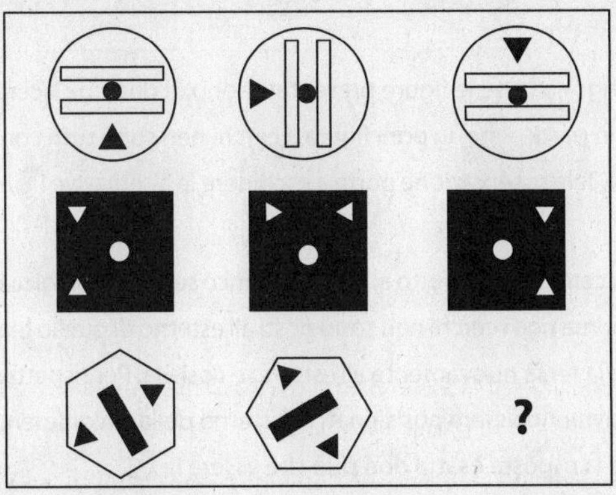

Nelle prime due righe, le figure (il cerchio e il quadrato rispettivamente) vengono di volta in volta ruotate di 90° in senso orario. Applicando questa logica anche alla terza riga si giunge alla soluzione dell'esercizio, data dalla risposta **B**.

---

4 Individuare la figura mancante.

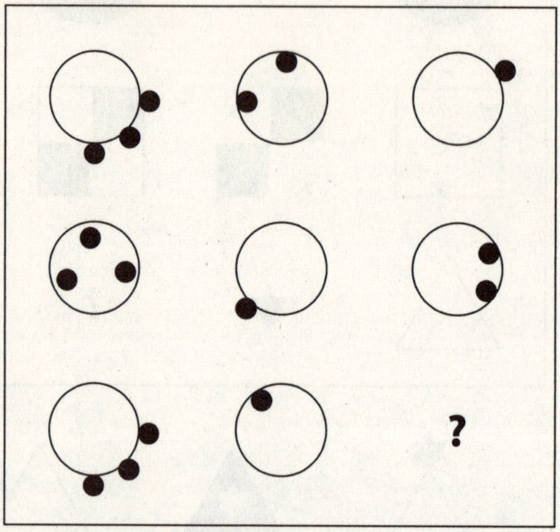

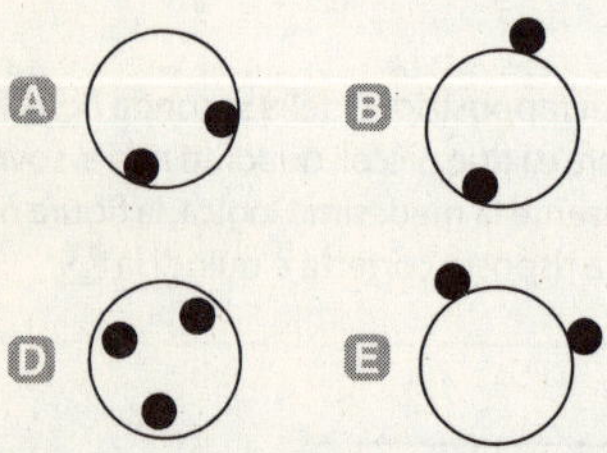

Gli elementi che compongono tutte le figure presentate sono di due tipi: il cerchio grande bianco e uno o più cerchi piccoli neri; in particolare, in ogni figura, i cerchi neri sono tutti contenuti nel cerchio bianco oppure sono tutti esterni. Tale osservazione porta a escludere le alternative **B** e **C** nelle quali tale regola non viene rispettata.

In effetti, la posizione dei cerchi neri rispetto al cerchio bianco segue una logica ben precisa di alternanza: nella prima figura della prima riga i cerchi neri sono posti all'esterno di quello bianco, nella seconda figura sono posti all'interno, nella terza nuovamente all'esterno e così via. Per rispettare tale logica, nella figura mancante i cerchi neri dovranno essere posizionati all'esterno della circonferenza bianca: le risposte **A** e **D** sono dunque errate e la risposta esatta non può che essere la **E**.

A conferma di questa conclusione è possibile ragionare anche sul numero di cerchi neri presenti nelle figure che compongono ogni riga: nella prima se ne contano 3 nella prima figura, 2 nella seconda e 1 nella terza; nella seconda riga se ne contano 3, 1 e 2; nella terza riga 3 e 1. Nella figura mancante dovranno dunque comparire 2 cerchi neri, come in effetti accade nel caso dell'alternativa **E**.

5 Individuare la figura mancante.

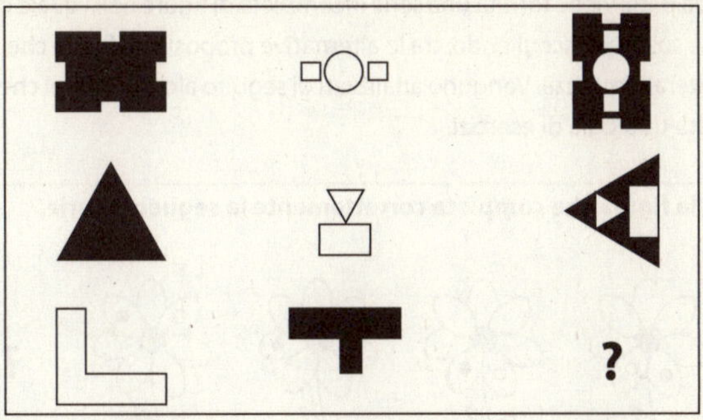

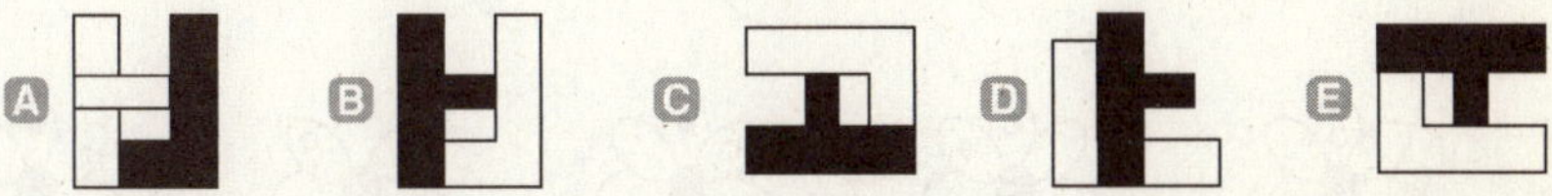

Nella prima riga della matrice, la terza figura (quella più a destra) è ottenuta sovrapponendo la seconda figura (il cerchio bianco con i due quadrati a lato) alla prima (quella nera) e ruotando il risultato ottenuto di 90°. Analogamente, la terza figura della seconda riga è ottenuta sovrapponendo la seconda (triangolo e rettangolo bianchi) alla prima (triangolo nero) e ruotando il risultato di 90° in senso antiorario. Applicando la medesima logica alla terza riga si ottiene come figura mancante quella rappresentata dall'alternativa B, che è dunque la soluzione al quesito.

6 Individuare la figura mancante.

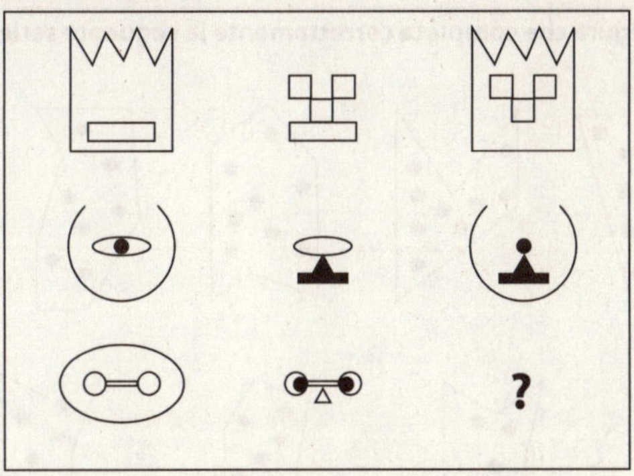

In questo esercizio il criterio logico è quello della sovrapposizione con eliminazione degli elementi comuni. Nelle prime due righe, infatti, la figura più a destra è ottenuta sovrapponendo le due figure che la precedono e contemporaneamente eliminando gli elementi grafici che esse hanno in comune. La risposta corretta è quindi la D.

6.7 | Sequenze da completare

Questi esercizi richiedono di scoprire con rapidità il criterio in base al quale le figure sono disposte all'interno di una sequenza data: viene fornita una serie incompleta di figure nella quale compare un'incognita che il candidato deve sostituire scegliendo, tra le alternative proposte, la figura che soddisfa il criterio logico che governa l'intera sequenza. Vengono analizzati di seguito alcuni esempi che mostrano i criteri logici alla base di questa tipologia di esercizi.

---

1 Individuare la figura che completa correttamente la seguente serie.

Analizzando le figure della sequenza, si osserva che, passando da un fiore al successivo, il cerchio bianco si sposta da un petalo al successivo in senso orario mentre il cerchio nero si muove in senso opposto. La risposta corretta è dunque la A.

---

2 Individuare la figura che completa correttamente la seguente serie.

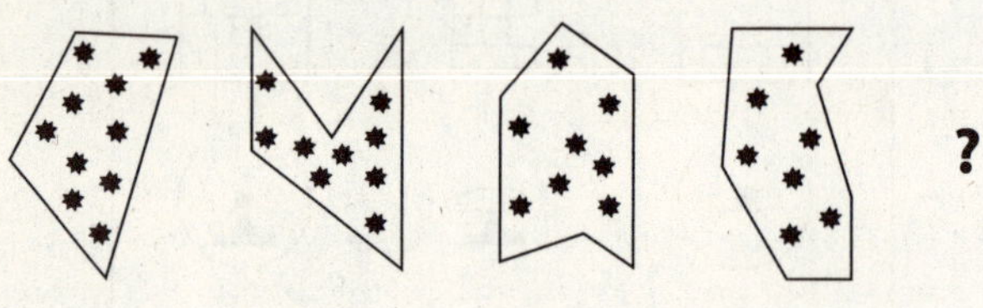

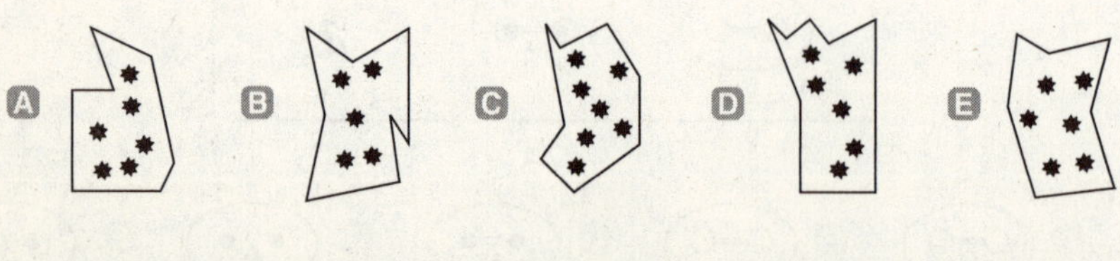

In questo esempio, sono presenti due logiche distinte: il numero di stelline è decrescente (nella prima figura sono 10, nella seconda 9 e così via) mentre il numero dei lati del poligono che le contiene è crescente (il primo ha 4 lati, il secondo ne ha 5 e così via). La figura mancante deve dunque essere un poligono con 8 lati in cui sono inscritti 6 stelline. L'unica alternativa che rispetta tale logica è la D, che è dunque la soluzione del quesito.

3 Individuare la figura che completa correttamente la seguente serie.

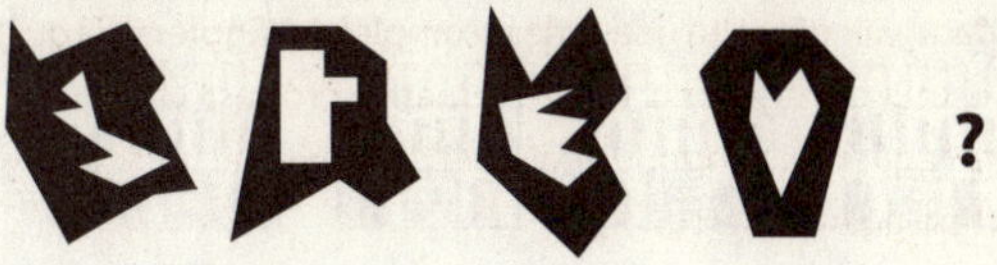

Per risolvere l'esercizio si deve prestare attenzione al rapporto esistente, in ogni singola figura, tra i due poligoni che la compongono (quello nero e quello bianco al suo interno). Contando il numero di lati di ogni figura nera, ci si accorge che è sempre uguale al numero dei lati della figura bianca interna. La prima figura nera da sinistra ha, infatti, nove lati come pure la rispettiva interna bianca, la seconda e la terza hanno otto lati (come pure i poligoni bianchi al loro interno) e la quarta ne ha sei. Ci si aspetta, quindi, che la figura che completa la serie sia composta da una figura nera e da una bianca con lo stesso numero di lati. L'alternativa che propone una figura così costruita è la C, che rappresenta, dunque, la soluzione al quesito.

4 Individuare la figura che completa correttamente la seguente serie.

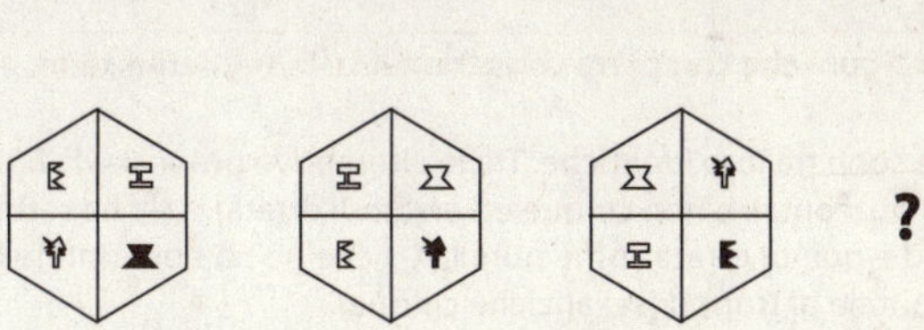

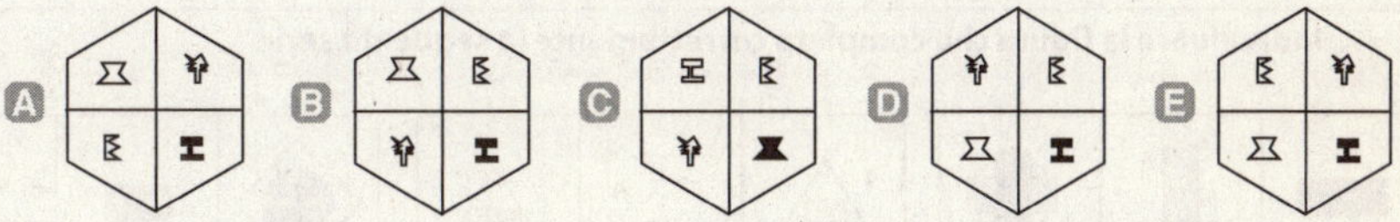

Passando da una figura alla successiva, i quattro elementi contenuti all'interno dell'esagono si spostano di una posizione in senso antiorario.

L'elemento che viene così a trovarsi in basso a destra è l'unico a essere colorato. La figura mancante è quindi quella presente nell'alternativa D.

5 Individuare la figura che completa correttamente la seguente serie.

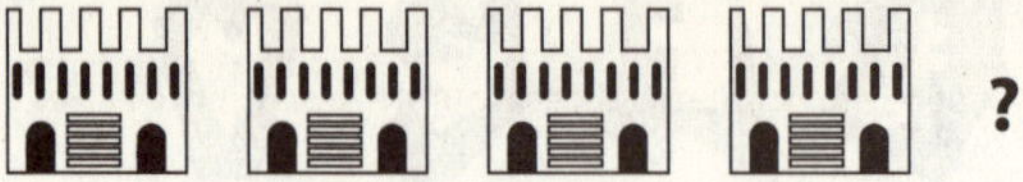

A 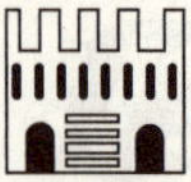

B 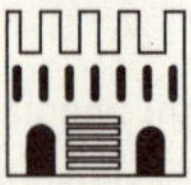

C 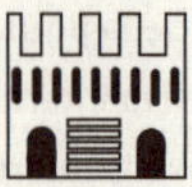

D 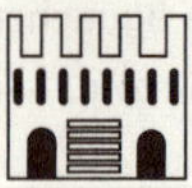

E 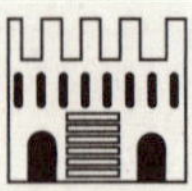

Le quattro figure date sono tra loro identiche. Tra le alternative proposte, la figura A presenta quattro rettangoli bianchi orizzontali e non cinque ed è quindi errata; la B ha sette rettangoli neri verticali al posto di otto ed è quindi errata come pure la C che ne ha nove. Infine la E presenta un rettangolo bianco orizzontale di troppo (sei anziché cinque).

L'unica figura perfettamente uguale a quelle proposte nel testo è la D che è dunque la soluzione al quesito.

6 Individuare la figura che completa correttamente la seguente serie.

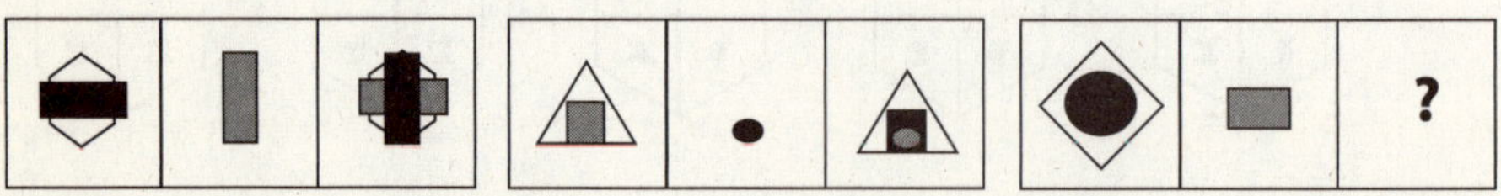

A  B  C  D  E 

Nelle prime due terne la terza figura è ottenuta sovrapponendo l'elemento della seconda figura al primo e invertendo i colori nero e grigio del secondo e del primo elemento. La figura che quindi completa il terzo gruppo è quella proposta dall'alternativa B.

7 Individuare la figura che completa correttamente la seguente serie.

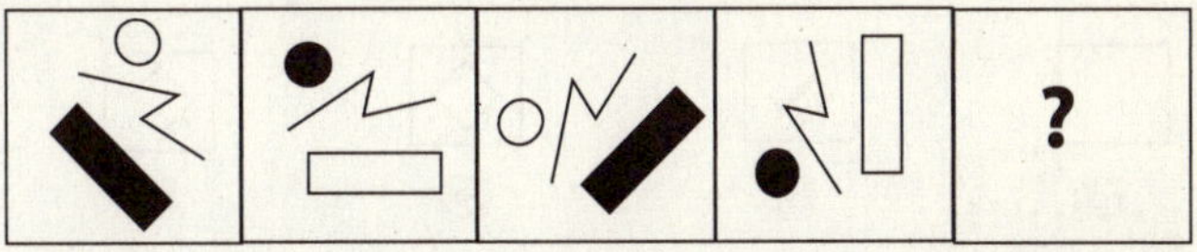

A

B
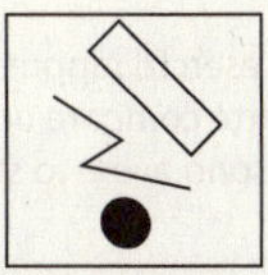

C
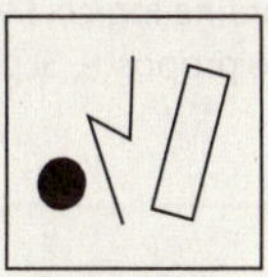

D
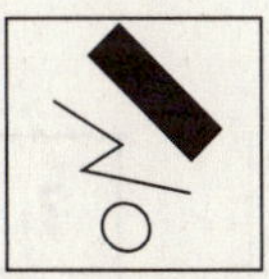

E

Passando da una figura all'altra i tre elementi ruotano di 45 gradi in senso antiorario e l'elemento bianco e quello nero si scambiano di colore. La figura mancante deve quindi avere il cerchio bianco e il rettangolo nero ed essere ruotata di 45 gradi rispetto alla quarta figura della serie. La D è, quindi, la soluzione del quesito.

8 Individuare la figura che completa correttamente la seguente serie.

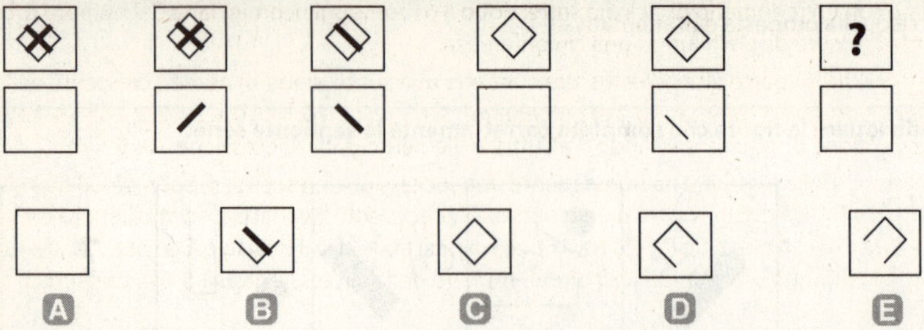

Il quadrato in basso di ogni figura indica l'elemento della figura successiva che si trova nel quadrato in alto che deve essere eliminato (quando il quadrato in basso è vuoto la successiva figura del quadrato in alto è quindi uguale alla precedente – come nel caso delle prime due figure proposte). La figura mancante è quindi quella proposta dall'alternativa E (soluzione del quesito).

6.8 | Test del domino

Il nome di questa tipologia dipende dal fatto che le figure utilizzate in questi esercizi rappresentano *tessere di domino*, cioè rettangoli divisi in due parti uguali. All'interno di ogni parte compare un numero di punti variabile, compreso tra 0 e 6. Le due parti della tessera di domino possono avere lo stesso valore oppure valori differenti.

Negli esercizi vengono presentate più tessere in successione, secondo disposizioni spaziali differenti (*croce*, *linea*, *corona*, *rettangolo* e così via), ma sempre rispondenti a un preciso ordine logico. I valori di una delle tessere della serie sono sconosciuti e vanno individuati tra le alternative proposte. Si propongono ora alcuni esempi.

1 Individuare la tessera mancante.

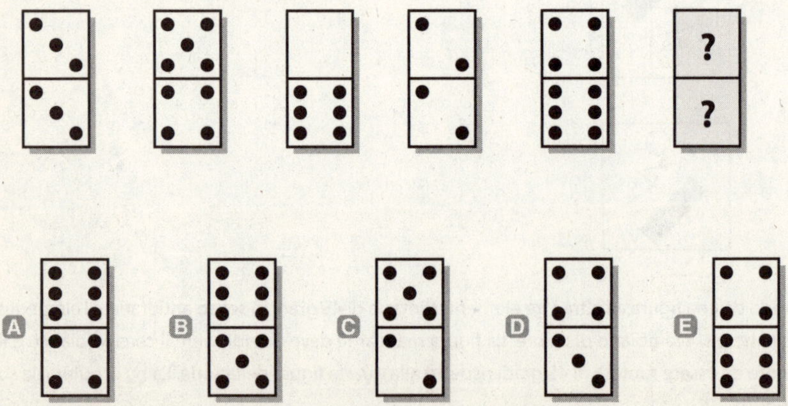

Per risolvere gli esercizi in cui compaiono le tessere del domino occorre ricordare che i numeri possibili sono solo sette: i numeri da 1 a 6 e lo 0, che corrisponde alla tessera completamente bianca. In pratica si ha a che fare con un fenomeno di ciclicità sette: dopo il 6 i conteggi ricominciano dal numero 0, come se i sette numeri fossero disposti lungo una circonferenza.

In questo esercizio, la parte alta delle tessere contiene una successione di numeri crescenti, nella quale ogni numero è ottenuto sommando 2 al precedente: 3 + 2 = 5; 5 + 2 = 0; 0 + 2 = 2; 2 + 2 = 4. L'elemento mancante si ottiene dunque sommando 2 all'ultimo elemento della successione: 4 + 2 = 6.

Nella parte bassa delle tessere si ha nuovamente una successione crescente ma con passo non costante. In questo caso infatti la differenza tra un elemento e il precedente è variabile: + 1 tra il primo e il secondo numero; + 2 tra il secondo e il terzo; + 3 tra il terzo e il quarto; + 4 tra il quarto e il quinto. L'elemento mancante si ottiene dunque sommando 5 all'ultimo numero della successione: 6 + 5 = 4. La risposta corretta è dunque la A.

---

2 **Individuare la tessera mancante.**

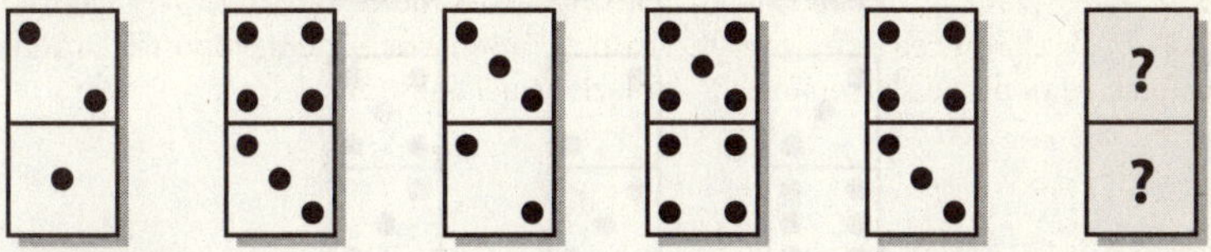

A
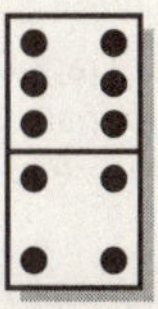

B
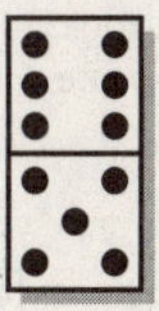

C
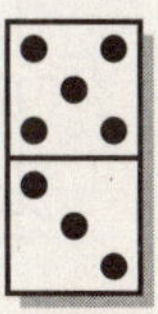

D

E
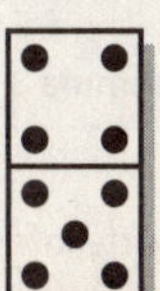

In questo caso la successione dei numeri posizionati nella parte alta delle tessere (2, 4, 3, 5, 4) e quella dei numeri posizionati nella parte bassa delle tessere (1, 3, 2, 4, 3) procedono secondo la medesima logica: +2, –1, +2, –1.

La tessera mancante è dunque ottenuta sommando 2 ai numeri 4 e 3; la risposta esatta è dunque la B.

3 Individuare la tessera mancante.

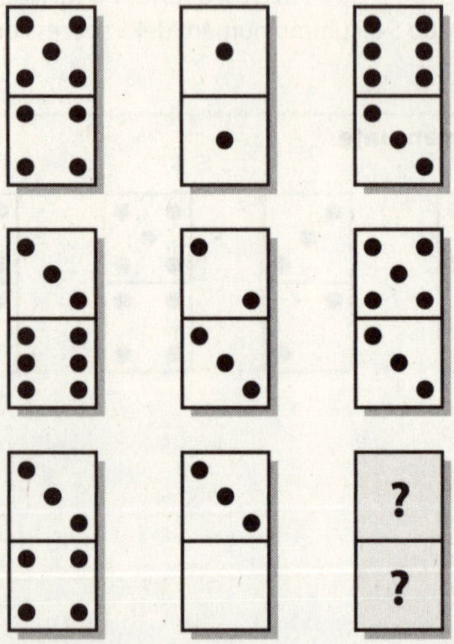

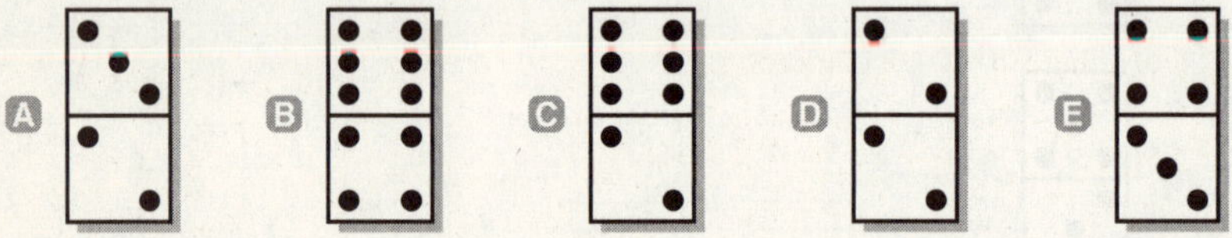

Dividendo la matrice in tre righe si può arrivare facilmente alla soluzione del quesito. Si osservi la prima riga. La terza tessera da sinistra non è altro che il risultato di operazioni sulle due tessere che la precedono.

Infatti, il valore della parte superiore (pari a 6) è fornito dalla somma dei valori delle rispettive parti superiori delle altre due tessere (e quindi dalla somma 5 + 1), mentre la parte inferiore (pari a 3) è ottenuta dalla differenza delle parti inferiori delle stesse due tessere precedenti (e quindi dalla differenza 4 – 1).

Lo stesso criterio è seguito dalle tessere che formano la seconda riga: 5 è pari alla somma 3 + 2 mentre 3 è dato dalla differenza 6 – 3.

Per analogia nell'ultima riga si avrà 6 nella parte superiore (pari a 3 + 3) e 4 nella parte inferiore (pari a 4 – 0). La soluzione dell'esercizio è dunque la B.

4 Individuare la tessera mancante.

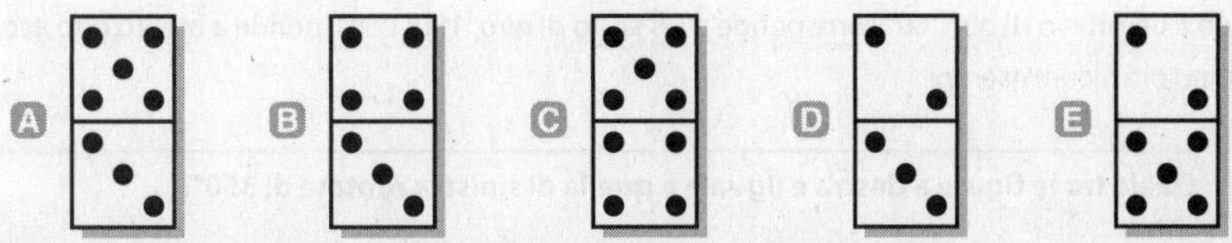

L'esercizio presenta una disposizione spaziale delle tessere a corona, in modo che ogni tessera abbia di fronte a sé stessa un'altra tessera identica, disposta nello stesso verso.

La soluzione all'esercizio è dunque facilmente individuabile nell'alternativa C.

5 Individuare la tessera mancante.

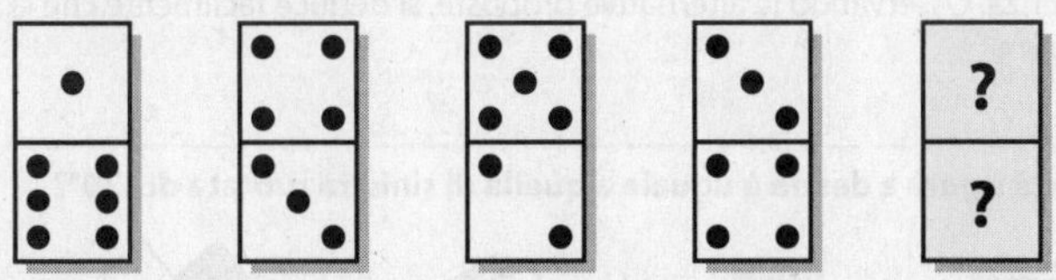

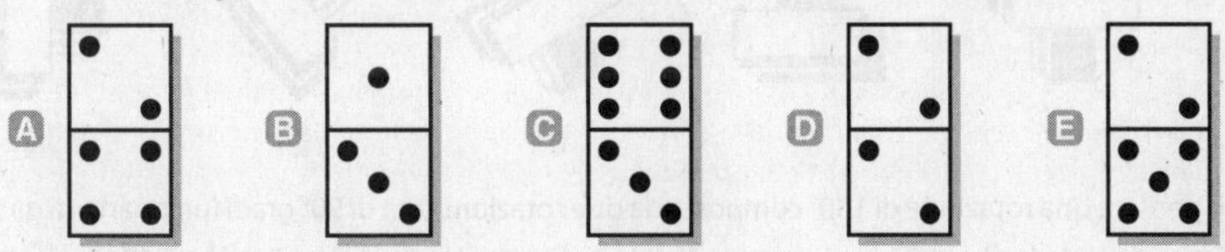

In questo caso si può osservare che, in ogni tessera, la somma dei numeri presenti rispettivamente nella parte alta e nella parte bassa è sempre pari a 7. Tra le alternative proposte l'unica che rispetta tale logica è la E che è dunque la risposta esatta.

6.9 | Rotazione di figure

Si tratta di esercizi che chiedono al candidato di individuare quale, tra le figure proposte è ottenuta ruotando di un certo angolo una figura data.

Al fine di risolvere questi esercizi è importante conoscere alcune rotazioni che possono essere facilmente ricordate e che risultano utili per trovarne altre con gradazioni leggermente differenti. Per esempio, affermare che una figura ruota di 360° significa dire che la figura in questione torna nella stessa posizione di partenza. Rotazioni di 45, 90 e 180 gradi seguono, invece le seguenti modalità:

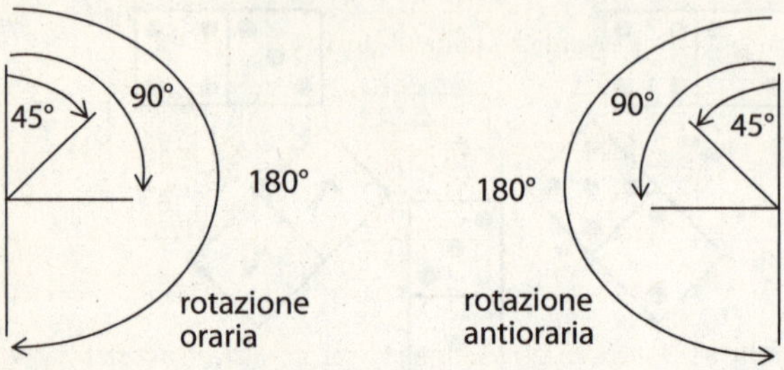

Ci si può aiutare anche ricordando che ruotare di 90° significa muoversi di un quarto di giro, 45° corrisponde a un ottavo di giro, 60° corrisponde a un sesto di giro, 180° corrisponde a mezzo giro ecc. Si propongono ora alcuni esempi.

---

1 Quale tra le figure a destra è uguale a quella di sinistra ruotata di 350°?

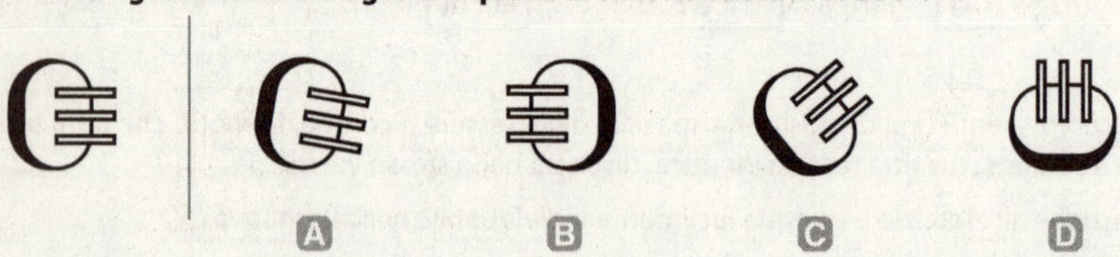

Una figura che compie una rotazione di 350° effettua un giro quasi completo tornando molto vicino alla posizione di partenza. Osservando le alternative proposte, si deduce facilmente che la soluzione al quesito è fornita dalla A.

---

2 Quale tra le figure a destra è uguale a quella di sinistra ruotata di 130°?

Si può pensare una rotazione di 130° composta da due rotazioni, una di 90° gradi (un quarto di giro) e una di 40°. Osservando le alternative, si scartano facilmente le alternative A (rotazione di 180°) e D (rotazione di 90°). La soluzione è fornita dall'alternativa C. Infatti, se l'alternativa D mostra una rotazione in senso orario di 90°, si osserva facilmente come la figura C compia una rotazione di 90 più 40 gradi (e quindi 130°).

6.10 | Individuazione delle differenze

Si tratta di esercizi che chiedono al candidato di individuare quale, tra le figure proposte, è perfettamente uguale a una figura data.

Bisogna in sostanza trovare quella che non presenta difformità rispetto alla figura proposta nei colori, nelle figure geometriche che la compongono o nella loro disposizione. Si propongono ora alcuni esempi.

---

1 Quale tra le figure a destra è uguale a quella di sinistra?

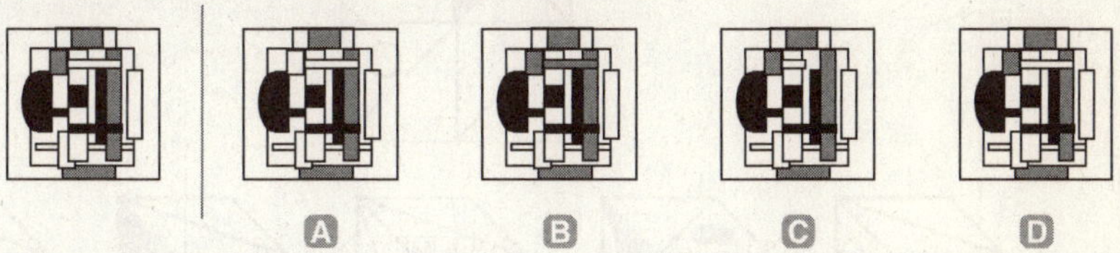

Guardando la figura A, in alto a sinistra uno dei quadratini è di colore diverso (non più grigio, ma bianco), mentre nella B e nella C ci sono diversità nella barra orizzontale posta subito alla destra di questo quadratino.

L'unica figura perfettamente uguale a quella data è la D (soluzione del quesito).

---

2 Quale tra le figure a destra è uguale a quella di sinistra?

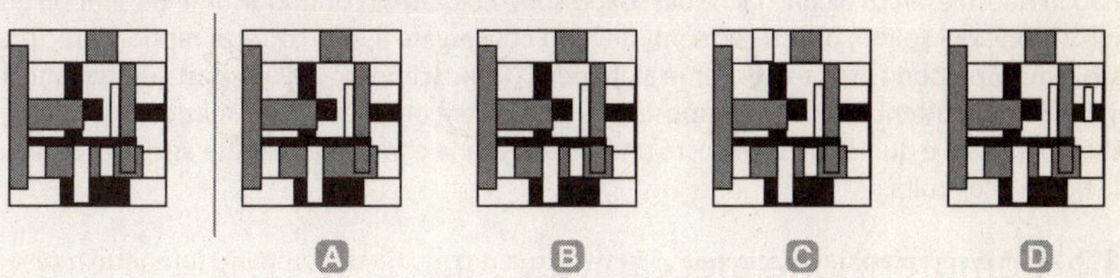

Nella figura A manca un rettangolo bianco appena sopra il rettangolo nero in basso, mentre nelle figure C e D ci sono degli elementi in più (a sinistra in alto nella C e a destra al centro nella D). La figura perfettamente uguale a quella proposta è la B, soluzione del quesito.

6.11 | Costruzione di figure solide

Si tratta di esercizi relativi alla costruzione di figure (anche detti "test di incastro") che richiedono una buona capacità percettiva, più che la conoscenza di regole meccaniche; non viene dunque richiesto alcun tipo di conoscenza tecnica, ma solo un buon intuito.

Questo tipo di esercizi presenta una figura solida che viene tagliata lungo i suoi spigoli e aperta sul piano in modo da mostrare tutte le sue facce. Il candidato deve individuare tra i solidi proposti quello che può essere ricostruito piegando la figura data lungo gli spigoli. Solitamente, salvo indicazioni diverse, **la figura di partenza mostra le facce esterne del solido**.

1 **Quale dei cinque cubi (A, B, C, D e E) corrisponde alla composizione volumetrica della figura piana sotto riportata?**

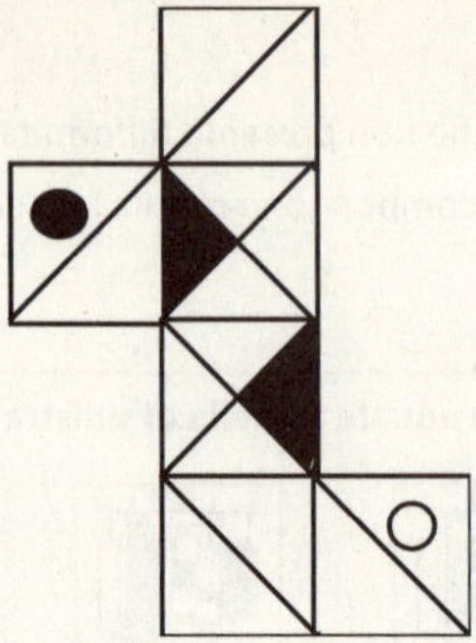

A 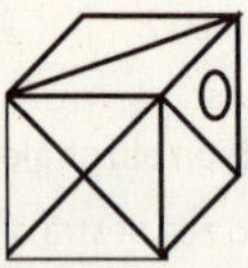 B 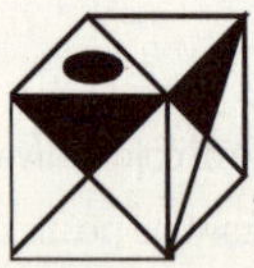 C  D  E 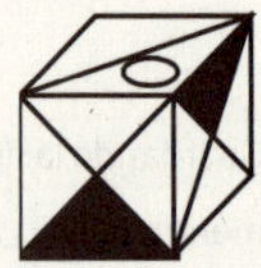

La figura A è errata in quanto presenta una faccia bianca con due diagonali; la figura B è errata per il pallino nero adiacente al triangolo nero; la D è sbagliata in quanto vi sono due triangoli neri adiacenti; infine la E è sbagliata in quanto prevede una faccia totalmente nera. Quindi la risposta esatta è la C.

Spesso in questi esercizi alcune facce del solido sono colorate o contraddistinte da simboli grafici: nella composizione del solido, questi elementi devono conservare il loro corretto rapporto reciproco e, allo stesso tempo, possono essere di estremo aiuto per il riconoscimento della risposta esatta. Anche in questi esercizi la figura ottenuta dalla ricomposizione può essere orientata nello spazio o ruotata nel piano in qualunque modo e quindi tra le risposte proposte bisogna considerare esatte anche eventuali rotazioni della figura ricostruita.

6.12 | Comprensione meccanica

Questi esercizi, utilizzati nelle università statali per i test di ammissione alle Professioni sanitarie, Psicologia e Scienze della Formazione, sono presenti anche nei test di tutta l'area medica nelle università private. I quesiti si basano su una serie di figure: carrucole, ruote dentate o leve e hanno lo scopo di misurare la comprensione dei principi di fisica elementare.

6.12.1 | Problemi con ruote dentate

In questi esercizi, un sistema di ruote dentate a contatto aventi diametri diversi viene messo in funzione facendo ruotare una delle ruote, non necessariamente quella all'estremità dell'apparecchiatura. Al candidato viene chiesto di indicare la conseguenza di tale rotazione su una o più delle altre ruote dentate dell'ingranaggio.

Per risolvere questi esercizi è sufficiente indicare a fianco di ogni ruota il senso di rotazione partendo dalla ruota a contatto con quella di partenza, ricordando che due ruote a contatto hanno sensi di rotazione opposti.

In alcuni casi il sistema è impossibile, cioè è costruito con due ruote a contatto aventi lo stesso senso di rotazione.

Si ricordino queste due regole fondamentali:

- quando due ruote sono adiacenti una all'altra, se una ruota in un senso, l'altra ruota nel senso contrario:

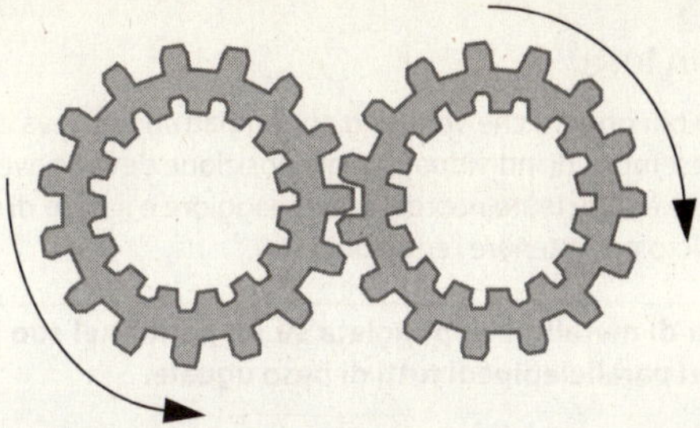

- quando due ruote sono poste una dentro l'altra, il senso di rotazione è coerente, se cioè una ruota gira in un senso, anche l'altra gira nel medesimo senso:

1 Se la ruota dentata A gira in senso orario, in quale senso gira la ruota D?

A) Nello stesso senso di A
B) Nello stesso senso di B
C) Nello stesso senso di C
D) Il sistema di ingranaggi non può funzionare poiché le ruote hanno un numero differente di denti
E) Non è possibile determinare il senso di rotazione della ruota D

In tutti gli esercizi che coinvolgono sistemi di ingranaggi occorre tenere presente che passando da una ruota dentata a un'altra a essa adiacente si inverte il senso di rotazione: da questo fatto si ricava che se fra due ingranaggi vi è un numero dispari di ruote dentate allora i due ingranaggi ruotano nel medesimo senso; se vi è un numero pari di ruote dentate allora i due ingranaggi ruotano in senso opposto.

In questo esercizio la ruota B gira in senso antiorario, la ruota C gira nello stesso senso della ruota A e, infine, la ruota D gira nello stesso senso della ruota B.
La risposta corretta è la B.

6.12.2 | Problemi con leve

L'esercizio presenta uno o più oggetti che vengono appoggiati su una leva con un fulcro fissato. Al candidato viene chiesto, per esempio, di individuare quale posizione devono avere i corpi affinché la leva sia in equilibrio. Per rispondere è sufficiente ricordare che maggiore è il peso di un corpo e minore deve essere la sua distanza dal fulcro per ottenere l'equilibrio.

---

1 Un'asse graduata di metallo è appoggiata su un perno nel suo punto medio e su di essa sono sistemati dei parallelepipedi tutti di peso uguale.

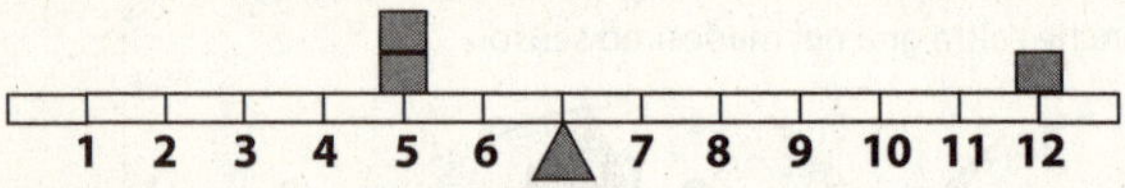

Per equilibrare questo sistema è sufficiente spostare un parallelepipedo:

- A dalla posizione 5 alla posizione 4
- B dalla posizione 12 alla posizione 10
- C dalla posizione 12 alla posizione 11
- D dalla posizione 5 alla posizione 8
- E nessuna delle altre alternative è corretta: l'asse è già in equilibrio

La forza esercitata su ognuna delle due braccia dell'asse è pari al prodotto tra il peso applicato e la distanza di tale peso dal punto di sospensione dell'asse. Così, per esempio, sul lato sinistro sono posti due pesi a una distanza di due unità di misura dal punto di sospensione. Su tale braccio la forza applicata sarà pari a 2 x 2 = 4, mentre sul braccio destro sarà pari a 1 x 6 = 6. Con i pesi messi in tale modo l'asse pende verso destra e per poterla riequilibrare o si sposta il parallelepipedo di destra in modo da avere una forza pari a 4 su quel braccio, o si sposta uno dei due parallelepipedi di sinistra in modo che la forza totale su tale braccio risulti pari a 6. Osservando le alternative ci si accorge che la B è la soluzione del quesito, infatti spostando il parallelepipedo dalla posizione 12 alla 10 si ottiene sul braccio destro una forza proprio pari a 4 (1 x 4), uguale quindi a quella esercitata dai due pesi sul braccio sinistro.

6.13 | Esercizi proposti

---

1 Individuare la figura mancante.

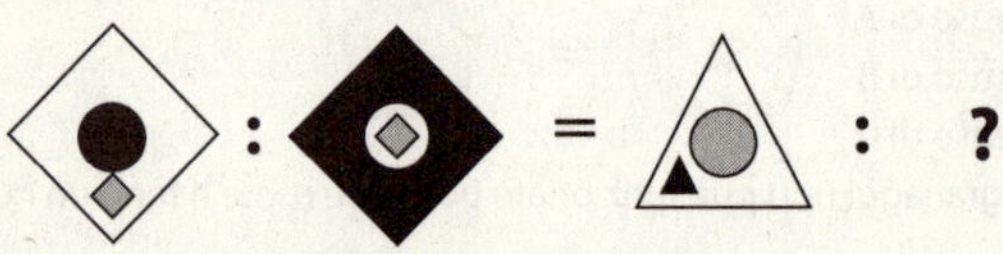

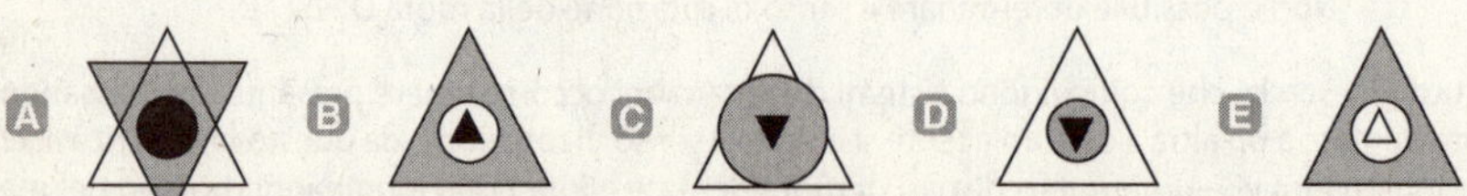

2 **Individuare la figura mancante.**

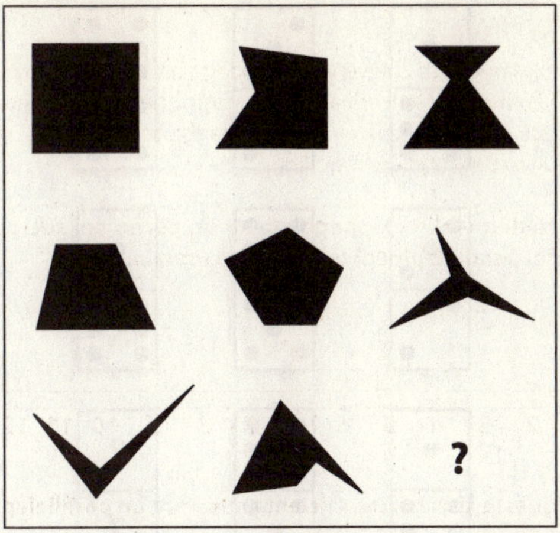

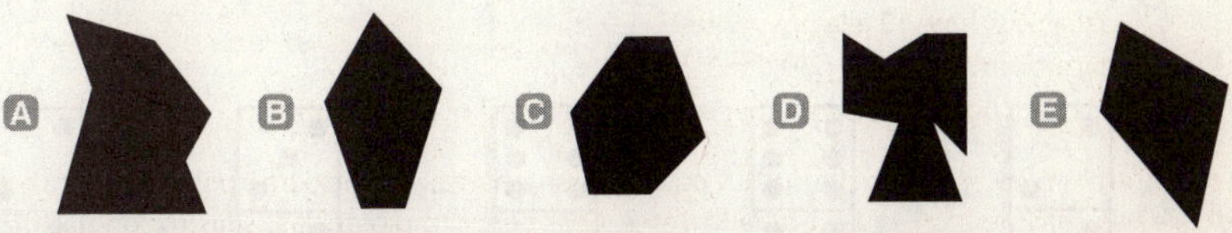

3 **Individuare la figura da scartare.**

4 **Individuare la figura mancante.**

5 **Individuare la tessera mancante.**

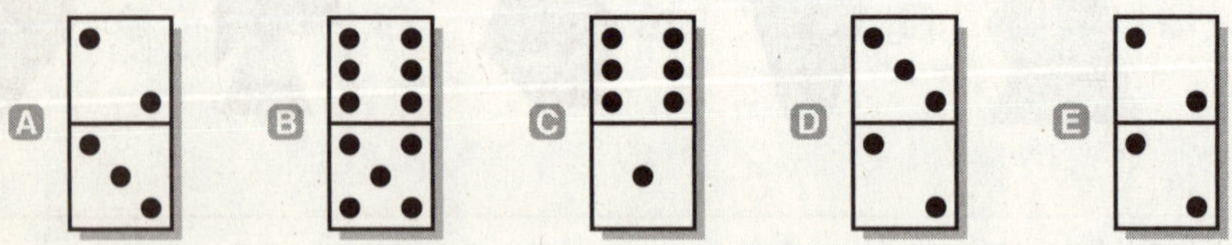

6 **Individuare la figura da scartare.**

7 **Individuare la figura mancante.**

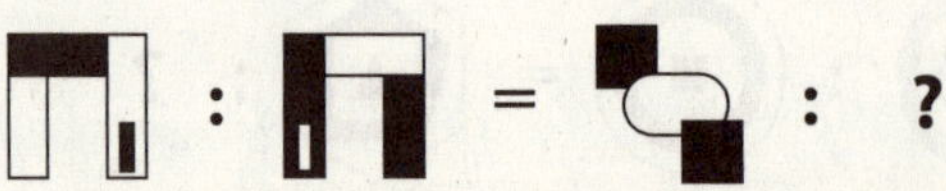

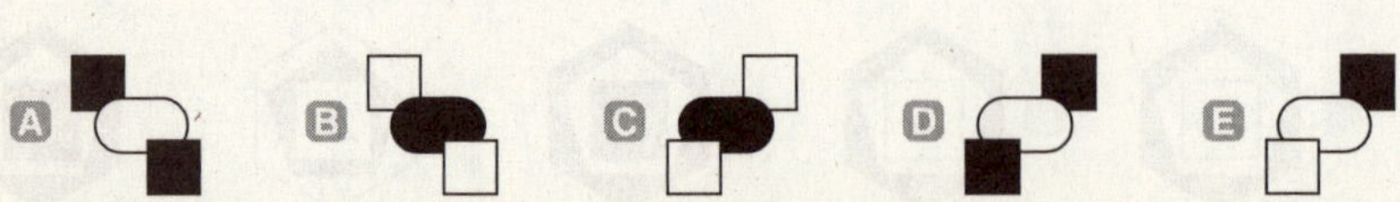

8 **Individuare la figura da scartare.**

9 **Individuare la figura mancante.**

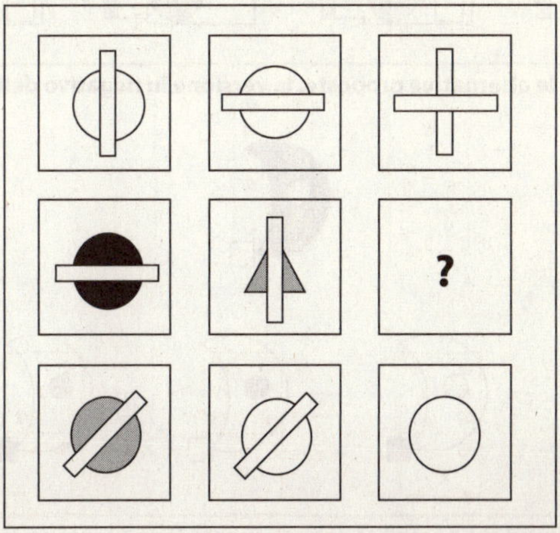

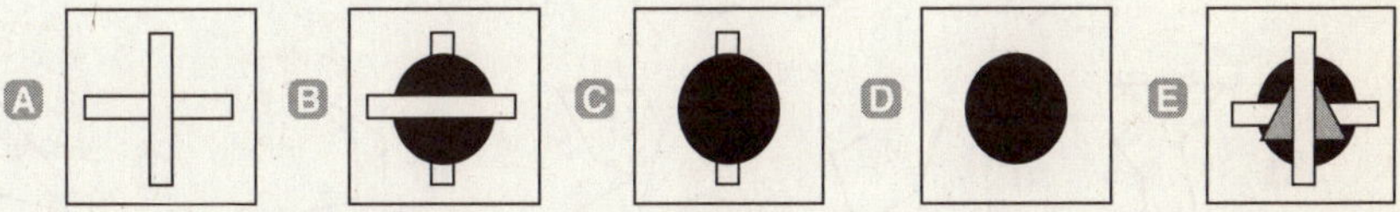

10 **Scartare una delle quattro rappresentazioni grafiche.**

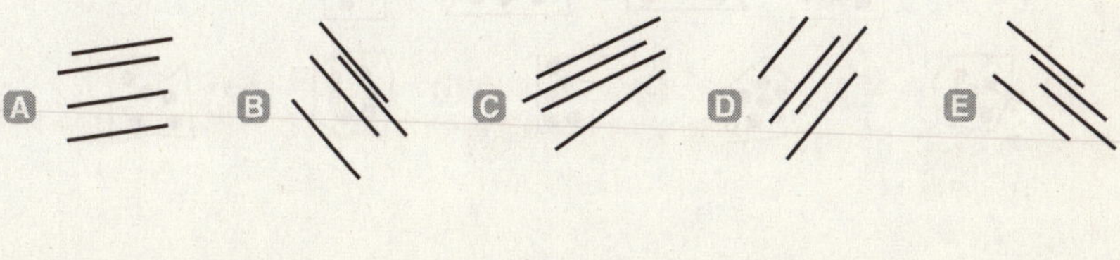

11 **Quale delle quattro figure (A, B, C e D) corrisponde alla composizione seguente vista allo specchio?**

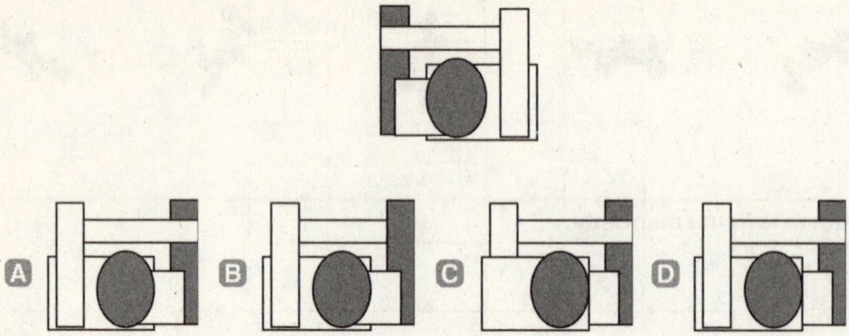

12 **Individuare, tra le alternative proposte, la versione in negativo della seguente figura.**

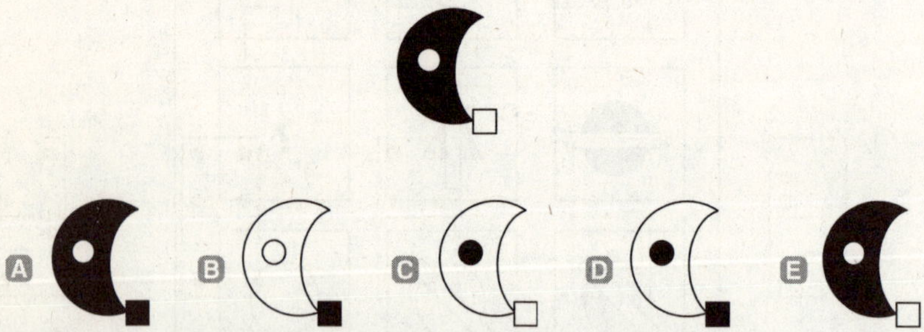

13 **Individuare la figura che completa correttamente la seguente serie.**

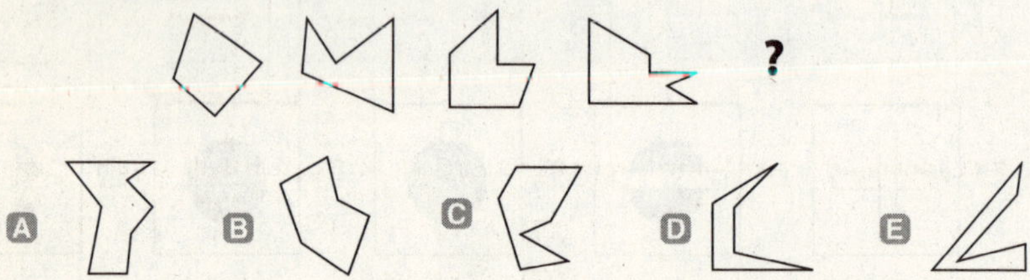

14 **Individuare la figura che completa correttamente la seguente serie.**

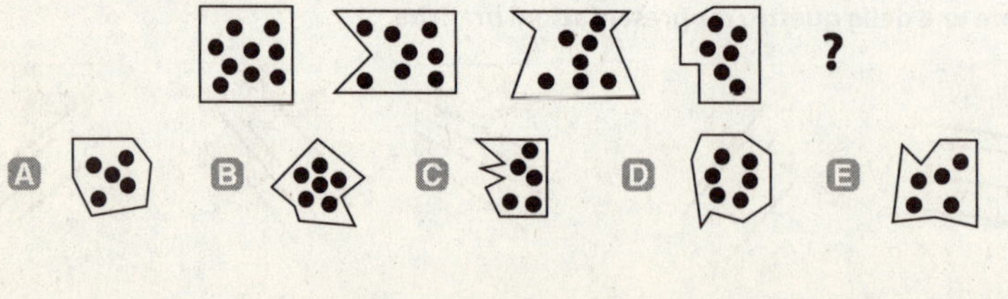

15 **Individuare la tessera mancante.**

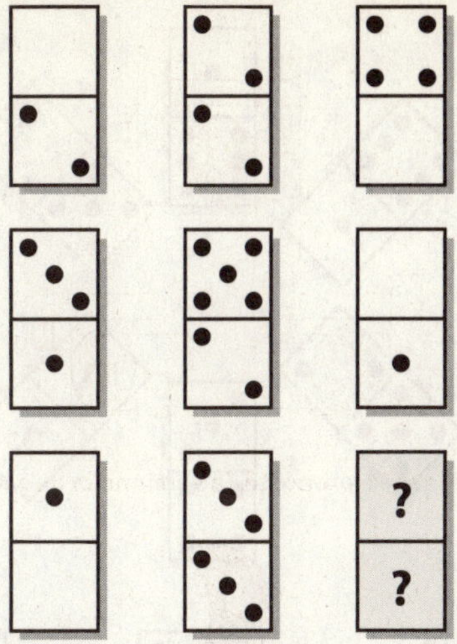

A 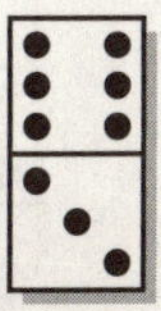 B 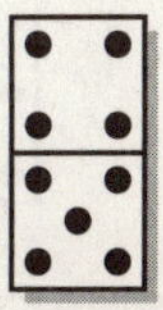 C 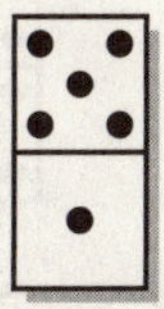 D  E 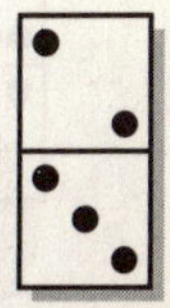

16 **Individuare la figura da scartare.**

A 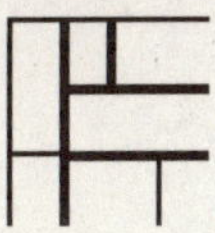 B 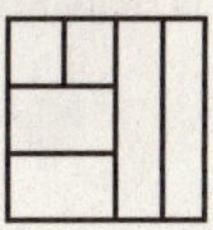 C 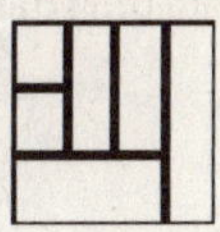 D 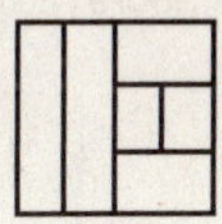 E 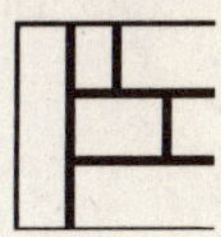

17 **Individuare, tra le alternative proposte, la versione in negativo della seguente figura.**

A 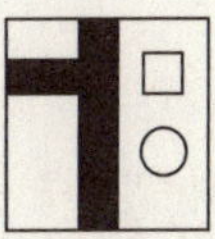 B 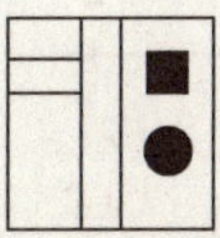 C 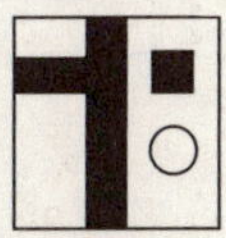 D 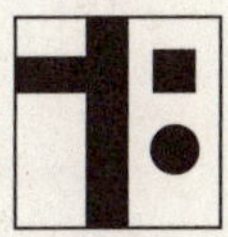 E 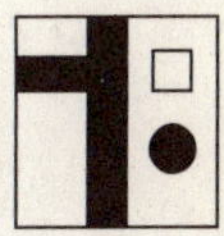

18 Individuare la tessera mancante.

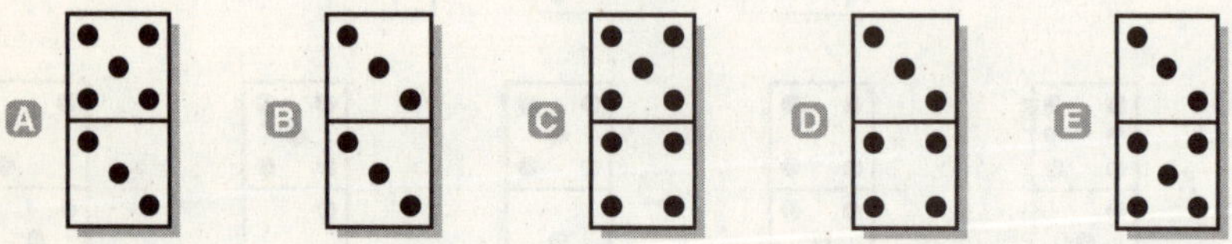

19 Individuare la figura mancante.

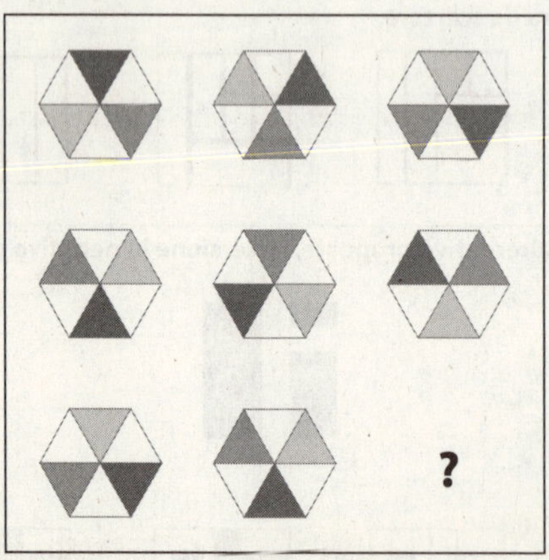

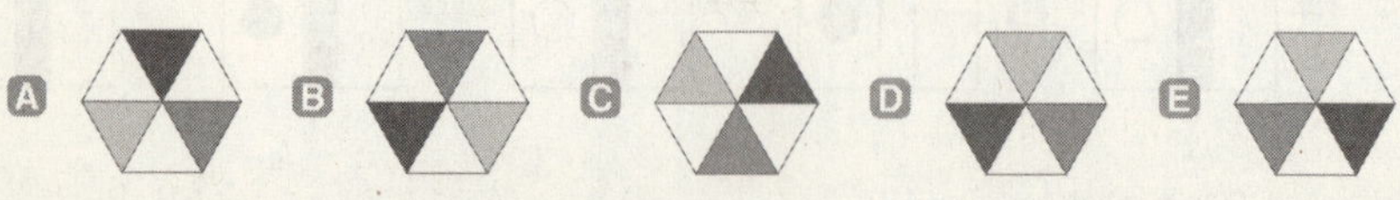

20 **Quale delle cinque figure (A, B, C, D ed E) corrisponde alla composizione seguente vista allo specchio?**

A  B  C  D  E 

21 **Individuare la figura che completa correttamente la seguente serie.**

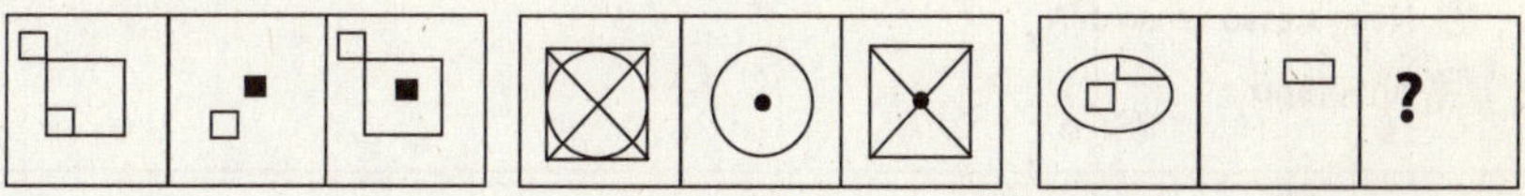

A 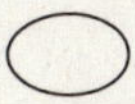 B  C 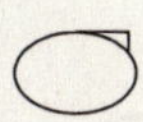 D 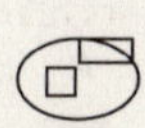 E 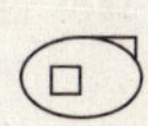

22 **Individuare la figura che completa correttamente la seguente serie.**

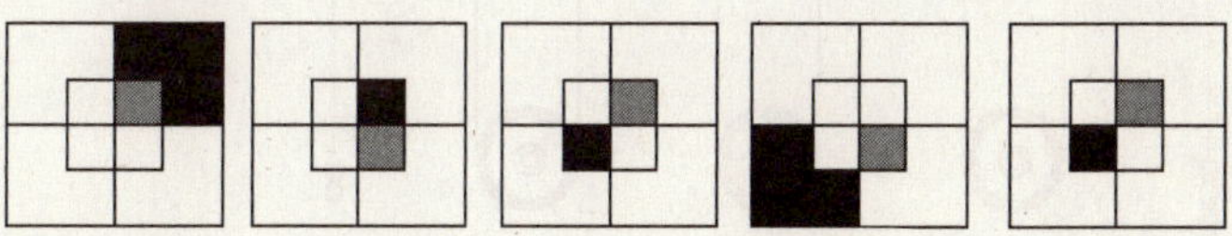 ?

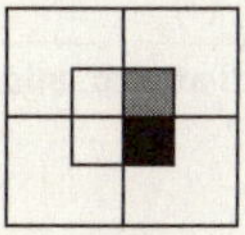 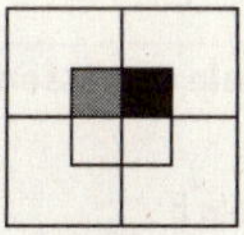 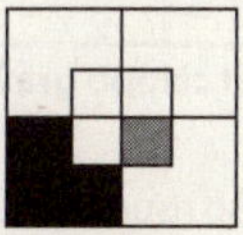 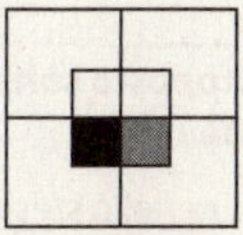 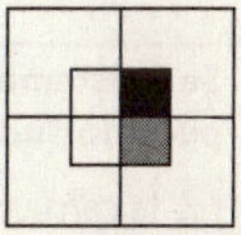

A B C D E

23 **Se la ruota dentata piccola A gira in senso antiorario, in quale senso gira la ruota piccola D?**

- A Nello stesso senso di B
- B Il sistema non può funzionare
- C Orario
- D Nello stesso senso di A
- E Antiorario

Il sistema indicato in figura si presenta nella sua fase iniziale e ha sfere di metallo tutte della stessa massa e fune di massa trascurabile.

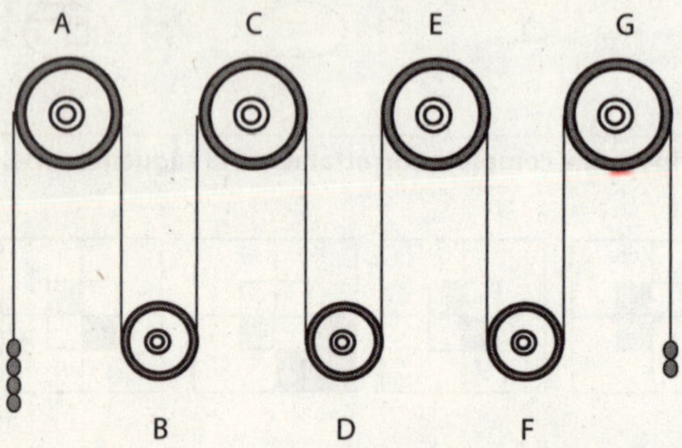

24 **Se il sistema è sottoposto soltanto al campo gravitazionale con assenza di attrito, allora si può concludere che:**

- A la carrucola A gira nello stesso senso rispetto alla carrucola B
- B la carrucola B gira in senso orario
- C il sistema resta fermo perché in equilibrio
- D la carrucola D gira in senso antiorario
- E la carrucola C gira in senso orario

25 **Quale tra le seguenti affermazioni, che fanno riferimento ai sistemi di carrucole sotto riportati, è falsa?**

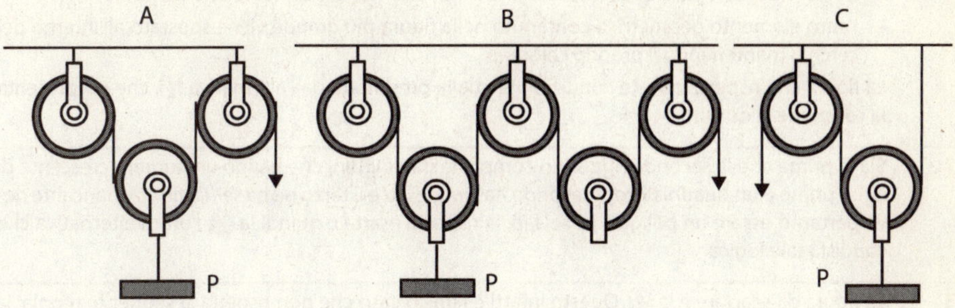

- **A** Il sistema con il quale è più facile alzare il peso P è B
- **B** Il sistema con il quale è più facile alzare il peso P non è A
- **C** I tre sistemi non sono equivalenti tra loro
- **D** Il sistema con il quale è più facile alzare il peso P è C
- **E** I sistemi A e B non sono equivalenti

6.14 | Soluzioni e commenti

1 Passando dalla prima alla seconda figura della coppia di sinistra della proporzione ci si accorge che:

- il colore del cerchio e quello della figura in cui è contenuta si scambiano tra loro;
- l'altro elemento geometrico contenuto nella figura più grande viene spostato all'interno del cerchio mantenendo il proprio colore.

La figura che rispetta queste condizioni è quella presentata dall'alternativa B, che rappresenta la soluzione al quesito.

2 Sia la prima che la seconda riga sono composte da poligoni che hanno un numero crescente di lati: il primo è un quadrilatero, il secondo ha cinque lati e il terzo ne ha sei. La figura mancante deve pertanto essere un poligono a sei lati: la risposta esatta è quindi la C, l'unica alternativa che soddisfa tale logica.

3 La figura da scartare è la D. Questo infatti è l'unico caso che non rispetta la seguente regola: la figura in primo piano è bianca, quella in secondo piano è riempita con una griglia diagonale e quella in terzo piano con delle linee diagonali.

4 Il primo membro della proporzione è composto da due figure: la prima in positivo e la seconda in negativo. Applicando la stessa logica al secondo membro della proporzione si ottiene la soluzione dell'esercizio (alternativa C).

5 Le tre righe sono costituite dalle stesse tessere disposte in ordine differente. La tessera mancante è quella individuata dall'alternativa D. Si presti attenzione all'alternativa A che presenta una tessera i cui valori sono quelli corretti ma invertiti di posizione.

6 In questo esercizio sono raffigurati cinque oggetti reali: un orologio, un termometro, una lente d'ingrandimento, una bilancia e una clessidra. È semplice osservare che si tratta di strumenti di misura a eccezione della lente di ingrandimento (alternativa C) che è dunque la risposta corretta.

7 Osservando le figure che costituiscono il primo membro della proporzione si nota che la seconda è speculare e in negativo rispetto alla prima. Affinché la stessa relazione venga mantenuta anche al secondo membro, è necessario invertire la posizione e il colore dei due quadrati e dell'ellisse (risposta C).

8 Le figure indicate dalle alternative A, C, D ed E sono tra loro sovrapponibili operando una rotazione. L'alternativa B invece non rispetta tale logica (per fare in modo che si sovrapponga alle altre è necessario rovesciare specularmente la figura) e rappresenta pertanto la soluzione dell'esercizio.

9 Osservando con attenzione la prima e la terza riga della matrice si scopre che la terza figura di ogni riga è ottenuta sovrapponendo la seconda figura alla prima ed eliminando gli eventuali elementi identici (per forma e colorazione). La risposta corretta è pertanto la E.

10 Tutte le figure sono composte da segmenti tra loro paralleli, a eccezione della C che identifica dunque la risposta corretta.

11 La figura speculare rispetto a quella data è rappresentata dall'alternativa A che è dunque la risposta corretta.

12 Poiché la versione in negativo della figura data è identica all'originale per dimensione e posizione degli elementi ma con colorazione opposta, la risposta esatta dovrà presentare la mezzaluna bianca (nell'originale è nera), il quadrato e il cerchio entrambi neri (nell'originale sono bianchi). La risposta corretta è dunque la D.

13 La sequenza di figure è costituita da poligoni che presentano un numero crescente di lati: il primo poligono ne ha quattro, il secondo cinque, il terzo sei e così via. La figura mancante deve dunque essere un poligono con 8 lati. La risposta esatta è pertanto la A.

14 In questo esempio, sono presenti due logiche distinte: il numero di cerchi neri è decrescente (nella prima figura sono 9, nella seconda 8 e così via) mentre il poligono in cui sono contenuti i cerchi aumenta il numero di lati (il primo ha 4 lati, il secondo ne ha 5 e così via). La figura mancante deve dunque essere un poligono con 8 lati in cui sono inscritti 5 cerchi. L'unica alternativa che rispetta tale logica è la C, che è dunque la soluzione del quesito.

15 Per risolvere l'esercizio si analizzino separatamente le parti superiori e inferiori delle tessere. Si osserva che, in ciascuna delle tre righe, nella parte superiore i numeri seguono una successione crescente in cui ogni elemento è ottenuto sommando 2 al precedente. Nella parte inferiore, invece, la somma dei 3 numeri di ogni riga è sempre pari a 4 (2 + 2 + 0 = 4; 1 + 2 + 1 = 4). La tessera che soddisfa contemporaneamente entrambe le condizioni è quella proposta dall'alternativa C.

16 Tutte le figure proposte sono formate da sei elementi a eccezione della figura A, formata da sette. La figura da scartare è pertanto proprio la A, che è dunque la soluzione del quesito.

17 Nella figura originale, il quadrato che contiene tutti gli altri elementi è nero e quindi si trasforma in un quadrato bianco, così come il quadrato piccolo e il cerchio, mentre i due rettangoli da bianchi si trasformano in neri. La risposta corretta è la A.

18 Le parti delle tessere che si trovano all'esterno della corona presentano una successione crescente di numeri (1, 2, 3, 4, 5, 6) e quindi l'elemento superiore della tessera mancante deve essere 3. Le parti interne rispettano invece una legge di successione decrescente (6, 5, 4, 3, 2, 1) secondo la quale l'elemento inferiore della tessera mancante deve essere 4. La risposta corretta è dunque la D.

19 La risposta corretta è la B: in ogni riga, passando da una figura alla successiva si nota che la colorazione dei triangoli si "sposta" in senso orario: nella prima figura della prima riga il triangolo nero è quello in alto, poi è il triangolo alla destra di quello posto in alto e così via. La stessa logica è presente nelle figure della seconda riga e deve pertanto essere verificata anche nella terza.

20 La risposta esatta è la D: in tutte le altre alternative vi è almeno un particolare che è rimasto erroneamente inalterato (nella A gli occhi, nella B il naso, nella C la bocca mentre nella E l'unico elemento corretto è la bocca).

21 Nelle prime due terne la terza figura è ottenuta sommando gli elementi delle prime due figure ma togliendo quelli che sono comuni a entrambe. Così, per esempio, la terza figura del primo gruppo propone tutti gli elementi delle altre due figure tranne il quadratino bianco in basso a sinistra. La figura che quindi completa il terzo gruppo è quella proposta dall'alternativa E.

22 Per risolvere il quesito è necessario osservare l'andamento dei colori all'interno delle figure della serie. Il nero parte dalla porzione della figura in alto a destra e segue la diagonale che lo porta nella quarta figura in basso a sinistra, per poi iniziare a risalire percorrendo a ritroso lo stesso percorso. La figura che segue deve presentare il colore nero nella stessa posizione occupata nella seconda figura. Il grigio, invece, occupa in modo alternato sempre gli stessi due quadratini: nella figura mancante si deve trovare in quello in basso. La figura che completa la serie è quindi la E.

23 Essendo la ruota A interna alla B, essa ruota nel medesimo verso; analogamente per gli ingranaggi C e D. Il verso di rotazione si inverte una sola volta passando dalla ruota B alla C, e quindi la ruota D gira in senso orario (risposta C).

24 Il peso posto sotto la carrucola A è maggiore rispetto a quello posto sotto la carrucola G e questo fa ruotare la carrucola A in senso antiorario. La carrucola B girerà, quindi, in senso orario, C antiorario, D orario, E antiorario, F orario e G antiorario. La soluzione al quesito è quindi fornita dall'alternativa B.

25 Nei sistemi di carrucole, in generale, lo sforzo diminuisce con l'aumentare del numero di carrucole usate. Tra quelli proposti il sistema con il quale è più facile alzare il peso P è certamente B. L'esercizio chiede di individuare l'affermazione falsa: la A è vera, come lo sono la B, la C e la E. È, invece, falso quanto affermato dall'alternativa D, soluzione del quesito.

7| Insiemi

Gli esercizi di natura insiemistica mirano a **valutare le capacità logiche** del candidato e rappresentano una tipologia da tempo diffusa nei test selettivi di natura attitudinale. Generalmente ogni quesito propone tre termini e richiede di individuare, tra una serie di diagrammi, quello che rappresenta correttamente la relazione insiemistica esistente tra i tre termini dati.

Per una migliore comprensione di questa tipologia occorre innanzitutto definire il concetto di insieme. Un **insieme** è definito come una collezione di elementi individuata da una o più caratteristiche, in base alle quali si stabilisce l'appartenenza o meno degli elementi all'insieme stesso. Un insieme può essere vuoto (quando nessun elemento vi appartenga), unitario (quando abbia un solo elemento), finito (quando abbia un numero finito di elementi) e infinito (quando abbia un numero infinito di elementi). Per esempio, si può avere l'insieme *automobili* o l'insieme *studenti universitari*, oppure ancora l'insieme *Lombardia* (in quest'ultimo caso la parola non definisce un gruppo di elementi ma *un insieme costituito da un solo elemento*). In pratica, un insieme risulta definito quando esiste una "regola" che permette di stabilire se un qualunque elemento appartiene o meno all'insieme. Le pagine seguenti chiariranno meglio questo concetto.

Questa tipologia di esercizi negli ultimi anni non è stata inclusa nei test di ammissione a Medicina, Odontoiatria e Veterinaria nelle università pubbliche, mentre continua a essere ricorrente nelle prove di ammissione alle Professioni Sanitarie, a quelle di Medicina, Odontoiatria e Professioni Sanitarie nelle università private e in altre facoltà di area scientifica.

7.1 | Relazioni tra insiemi

Le relazioni esistenti tra due classi di oggetti o insiemi possono essere di tre tipi.

1) Estraneità: le due classi di oggetti costituiscono due insiemi distinti e sono quindi rappresentate da due linee chiuse staccate tra loro. Si considerino per esempio i termini *uomini* e *madri*: tali termini vengono correttamente rappresentati da due insiemi tra loro completamente separati e distinti, come illustrato nella figura. Non esistono infatti *uomini* che siano anche *madri* e viceversa.

2) Intersezione: le due categorie di oggetti costituiscono due insiemi che condividono alcuni elementi e sono quindi rappresentati da due linee chiuse che si intersecano, avendo in comune una porzione di piano. Si pensi, per esempio, ai due termini *madri* e *sorelle*: nel diagramma qui raffigurato il cerchio potrebbe rappresentare l'insieme *madri* e l'ellisse l'insieme *sorelle*; l'area comune alle due figure rappresenta l'*area intersezione* dei due insiemi. Il diagramma soddisfa la relazione tra i due termini dati, dal momento che esistono *madri* che sono anche *sorelle* e *sorelle* che sono anche *madri* (area comune). Vi sono poi anche *madri* che non sono *sorelle* così come *sorelle* che non appartengono all'insieme *madri* (parti del cerchio e dell'ellisse non sovrapposte tra loro).

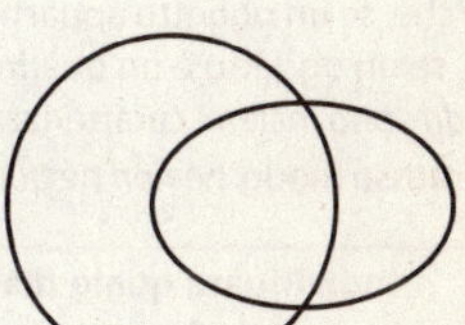

3) Inclusione (o subordinazione): tutti gli elementi di uno dei due insiemi fanno parte dell'altro, ma non viceversa. Si pensi, per esempio, ai termini *donne* e *madri*: tutte le *madri* (insieme più piccolo) sono comprese nell'insieme più grande delle *donne*; non esistono infatti *madri* che non siano *donne*, mentre esistono *donne* che non sono *madri*.

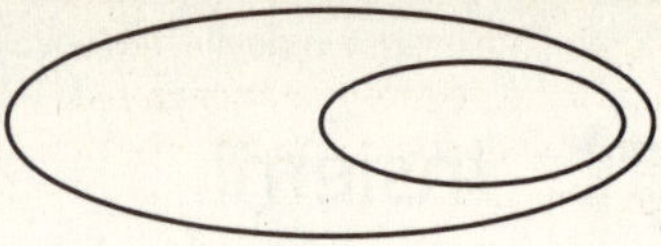

Di seguito, vengono analizzati alcuni esempi di esercizi nella forma in cui si presentano nei test di ammissione universitari.

Esempi

---

1 **Individuare quale diagramma soddisfa la relazione insiemistica esistente fra i tre termini seguenti: studenti universitari, persone, studenti.**

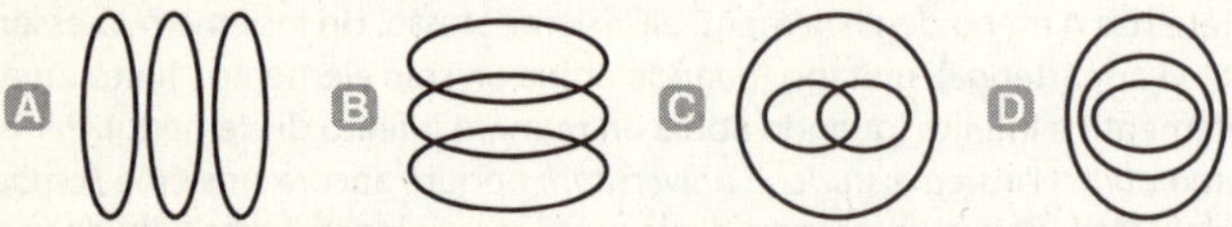

L'alternativa corretta è la D, in cui l'ellisse più grande rappresenta l'insieme *persone*, l'ellisse intermedia l'insieme *studenti* (tutti gli *studenti* sono necessariamente anche *persone*) e l'ellisse più piccola corrisponde all'insieme *studenti universitari*. Il rapporto esistente fra i tre insiemi è dunque di **inclusione**.

---

2 **Individuare quale diagramma soddisfa la relazione insiemistica esistente fra i tre termini seguenti: quadri, fiori, pittori.**

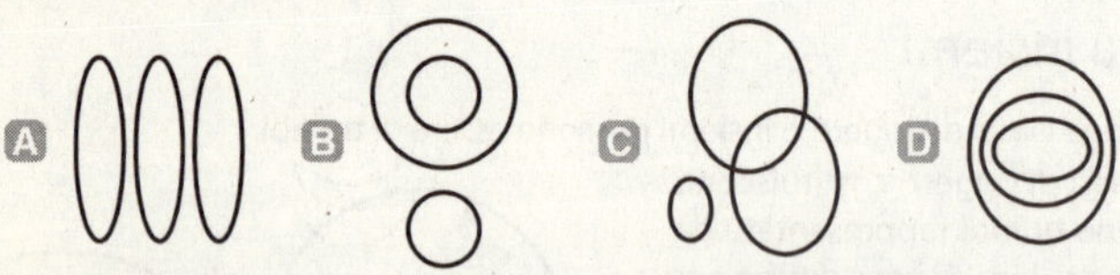

In questo caso i tre termini identificano tre categorie distinte di oggetti e sono quindi correttamente rappresentate dall'alternativa A.

Il fatto che i tre termini in esame presentino delle connessioni concettuali (per esempio i *pittori* dipingono *quadri* in cui possono anche essere rappresentati dei *fiori*) non è da considerare ai fini della soluzione dell'esercizio perché tali legami non sono di natura insiemistica. È necessario, infatti, limitarsi a considerare che, se un oggetto appartiene alla categoria dei *quadri*, non appartiene a quella dei *fiori*. In altre parole, se un oggetto è un quadro non può essere nel contempo anche un fiore e viceversa; quindi, *fiori* e *quadri* sono insiemi caratterizzati da un rapporto di **estraneità**.

Allo stesso modo, né *fiori* né *quadri* hanno legami di natura insiemistica con la categoria *pittori*.

---

3 **Individuare quale diagramma soddisfa la relazione insiemistica esistente fra i tre termini seguenti: chitarre, musicisti, strumenti musicali.**

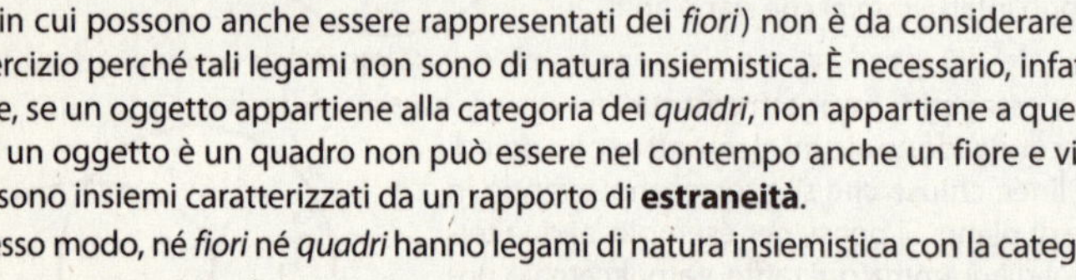

Si proceda, in questo caso, a considerare a due a due i termini proposti dall'esercizio: la categoria *chitarre* è sicuramente inclusa in quella degli *strumenti musicali* (tutte le chitarre sono strumenti musicali); i due insiemi sono pertanto caratterizzati da un rapporto di **subordinazione**. La soluzione dell'esercizio deve dunque raffigurare un insieme interamente contenuto in un altro insieme. L'insieme *musicisti*, rispetto ai precedenti, rimane invece a sé stante: non è infatti lecito pensare che, siccome i musicisti utilizzano strumenti musicali, gli uni rappresentino un sottoinsieme degli altri! Ciò in quanto un musicista non è uno strumento musicale e uno strumento musicale non è un musicista: i due insiemi sono cioè caratterizzati da un rapporto di **estraneità**. L'alternativa corretta è dunque la C.

---

4 Individuare quale diagramma soddisfa la relazione insiemistica esistente fra i tre termini seguenti: avvocati, francesi, biondi.

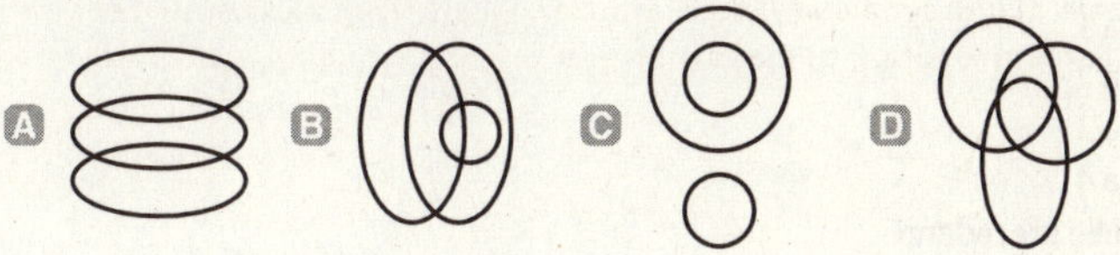

È questo un tipico esempio in cui i tre insiemi di oggetti si intersecano parzialmente dando luogo a una rappresentazione insiemistica come quella descritta dall'alternativa D. Nell'esercizio, i tre insiemi sono caratterizzati da un rapporto di **intersezione**, dal momento che esistono *francesi* che sono *avvocati*, *avvocati* che sono *biondi* e *francesi* che sono *biondi*. Nel contempo è anche vero che non tutti i *francesi* sono *avvocati*, così come non tutti gli *avvocati* sono *biondi* e non tutti i *francesi* sono *biondi*: per tale ragione la sovrapposizione tra i diversi insiemi è solo parziale.

---

5 Individuare quale diagramma soddisfa la relazione insiemistica esistente fra i tre termini seguenti: numeri, numeri pari, numeri negativi.

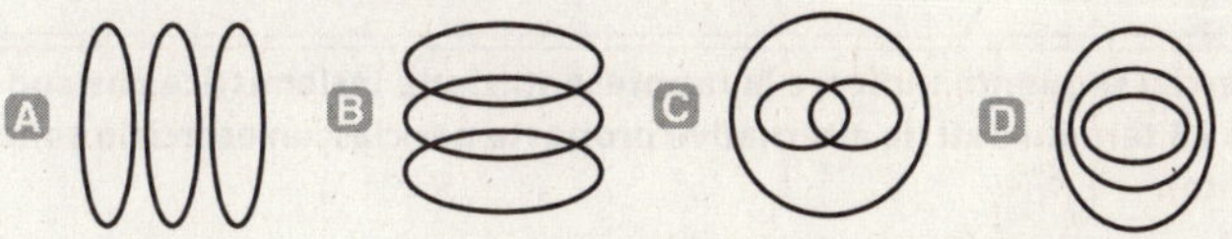

In questo caso l'alternativa corretta è la C: infatti per relazione di **inclusione**, sia i numeri pari che i numeri negativi appartengono all'insieme numeri. Tra loro i due insiemi citati sono in rapporto di **intersezione**, poiché alcuni numeri pari, ma non tutti, sono anche negativi e viceversa.

---

6 Individuare quale diagramma soddisfa la relazione insiemistica esistente fra i tre termini seguenti: laureati in giurisprudenza, avvocati, amanti del jazz.

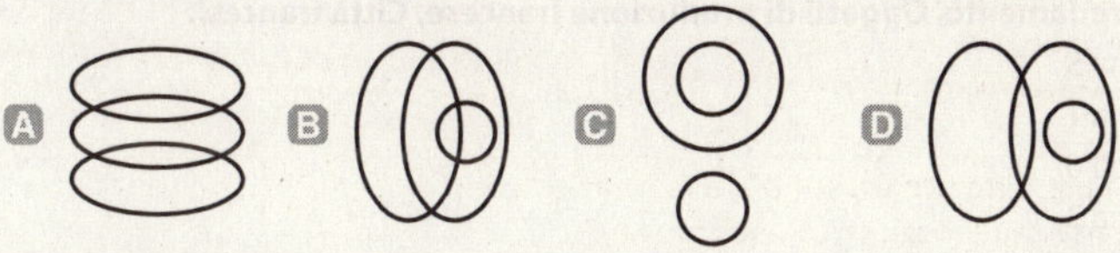

L'alternativa corretta è la B. Infatti tra l'insieme avvocati e laureati in giurisprudenza esiste una relazione di inclusione (tutti gli avvocati sono laureati in giurisprudenza), mentre tra questi due insiemi citati e gli amanti del jazz c'è una relazione di intersezione (alcuni avvocati, e alcuni laureati in giurisprudenza, ma non tutti sono amanti del jazz e viceversa). Si presti attenzione all'alternativa D, che risulta errata in quanto assume come ipotesi (posto che il cerchio piccolo identifica gli avvocati) che a nessun avvocato piaccia il jazz.

Indicare il diagramma che soddisfa la relazione insiemistica esistente tra i tre termini dati (le alternative proposte sono quelle raffigurate qui di seguito).

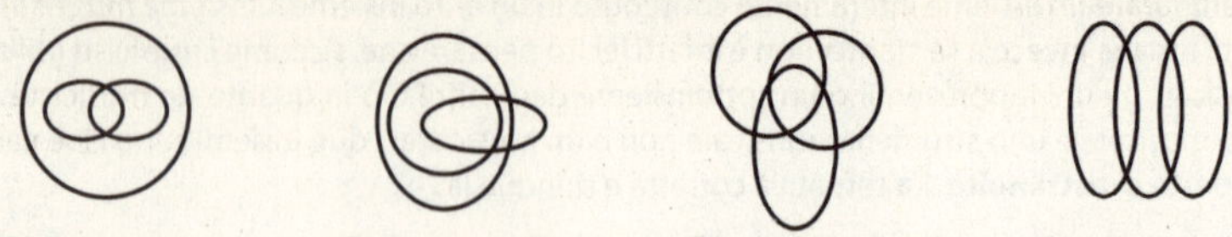

Diagramma 1 Diagramma 2 Diagramma 3 Diagramma 4

7 Donne, Impiegate, Madri.

- A Diagramma 1
- B Diagramma 2
- C Diagramma 3
- D Diagramma 4
- E Nessuna delle precedenti

Sia il termine *impiegate* che il termine *madri* indicano elementi che devono essere totalmente compresi nella categoria *donne* (altrimenti significherebbe ammettere l'esistenza di una madre o di un'impiegata uomo). Tale considerazione è sufficiente per scartare le alternative B, C e D. I due termini *impiegate* e *madri* sono inoltre tra loro in una relazione di intersezione, nel senso che esistono *madri* che sono anche *impiegate* e *impiegate* che sono anche *madri* ma vi sono anche *madri* che non sono *impiegate* e *impiegate* che non sono *madri*. La risposta A rappresenta dunque correttamente tutte le possibili relazioni esistenti tra i termini proposti.

Come si può osservare in questo esercizio, le alternative proposte prevedono, come ultima possibilità, la soluzione *nessuna delle precedenti*. Tale evenienza, pur aumentando il grado di difficoltà, non modifica la logica degli esercizi stessi, che risultano ugualmente risolvibili per il candidato che abbia compreso gli esempi visti e che si attenga ai seguenti consigli.

Per ciascuno degli esercizi seguenti, indicare la rappresentazione insiemistica che soddisfa la relazione esistente tra i 3 termini dati (le alternative proposte per ciascun esercizio sono quelle raffigurate qui di seguito).

diagramma 1 diagramma 2 diagramma 3 diagramma 4 diagramma 5 diagramma 6 diagramma 7

8 Individuare il diagramma che soddisfa la relazione insiemistica esistente tra i termini dati: Oggetti di arredamento, Oggetti di produzione francese, Città francesi.

- A Diagramma 5
- B Diagramma 1
- C Diagramma 6
- D Diagramma 3
- E Diagramma 4

Alcuni *oggetti di arredamento* (ma non tutti) sono di *produzione francese* (ma non tutti gli oggetti di produzione francese sono di arredamento): tra questi due insiemi esiste, quindi, un rapporto di intersezione. Sebbene parte degli *oggetti di produzione francese* sono stati prodotti nelle *città francesi*, tra questi due insiemi non esiste alcuna relazione insiemistica essendo i primi oggetti e le seconde città. Per lo stesso motivo non esiste alcuna relazione neanche tra le *città francesi* e gli *oggetti di arredamento*. Il diagramma che soddisfa la relazione insiemistica è quindi il numero 1 e la soluzione è la B.

9 **Individuare il diagramma che soddisfa la relazione insiemistica esistente tra i termini dati: Americani, Biondi, Sassofonisti.**

- A Diagramma 1
- B Diagramma 2
- C Diagramma 4
- D Diagramma 5
- E Diagramma 3

Alcuni *Americani* (ma non tutti) sono *biondi* (e non tutti i *biondi* sono *Americani*) e alcuni sono *sassofonisti* (ma non tutti), come esistono degli *Americani* che sono sia *biondi*, sia *sassofonisti* o dei *biondi* che sono *sassofonisti* ma non sono *Americani*. Gli insiemi, quindi, si intersecano tutti e tre tra di loro: il diagramma corretto è il 5 e la soluzione la D.

---

10 **Individuare il diagramma che soddisfa la relazione insiemistica esistente tra i termini dati: Animali, Salmoni, Pesci.**

- A Diagramma 5
- B Diagramma 6
- C Diagramma 4
- D Diagramma 2
- E Diagramma 1

Tutti i *salmoni* sono *pesci* (ma esistono *pesci* che non sono *salmoni*) e tutti i *pesci* sono *animali* (ma non tutti gli *animali* sono *pesci*). Il diagramma corretto è il numero 4 (*salmoni* è l'insieme più piccolo, *pesci* quello medio e *animali* quello più grande che li contiene entrambi) e la soluzione è la C.

---

11 **Individuare il diagramma che soddisfa la relazione insiemistica esistente tra i termini dati: Mantovani, Salernitani, Farmacisti.**

- A Diagramma 3
- B Diagramma 1
- C Diagramma 6
- D Diagramma 5
- E Diagramma 7

Se *Mantovani* e *Salernitani* sono due insiemi separati, entrambi si intersecano con l'insieme *farmacisti*: il diagramma corretto è il 3 e la soluzione la A.

---

12 **Individuare il diagramma che soddisfa la relazione insiemistica esistente tra i termini dati: Numeri compresi tra 5 e 8, Numeri compresi tra 4 e 14, Numeri compresi tra 12 e 22.**

- A Diagramma 4
- B Diagramma 7
- C Diagramma 1
- D Diagramma 3
- E Diagramma 2

Tutti i numeri compresi tra 5 e 8 sono anche compresi tra 4 e 14 (il primo insieme è quindi contenuto nel secondo), mentre ci sono alcuni numeri (12, 13 e 14) che fanno parte sia dell'insieme dei numeri compresi tra 4 e 14 sia di quello dei numeri compresi tra 12 e 22 (tra questi due insiemi esiste quindi una relazione di intersezione). Non esiste invece alcuna relazione tra l'insieme dei numeri compresi tra 5 e 8 e quello dei numeri compresi tra 12 e 22. Il diagramma che soddisfa la relazione insiemistica è quindi il numero 7 e la soluzione è la B.

Suggerimenti

- Non conviene procedere per esclusione, esaminando tutte le alternative proposte per individuare quella esatta. Risulta invece più veloce **stabilire la relazione esistente tra i termini dati (considerandoli a due a due)** per poi ricercare, tra le alternative proposte, l'unica soluzione che soddisfa, da un punto di vista insiemistico, la relazione individuata.
- Non è necessario che vi sia corrispondenza tra l'ordine con cui vengono presentate le tre categorie di oggetti e l'ordine con cui si succedono i relativi insiemi all'interno di ciascuna alternativa.
- **Il tipo di figure** (cerchi, ellissi, rettangoli ecc.) utilizzato per rappresentare gli insiemi, i rapporti di grandezza tra le figure e l'ampiezza della loro eventuale area di intersezione **non ha alcuna importanza ai fini della soluzione.**
- **Non bisogna considerare legami tra i termini dati che, seppure esistenti, vadano al di là della relazione insiemistica dei termini stessi.** Ciò potrebbe portare a un'erronea soluzione dell'esercizio.

7.2 | Esercizi proposti

Per ciascuno degli esercizi seguenti, indicare la rappresentazione insiemistica che soddisfa la relazione esistente tra i 3 termini dati (le alternative proposte per ciascun esercizio sono quelle raffigurate qui di seguito).

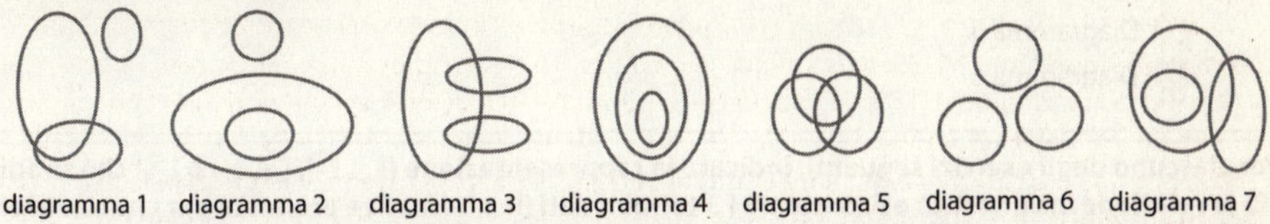

1 **Individuare il diagramma che soddisfa la relazione insiemistica esistente tra i termini dati: Professori di sesso maschile, Professori di sesso femminile, Donatori di sangue.**

- A Diagramma 4
- B Diagramma 3
- C Diagramma 1
- D Diagramma 2
- E Diagramma 7

2 **Individuare il diagramma che soddisfa la relazione insiemistica esistente tra i termini dati: Librerie, Quadri, Lampade.**

- A Diagramma 4
- B Diagramma 1
- C Diagramma 6
- D Diagramma 2
- E Diagramma 5

3 **Individuare il diagramma che soddisfa la relazione insiemistica esistente tra i termini dati: Pescatori tarantini, Pescatori con più di trentadue anni, Pescatori bruni.**

- A Diagramma 3
- B Diagramma 6
- C Diagramma 5
- D Diagramma 1
- E Diagramma 2

4 **Individuare il diagramma che soddisfa la relazione insiemistica esistente tra i termini dati: Madrileni, Europei, Cittadini spagnoli.**

- A Diagramma 2
- B Diagramma 4
- C Diagramma 5
- D Diagramma 3
- E Diagramma 1

5 **Individuare il diagramma che soddisfa la relazione insiemistica esistente tra i termini dati: Stilisti, Americani, Riviste.**

- A Diagramma 2
- B Diagramma 1
- C Diagramma 3
- D Diagramma 5
- E Diagramma 6

Per ciascuno degli esercizi seguenti, indicare la rappresentazione (A, B, C, D o E) che soddisfa la relazione insiemistica esistente tra i 3 termini dati (le alternative proposte per ciascun esercizio sono quelle raffigurate qui di seguito).

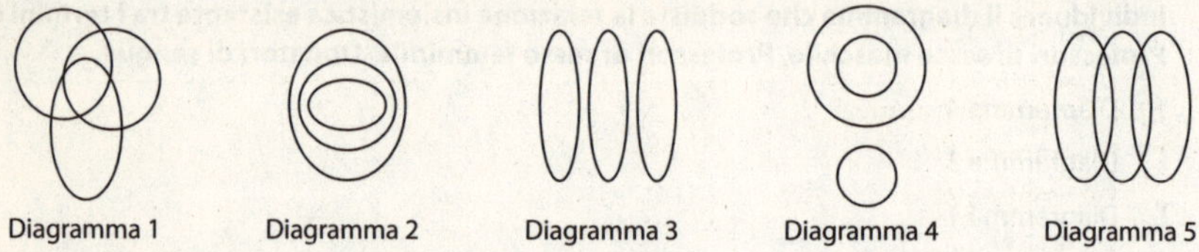

6 **Professori, Amanti della lirica, Laureati in storia.**

- A Diagramma 1
- B Diagramma 2
- C Diagramma 3
- D Diagramma 4
- E Diagramma 5

7 **Telegiornali, Telegiornali Rai, Giornalisti.**

- A Diagramma 1
- B Diagramma 2
- C Diagramma 3
- D Diagramma 4
- E Diagramma 5

8 **Insetti, Animali, Mosche.**

- A Diagramma 1
- B Diagramma 2
- C Diagramma 3
- D Diagramma 4
- E Diagramma 5

9 **Medicinali, Polmoniti, Antibiotici.**

- A Diagramma 1
- B Diagramma 2
- C Diagramma 3
- D Diagramma 4
- E Diagramma 5

10 **Bevande, Bevande alcoliche, Grappe.**

- A Diagramma 1
- B Diagramma 2
- C Diagramma 3
- D Diagramma 4
- E Diagramma 5

11 **Medici, Ingegneri, Autori di articoli scientifici.**

- A Diagramma 1
- B Diagramma 2
- C Diagramma 3
- D Diagramma 4
- E Diagramma 5

12 **Atei, Cattolici, Coniugati.**

- A Diagramma 1
- B Diagramma 2
- C Diagramma 3
- D Diagramma 4
- E Diagramma 5

13 **Libri, Libri per bambini, Giornali.**

- A Diagramma 1
- B Diagramma 2
- C Diagramma 3
- D Diagramma 4
- E Diagramma 5

14 **Camerieri, Cucine, Piatti.**

- A Diagramma 1
- B Diagramma 2
- C Diagramma 3
- D Diagramma 4
- E Diagramma 5

15 **Ministri, Ultraquarantenni, Persone più alte di 1,80 metri.**

- A Diagramma 1
- B Diagramma 2
- C Diagramma 3
- D Diagramma 4
- E Diagramma 5

16 **Abitazioni in Roma, Monolocali, Bilocali.**

- A Diagramma 1
- B Diagramma 2
- C Diagramma 3
- D Diagramma 4
- E Diagramma 5

Per ciascuno degli esercizi seguenti, indicare la rappresentazione (A, B, C, D o E) che soddisfa la relazione insiemistica esistente tra i 3 termini dati (le alternative proposte per ciascun esercizio sono quelle raffigurate qui di seguito).

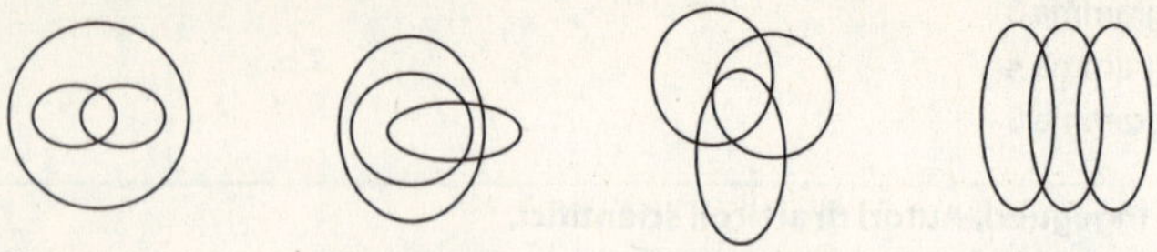

Diagramma 1 Diagramma 2 Diagramma 3 Diagramma 4

---

17 **Appassionati di musica, Pittori, Anziani.**

A Diagramma 1
B Diagramma 2
C Diagramma 3
D Diagramma 4
E Nessuna delle precedenti

---

18 **Dirigenti, Giovani, Segretarie.**

A Diagramma 1
B Diagramma 2
C Diagramma 3
D Diagramma 4
E Nessuna delle precedenti

---

19 **Alimenti, Dolci, Torte al cioccolato.**

A Diagramma 1
B Diagramma 2
C Diagramma 3
D Diagramma 4
E Nessuna delle precedenti

---

20 **Invenzioni, Inventori, Leonardo Da Vinci.**

A Diagramma 1
B Diagramma 2
C Diagramma 3
D Diagramma 4
E Nessuna delle precedenti

---

21 **Tennisti, Americani, Italiani.**

A Diagramma 1
B Diagramma 2
C Diagramma 3
D Diagramma 4
E Nessuna delle precedenti

22 Ingegneri, Magistrati, Laureati.

- A Diagramma 1
- B Diagramma 2
- C Diagramma 3
- D Diagramma 4
- E Nessuna delle precedenti

23 Diplomati, Avvocati, Amanti del calcio.

- A Diagramma 1
- B Diagramma 2
- C Diagramma 3
- D Diagramma 4
- E Nessuna delle precedenti

24 Mammiferi, Delfini, Creature marine.

- A Diagramma 1
- B Diagramma 2
- C Diagramma 3
- D Diagramma 4
- E Nessuna delle precedenti

25 Oggetti in legno, Oggetti d'arredamento, Oggetti in metallo.

- A Diagramma 1
- B Diagramma 2
- C Diagramma 3
- D Diagramma 4
- E Nessuna delle precedenti

7.3 | Soluzioni e commenti

1 Gli insiemi *professori di sesso maschile* e *professori di sesso femminile* non hanno elementi in comune e sono quindi separati. Entrambi questi insiemi si intersecano con l'insieme *donatori di sangue* (ci sono *professori* che sono *donatori*, ma non tutti e non tutti i *donatori* sono *professori*). Il diagramma che rappresenta la relazione tra i tre insiemi è quindi il numero 3 e la soluzione la B.

2 Pur essendo tutti oggetti che si possono trovare insieme in uno stesso ambiente i *libri*, i *quadri* e le *lampade* sono tre insiemi che non hanno elementi in comune e sono quindi separati. Il diagramma 6 (C soluzione del quesito) rappresenta quindi correttamente la relazione tra gli insiemi.

3 Alcuni *pescatori tarantini* (ma non tutti) hanno *più di 32 anni* (ma non tutti i *pescatori con più di 32 anni* sono *tarantini*) e alcuni sono *bruni* (ma non tutti). Esistono anche *pescatori* che sono contemporaneamente *tarantini*, *con più di 32 anni* e *bruni*, come ne esistono alcuni che hanno una sola di queste caratteristiche. I tre insiemi in esame si intersecano e il diagramma corretto è il 5 (C soluzione del quesito).

4 Un cittadino di Madrid (*madrileno*) è un *cittadino spagnolo* e quindi anche un *europeo*. L'insieme *madrileni* è quindi contenuto in *cittadini spagnoli* che a sua volta è contenuto in *europei*: il diagramma 4 rappresenta correttamente la relazione e la soluzione è la B.

5 Alcuni *stilisti* (ma non tutti) sono *Americani* come esistono alcuni *Americani* che non sono *stilisti*. Questi due insiemi hanno quindi una relazione di intersezione tra loro ma non ne hanno alcuna con le *riviste*. La soluzione al quesito è quindi fornita dall'alternativa B essendo il diagramma 1 quello che rappresenta correttamente le relazioni tra i tre insiemi.

6 La rappresentazione insiemistica corretta prevede in questo caso l'intersezione di ciascun insieme con gli altri due (alternativa corretta A). Esistono infatti *professori* che sono *amanti della lirica* e che sono *laureati in storia*, ma anche professori che non amano la lirica e che non sono laureati in storia. Lo stesso vale per gli insiemi degli *amanti della lirica* e dei *laureati in storia*, ciascuno dei quali interseca le altre due categorie proposte dall'esercizio.

7 Per individuare la rappresentazione corretta è conveniente partire dalle relazioni più evidenti. Nel caso in esame è facile osservare che *telegiornali RAI* è parte, cioè è un sottoinsieme, di *telegiornali* (che contiene ovviamente anche telegiornali realizzati da altre emittenti, come per esempio le televisioni commerciali). La soluzione corretta deve dunque presentare un insieme interamente contenuto in un altro insieme. Questa semplice considerazione permette di scartare le alternative A, C ed E. Il terzo termine, *giornalisti*, è invece estraneo ai primi due da un punto di vista insiemistico e porta dunque a escludere anche l'alternativa B. La risposta esatta è dunque la D.

8 Dal momento che le *mosche* sono *insetti* e che gli insetti sono una classe di *animali*, la soluzione di tale esercizio è rappresentata dall'alternativa B.

9 La soluzione esatta deve presentare un insieme (*antibiotici*) interamente contenuto in un insieme più grande (*medicinali*), perché gli antibiotici sono dei medicinali. Le *polmoniti* invece non fanno parte né dei medicinali né degli antibiotici e quindi il terzo insieme deve essere estraneo rispetto agli altri due (risposta esatta D).

10 La relazione insiemistica esistente tra i tre termini di questo esercizio è quella indicata dall'alternativa B. Infatti, le *grappe* sono *bevande alcoliche*, le quali rientrano nel più generale insieme delle *bevande*.

11 *Medici* e *ingegneri* indicano due categorie distinte di professionisti e sono quindi rappresentati da due insiemi tra loro separati. Sia gli uni che gli altri possono inoltre essere (così come possono non essere) autori di articoli scientifici. La risposta esatta è dunque la **E**, dove l'insieme centrale rappresenta gli *autori di articoli scientifici*. Si ricorda che non è necessario che vi sia corrispondenza tra l'ordine con cui vengono presentati i termini e l'ordine col quale si succedono gli insiemi nella rappresentazione grafica.

12 I primi due termini individuano insiemi distinti per definizione, ciascuno dei quali si interseca invece con la categoria dei *coniugati*. L'alternativa corretta è dunque la **E**.

13 L'insieme dei *libri* comprende totalmente quello dei *libri per bambini* ma non ha aree di intersezione con quello dei *giornali*. Pur essendo entrambi prodotti editoriali, rappresentano due categorie ben distinte e non sovrapponibili. La soluzione all'esercizio è quindi rappresentata dall'alternativa **D**.

14 I tre termini proposti indicano tre categorie totalmente differenziate tra loro da un punto di vista insiemistico, anche se tra di esse esiste comunque un legame (i piatti solitamente si trovano in cucina, vengono usati dai camerieri ecc.). La soluzione corretta è dunque la **C**.

15 Per diventare *ministri* non occorre avere più di quarant'anni né essere più alti di 1,80 metri, ma è possibile che un ministro presenti entrambe queste caratteristiche. L'insieme *ministri*, quindi, interseca gli altri due. Allo stesso tempo, questi ultimi si intersecano tra di loro. La raffigurazione corretta è dunque quella fornita dall'alternativa **A**.

16 I *monolocali* non sono *bilocali* e viceversa. Inoltre, entrambi possono essere *abitazioni in Roma* o fuori Roma. La risposta esatta è così la **E**, dove l'insieme posto al centro indica le abitazioni in Roma.

17 La rappresentazione che soddisfa tutte le relazioni insiemistiche che esistono tra i termini dati è quella indicata dall'alternativa **C**. Il legame insiemistico fra le tre categorie di soggetti è infatti di intersezione.

18 I due termini *dirigenti* e *segretarie* sono in un evidente rapporto di estraneità, nel senso che una segretaria non è dirigente e viceversa. L'insieme *giovani*, infine, interseca ciascuno degli altri due, come correttamente rappresentato dall'alternativa **D**. Come si nota, è prevista anche una parte dell'insieme *giovani* (quella centrale) che non si interseca con le altre categorie di persone e che corrisponde ai giovani che non sono né dirigenti né segretarie.

19 Le *torte al cioccolato* sono dei *dolci* i quali, a loro volta, sono *alimenti*. La rappresentazione grafica corretta è dunque quella di tre figure una nell'altra. Tale rappresentazione non corrisponde a nessuna delle quattro alternative proposte e dunque la soluzione a tale esercizio è data dall'alternativa **E**.

20 La rappresentazione corretta prevede in questo esercizio un insieme (contenente un solo elemento, *Leonardo da Vinci*) contenuto in un altro insieme (*inventori*) e il terzo insieme a sé stante. La soluzione è dunque ancora la **E**.

21 *Italiani* e *americani* sono due insiemi separati, ma entrambi si intersecano con l'insieme dei *tennisti* (che possono essere sia *italiani*, sia *americani*). La soluzione, rappresentata dal diagramma 4, è quindi fornita dall'alternativa **D**.

22 Sia i *magistrati* che gli *ingegneri* sono persone laureate, ma sono due categorie distinte tra loro. La rappresentazione grafica corrispondente non è riportata tra quelle proposte ed è data da un insieme più grande (i *laureati*) che ne racchiude due più piccoli che non hanno punti di contatto o aree di intersezione (i *magistrati* e gli *ingegneri*).

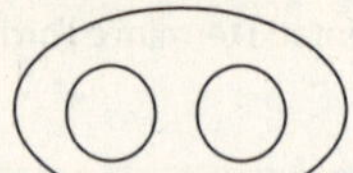

La risposta corretta è quindi la **E**.

23 Gli *avvocati* sono tutti *diplomati* (si ha quindi un insieme interamente contenuto in un altro) mentre *alcuni avvocati* e *alcuni diplomati* sono *amanti del calcio*, ma non tutti e viceversa (rapporto di intersezione tra quest'ultimo insieme e gli altri due). L'alternativa corretta è dunque la **B**.

24 Nessuna delle raffigurazioni proposte è idonea a rappresentare gli insiemi di questo esercizio. Dovrebbero infatti risultare questi tre insiemi: uno dei *delfini*, interamente contenuto in uno dei *mammiferi*, e uno delle *creature marine* che intersechi quello dei *mammiferi* (vi sono *mammiferi* che sono *creature marine* e *mammiferi* che non lo sono, e vi sono *creature marine* che sono *mammiferi* e altre che non lo sono) e comprenda in sé tutto quello dei *delfini* (i *delfini* sono tutti *creature marine*). In pratica, la figura corretta somiglierebbe alla **B**, ma occorrerebbe che il cerchio (insieme dei *delfini*) fosse interamente compreso nell'ellisse orizzontale (insieme delle *creature marine*).

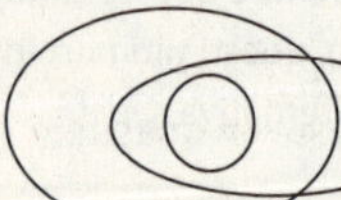

Non trovandosi una figura simile tra quelle proposte, bisogna optare per la risposta **E**.

25 Gli *oggetti in legno* e quelli *in metallo* si escludono a vicenda e quindi non ci possono essere intersezioni tra i relativi insiemi. Alcuni *oggetti in legno* e alcuni *oggetti in metallo* possono inoltre appartenere all'insieme *oggetti d'arredamento*. La risposta esatta è dunque la **D**.

8 | Quesiti in inglese

Negli ultimi anni i quesiti di logica in lingua inglese sono stati somministrati con sempre maggior frequenza nelle prove di accesso all'università.

La nascita di corsi di laurea in lingua inglese, come quello di Medicina in alcune sedi universitarie statali o in atenei privati come il San Raffaele e l'Humanitas di Milano o la Cattolica di Roma, ha contribuito al diffondersi delle domande in inglese, presenti in modo stabile anche nei test di ingegneria.

I quesiti che seguono esemplificano gli argomenti che più comunemente sono stati somministrati nei test degli ultimi anni e si riferiscono a tipologie già trattate in precedenza su queste pagine.

8.1 | Esercizi proposti

Read the following passage and answer the given question.

It has long been thought that birds are much less intelligent than humans and apes. But now it seems that some species of birds have the same kind of thinking skills as apes. Crows can create and use tools and are socially sophisticated when finding and protecting food. So how can a bird with a walnut-size brain be capable of such achievements? The answer is that both crows and apes have much bigger brains than you would expect from the size of their bodies.

The same pattern is found in humans, parrots and chimps – all intelligent animals.

1 Which one of the following can be drawn as a conclusion from the above passage?

- A It could be argued that birds are as intelligent as apes
- B Crows are more intelligent than other species of birds
- C Animals that cannot create tools are not intelligent
- D Apes are not as similar to humans as they had been thought
- E Relative brain size is a better indicator of intelligence than absolute brain size

2 There are cats lying under Barbara's desk. Therefore:

- A if there are some cats that do not lie on carpets, then there cannot be a carpet under Barbara's desk
- B if cats do not lie on carpets, then there must be an area under Barbara's desk that is uncarpeted
- C if there is a carpet under Barbara's desk, then all cats lie only on carpets
- D if cats lie only on bare floors, then there is no area under Barbara's desk that is uncarpeted
- E Barbara has no cats

3 **Four relatives (Diana, Karen, Ron, Michelle) were invited to a party.**

1. **Diana announced that she would go only if Ron did not go.**
2. **Michelle announced that she would go only if at least two other relatives went.**
3. **Karen announced that she would go only if Michelle went.**

At least two of the friends came to the party. It therefore must follow that:

A Diana came to the party
B Ron did not come to the party
C only two of the relatives came to the party
D three of the relatives came to the party
E no one of the relatives came to the party

4 **Paul, Steve and Michael are brothers. One of them always tells the truth, while the other two always lie.**

Paul: "Michael always tells the truth".

It therefore follows that:

A Paul always tells the truth
B Michael always tells the truth
C Steve always tells the truth
D it's impossible to know which of the three always tells the truth
E no one of the brothers tells the truth

5 **A printing house buys a inkjet printing machine for 84,000 euros and a computer to process images for 14,000 euros. What is the ratio between the price of the computer and that of the printing machine?**

A 1/3
B 1/42
C 42/7
D 1/6
E 4/3

6 **From the list below choose the correct number that completes the series: 5, 20, 80...**

A 160
B 240
C 320
D 100
E 140

7 **From the list below choose the correct option that completes the series: C, F, I, N, Q...**

A T
B O
C R
D Z
E S

8 **Three red balls, three yellow balls and one green ball are placed in a bag and the bag is shaken. I place my hand in the bag and pull out a red ball followed by a green ball. I do not replace either ball.**

Which one of the following statements is true?

A The next ball will definitely be yellow

B At least one of the next three balls must be yellow

C The next two balls cannot both be red

D The next ball could be any one of red, yellow or green

E At least one of the next three balls must be red

9 **Employees at a printing company are paid a basic rate of € 11 per hour during the day Monday to Friday. During weekday evenings and on Saturdays they are paid at one and a half times the basic rate and on Sundays they are paid at double the basic rate.**

The table below shows the hours worked by employees last week:

	Mon-Fri daytime	Mon-Fri evenings and Saturdays	Sundays
Alice	32	8	6
Ben	27	8	8
Chetan	36	8	2
Daniel	30	8	6
Ellen	35	8	4

Which employee earned most last week?

A Ellen

B Ben

C Chetan

D Daniel

E Alice

10 **Two security guards, Dave and Geoff, are patrolling an airbase. Dave passes the front gate every 8 minutes. Geoff passes the front gate every 15 minutes. They have just set off on their individual routes at the start of their shift.**

How long will it be before they meet up at the front gate again?

A 3 h 00 mins

B 1 h 30 mins

C 1 h 00 mins

D 2 h 30 mins

E 2 h 00 mins

11 The number of visitors to the local swimming pool at different times on Wednesday last week is recorded in this table:

Time	Number of visitors
8 am - 10 am	23
10 am - 12 noon	41
12 noon - 2 pm	35
2 pm - 4 pm	60
4 pm - 6 pm	40
6 pm - 8 pm	15

Which chart shows the data from the table?

A
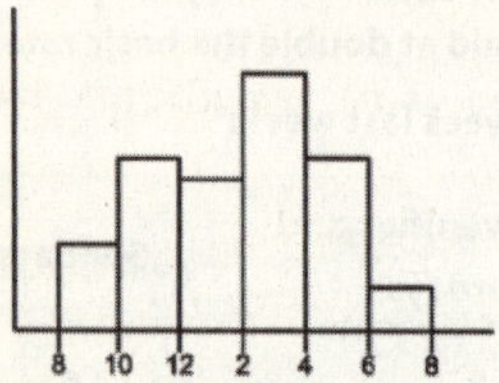

B
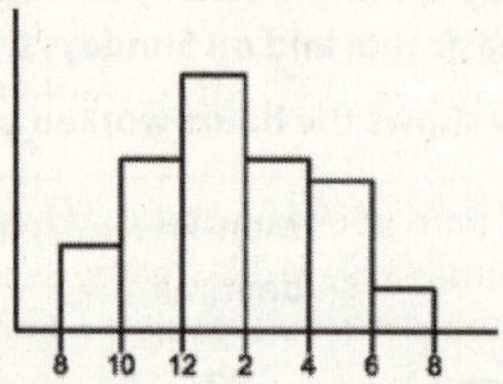

C
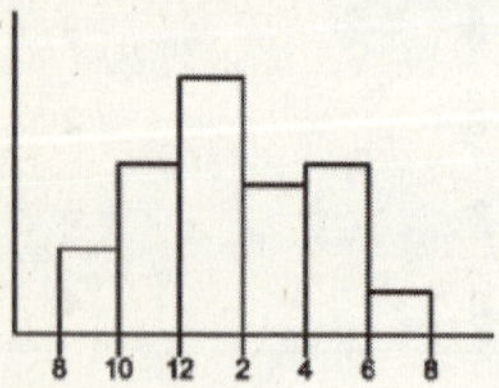

D
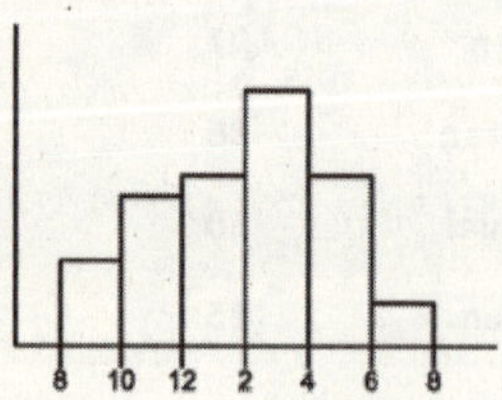

E
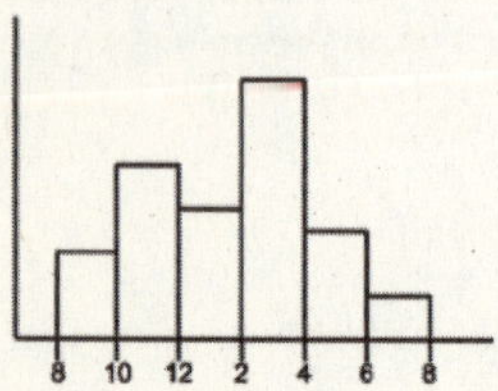

12 A street of houses is numbered starting on one side with 1, 2, 3, 4... At the far end the numbers continue down the other side in the opposite direction so the largest number is opposite number 1. The houses are of identical widths so each house has another directly opposite it.

If number 17 is directly opposite number 56, how many houses are there in the street?

A 72
B 37
C 39
D 36
E 73

13 **A teacher in a school for children from 11 to 16 years old sets a code number to unlock his classroom door. He has a method for remembering his code. He uses:**

- **the 2 digits of his birth month reversed (for example, February would be 02 reversed to 20);**
- **then the age of the children in his class at the start of the year with the digits reversed;**
- **and finally, the date of his birthday in the month, also reversed.**

Which one of the following could not be the code to unlock his door?

A 602124

B 903121

C 701131

D 215150

E 115191

14 **My three local supermarkets all currently have offers on my favourite breakfast cereal as follows:**

1 – buy one standard pack get a second half price;
2 – price of a standard pack reduced by 1/3;
3 – normal price of a standard pack, pack contains 25% extra.

Which of the offers are equivalent in terms of price per unit amount of cereal?

A None

B 1 and 3 only

C 2 and 3 only

D 1, 2 and 3

E 1 and 2 only

15 **A taxi driver charges 1.00 € per kilometre for the first 3 kilometres of a journey, and 70 c per kilometre for the rest of the journey. I travel home from the train station by taxi. I pay the taxi driver 10.00 € including a tip of 70 c.**

How far is my house from the station?

A 14 kilometres

B 10 kilometres

C 9 kilometres

D 13 kilometres

E 12 kilometres

16 **"All sidewalks of New York City are reserved for pedestrians. Brad is a pedestrian". Which of the following propositions is true?**

A If Brad didn't meet other pedestrians, then he wouldn't be on the sidewalk

B Brad loves sidewalks of New York City

C Brad must necessarily meet other pedestrians on the sidewalk

D Brad may meet other pedestrians on the sidewalk

E Brad walks only on the sidewalk

17 The pie chart shows the favourite ice cream flavour for a sample of students in a school.

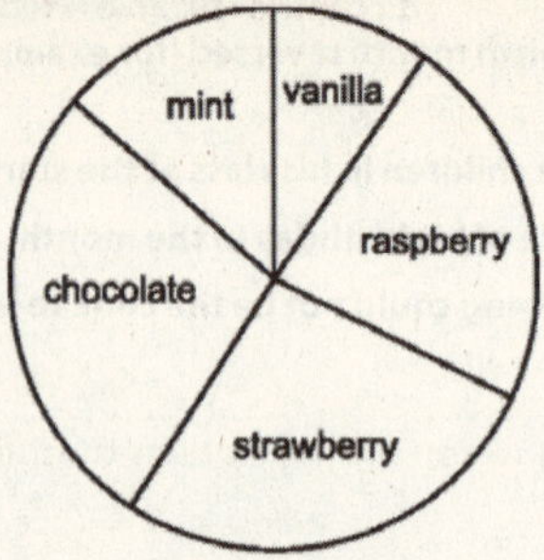

Which one of the rows in the table below could show the number of students who chose each flavour?

	Vanilla	Raspberry	Strawberry	Chocolate	Mint
A	26	61	73	73	37
B	5	34	36	35	10
C	15	29	32	31	13
D	23	41	35	35	16
E	36	55	71	72	36

18 Kate and I live 20 km apart. We decide to meet exactly at the half-way point in the road at 12 am. If I am travelling at 60 km/h, what time do I have to leave?

A 10.50 am
B 5.15 am
C 5.58 pm
D 11.50 am
E 11.48 am

19 Joan and Simon pack 24 books in 100 minutes. Joan packs three times the books packed by Simon and Simon packs half the books packed by Mark. How many books do Joan, Simon and Mark pack in all in 150 minutes?

A 90
B 118
C 72
D 54
E 18

20 A drawner contains 3 pairs of blue socks, 2 pairs of white socks, 4 pairs of black socks and 1 pair of orange socks. Without looking at the contents of the drawner, how many socks do you need to take from the drawner to be sure you get two socks of the same color?

A 2
B 5
C 6
D 3
E 4

21 Which of the terms below correctly completes the following proportion?

Eccentric : bizarre = tedious : X

A X = picturesque

B X = interesting

C X = irrational

D X = delicious

E X = boring

22 Which of the terms below correctly completes the following proportion?

Mouse : X = Y : feet

A X = cat; Y = shoes

B X = mice; Y = foot

C X = foot; Y = computer

D X = animal; Y = child

E X = small; Y = big

23 One third of a number is four times thirteen. What is half of that number?

A 156

B 312

C 78

D 68

E 39

24 Some 480,000 immigrants were living in a certain country in 2009. Although most of these immigrants were not employed in professional occupations, many of them were, for instance, engineers and many of them were nurses. Very few of these immigrants were librarians.

From the information given above, it can be validly concluded that in 2009 in the country described above:

A most immigrants were either engineers or nurses

B immigrants couldn't work as nurses

C none of the engineers were immigrants

D most of those not employed in professional occupations were immigrants

E some engineers were immigrants

25 If *n* is a multiple of 5, which of the following expressions must in all cases represent a multiple of 2?

A $2n$

B n^2

C $n+2$

D $5n+1$

E $n/2$

26 **Referring to the figure below, what number must replace the ? sign if you assume that the calculations are performed in the order in which you see them?**

4	x	2	−	1	7
+		−		+	
	−	1	+	7	9
−		+		−	
3	x	?	−		17
4		7		7	

- **A** 1
- **B** 3
- **C** 4
- **D** 5
- **E** 6

27 **From the list below, choose the number that completes the following series of numbers: 721, 424, 82, 532, 118, ?**

- **A** 931
- **B** 246
- **C** 163
- **D** 93
- **E** 465

28 **Jack, Kenneth, Laura and Marvin are putting a band together. They need a singer, a bass player, a drummer and a guitarist. If Laura can sing and play the bass, Jack can sing and drum, Marvin can drum and play the guitar and Kenneth can play the guitar, which of these arrangements make sense?**

- **A** Jack-drum, Laura-bass, Marvin-sing, Kenneth-guitar
- **B** Jack-drum, Laura-sing, Marvin-bass, Kenneth-guitar
- **C** Jack-sing, Laura-bass, Marvin-drum, Kenneth-guitar
- **D** Jack-sing, Laura-bass, Marvin-guitar, Kenneth-drum
- **E** Jack-bass, Laura-sing, Marvin-drum, Kenneth-guitar

29 **Amoebas reproduce by splitting in two. An amoeba which does so every minute is placed in a jar at exactly ten o'clock in the morning. At 12:00 noon the jar is full. At what time is the jar half full?**

- **A** 11:30
- **B** 11:59
- **C** 10:30
- **D** 11:00
- **E** Never

30 **Giovanni is carrying out a survey on a new portable computer. He finds out that 64% of the people interviewed cannot use the Internet. In addition, 30% of these don't have a computer, 55% have a home computer and 15% have a portable computer. The people interviewed who cannot use the Internet but have a computer (either home or portable) are 56. How many people among those interviewed can use the Internet?**

A 205
B 80
C 125
D 45
E 35

8.2 | Soluzioni e commenti

1 Il brano mette in correlazione l'intelligenza di varie specie animali, nel caso specifico umani, scimmie e uccelli. Alcune ricerche hanno confutato il credo passato che voleva gli uccelli molto meno intelligenti rispetto a uomini e scimmie, anzi alcuni comportamenti complessi, ad esempio dei corvi, ma non solo (alternativa B errata), fanno supporre che ci siano uccelli con capacità di ragionamento simili almeno a quelle delle scimmie. Questo a dispetto della grandezza assoluta del cervello dei volatili definita nel testo della stessa dimensione di una "nocciolina". Quindi l'intelligenza non sarebbe legata alla dimensione assoluta del cervello (quello delle scimmie è molto più grande di quello di un uccello), ma alla sua grandezza relativa, rispetto cioè alla taglia stessa dell'animale. Questo ragionamento ci porta a dire che l'unica conclusione corretta tra le cinque alternative è quindi la E.

2 L'affermazione di partenza comunica che sotto la scrivania di Barbara ci sono dei gatti. Tra le informazioni presenti nelle alternative l'unica che ha una corrispondenza logica con l'affermazione precedente è quella che indica che se dei gatti non si trovano su tappeti, allora c'è almeno una zona sotto la scrivania di Barbara che non è coperta da tappeti (soluzione del quesito B).

3 Una delle accortezze da avere quando si viene invitati a una festa è sapere chi sono gli altri invitati, per non avere sgraditi incontri o, peggio, presentarsi da soli. In questo quesito abbiamo quattro parenti che pongono delle restrizioni alla loro presenza a una festa: Diana andrà solo se non ci sarà Ron, Michelle andrà solo se ci saranno almeno altri due del gruppo e se Michelle andrà allora anche Karen si presenterà.

Alla festa si sono presentate almeno due persone. Utilizzando le iniziali proviamo a capire quali sono le situazioni impossibili o possibili:

- non può verificarsi che D e R siano entrambi presenti alle festa;
- se alla festa ci sono D e M allora ci sarà anche K (seconda e terza affermazione), ma non ci sarà R (prima affermazione);
- se alla festa ci sono D e K allora ci sarà anche M (seconda e terza affermazione), ma non ci sarà R (prima affermazione);
- se alla festa ci sono R e M allora ci sarà anche K (seconda e terza affermazione), ma non ci sarà D (prima affermazione);
- se alla festa ci sono R e K allora ci sarà anche M (seconda e terza affermazione), ma non ci sarà D (prima affermazione);
- se alla festa ci sono M e K allora ci sarà anche D o R (seconda affermazione), ma non entrambi (prima affermazione);

Risulta dunque evidente che se almeno due si presentano alla festa, in ogni combinazione i parenti presenti saranno in tutto tre (risposta esatta D).

4 Per identificare quale tra i tre fratelli è l'unico a dire sempre la verità siamo obbligati a partire dall'unica affermazione presente nel testo, ossia la frase di Paul: "Michael dice sempre la verità".

Se questa frase fosse vera ne conseguirebbe che sia Paul sia Michael direbbero sempre la verità, ma questa conclusione è in disaccordo con l'assunto del problema.

La frase di Paul deve essere quindi falsa. Ma se la frase di Paul è falsa, vuol dire che anche Michael dice sempre il falso. A questo punto abbiamo la certezza che l'unico a dire la verità è il terzo fratello, Steve (risposta corretta C).

5 Il quesito richiede in sostanza di individuare quante volte il numero 14 mila è contenuto in 84 mila (per semplificare possiamo dire 14 e 84, eliminando quindi le migliaia); ovvero 14/84 che equivale a 1/6. Il rapporto del costo tra i due macchinari è un sesto. Risposta corretta D.

6 L'esercizio richiede di inviduare il numero che permette di continuare correttamente la sequenza. Si ponga attenzione ai primi due numeri: 5 e 20; si può notare come 20 sia il risultato di 5 moltiplicato per 4. Procedendo si noterà che 80 è il risultato del termine precedente (20) moltiplicato a sua volta per 4. Siamo quindi in presenza di una progressione di tipo geometrico, dove un elemento è uguale al precendente moltiplicato per un numero che rimane costante, in questo caso 4. Moltiplicando 80 per 4 si ottiene 320 (risposta C) che è la soluzione del quesito.

7 Si noti prima di tutto la progressione della serie che va in senso A-Z. Possiamo ragionare sui primi due termini della sequenza C e F; si nota che c'è un salto di due lettere che vengono omesse (D e E). Lo stesso tipo di "salto" si ripete se prendiamo in considerazione F e I, in questo caso mancano le lettere G e H. In questo modo possiamo essere sicuri di aver individuato il meccanismo alla base delle sequenza (che procede saltando un gruppo di due lettere) e non sarà difficile individuare nella lettera T la risposta al quesito. Difatti tra la lettera Q e la T vi è un gruppo mancante composto da due lettere (R e S). Risposta corretta A.

8 Il quesito ci chiede di trovare l'unica asserzione necessariamente vera tra le cinque alternative. Il metodo migliore per arrivare a una rapida soluzione è procedere per esclusione.

Sappiamo che dal sacchetto sono già state estratte una palla rossa e una verde; ciò implica che sono ancora estraibili due palle rosse e tre gialle.

La prossima palla che verrà estratta potrà quindi essere gialla o rossa. Possiamo quindi escludere con certezza le alternative A (non siamo affatto sicuri che la prossima palla estratta sarà gialla) e D (non ci sono infatti altre palle verdi nel sacchetto).

Possiamo scartare anche le alternative C (essendoci ancora due palle rosse nel sacchetto non si può escludere che le prossime due estratte saranno rosse) ed E (essendoci tre palle gialle non possiamo concludere che sicuramente una delle prossime tre palle estratte sarà rossa).

La risposta esatta è quindi la B: essendoci solo due palle rosse, almeno una delle prossime tre sarà gialla.

9 La soluzione dell'esercizio richiede solo qualche semplice calcolo.

Sappiamo che la paga base oraria dal lunedì al venerdì è di 11 €, negli orari serali e al sabato è di 16,5 €, mentre alla domenica sale fino a 22 €. Salta subito all'occhio che tutti e cinque gli impiegati hanno lavorato lo stesso numero di ore per la paga intermedia. Perciò possiamo trascurare il dato della seconda colonna.

Sapendo che le ore di lavoro domenicali sono pagate il doppio, possiamo considerare ogni ora di lavoro festivo pari a 2 ore di lavoro nei giorni feriali. Possiamo quindi raddoppiare il numero indicato nella terza colonna e sommarlo alle ore indicate nella prima: chi ha lavorato più ore, ha guadagnato di più. In particolare:

- Alice = 32 + 12 = 44
- Ben = 27 + 16 = 43
- Chetan = 36 + 4 = 40
- Daniel = 30 + 12 = 42
- Ellen = 35 + 8 = 43

Alice ha lavorato più ore e guadagnato di più (risposta esatta E).

10 Per rispondere correttamente al quesito senza ricorrere a calcoli matematici troppo complicati, bisogna individuare il minimo comune multiplo fra 8 minuti (il tempo che Dave impiega a fare il giro completo della base) e 15 minuti (il tempo invece impiegato da Geoff): in corrispondenza di quel valore il passaggio dei due davanti al cancello coinciderà.

Per trovare il m.c.m. di due (o più) numeri bisogna moltiplicare tutti i loro fattori primi, presi una sola volta con il necessario esponente. Perciò, scomponendo $8 = 2^3$ e $15 = 5 \cdot 3$, il loro m.c.m. è $2^3 \cdot 5 \cdot 3 = 120$.

Trattandosi di minuti possiamo agevolmente ricavare che Dave e Geoff si incontreranno davanti al cancello tra 2 ore (risposta esatta E).

11 Per individuare la risposta corretta è utile partire dal picco più alto di visitatori, quello avvenuto tra le 2 e le 4 pomeridiane, che ha visto la piscina riempirsi di 60 persone.

Questo dato ci consente di scartare subito le alternative **B** e **C**, in cui erroneamente il picco di visitatori è indicato tra le 12 e le 2 pomeridiane. Nelle alternative **D** e **E** sono ben visibili errori per quanto riguarda le barre corrispondenti agli orari 12-2 e 4-6. Nel caso dell'alternativa **D** le due barre sono identiche, mentre nell'alternativa **E** il flusso tra le 4 e le 6 del pomeriggio risulta inferiore a quello tra le 12 e le 2, a differenza di quanto riportato in tabella (rispettivamente 35 e 40 visitatori). Dunque entrambe le alternative vanno scartate come non corrette.

La risposta esatta è la **A**.

12 Per risolvere l'esercizio partiamo dai due dati indicati:

- il numero delle case nella via corrisponde al numero civico dell'abitazione situata di fronte a quella con il civico 1;
- la casa col numero 17 si trova di fronte a quella con il numero civico 56.

Ricordando che le case hanno tutte la stessa larghezza possiamo dire che prima del numero civico 17 ci sono 16 abitazioni. Passiamo dall'altro lato della strada; dopo il numero 56 ci attendiamo quindi altre 16 case. Sommando 16 a 56 otteniamo il numero civico della casa posta di fronte al numero 1, ossia 72.

Grazie al primo assunto possiamo quindi dire che le case nella via sono 72 (risposta esatta **A**).

13 Il presente quesito richiede al candidato solo un po' di metodo e precisione.

L'unica alternativa contenente un numero che, in base ai vincoli stabiliti dal docente, non può essere usato come codice per la porta della classe è la **A**.

Infatti: il mese (60) è 06, ossia giugno; gli anni (21) sono 12, età compatibile con quanto indicato nell'esercizio, cioè tra gli 11 e i 16 anni, ma non è possibile che 24 sia il giorno di nascita. Ribaltando il numero infatti avremmo 42, data evidentemente impossibile.

14 Tre supermercati offrono lo stesso prodotto con tre promozioni diverse. Il quesito ci chiede di indicare quali tra queste offerte propongono un prezzo equivalente per la stessa quantità di cereali.

Poniamo, per semplicità, che la confezione dei cereali sia formato famiglia, ovvero da 1 kg, e che il prezzo pieno sia di 3 € a confezione.

Nel caso 1 l'offerta prevede uno sconto del 50% sull'acquisto di una seconda scatola. Abbiamo quindi che la prima scatola da 1kg costa 3 €, mentre la seconda costa 1,5 €. Per 2 kg di cereali spendiamo 4,5 €, che equivale a dire 2,25 € al kg.

Nel caso 2 l'offerta prevede uno sconto di 1/3 del prezzo della confezione da 1 kg. Da 3 € passiamo quindi a 2 € al kg.

Nel caso 3 il prezzo rimane di 3 € ma abbiamo un 25% in più di cereali nella scatola. Il prezzo è quindi di 3 € per 1,25 kg. Il prezzo al kg (3 €/1,25) è quindi 2,4 €.

Possiamo tirare le somme. Le offerte dei tre supermercati portano a tre prezzi al kg differenti, il che equivale a dire che nessuna delle offerte proposte è equivalente a un'altra (risposta corretta **A**).

15 Attenzione a questo quesito perché è facile dimenticarsi di togliere i 70 centesimi di mancia inclusi nei 10 € pagati, ma che non devono concorrere al calcolo dei km percorsi.

Le operazioni da svolgere sono le seguenti:

- 10 € – 70 c di mancia = 9,30 € (prezzo reale del viaggio)
- 9,30 € – 3 € per i primi 3 km = 6,30 € (prezzo per i km successivi ai primi 3)
- 6,30 € / 70 c (prezzo al km) = 9 km

Sommando i primi 3 km ai successivi 9 abbiamo i km totali percorsi e quindi, come richiesto, la distanza tra casa e stazione. I km sono 12 e la risposta esatta è quindi la **E**.

16 "I marciapiedi di New York sono riservati ai pedoni. Brad è un pedone". È necessario individuare sulla base di questa affermazione quale delle alternative proposte è vera. La E non lo è, nessuno può dire sulla base delle informazioni che abbiamo che Brad cammini solo sui marciapiedi o (alternativa B) che apprezzi in particolar modo i marciapiedi di New York, né tantomeno che se cammina su un marciapiede dovrà necessariamente incontrare altri pedoni come suggerisce l'alternativa C. L'unica cosa certa che si può affermare è che, camminando su un marciapiede, Brad potrebbe incontrare altri pedoni. Risposta corretta D.

17 Ci troviamo di fronte a un esercizio che richiede un'attenta osservazione del grafico e dei dati in tabella. Per riuscire a giungere velocemente alla soluzione il metodo migliore è quello di procedere per esclusione.

Per esempio, partendo dall'analisi degli spicchi del grafico riguardanti vaniglia e menta è abbastanza lampante che i ragazzi che preferiscono la menta siano più di quelli che preferiscono la vaniglia. Questo dato ci mette subito nelle condizioni di eliminare le alternative C, D e E, in cui i ragazzi che preferiscono la vaniglia superano (C e D) o sono pari (E) a quelli che preferiscono la menta.

Ci rimangono quindi le alternative A e B. Nell'alternativa B il numero di ragazzi che preferisce il lampone, la fragola o il cioccolato è molto simile (34, 36, 35). Ma dal grafico risulta come lo spicchio degli amanti del gelato al lampone sia visibilmente più piccolo degli altri due. Anche l'alternativa B è da scartare.

Individuiamo quindi A come risposta esatta, dopo un rapido controllo che conferma la nostra intuizione.

18 Se io e Kate abitiamo a 20 km di distanza e decidiamo di incontrarci a metà strada significa che ognuno di noi dovrà percorrere 10 km. Se procedo a 60 km/h significa che faccio 1 km ogni minuto e per coprire la distanza che mi separa da Kate (10 km) impiegherò 10 minuti. Se l'appuntamento è per le 12 am, potrò partire alle 11.50 am. Risposta esatta D.

19 L'esercizio richiede un approccio di tipo logico-matematico per la sua risoluzione. Posto che Joan e Simon riescano a impacchettare 24 libri in 100 minuti e Joan lavora a un ritmo 3 volte superiore all'amico Simon significa che il primo ha fatto 18 pacchi e il secondo 6. Se Simon inoltre lavora a un ritmo dimezzato rispetto a Mark significa che quest'ultimo nello stesso arco di tempo farebbe 12 pacchi. I tre in 100 minuti sono in grado di impacchettare $18 + 6 + 12 = 36$ pacchi. In 150 minuti, come richiesto dal problema, saranno in grado di impacchettarne 54 (risposta esatta D). Questo risultato si ottiene impostando la semplice equazione $36 : 100 = x : 150$ o, più semplicemente, moltiplicando 36 per 1,5 (150/100).

20 Per risolvere l'esercizio non è necessario nessun calcolo particolarmente complicato, sarà sufficiente immaginare di trovarsi nella medesima situazione proposta e di dover estrarre da un cassetto i calzini senza poter guardare: per essere sicuro di avere in mano 2 calzini dello stesso colore dovrò procedere a effettuare 5 estrazioni dal cassetto dell'armadio. Ammettendo il massimo della sfortuna dopo le prime 4 estrazioni avrò pescato 4 calzini di colori diversi, alla quinta estrazione dovrò necessariamente pescare un calzino di un colore uguale a uno dei precedenti già trovati. Risposta esatta B.

21 *Eccentrico* significa "originale, singolare", proprio come *bizzarro*: i due termini presenti al primo membro della proporzione sono dunque tra loro sinonimi. Tale relazione deve essere rispettata anche tra i termini che si trovano al secondo membro. La parola cercata deve essere un sinonimo di *tedioso* e tra le alternative proposte l'unica che rispetta tale logica è la E (*boring* significa infatti "noioso") che è pertanto la risposta corretta.

22 La risposta corretta è la B: la parola *mouse* (topo) è il singolare di *mice* così come *foot* (piede) è il singolare di *feet*.

23 Se 1/3 di un numero è pari a 4 volte 13 (ossia 52) significa che il numero cercato è 156, corrispondente a $52 \cdot 3$. Poiché il quesito richiede il valore della metà di tale numero, la risposta corretta è la C.

24 La risposta corretta è la E in quanto se "molti" immigrati sono ingegneri (come affermato dal testo del quesito) significa che alcuni ingegneri sono certamente immigrati. L'alternativa A non è corretta, perché il testo dice che "molti" e non "la maggior parte" degli immigrati sono ingegneri oppure infermieri; si dice invece che "la maggior parte" degli immigrati non è impiegata in occupazioni di tipo professionale. L'alternativa B è falsa in quanto nega che gli immigrati lavorino come infermieri (mentre tale sovrapposizione è ricavabile dal testo) e per lo stesso motivo risulta falsa l'alternativa C. Infine, poiché il testo non fornisce sufficienti informazioni per concludere quanto affermato dall'alternativa D essa risulta falsa.

25 Poiché n è un multiplo di 5, i valori possibili sono 5, 10, 15, 20, 25 ecc. La risposta esatta è la A, in quanto il prodotto tra 2 e un qualunque numero intero positivo è sempre un multiplo di 2. La risposta B è errata in quanto un numero intero dispari moltiplicato per sé stesso è sempre un numero dispari; la risposta C rappresenta un multiplo di 2 solo se n è pari (mentre nel caso in esame potrebbe anche essere dispari, per es. $n = 15$) ed è dunque errata; analogamente l'espressione $5n + 1$ identifica un multiplo di 2 solo se n è dispari (mentre nel caso in esame potrebbe anche essere pari, per es. $n = 10$). Infine anche la E è errata poiché $n/2$ risulta multiplo di 2 solo se n è divisibile per 4 (es. $n = 20$).

26 Il valore da determinare è il numero n che soddisfi la relazione indicata sia dalla terza riga sia dalla seconda colonna della matrice di numeri: $2 - 1 + n = 7$ da cui si ricava facilmente che $n = 6$, che verifica anche $3 \cdot 6 - 1 = 17$. La risposta corretta è quindi la E.

27 I numeri che compongono la successione fornita dal testo dell'esercizio hanno tutti la medesima caratteristica: la somma delle cifre che compongono ogni numero è sempre pari a 10. L'unica alternativa che presenta tale caratteristica è la C che è dunque la risposta corretta.

28 Tra i quattro amici l'unico che esprime una sola possibilità è Kenneth al quale deve per forza essere assegnato il compito di suonare la chitarra (l'alternativa D è dunque certamente errata). Marvin potrebbe suonare la chitarra o la batteria ma essendo la prima già assegnata a Kenneth si dedicherà alla batteria (rimangono dunque possibili solo le alternative C ed E). Procedendo in modo analogo, a Jack verrà assegnato il canto e a Laura il basso; pertanto la risposta corretta è la C.

29 Il testo dell'esercizio afferma che l'ameba si riproduce attraverso scissione in 2 parti e che la frequenza di riproduzione è di 1 suddivisione al minuto. Ciò significa che ogni minuto il numero di organismi raddoppia; pertanto se il vaso risulta pieno esattamente alle ore 12:00, un minuto prima risulterà pieno a metà. La risposta corretta è quindi la B.

30 Per trovare il numero degli intervistati (X) che non sa usare Internet si deve tener conto che 56 è pari al 70% di questi (infatti, il 55% possiede un computer fisso e il 15% uno portatile). Si ha allora che:

$$56 = 70\% \, X$$

e quindi $X = 80$.

Si sa poi che 80 è il 64% del totale degli intervistati (Y) e quindi, risolvendo l'equazione:

$$80 = 64\% \, Y$$

si ha il valore di Y pari a 125. (Risposta esatta C).

Se la percentuale degli intervistati che non sa usare Internet è pari al 64%, significa che la percentuale degli intervistati che lo sanno usare è pari al 36%.

Appendice: leggi e decreti sul numero programmato

LEGGE 2 agosto 1999, n. 264
NORME IN MATERIA DI ACCESSI AI CORSI UNIVERSITARI.
GU n. 183 del 6-8-1999

Art. 1.

1. Sono programmati a livello nazionale gli accessi:

a) ai corsi di laurea in medicina e chirurgia, in medicina veterinaria, in odontoiatria e protesi dentaria, in architettura, nonché ai corsi di diploma universitario, ovvero individuati come di primo livello in applicazione dell'articolo 17, comma 95, della legge 15 maggio 1997, n.127, e successive modificazioni, concernenti la formazione del personale sanitario infermieristico, tecnico e della riabilitazione ai sensi dell'articolo 6, comma 3, del decreto legislativo 30 dicembre 1992, n.502, e successive modificazioni, in conformità alla normativa comunitaria vigente e alle raccomandazioni dell'Unione europea che determinano standard formativi tali da richiedere il possesso di specifici requisiti;

b) ai corsi di laurea in scienza della formazione primaria e alle scuole di specializzazione per l'insegnamento secondario, di cui, rispettivamente, all'articolo 3, comma 2, e all'articolo 4, comma 2, della legge 19 novembre 1990, n.341;

c) ai corsi di formazione specialistica dei medici, disciplinati ai sensi del decreto legislativo 8 agosto 1991, n.257;

d) alle scuole di specializzazione per le professioni legali, disciplinate ai sensi dell'articolo 16 del decreto legislativo 17 novembre 1997, n.398;

e) ai corsi universitari di nuova istituzione o attivazione, su proposta delle università e nell'ambito della programmazione del sistema universitario, per un numero di anni corrispondente alla durata legale del corso.

Art. 2.

1. Sono programmati dalle università gli accessi:

a) ai corsi di laurea per i quali l'ordinamento didattico preveda l'utilizzazione di laboratori ad alta specializzazione, di sistemi informatici e tecnologici o comunque di posti-studio personalizzati;

b) ai corsi di diploma universitario, diversi da quelli di cui all'articolo 1, comma 1, lettera a), per i quali l'ordinamento didattico prevede l'obbligo di tirocinio come parte integrante del percorso formativo, da svolgere presso strutture diverse dall'ateneo;

c) ai corsi o alle scuole di specializzazione individuate dai decreti attuativi delle disposizioni di cui all'articolo 17, comma 95, della legge 15 maggio 1997, n.127, e successive modificazioni.

2. Sono programmati dall'università di Trieste gli accessi al corso di laurea in scienze internazionali e diplomatiche con sede in Gorizia, in ragione dei particolari compiti di collaborazione transfrontaliera e internazionale adempiuti da tale corso.

Art. 3.

1. Il Ministro dell'università e della ricerca scientifica e tecnologica, nell'emanazione e nelle modificazioni del regolamento di cui all'articolo 9, comma 4, della legge 19 novembre 1990, n.341, come modificato dall'articolo 17, comma 116, della legge 15 maggio 1997, n.127, si conforma alle disposizioni di cui agli articoli 1 e 2 della presente legge e si attiene ai seguenti principi e criteri direttivi:

a) determinazione annuale, per i corsi di cui all'articolo 1, comma 1, lettere a) e b), del numero di posti a livello nazionale con decreto del Ministro dell'università e della ricerca scientifica e tecnologica, sentiti gli altri Ministri interessati, sulla base della valutazione dell'offerta potenziale del sistema universitario, tenendo anche conto del fabbisogno di professionalità del sistema sociale e produttivo;

b) ripartizione dei posti di cui alla lettera a) tra le università, con decreto del Ministro dell'università e della ricerca scientifica e tecnologica, tenendo conto dell'offerta potenziale comunicata da ciascun ateneo e dell'esigenza di equilibrata attivazione dell'offerta formativa sul territorio;

c) determinazione da parte delle università dei posti relativi ai corsi di cui all'articolo 1, comma 1, lettera e), nonché di cui all'articolo 2, previa valutazione della propria offerta potenziale;

d) previsione di attività di informazione e orientamento degli studenti da parte degli atenei e del Ministero dell'università e della ricerca scientifica e tecnologica, introduzione graduale dell'obbligo di preiscrizione alle università, monitoraggio e valutazione da parte del citato Ministero dell'offerta potenziale degli atenei.

2. La valutazione dell'offerta potenziale, al fine di determinare i posti disponibili di cui alle lettere a), b) e c) del comma 1, è effettuata sulla base:

a) dei seguenti parametri:
   1) posti nelle aule;
   2) attrezzature e laboratori scientifici per la didattica;
   3) personale docente;
   4) personale tecnico;
   5) servizi di assistenza e tutorato;

b) del numero dei tirocini attivabili e dei posti disponibili nei laboratori e nelle aule attrezzate per le attività pratiche, nel caso di corsi di studio per i quali gli ordinamenti didattici prevedono l'obbligo di tirocinio come parte integrante del percorso formativo, di attività tecnico-pratiche e di laboratorio;

c) delle modalità di partecipazione degli studenti alle attività formative obbligatorie, delle possibilità di organizzare, in più turni, le attività didattiche nei laboratori e nelle aule attrezzate, nonché dell'utilizzo di tecnologie e metodologie per la formazione a distanza.

Art. 4.

1. L'ammissione ai corsi di cui agli articoli 1 e 2 è disposta dagli atenei previo superamento di apposite prove di cultura generale, sulla base dei programmi della scuola secondaria superiore, e di accertamento della predisposizione per le discipline oggetto dei corsi medesimi, con pubblicazione del relativo bando almeno sessanta giorni prima della loro effettuazione, garantendo altresì la comunicazione dei risultati entro i quindici giorni successivi allo svolgimento delle prove stesse. Per i corsi di cui all'articolo 1, comma 1, lettere a) e b), il Ministro dell'università e della ricerca scientifica e tecnologica determina con proprio decreto modalità e contenuti delle prove di ammissione, senza oneri aggiuntivi per il bilancio dello Stato.

2. I requisiti di ammissione alle tipologie di corsi e titoli universitari, da istituire con le procedure di cui all'articolo 17, comma 95, della legge 15 maggio 1997, n.127, e successive modificazioni, in aggiunta o in sostituzione a quelli previsti dagli articoli 1, 2, 3, comma 1, e 4, comma 1, della legge 19 novembre 1990, n.341, sono determinati dai decreti di cui al citato articolo 17, comma 95, della legge n.127 del 1997, i quali comunque non possono introdurre fattispecie di corsi ad accesso programmato ulteriori rispetto a quanto previsto dalla presente legge.

Art. 5.

1. Sono regolarmente iscritti ai corsi universitari per il rilascio dei titoli di cui all'articolo 1, comma 1, lettere a) e b), della legge 19 novembre 1990, n.341, gli studenti nei confronti dei quali i competenti organi di giurisdizione amministrativa, anteriormente alla data di entrata in vigore della presente legge, abbiano emesso ordinanza di sospensione dell'efficacia di atti preclusivi della iscrizione ai predetti corsi. Sono validi ai sensi e per gli effetti della legislazione universitaria gli esami sostenuti dagli studenti di cui al presente articolo.

2. Sono altresì regolarmente iscritti ai corsi universitari di cui al comma 1 gli studenti che siano stati comunque ammessi dagli atenei alla frequenza dei corsi dell'anno accademico 1998-1999 entro il 31 marzo 1999.

3. Le disposizioni di cui all'articolo 1, comma 1, lettera e), acquistano efficacia a decorrere dall'anno accademico 2000-2001.

4. Fino alla data di entrata in vigore di specifiche modificazioni del regolamento adottato con decreto del Ministro dell'università e della ricerca scientifica e tecnologica 21 luglio 1997, n.245, pubblicato nella Gazzetta Ufficiale n.175 del 29 luglio 1997, le università determinano i posti per i corsi di cui all'articolo 2, comma 1, lettera a), e comma 2, conformandosi ai criteri di cui all'articolo 3, comma 2, e disponendo prove d'ammissione ai sensi dell'articolo 4, comma 1.

La presente legge, munita del sigillo dello Stato, sarà inserita nella Raccolta ufficiale degli atti normativi della Repubblica italiana. È fatto obbligo a chiunque spetti di osservarla e di farla osservare come legge dello Stato.

I posti disponibili per l'immatricolazione ai singoli corsi universitari devono quindi essere resi noti dalle singole università attraverso la pubblicazione di apposito bando almeno 60 giorni prima della data di svolgimento della prova. Inoltre il Ministero emana annualmente con proprio decreto le modalità e i contenuti delle prove di ammissione. A titolo indicativo si riporta il decreto relativo all'anno accademico 2018-2019.

Modalità di svolgimento dei test per i corsi di laurea a ciclo unico ad accesso programmato a.a. 2018/19

Modalità e contenuti prove di ammissione corsi di laurea e laurea magistrale a ciclo unico ad accesso programmato a livello nazionale a.a. 2018-19

Articolo 1
(Disposizioni generali)

Per l'anno accademico 2018/2019, l'ammissione dei candidati ai corsi di laurea e laurea magistrale di cui all'articolo 1, comma 1, lettera a), della legge 2 agosto 1999, n. 264 avviene a seguito di superamento di apposita prova d'esame disciplinata dal presente decreto.

Articolo 2
(Prova di ammissione ai corsi di laurea magistrale a ciclo unico in Medicina e Chirurgia e in Odontoiatria e Protesi Dentaria)

1. La prova di ammissione ai corsi di laurea magistrale a ciclo unico in Medicina e Chirurgia e in Odontoiatria e Protesi Dentaria, alla quale partecipano i candidati comunitari, i candidati non comunitari di cui all'articolo 26 della Legge n. 189 del 2002 citato in premessa e i candidati non comunitari residenti all'estero, è unica per entrambi i corsi ed è di contenuto identico in tutte le sedi in cui si svolge la prova. Essa è predisposta dal Ministero dell'Istruzione, dell'Università e della Ricerca (MIUR) avvalendosi di una Commissione di esperti con comprovata competenza in materia, individuati nel rispetto dei principi di imparzialità, trasparenza e riservatezza, tenuti al più rigoroso rispetto del segreto professionale e d'ufficio.
2. La prova di ammissione consiste nella soluzione di sessanta quesiti che presentano cinque opzioni di risposta, tra cui il candidato deve individuarne una soltanto, scartando le conclusioni errate, arbitrarie o meno probabili, su argomenti di: cultura generale e ragionamento logico; biologia; chimica; fisica e matematica. Sulla base dei programmi di cui all'Allegato A, che costituisce parte integrante del presente decreto, vengono predisposti: due (2) quesiti di cultura generale; venti (20) di ragionamento logico; diciotto (18) di biologia; dodici (12) di chimica; otto (8) di fisica e matematica.
3. La prova di ammissione ha inizio alle ore 11:00 e per il suo svolgimento è assegnato un tempo di 100 minuti.
4. Le procedure relative e connesse allo svolgimento della prova sono disciplinate nell'Allegato 1, che costituisce parte integrante del presente decreto.
5. I candidati allievi della Scuola Superiore Sant'Anna di Pisa che intendono avvalersi della riserva di posti prevista nella convenzione stipulata con l'Università di Pisa devono superare la prova di ammissione al corso di laurea magistrale in Medicina e Chirurgia in una delle sedi universitarie statali con un punteggio pari o superiore a quello dell'ultimo avente titolo all'immatricolazione nell'Università di Pisa all'atto del primo scorrimento della graduatoria.

Articolo 3
(Corsi di laurea magistrale in Medicina e Chirurgia e Odontoiatria e protesi Dentaria in lingua inglese)

1. Le modalità, i contenuti della prova di accesso e i posti disponibili per i corsi di laurea magistrale a ciclo unico in Medicina e Chirurgia e Odontoiatria e protesi dentaria in lingua inglese sono definiti con specifico decreto del Ministro dell'Istruzione, dell'Università e della Ricerca.

Articolo 4
(Prova di ammissione ai corsi di laurea magistrale a ciclo unico in Medicina Veterinaria)

1. La prova di ammissione ai corsi di laurea magistrale a ciclo unico in Medicina Veterinaria, alla quale partecipano i candidati comunitari, i candidati non comunitari di cui all'articolo all'articolo 26 della Legge n. 189 del 2002 citato in premessa e i candidati non comunitari residenti all'estero, è unica ed è di contenuto identico in tutte le sedi di prova. Essa è predisposta dal Ministero dell'Istruzione, dell'Università e della Ricerca (MIUR) avvalendosi di una Commissione di esperti con comprovata competenza in materia, individuati nel rispetto dei principi di imparzialità, trasparenza e riservatezza, tenuti al più rigoroso rispetto del segreto professionale e d'ufficio.
2. La prova di ammissione consiste nella soluzione di sessanta quesiti che presentano cinque opzioni di risposta, tra cui il candidato deve individuarne una soltanto, scartando le conclusioni errate, arbitrarie o meno probabili, su argomenti di: cultura generale e ragionamento logico; biologia; chimica; fisica e matematica. Sulla base dei programmi di cui all'Allegato A, che costituisce parte integrante del presente decreto, vengono predisposti: due (2) quesiti di cultura generale; venti (20) di ragionamento logico; sedici (16) di biologia; sedici (16) di chimica; sei (6) di fisica e matematica.
3. La prova di ammissione ha inizio alle ore 11:00 e per il suo svolgimento è assegnato un tempo di 100 minuti.
4. Le procedure relative e connesse allo svolgimento della prova sono disciplinate nell'Allegato 1, che costituisce parte integrante del presente decreto.

Articolo 5
(Prova di ammissione ai corsi di laurea e di laurea magistrale a ciclo unico direttamente finalizzati alla formazione di Architetto)

1. La prova di ammissione ai corsi di laurea e di laurea magistrale a ciclo unico direttamente finalizzati alla formazione di Architetto, alla quale partecipano i candidati comunitari, i candidati non comunitari di cui all'articolo 26 della Legge n. 189 del 2002 citato in premessa e i candidati non comunitari residenti all'estero, è unica ed è di contenuto identico in tutte le sedi di prova. Essa è predisposta dal Ministero dell'Istruzione, dell'Università e della Ricerca (MIUR) avvalendosi di una Commissione di esperti con comprovata competenza in materia, individuati nel rispetto dei principi di imparzialità, trasparenza e riservatezza, tenuti al più rigoroso rispetto del segreto professionale e d'ufficio.
2. La prova di ammissione consiste nella soluzione di sessanta quesiti che presentano cinque opzioni di risposta, tra cui il candidato deve individuarne una soltanto, scartando le conclusioni errate, arbitrarie o meno probabili, su argomenti di: cultura generale e ragionamento logico; storia; disegno e rappresentazione; fisica e matematica. Sulla base dei programmi di cui all'Allegato B, che costituisce parte integrante del presente decreto, vengono predisposti: due (2) quesiti di cultura generale; venti (20) di ragionamento logico; sedici (16) di storia; dieci (10) di disegno e rappresentazione; dodici (12) di fisica e matematica.
3. La prova di ammissione ha inizio alle ore 11:00 e per il suo svolgimento è assegnato un tempo di 100 minuti.
4. Le procedure relative e connesse allo svolgimento della prova sono disciplinate nell'Allegato 1, che costituisce parte integrante del presente decreto.

Articolo 6
(Corsi di laurea e di laurea magistrale a ciclo unico direttamente finalizzati alla formazione di Architetto con didattica prevalentemente erogata in lingua inglese)

1. Nelle Università in cui sono attivati corsi di studio organizzati anche in percorsi erogati prevalentemente in lingua inglese e su richiesta delle stesse, la prova è predisposta anche nella suddetta lingua.
2. La prova in inglese può essere svolta dai candidati comunitari, dai candidati non comunitari di cui all'articolo 26 della legge n. 189/2002 citato in premessa e dai candidati non comunitari residenti all'estero che ne formulino espressa richiesta al momento della domanda di partecipazione alla prova.
3. Sono ammessi ai percorsi erogati prevalentemente in lingua inglese i candidati di cui al comma 2 del presente articolo che hanno sostenuto e superato la prova di accesso in lingua inglese, secondo l'ordine del punteggio ottenuto, tenuto conto delle modalità previste dal bando dell'Ateneo.
4. La prova di ammissione ha inizio alle ore 11:00 e per il suo svolgimento è assegnato un tempo di 100 minuti.
5. Le procedure relative e connesse allo svolgimento della prova sono disciplinate nell'Allegato 1, che costituisce parte integrante del presente decreto.

Articolo 7
(Prova di ammissione ai corsi di laurea delle Professioni Sanitarie)

1. Per l'accesso ai corsi di laurea delle Professioni Sanitarie la prova di ammissione è predisposta da ciascuna Università ed è identica per l'accesso a tutte le tipologie dei corsi attivati presso il medesimo Ateneo.
2. La prova di ammissione verte sugli argomenti di cui al precedente articolo 2, comma 2, ed è definita sulla base dei programmi di cui all'Allegato A, che costituisce parte integrante del presente decreto.
3. La prova di ammissione ha inizio alle ore 11:00 e per il suo svolgimento è assegnato un tempo di 100 minuti.
4. Ciascun Ateneo assicura lo svolgimento della prova in conformità ai principi generali di cui all'Allegato 1 del presente decreto.
5. Ciascun Ateneo è tenuto a definire procedure idonee a consentire ai candidati di esprimere l'ordine di preferenza per i corsi di laurea per la cui ammissione hanno sostenuto la prova.

Articolo 8
(Accademie Militari)

1. Le disposizioni di cui agli articoli 2 e 4 del presente decreto non si applicano ai candidati dell'Accademia Navale di Livorno, dell'Accademia Militare di Modena e dell'Accademia Aeronautica di Pozzuoli che intendono avvalersi della riserva di posti prevista rispettivamente dalle Università di Pisa, di Bologna e di Modena - Reggio Emilia e di Napoli "Federico II", tenuto conto che i relativi bandi di concorso, secondo le intese intercorse con il Ministero dell'Istruzione, dell'Università e della Ricerca, prevedono la somministrazione di quesiti a risposta multipla

individuati con decreto interdirigenziale del Ministero della Difesa 27 dicembre 2017 n. 31/1D e successive modificazioni con riferimento ai programmi previsti dall'Allegato A del presente decreto e che, in quanto tali, soddisfano le condizioni per l'accesso ai corsi di laurea magistrale previsti dalla normativa che li disciplina.

Articolo 9
(Calendario delle prove di ammissione)

1. Le prove di ammissione ai corsi di cui agli articoli 2, 3, 4, 5, 6 e 7 si svolgono presso le sedi universitarie secondo il seguente calendario:

corso di studiodata svolgimento prova

Corsi di laurea magistrale a ciclo unico in Medicina e Chirurgia e in Odontoiatria e Protesi Dentaria erogati in lingua italiana: martedì 4 settembre 2018

Corsi di laurea magistrale a ciclo unico in Medicina Veterinaria: mercoledì 5 settembre 2018

Corsi di laurea e di laurea magistrale a ciclo unico direttamente finalizzati alla formazione di Architetto:giovedì 6 settembre 2018

Corsi di laurea delle professioni sanitarie: mercoledì 12 settembre 2018

Corsi di laurea magistrale a ciclo unico in Medicina e Chirurgia e in Odontoiatria e Protesi Dentaria erogati in lingua inglese (IMAT): giovedì 13 settembre 2018

Articolo 10
(Graduatorie, soglia di punteggio minimo e valutazione delle prove)

1. Nell'ambito dei posti disponibili per le immatricolazioni, sono ammessi ai corsi di laurea e di laurea magistrale di cui agli articoli 2, 4, 5 e 6 i candidati comunitari e non comunitari di cui all'art. 26 della legge n.189/2002 nonché, nell'ambito della relativa riserva di posti, i candidati non comunitari residenti all'estero, secondo l'ordine decrescente del punteggio ottenuto nella prova di cui ai medesimi articoli 2, 4,5,6.
2. I candidati comunitari e non comunitari di cui all'articolo 26 della legge n. 189/2002 sono idonei all'ammissione ai corsi di laurea di cui agli articoli 2,4,5 e 6 del presente decreto se hanno ottenuto nella rispettiva prova un punteggio minimo pari a venti (20) punti; quelli non idonei non sono inseriti in graduatoria. Ai candidati di cui all'articolo 7 del presente decreto non si applica la soglia minima di idoneità di cui al precedente comma 2, articolo 10. I candidati di cui all'articolo 7 sono idonei solamente se hanno ottenuto un punteggio superiore a zero (0) punti. Non sono inseriti in graduatoria i candidati che non hanno fornito nessuna risposta a nessun quesito.
3. In conformità con gli orientamenti comunitari sull'accesso di studenti stranieri all'istruzione universitaria ed in coerenza con le esigenze di politica estera culturale di cui all'art. 46 del DPR n. 394/1999, con riferimento alla riserva di posti destinati ai candidati non comunitari residenti all'estero non si applica la soglia minima di idoneità di cui al precedente comma 2. I candidati non comunitari residenti all'estero sono idonei solamente se hanno ottenuto un punteggio superiore a zero (0). Non sono inseriti in graduatoria i candidati non comunitari residenti all'estero che non hanno fornito nessuna risposta a nessun quesito.
4. Per la valutazione delle prove di cui agli articoli 2, 4, 5, 6 e 7 sono attribuiti al massimo novanta (90) punti, tenendo conto dei seguenti criteri:
   - 1,5 punti per ogni risposta esatta
   - meno 0,4 (- 0,4) punti per ogni risposta errata
   - 0 punti per ogni risposta omessa
5. Per i corsi di cui agli articoli 2, 4, 5 e 6 è redatta, sulla base del punteggio ottenuto da ciascun candidato calcolato secondo i criteri di cui al comma 4, la rispettiva graduatoria unica nazionale relativa ai candidati comunitari e non comunitari di cui all'articolo 26 della legge n. 189/2002, secondo le procedure di cui all'Allegato 2 che costituisce parte integrante del presente decreto.
6. La graduatoria riservata dei candidati non comunitari residenti all'estero è definita dalle Università.
7. Per i corsi di cui all'articolo 7 le Università, sulla base del punteggio ottenuto alla prova calcolato secondo i criteri di cui al comma 4, redigono due distinte graduatorie, una per i candidati comunitari e non comunitari di cui all'articolo 26 della legge n. 189/2002 e l'altra, riservata ai candidati non comunitari residenti all'estero.
8. In caso di parità di punteggio si applicano i seguenti criteri:

Per la graduatoria dei corsi di laurea magistrale in Medicina e Chirurgia e in Odontoiatria e Protesi Dentaria e per le graduatorie dei corsi di laurea delle professioni sanitarie prevale in ordine decrescente il punteggio ottenuto dal candidato nella soluzione, rispettivamente, dei quesiti relativi agli argomenti di ragionamento logico, cultura generale, biologia, chimica, fisica e matematica;

Per la graduatoria del corso di laurea magistrale in Medicina Veterinaria prevale in ordine decrescente il punteggio ottenuto dal candidato nella soluzione, rispettivamente, dei quesiti relativi agli argomenti di chimica, ragionamento logico, cultura generale, biologia, fisica e matematica;

Per la graduatoria dei corsi di laurea e di laurea magistrale a ciclo unico direttamente finalizzati alla formazione di Architetto prevale in ordine decrescente il punteggio ottenuto dal candidato nella soluzione, rispettivamente, dei quesiti relativi agli argomenti di ragionamento logico, cultura generale, storia, disegno e rappresentazione, fisica e matematica.

In caso di ulteriore parità, prevale il candidato anagraficamente più giovane.

9. La condizione di idoneo all'ammissione ai corsi di laurea di cui agli articoli 2, 4, 5 e 6 del presente decreto si riferisce alla sola procedura selettiva in atto: da essa non scaturisce alcun diritto in relazione all'accesso ai corsi di cui al presente decreto in anni successivi a quello in cui si è sostenuta la prova.
10. La chiusura degli scorrimenti delle graduatorie viene disposta con successivo provvedimento ministeriale, da emanarsi nel secondo semestre accademico al fine di consentire agli studenti di raggiungere la frequenza obbligatoria minima per poter sostenere i singoli esami. Con la chiusura degli scorrimenti tutti i candidati in posizione utile che hanno confermato l'interesse alla immatricolazione ai sensi della lett. d) punto 10 allegato 2 del presente decreto, diventano assegnati ed hanno l'obbligo di immatricolarsi entro il termine stabilito nel provvedimento medesimo. Coloro che, decorso il termine di immatricolazione, non risultano immatricolati al corso di laurea cui sono stati as-

segnati, decadono e non conservano alcun diritto negli anni successivi.

Articolo 11
(Candidati con disabilità e candidati con diagnosi di DSA)

1. Le prove di cui al presente decreto sono organizzate dagli Atenei tenendo conto delle singole esigenze dei candidati con disabilità, a norma dell'articolo 16 della legge n. 104/1992. I candidati hanno diritto ad un tempo aggiuntivo non eccedente il 50% in più rispetto a quello previsto per lo svolgimento delle prove previste dai precedenti articoli 2, 3, 4, 5 6 e 7.
2. I candidati con diagnosi di disturbi specifici di apprendimento (DSA) di cui alla legge n. 170/2010 citata in premessa devono presentare idonea certificazione rilasciata da non più di 3 anni da strutture del SSN o da strutture e specialisti accreditati dallo stesso. A tali candidati è concesso un tempo aggiuntivo pari al 30% in più rispetto a quello definito per le prove dai precedenti articoli 2, 4, 5 6 e 7.
3. I candidati con disabilità o con DSA residenti in paesi esteri, che intendano usufruire delle misure di cui ai commi precedenti, devono presentare la certificazione attestante lo stato di disabilità o di DSA rilasciata nel paese di residenza, accompagnata da una traduzione giurata in lingua italiana o in lingua inglese. Gli organi di ateneo incaricati di esaminare le certificazioni di cui ai commi precedenti accertano che la documentazione straniera attesti una condizione di disabilità o di disturbo specifico dell'apprendimento riconosciuta dalla normativa italiana.

Articolo 12
(Trasparenza delle fasi del procedimento)

1. I bandi di concorso delle Università sono emanati con decreto rettorale entro 60 giorni prima dello svolgimento delle prove e prevedono le disposizioni atte a garantire la trasparenza di tutte le fasi del procedimento ai sensi della legge n. 241/1990 e successive modificazioni e integrazioni.
2. I bandi di concorso definiscono, altresì, gli adempimenti per l'accertamento dell'identità dei candidati e gli obblighi degli stessi nel corso dello svolgimento delle prove.

Articolo 13
(Informativa ai sensi dell'articolo 13 del Codice in materia di protezione dei dati personali)

1. Ai sensi dell'articolo 13 del decreto legislativo 30 giugno 2003, n. 196, viene predisposta l'informativa di cui all'Allegato 3, che costituisce parte integrante del presente decreto, nella quale vengono esplicitate le finalità e le modalità del trattamento dei dati personali forniti da ciascun candidato. Tale informativa è inserita nel portale Universitaly in modo visibile a ciascun candidato che dovrà prenderne visione all'atto dell'iscrizione alla prova prima del conferimento dei dati personali, secondo le procedure indicate nell'Allegato 2 al presente decreto.

Articolo 14
(Posti disponibili)

1. I posti per le immatricolazioni ai corsi di laurea e di laurea magistrale a ciclo unico di cui agli articoli 2, 3, 4, 5, 6 e 7 destinati ai candidati comunitari e non comunitari residenti in Italia di cui all'articolo 26 della legge 30 luglio 2002, n.189 sono ripartiti tra le Università con successivo decreto. Ai candidati stranieri residenti all'estero sono destinati i posti secondo la riserva contenuta nel contingente di cui alle disposizioni interministeriali citate in premessa.

Della pubblicazione del presente decreto sul sito istituzionale del MIUR sarà dato avviso nella Gazzetta Ufficiale della Repubblica Italiana.

Il Ministro

Sen. Valeria Fedeli

Allegato A

Programmi relativi ai quesiti delle prove di ammissione ai corsi di laurea magistrale in Medicina e Chirurgia, in Odontoiatria e Protesi Dentaria, in Medicina Veterinaria e ai corsi di laurea delle professioni sanitarie

Per l'ammissione ai corsi è richiesto il possesso di una cultura generale, con particolari attinenze all'ambito letterario, storico- filosofico, sociale ed istituzionale, nonché della capacità di analisi su testi scritti di vario genere e da attitudini al ragionamento logico- matematico.

Peraltro, le conoscenze e le abilità richieste fanno comunque riferimento alla preparazione promossa dalle istituzioni scolastiche che organizzano attività educative e didattiche coerenti con i Programmi Ministeriali, soprattutto in vista degli Esami di Stato e che si riferiscono anche alle discipline scientifiche della Biologia, della Chimica, della Fisica e della Matematica.

Cultura generale e ragionamento logico

Accertamento delle capacità di usare correttamente la lingua italiana e di completare logicamente un ragionamento, in modo coerente con le premesse, che vengono enunciate in forma simbolica o verbale attraverso quesiti a scelta multipla formulati anche con brevi proposizioni, scartando le conclusioni errate, arbitrarie o meno probabili.

I quesiti verteranno su testi di saggistica scientifica o narrativa di autori classici o contemporanei, oppure su testi di attualità comparsi su quotidiani o su riviste generalistiche o specialistiche; verteranno altresì su casi o problemi, anche di natura astratta, la cui soluzione richiede l'adozione di forme diverse di ragionamento logico.

Quesiti relativi alle conoscenze di cultura generale, affrontati nel corso degli studi, completano questo ambito valutativo.

Biologia

La Chimica dei viventi.

L'importanza biologica delle interazioni deboli.

Le molecole organiche presenti negli organismi e rispettive funzioni. Il ruolo degli enzimi.

La cellula come base della vita.

Teoria cellulare. Dimensioni cellulari. La cellula procariotica ed eucariotica, animale e vegetale. I virus.

La membrana cellulare: struttura e funzioni - il trasporto attraverso la membrana.

Le strutture cellulari e loro specifiche funzioni.

Ciclo cellulare e riproduzione cellulare: mitosi e meiosi - corredo cromosomico e mappe cromosomiche.

Bioenergetica.

La valuta energetica delle cellule: l'ATP.

Reazioni di ossidoriduzione nei viventi.

I processi energetici: fotosintesi, glicolisi, respirazione aerobica e fermentazione.

Riproduzione ed Ereditarietà.

Cicli vitali. Riproduzione sessuata ed asessuata.

Genetica Mendeliana: le leggi di Mendel e loro applicazioni.

Genetica classica: teoria cromosomica dell'ereditarietà - modelli di ereditarietà.

Genetica molecolare: struttura e duplicazione del DNA, il codice genetico, la sintesi proteica. Il DNA dei procarioti. La struttura del cromosoma eucariotico. I geni e la regolazione dell'espressione genica.

Genetica umana: trasmissione dei caratteri mono- e polifattoriali; malattie ereditarie autosomiche e legate al cromosoma X.

Le biotecnologie: la tecnologia del DNA ricombinante e le sue applicazioni.

Ereditarietà e ambiente.

Mutazioni. Selezione naturale e artificiale. Le teorie evolutive. Le basi genetiche dell'evoluzione.

Anatomia e Fisiologia degli animali e dell'uomo.

I tessuti animali.

Anatomia e fisiologia di sistemi ed apparati nell'uomo e relative interazioni.

Omeostasi.

Chimica

La costituzione della materia: gli stati di aggregazione della materia; sistemi eterogenei e sistemi omogenei; composti ed elementi.

Leggi dei gas perfetti.

La struttura dell'atomo: particelle elementari; numero atomico e numero di massa, isotopi, struttura elettronica degli atomi dei vari elementi.

Il sistema periodico degli elementi: gruppi e periodi; elementi di transizione. Proprietà periodiche degli elementi: raggio atomico, potenziale di ionizzazione, affinità elettronica, carattere metallico. Relazioni tra struttura elettronica, posizione nel sistema periodico e proprietà degli elementi.

Il legame chimico: legame ionico, legame covalente e metallico. Energia di legame. Polarità dei legami. Elettronegatività. Legami intermolecolari. Fondamenti di chimica inorganica: nomenclatura e principali proprietà dei composti inorganici: ossidi, idrossidi, acidi, sali.

Le reazioni chimiche e la stechiometria: massa atomica e molecolare, numero di Avogadro, concetto di mole e sua applicazione, calcoli stechiometrici elementari, bilanciamento di semplici reazioni, i differenti tipi di reazione chimica.

Le soluzioni: proprietà solventi dell'acqua, solubilità, i principali modi di esprimere la concentrazione delle soluzioni.

Equilibri in soluzione acquosa.

Elementi di cinetica chimica e catalisi.

Ossidazione e riduzione: numero di ossidazione, concetto di ossidante e riducente. Bilanciamento di semplici reazioni.

Acidi e basi: il concetto di acido e di base. Acidità, neutralità e basicità delle soluzioni acquose. Il pH. Idrolisi. Soluzioni tampone.

Fondamenti di chimica organica: legami tra atomi di carbonio, formule grezze e di struttura, concetto di isomeria. Idrocarburi alifatici, aliciclici e aromatici. Gruppi funzionali: alcoli, eteri, ammine, aldeidi, chetoni, acidi carbossilici, esteri, ammidi. Elementi di nomenclatura.

Fisica

Le misure: misure dirette e indirette, grandezze fondamentali e derivate, dimensioni fisiche delle grandezze, conoscenza del sistema metrico decimale e dei Sistemi di Unità di Misura CGS, Tecnico (o Pratico) (ST) e Internazionale (SI), delle unità di misura (nomi e relazioni tra unità fondamentali e derivate), multipli e sottomultipli (nomi e valori).

Cinematica: grandezze cinematiche, moti vari con particolare riguardo a moto rettilineo uniforme e uniformemente accelerato; moto circolare uniforme; moto armonico (per tutti i moti: definizione e relazioni tra le grandezze cinematiche connesse).

Dinamica: vettori e operazioni sui vettori. Forze, momenti delle forze rispetto a un punto. Momento di una coppia di forze. Composizione vettoriale delle forze. Definizioni di massa e peso. Accelerazione di gravità. Densità e peso specifico. Legge di gravitazione universale, 1°, 2° e 3° principio della dinamica. Lavoro, energia cinetica, energie potenziali. Principio di conservazione dell'energia. Impulso e quantità di moto. Principio di conservazione della quantità di moto.

Meccanica dei fluidi: pressione, e sue unità di misura (non solo nel sistema SI). Principio di Archimede. Principio di Pascal. Legge di Stevino.

Termologia, termodinamica: termometria e calorimetria. Calore specifico, capacità termica. Meccanismi di propagazione del calore. Cambiamenti di stato e calori latenti. Leggi dei gas perfetti. Primo e secondo principio della termodinamica.

Elettrostatica e elettrodinamica: legge di Coulomb. Campo e potenziale elettrico. Costante dielettrica. Condensatori. Condensatori in serie e in parallelo. Corrente continua. Legge di Ohm. Principi di Kirchhoff. Resistenza elettrica e resistività, resistenze elettriche in serie e in parallelo. Lavoro, Potenza, effetto Joule. Generatori. Induzione elettromagnetica e correnti alternate. Effetti delle correnti elettriche (termici, chimici e magnetici).

Matematica

Insiemi numerici e algebra: numeri naturali, interi, razionali, reali. Ordinamento e confronto; ordine di grandezza e notazione scientifica. Operazioni e loro proprietà. Proporzioni e percentuali. Potenze con esponente intero, razionale) e loro proprietà. Radicali e loro proprietà. Logaritmi (in base 10 e in base e) e loro proprietà. Cenni di calcolo combinatorio. Espressioni algebriche, polinomi. Prodotti notevoli, potenza n-esima di un binomio, scomposizione in fattori dei polinomi. Frazioni algebriche. Equazioni e disequazioni algebriche di primo e secondo grado. Sistemi di equazioni.

Funzioni: nozioni fondamentali sulle funzioni e loro rappresentazioni grafiche (dominio, codominio, segno, massimi e minimi, crescenza e decrescenza, ecc.). Funzioni elementari: algebriche intere e fratte, esponenziali, logaritmiche, goniometriche. Funzioni composte e funzioni inverse. Equazioni e disequazioni goniometriche.

Geometria: poligoni e loro proprietà. Circonferenza e cerchio. Misure di lunghezze, superfici e volumi. Isometrie, similitudini ed equivalenze nel piano. Luoghi geometrici. Misura degli angoli in gradi e radianti. Seno, coseno, tangente di un angolo e loro valori notevoli. Formule goniometriche. Risoluzione dei triangoli. Sistema di riferimento cartesiano nel piano. Distanza di due punti e punto medio di un segmento. Equazione della retta. Condizioni di parallelismo e perpendicolarità. Distanza di un punto da una retta. Equazione della circonferenza, della parabola, dell'iperbole, dell'ellisse e loro rappresentazione nel piano cartesiano. Teorema di Pitagora. Teoremi di Euclide (primo e secondo).

Probabilità e statistica: distribuzioni delle frequenze a seconda del tipo di carattere e principali rappresentazioni grafiche. Nozione di esperimento casuale e di evento. Probabilità e frequenza.

Allegato B
Programmi relativi alla prova di ammissione ai corsi di laurea e di laurea specialistica/magistrale a ciclo unico, direttamente finalizzati alla formazione di architetto

Per l'ammissione ai corsi è richiesta una sufficiente cultura generale, con particolari attinenze all'ambito storico, sociale e istituzionale, affiancata da capacità di lavoro su testi scritti di vario genere (artistico, letterario, storico, sociologico, filosofico, ecc.) e da attitudini al ragionamento logico-astratto sia in ambito matematico che linguistico.

Cultura generale e ragionamento logico

Accertamento della capacità di completare logicamente un ragionamento, in modo coerente con le premesse, che vengono enunciate in forma simbolica o verbale attraverso quesiti a scelta multipla.

I quesiti verteranno su testi di saggistica scientifica o narrativa di autori classici o contemporanei, oppure su testi di attualità comparsi su quotidiani o su riviste generalistiche o specialistiche; verteranno altresì su casi o problemi, anche di natura astratta, la cui soluzione richiede l'adozione di forme diverse di ragionamento logico.

Quesiti relativi alle conoscenze di cultura generale completano questo ambito valutativo.

Storia

La prova è mirata ad accertare coerenti criteri generali di orientamento cronologico rispetto a protagonisti e fenomeni di rilievo storico (dell'Età antica, dell'alto e basso medioevo, dell'età moderna, dell'età contemporanea). Tali orientamenti storico-cronologici generali saranno verificati anche attraverso l'accertamento di conoscenze intrecciate alle specifiche vicende artistico-architettoniche (opere di architettura o correnti artistiche).

Disegno e Rappresentazione

La prova è mirata all'accertamento della capacità di analizzare grafici, disegni, e rappresentazioni iconiche o termini di corrispondenza rispetto all'oggetto rappresentato della padronanza di nozioni elementari relative alla rappresentazione (piante, prospetti, assonometrie).

Matematica e Fisica

La prova è mirata all'accertamento della padronanza di:

insiemi numerici e calcolo aritmetico (numeri naturali, relativi, razionali, reali; ordinamento e confronto di numeri; ordine di grandezza; operazioni, potenze, radicali, logaritmi), calcolo algebrico, geometria euclidea (poligoni, circonferenza e cerchio, misure di lunghezze, superfici e volumi, isometria, similitudini e equivalenze, luoghi geometrici), geometria analitica (fondamenti), probabilità e statistica (fondamenti), elementi di trigonometria (fondamenti);

nozioni elementari sui principi della Meccanica: definizione delle grandezze fisiche fondamentali (spostamento, velocità, accelerazione, massa, quantità di moto, forza, peso, lavoro e potenza); legge d'inerzia, legge di Newton e principio di azione e reazione), fondamenti di statica;

nozioni elementari sui principi della Termodinamica (concetti generali di temperatura, calore, calore specifico, dilatazione dei corpi);

nozioni elementari di Elettrostatica ed Elettrodinamica: legge di Coulomb, campo e potenziale elettrico, condensatori, condensatori in serie e in parallelo, corrente continua, resistenza elettrica, legge di Ohm, resistenze in serie e in parallelo.

-nozioni elementari sui principi della Termodinamica (concetti generali di temperatura, calore, calore specifico, dilatazione dei corpi)

Programmi relativi alla prova di ammissione alla laurea magistrale a ciclo unico per l'insegnamento nella scuola dell'infanzia e nella scuola primaria

Competenza linguistica e ragionamento logico

I quesiti mirano ad accertare la capacità di usare correttamente la lingua italiana, di comprendere un testo scritto e di completare logicamente un ragionamento, in modo coerente con le premesse, che sono enunciate in forma simbolica o verbale attraverso quesiti a scelta multipla formulati anche con brevi proposizioni.

I quesiti verteranno su testi di saggistica o narrativa di autori classici o contemporanei, oppure su testi di attualità comparsi su quotidiani o su riviste generaliste o specialistiche; verteranno altresì su casi o problemi, anche di natura astratta, la cui soluzione richiede l'adozione di diverse forme di ragionamento logico.

Cultura letteraria, storico-sociale e geografica

La prova è mirata all'accertamento delle capacità di:

a) individuare le caratteristiche proprie dei generi letterari, orientarsi nella collocazione storicoculturale di un testo classico italiano, riconoscere opere e autori rilevanti della tradizione italiana;

b) distinguere tipologia e rilevanza delle fonti nella ricerca storica, orientarsi nella cronologia degli eventi cruciali, riconoscendo le tappe fondamentali della storia italiana ed europea con riferimento alla specificità dell'organizzazione politica, economica e sociale e ai principali fenomeni politico-culturali dell'età moderna e contemporanea;

c) distinguere e descrivere gli elementi di base della geografia astronomica, fisica, antropica, sociale ed economica.

Cultura matematico-scientifica

La prova è mirata all'accertamento delle capacità di risolvere semplici problemi valutando criticamente le strategie da utilizzare e di descrivere ed interpretare da un punto di vista scientifico eventi semplici del mondo circostante e della vita quotidiana, facendo riferimento alle conoscenze di base nelle seguenti aree disciplinari:

a) matematica ed informatica (insiemi numerici e calcolo aritmetico, calcolo algebrico, geometria euclidea, probabilità, analisi-elaborazione-presentazione dell'informazione);

b) scienze della terra e della vita (ambiente ed ecosistema, atmosfera, clima, acque, vita e organismi viventi, evoluzione biologica);

c) scienze della materia (elementi e sostanze chimiche, legami e reazioni chimiche, produzione dell'energia, fotosintesi, misura delle grandezze fisiche, principi di dinamica, termodinamica, ottica, elettricità, magnetismo, astronomia, mondo microscopico).

Valuta il libro che hai letto

e sostieni la Fondazione Francesca Rava

L'opinione dei nostri lettori è importante: su **alphatest.it** trovi un breve **questionario di valutazione** da compilare online che ci aiuta a migliorare costantemente le nostre pubblicazioni.

Il tuo tempo è prezioso non solo per noi: per ogni questionario, Alpha Test dona **2 euro** alla **Fondazione Francesca Rava - NPH Italia Onlus** a sostegno del progetto di chirurgia pediatrica all'Ospedale Saint Damien di **Haiti,** quarto mondo.

Il progetto ha l'obiettivo di **triplicare il numero di bambini operati** all'anno, formare personale medico e infermieristico di sala operatoria e **giovani chirurghi haitiani** (www.nphitalia.org).

FONDAZIONE Francesca Rava

Nuestros Pequeños Hermanos 60 anni

N.P.H. Italia

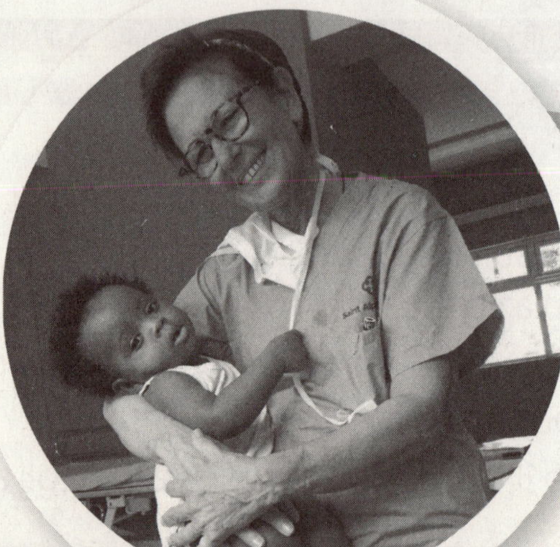

compila il questionario su
alphatest.it/ValutaUnLibro